商务部十三五规划教材

全国高等院校财经类专业统编教材

U0683541

成 本 会 计

（2016 版）

主 编　杨　良

副主编　冯　霞　蔡学玲

　　　　葛　静

中国商务出版社

图书在版编目（CIP）数据

成本会计：2016 版 / 杨良主编. —3 版. —北京：
中国商务出版社，2016. 11（2018. 1 重印）
　　商务部十三五规划教材　全国高等院校财经类专业统
编教材
　　ISBN 978 - 7 - 5103 - 1700 - 2

　　Ⅰ. ①成… Ⅱ. ①杨… Ⅲ. ①成本会计 - 高等学校 -
教材　Ⅳ. ①F234. 2

　　中国版本图书馆 CIP 数据核字（2016）第 278312 号

商务部十三五规划教材
全国高等院校财经类专业统编教材

成本会计（2016 版）
CHENGBEN KUAIJI

主　编　杨　良

出　　版：中国商务出版社
地　　址：北京市东城区安外东后巷 28 号　　邮　　编：100710
责任部门：财经事业部（010 - 64515163）
责任编辑：汪　沁
总 发 行：中国商务出版社发行部（010-64266193　64515150）
网　　址：http://www. cctpress. com
邮　　箱：cctp@ cctpress. com
排　　版：北京科事洁技术开发有限责任公司
印　　刷：北京玥实印刷有限公司
开　　本：787 毫米×1092 毫米　　1/16
印　　张：23. 5　　　　　　　　字　　数：495 千字
版　　次：2016 年 11 月第 3 版　　印　　次：2018 年 1 月第 2 次印刷
书　　号：ISBN 978 - 7 - 5103 - 1700 - 2
定　　价：49. 00 元

编 委 会

主　编　杨　良

副 主 编　冯　霞　蔡学玲　葛　静

编写人员（按汉语拼音排序）

程　鹏　贺　晨　惠显杰　郝亚楠
韩　怡　冀雪琴　李文悦　李子留
刘思彤　谈汝坤　王丹红　吴俊岭
张秉恒　赵厚才　赵　慧

内 容 简 介

　　《成本会计》是会计专业中的一门专业基础课，这门课程是继会计学原理、中级财务会计等课程之后会计专业的另外一门重要的专业课。

　　本书主要内容有成本核算的基本要求、基本原理、基本程序和基本方法、成本核算的其他方法，标准成本法，作业成本方法，成本报表与成本分析等。

　　本书具有理论与实践相结合、教学与科研相结合、中国特色与国际化相结合等特点。本书不仅适用于高等院校本科会计及财经管理类专业学习《成本会计》课程的教材，同时也可以作为广大财经管理工作者实务操作和培训以及自学者的参考用书。

2016 版前言

《成本会计》(第1版)教材自2013年7月出版发行以来,受到了广大读者的认可和厚爱,在第1版的基础上对全书的内容进行了修订和完善。修订过程中,特别突出了务实性以及课程内容时效性的特点,及时更新补充了成本会计理论的最新成果、成本会计制度的最新内容以及企业会计准则的最新变化情况,努力把本教材建设成一部高水平、高质量的教材。

此次修订再版,为了正确处理教材建设与成本会计制度的关系。根据教材的理论深度以及教学实践的较高要求,我们对《成本会计》进行了修订。

根据2013年至今成本会计制度与企业会计准则的最新动态,结合教学实践的需要,主要进行了以下修订:

1. 对成本核算的基本要求和一般程序章节内容进行修改。其中成本核算原则部分,增加了受益原则。

2. 对生产费用要素的归集和分配章节内容进行了必要的修改,尤其是燃料费用的分配部分,将"制造费用"修改为"直接材料";低值易耗品摊销部分,删除分次摊销法内容;职工薪酬的归集和分配部分,增加企业代扣代缴由职工个人负担的社会保险费、住房公积金、个人所得税内容,以及企业负担的五险一金、职工福利等内容。

3. 辅助生产费用的归集和分配章节内容进行了修改和完善。

4. 将生产费用在完工产品和期末在产品之间的分配章节内容进行了修改,修改和完善了相应的例题和会计分录,尤其对约当产量比例法的内容进行了调整。

5. 应付职工薪酬分配表中"其他职工薪酬"按现行制度计提进行了大幅度的修改。

6. 调整了辅助生产车间"制造费用"的结转顺序。

7. 为了和第三章内容保持一致,将发出低值易耗品的"分期摊销法"改为"一次摊销法"。

8. 第10章涉及"基本生产成本、辅助生产成本"的分录均按前述方法作了更正。

第2版《成本会计》仍设置有成本核算的基本要求、基本原理、基本程序和基本方法、成本核算的其他方法,标准成本法,作业成本方法,成本报表与成本分析等。

此次修订再版本教材由杨良任主编,冯霞、蔡学玲、葛静任副主编。由全体参编老师采用专题的方式进行修订与增补。参与修订与增补的人员为:杨良(第一、三、四、六、七、八、十、十二、十三、十四、十五、十六章)、冯霞(第十一章)、葛静(第五、九章)、蔡学玲(第二章)。吴俊岭、程鹏、惠显杰、张秉恒、李子留、谈汝坤、郝亚楠、李文悦、王丹红、冀雪琴、赵慧、刘思彤、贺晨、韩怡、赵厚才参与了部分章节的修订与增补，以及全书资料的搜集整理和课后习题的整理等。本教材此次修订再版过程中得到了中国商贸出版社的大力支持，在此表示感谢。

由于水平有限，书中可能存在不足与不当之处，敬请各位专家、学者和广大读者批评指正。

杨　良

2016 年 10 月

前　言

随着会计改革的不断深化，中国的会计改革取得了突破性的进展。21 世纪是知识经济时代，经济发展日益呈现出市场化、知识化、信息化和全球化的趋势。在这一背景下，本书是以我国颁布和实施的新企业会计准则为基础，并依据教育部关于加速培养实用性、高素质应用型的复合型人才的精神，针对高等本科院校和高职高专院校的经济类、管理类专业的教学要求及特点而编写的教材。本书既重视对基本理论的分析与概括，又注重对《成本会计》实务的应用操作，能同时满足课堂教学和自学者的需要。这门课程理论和实务性都比较强，而且随着社会经济和管理等学科的发展，成本会计的理论和实务都在不断地更新，出现了许多新的研究领域。

《成本会计》是会计专业中的一门专业基础课，同时也是一门具有财务会计与管理会计双重性质的课程，《成本会计》课程是继会计学原理、中级财务会计等课程之后会计专业的另外一门重要的专业课。本书主要内容有成本核算的基本要求、基本原理、基本程序和基本方法、成本核算的其他方法，标准成本法，作业成本方法，成本报表与成本分析等。

本书不仅可用作高等院校本科会计及财经管理类专业学生学习《成本会计》课程的教材，同时也可以作为广大财经管理工作者的实务操作和培训以及自学者的参考学习用书。

本书的特点在于：（1）中国特色与国际化相结合。内容新，严格按照新企业会计准则编写。密切跟踪新会计准则的变化，使本书的内容及时适应新会计准则的要求，为会计工作的实践提供了重要的参考依据。根据国内外成本会计理论和实务的最新研究成果进行归纳和总结，介绍了一些新的研究内容，反映国际会计理论与实务发展的潮流，使学生能接触成本会计学科的前沿领域，跟踪该学科的最新进展，拓展学生的知识面。（2）理论与实践相结合。简明实用，突出应用，有较强的适用性和实用性。在理论分析基础上，通过大量案例分析，提高学生的实务操作能力。（3）结构清晰，重点突出。力求深入浅出，讲解详细，简明易懂，便于学生自学，成本会计学作为经济应用学科，其教材既要讲清理论，又要注重应用。教材编写既要从理论高度进行概括和解释，又要运用基本原理去解决实际问题，提高学生分析、解决问题的能力。（4）教学与科研相结合。教材建设要吸取相关领域的最新科研成果，使教材内容反映本课程的最新研究状况。科研工作要为教学服务，针对教学中的问题和教学改革的要求进行专题研究。通过教学与科研互动，完善教材内容，提高教材质量。（5）不但有理论阐述，同时在每章后附有思考题、练习题、案例。

　　本书由杨良任主编，负责拟定全书编写大纲，组织编写以及对全书的初稿修改、补充和总纂后定稿。史晓娟、冯霞、管超、韩怡任副主编。杨良编写第一、三、四、五、八、十二、十四、十五章，管超、韩怡编写第二章，吴俊岭编写第六章，管超编写第七章，蔡学玲编写第九章，冯霞编写第十、十一章，史晓娟编写十三章，白丽君、刘远编写十六章。

　　本书是在借鉴了许多成本会计理论与实践、教学科研成果以及在尊重、参考前人劳动成果的基础上编写的。在此，向那些为本书提供参考的一系列国内外优秀教材的编者表示深深的敬意。本书在编写、出版过程中得到了中国商务出版社的大力支持，在此表示感谢。

　　由于时间紧迫及编者水平有限，书中难免存在不足和疏漏，敬请各位专家、学者和广大读者批评指正，以便再版时修订。

杨　良

2013 年 3 月

目 录

第一章　总　论

学习目标

1. 理解成本的概念、成本的经济实质、成本会计的职能。
2. 了解成本的作用，成本会计的产生和发展，成本会计的任务，成本会计的组织，成本会计法规和基础工作制度。
3. 掌握成本会计的概念和职能，成本会计的对象。

第一节　成本的含义

一、成本的含义

成本是商品生产发展到一定阶段的产物。它是商品生产过程中所耗费或支出的部分物化劳动和活劳动的货币表现。成本这种耗费或支出是相对于"主体"而言的，它必须明确是属于谁的耗费或支出，因此，成本是对象化了的费用或取得资源的代价。

成本是商品经济的价值范畴，它与商品价值有着密切的联系。在社会主义市场经济中是客观存在的。加强成本管理，努力降低成本，无论对提高企业经济效益，还是对提高整个国民经济的宏观经济效益，都是极为重要的。而要做好成本管理工作就必须首先从理论上充分认识成本的经济实质。

马克思科学地分析了资本主义商品生产后指出：商品成本是由物化劳动和活劳动中必要劳动的价值组成的。他说："按照资本主义方式生产的每一个商品 W 的价值，用公式表示是 $W = c + v + m$。如果我们从这个产品价值中减去剩余价值 m，那么，在商品中剩下的，只是一个在生产要素上耗费的资本价值 $c + v$ 的等价物或补偿价值。商品价值的这个部分，即补偿所消耗的生产资料价格和所使用的劳动力价格的部分，只是补偿商品使资本家自身耗费的东西，所以对资本家来说，这就是商品的成本价格。"[1]

社会主义市场经济与资本主义市场经济有本质的区别。但二者都是商品经济，在

---

[1]　马克思，恩格斯. 马克思恩格斯全集. 北京：人民出版社，1974. 第25卷，第33页.

社会主义市场经济中，企业作为自主经营、自负盈亏的商品生产者和经营者，其基本的经营目标就是向社会提供商品，满足社会的一定需要，同时要以产品的销售收入抵偿自己在商品的生产经营中所支出的各种劳动耗费。并取得盈利。只有这样，才能使企业以至整个社会得以发展。因此，商品价值、成本、利润等经济范畴，在社会主义市场经济中，仍然有其存在的客观必然性，只是它们所体现的社会经济关系与资本主义市场经济中的不同。

在社会主义市场经济条件下，商品价值仍然由三个部分组成：一是已耗费的生产资料转移的价值（c）；二是劳动者为自己劳动所创造的价值（v）；三是劳动者为社会劳动所创造的价值（m）。从理论上讲，前两个部分，即 c + v，是商品价值中的补偿部分，它构成商品的理论成本。

综上所述，可以对成本的经济实质概括为：生产经营过程中所耗费的生产资料转移的价值和劳动者为自己劳动所创造的价值的货币表现，也就是企业在生产经营中所耗费的资金总和。

在社会主义市场经济中，商品的价值、价格和成本的关系如图 1 - 1 所示。

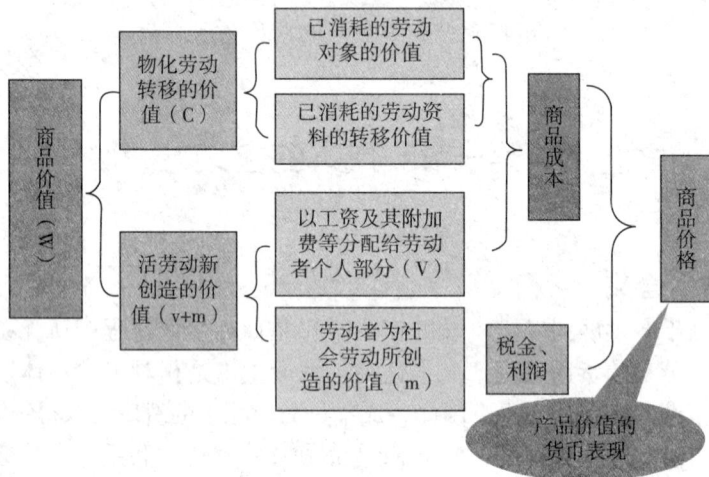

图 1 - 1　商品价值、价格、成本关系图

在图 1 - 1 中，应注意以下几点：

（1）商品价值决定于生产该种商品耗费的社会必要劳动量，而商品成本则决定于生产该种商品的个别劳动耗费。如果个别企业产品耗费的劳动时间小于社会必要劳动时间，那么企业利润就会增加；反之，企业的利润就会减少。

（2）已消耗的劳动对象价值、已消耗的劳动资料的转移价值和以工资形式支付给劳动者的报酬都是按照一定的价值标准计算的，它们只是相对地反映了劳动对象耗费的价值、劳动资料转移的价值和必要劳动所创造的价值。

（3）劳动者为社会劳动所创造的价值在难以直接计量的条件下，它是根据商品价格与商品成本的差额来确定的。

在实际工作中，为了促使企业加强经济核算，减少生产损失，对于劳动者为社会劳动所创造的某些价值，如财产保险费等，以及一些不形成产品价值的损失性支出，如工业企业的废品损失、季节性和修理期间的停工损失等，也计入成本，可见，实际工作中的成本开支范围与理论成本包括的内容是有一定差别的。就上述的废品损失、停工损失等损失性支出来说，从实际上看，并不形成产品价值，因为它不是经济核算的要求，将其计入成本，可促使企业减少生产损失。当然，对于成本实际开支范围与成本经济实际的背离，必须严格限制，否则，成本的计算就失去了理论依据。

为了统一成本所包含的内容，使各企业列入成本的各种支出项目和内容保持一致，便于进行成本评比、分析，限制企业的成本开支权限，挖掘降低成本的潜力，防止乱挤乱摊成本，避免分散资金，保证国家能够集中必要的资金，正确计算利润和交纳税金，国家统一会计制度具体规定了企业的成本开支范围，并作为成本管理的依据。当然，根据不同时期经济管理要求的不同，国家规定的成本开支范围也会适当地调整。

总之，社会主义市场经济体制下成本的内涵和外延都在发展之中。它为开展成本研究，提高经济效益，开辟了崭新的途径。

二、成本与费用

成本与费用是一组既有紧密联系又有一定区别的概念。区分成本与费用是非常重要的。成本是指生产某种产品、完成某个项目或者说做成某件事情的代价，也即发生的耗费总和，是对象化的费用。费用是指企业在获取当期收入的过程中，对企业所拥有或控制的资产的耗费，是会计期间与收入相配比的成本。成本代表经济资源的牺牲，而费用则是会计期间为获得收益而发生的成本。

在财务会计中，成本可以分为未耗成本与已耗成本两大类。未耗成本是指可在未来的会计期间产生收益的支出，此类成本在资产负债表上列为资产项目，例如设备、存货及应收账款等。已耗成本则是指本会计期间内已经消耗，且在未来会计期间不会创造收益的支出。这类成本又可分为费用和损失。前者在损益表上列为当期收益的减项，例如已销产品的生产成本及各项期间费用等；后者则因无相应利益的产生，而在损益表上列为营业外支出等项目，例如火灾、水灾等自然灾害造成的损失。

典型的成本是产品成本，其实质就是各项生产耗费的价值凝结，同时它也被用作存货资产价值的计量。在产品没有被售出之前，产品成本始终作为资产的一个组成部分。一旦产品售出，其成本就转化为出售当期的销售成本，并与当期发生的其他费用一起，由当期营业收入予以补偿。由此可以得出以下结论：第一，费用是成本的基础，没有发生费用就不会形成成本。第二，按对象归集的费用构成成本，其发生期与补偿期并非完全一致；不予对象化的费用则可按发生期间归集，由同期收入补偿。

成本会计关注的是成本而不是费用。成本的两种主要类型是支出成本和机会成本。支出成本是过去、现在或未来的现金流出；机会成本是指因选取一个最优方案而放弃的次优方案上的收益。当然，在任何时刻，没有人能知道可利用的所有可能机会，因此，无疑会忽略一些机会成本。尽管会计系统的特征是记录支出成本而不记录机会成本，但是，为了保证所作的决策是最优的，在进行决策时应考虑机会成本。

三、成本的作用

（一）成本是补偿生产耗费的尺度

为了保证企业再生产的不断进行，必须对生产耗费，即资金耗费进行补偿。企业是自负盈亏的商品生产者和经营者，其生产耗费是用自身的生产成果，即销售收入来补偿的。而成本就是衡量这一补偿份额大小的尺度。企业在取得销售收入后，必须把相当于成本的数额划分出来，用以补偿生产经营中的资金耗费。这样，才能维持资金周转按原有规模进行。如果企业不能按照成本来补偿生产耗费，企业资金就会短缺，再生产就不能按原有的规模进行。成本也是划分生产经营耗费和企业纯收入的依据，在一定的销售收入中，成本越低，企业纯收入就越多。可见，成本起着衡量生产耗费的作用，对经济发展具有重要的影响。

（二）成本是综合反映企业工作质量的重要指标

由于成本是生产耗费的综合（货币）反映，所以，产品设计的好坏，生产工艺是否合理，企业劳动生产率的高低，固定资产利用的好坏，原材料费用的利用程度、费用开支的节约和浪费，产品质量的好坏，管理工作和生产组织的水平，以及供产销环节是否衔接协调等，也就是说，企业全部工作的好坏，最终都会在成本指标的高低上反映出来。因此，成本是衡量企业生产经营活动质量的综合指标。由于成本的高低涉及企业所有部门和全体职工，是一项综合性的经济指标，因此，需要所有部门和全体职工的共同努力，才能使成本水平不断降低。

（三）成本是制定产品价格的重要依据

产品的价格是产品价值的货币表现。产品价格的制定，固然要考虑价格政策和市场供求关系，以制定具有竞争力的价格，但也必须考虑企业实际承受能力，即产品实际成本水平。因为成本是产品价格制定的最低经济界限。如果商品的价格低于它的成本出售，企业生产经营费用，就不能全部由商品销售收入中补偿。因此，成本就成为制定产品价格的一个重要依据。

当然，产品的定价是一项比较复杂的工作，应考虑的因素很多，如国家的价格政策及其他经济政策、各种产品的比价关系、产品在市场上的供应关系及市场竞争的态势等，所以产品成本只是制定产品价格的一项重要因素。

（四）成本是进行经营预测、决策和分析的重要依据

在市场经济条件下，市场竞争异常激烈。企业要在激烈的市场竞争中取胜，就要面向市场，对生产计划的安排、工艺方案的选择、新产品开发等，都采用现代化管理科学的手段进行经营预测，从而做出正确的决策。同时，为了更好地对企业的生产经

营活动进行管理和控制，还必须定期与不定期地对企业的生产经营情况进行分析，从而采取有效措施，促使企业完成各项计划任务。只有及时提供准确的成本资料，才能使预测、决策和分析等活动建立在可靠的基础之上。所以，成本指标就成为进行经营预测、决策和分析的重要数据资料。

（五）成本是企业产品进入国际市场、反倾销调查的重要指标

随着中国市场经济的发展，企业要在更加广泛的范围内参与竞争，就要走出国门，加入国际竞争，而成本指标是企业融于世界贸易市场的重要指标。如果企业产品的成本较低，进入国际市场后，就会有较强的竞争力。否则，就会失去竞争的能力。另外，近几年，越来越多的中国产品在一些国家受到反倾销调查，许多产品被征收高额的惩罚性关税。企业在接受反倾销调查时，需要提供产品成本的构成、计算方法等资料。因此，企业设置的成本项目、选择的成本费用的分配方法、成本计算方法等非常重要，如果符合会计准则和国际惯例，则会使企业在反倾销调查中处于有利的地位。因此，企业在选择成本分配的分配方法及产品成本的计算方法时，应根据会计准则的要求，并结合本企业的具体情况，使成本费用的分配方法及产品成本计算方法准确、合理。

第二节 成本会计的产生和发展

成本会计的产生与发展是与商品经济的发展相联系的，是基于企业生产发展的需要而逐步形成和发展起来的。

一、成本会计的产生和发展

成本会计随着社会经济发展，先后经历了早期成本会计、近代成本会计、现代成本会计和战略成本会计四个阶段。成本会计的方式和理论体系，随着发展阶段的不同而有所不同，逐步成熟完善起来。

（一）早期成本会计阶段（1880—1920）

成本会计起源于英国，后来传入美国及其他国家。19 世纪 30 年代末，英国首先完成了产业革命，当时英国是资本主义最发达的国家。随后，西方其他各国也先后完成了产业革命。产业革命既是生产技术的巨大革命，也是社会生产关系的大变革，它促进了资本主义生产力的迅速发展。随着产业革命的完成，用机器劳动代替了手工劳动，用工厂制代替了手工工场；企业规模逐渐扩大，出现了竞争，生产成本得到企业主的普遍重视。英国会计人员为了满足企业管理上的需要，对成本会计进行研究，起初是在会计账簿之外，用统计方法来计算成本。为了提高成本计算的精确性，适应企业外部审计人员的要求，将成本计算同复式簿记结合起来，这样，利用账户对应关系反映材料和人工消耗，及其相对应的价值转移和增值的全过程，并借助借贷平衡原理，稽核会计业务记录的正确性，从而形成了成本会计。这个时期是成本会计的初创阶段，由于当时的成本会计仅限于对生产过程中的生产消耗进行系统的汇集和计算，用来确定产品生产成本和销售成本，所以称之为记录型成本会计。在早期成本会计阶段，成本会计在实务方面取得以下进展：

1. 建立了材料核算和管理办法

设立材料账户和材料卡片，标明"最高库存量"和"最低库存量"，以确保材料既能保证生产的需要，又可以节约使用资金；实行材料管理的"永续盘存制"，采取领料单制度控制材料耗用量，按先进先出法计算材料耗用成本。

2. 建立了工时记录和人工成本计算方法

对人工使用卡片记录工作时间和完成产量；将人工成本先按部门归集，再分配给各种产品，以便控制和准确计算人工成本。

3. 确立了间接费用的分配方法

随着工厂制度的建立，企业生产设备大量增加，间接制造费用增长很快，成本会计改变了过去那种只将直接材料和直接人工列入成本，却将间接制造费用作为生产损失的做法，而是将间接制造费用也计入生产成本。于是，对间接制造费用的分配进行了研究，在实践中先后提出了按实际数进行分配和间接费用正常分配理论。

4. 采用分批成本计算法和分步成本计算法计算产品成本

根据制造业的生产工艺特点，选择分批计算产品成本或分步骤计算产品成本。1750 年，英国 J. 多德森（J. Dodson）在《会计人员或簿记方法》一书中介绍了分批成本计算方法。1777 年，英国的 W. 汤姆逊（W. Thompson）以亚麻制袜为例，从亚麻存货账户开始，记录了不同步骤的消耗，最后算出每双袜子的成本，可以说是分步成本法的萌芽。

5. 建立了成本会计组织

在组织方面，美国于 1919 年成立了全国成本会计师联合会；同年，英国成立了成本和管理会计师协会。这些成本会计组织成立后，开展了一系列的成本会计研究，为成本会计的理论和方法基础的奠定做出了贡献。

早期研究成本会计的会计专 W. B. 劳伦斯（W. B. Lawrence）对成本会计做过如下的定义："成本会计就是应用普通会计的原理、原则，系统地记录某一工厂生产和销售产品时所发生的一切费用，并确定各种产品或服务的单位成本和总成本，以供工厂管理当局决定经济的、有效的和有利的产销政策时参考。"

（二）近代成本会计阶段（1921—1945）

成本会计的理论和方法在这一阶段得到了进一步的完善与发展，成本会计有了以下方面的进展：

1. 标准成本制度的实施

19 世纪末 20 世纪初，资本主义社会从自由竞争阶段向垄断阶段过渡，重工业和化学工业大大发展，企业规模更大，分工协作更细，生产开始走向机械化和自动化。由于竞争激烈，企业迫切需要一些科学管理方法。1880 年以后，泰罗在钢铁公司进行试验，系统研究和分析工人操作方法和劳动时间，逐步形成了科学管理理论和方法，被后人称为"科学管理之父"。泰罗科学管理制度的主要内容是研究操作合理化，把各人的合理操作归结为某一种标准操作法，再要求一般工人普遍实施；同时，制定劳动定额，实行差别工资制。

泰罗的科学管理制度，"一方面是资产阶级剥削的最巧妙的残酷手段，另一方面是一系列最丰富的科学成就"①。这种管理方法可以提高生产效率，可以为资本家谋取高额利润，所以得到的普遍重视，在美国得到广泛推行，以后又传播到世界各地工业发达国家。泰罗的科学管，也给成本会计研究者提供了启示。19 世纪末，英国的 E. 加克和 J. M. 费尔斯提出了标准成本的观念；之后，美国工程师 H. 埃默森倡导了标准成本的应用，为生产过程成本控制提供。在此之前，成本没有控制，发生多少算多少，生产中浪费了，只有事后计算实际成本才实行标准成本制度后，成本会计不只是事后计算产品的生产成本和销售成本，还要事先制定成本标准，并据以控制日常的生产消耗和定期分析成本。这样，成本会计的职能扩大了，发展理成本和降低成本的手段，使成本会计的理论和方法有了进一步完善和发展，形成了管理成本会计的雏形，它标志着成本会计已经进入一个新的阶段。

2. 预算制度的完善

西方国家普遍认为控制成本最有效的办法除了制定标准成本外，还有预算控制，标准成本制度和预算控制是成本控制的两大支柱。1921 年，美国国会公布了《预算和会计法案》，对于民间企业实行预算控制产生了很大影响。1922 年，芝加哥大学 J. O. 麦金赛（J. O. Mckinsey）教授出版了《预算控制》一书，对预算控制的发展产生了重大影响，被誉为预算控制研究的第一部专著。同年，美国全国成本会计师协会第三次会议以"预算编制和使用"为专题展开研究。但是，当时的预算都是单项预算，如销售预算、现金预算等，各自独立，没有结合在一起，后来才发展成为全面预算，即以利润为目标，把各个单项预算密切联系在一起。预算控制的初始，是采用固定预算（也称静态预算）方法，即根据预算期间某一业务量（如产量）计划水平来确定其相应的预算数。但是，由于产量变动使间接费用预算数和实际数无法比较，影响了预算控制的实际效果。1928 年，美国西屋公司的一些会计师和工程师根据成本与产量的关系，设计了一种弹性预算方法，分别编制弹性预算和固定预算。所谓弹性预算，是根据计划期内可以预见某一业务量的各种水平来确定相应的预算标准。这样，不仅可使间接费用实际数同预算数更具有可比性，而且可使企业预算合理地控制不同属性的费用支出，有利于有效控制成本，正确考核经营者的工作业绩。所以，弹性预算是 20 世纪 30 年代成本会计的重大进步，也是节约间接费用的最好方法。

3. 成本会计的应用范围更广泛

在这一阶段，成本会计的应用范围从原来的工业企业扩大到各个行业，并深入应用到一个企业内部的各主要部门，特别是应用到企业经营的销售环节方面。在近代成本会计的后期，《工厂成本》、《标准成本》等成本会计名著的出版，是成本会计具备

---

① 列宁. 列宁全集：第 3 卷. 北京：人民出版社，1972：511.

了完整的理论和方法，形成了独立的成本会计学科。

（三）现代成本会计阶段（1946—1980）

第二次世界大战以后，科学技术迅速发展，生产自动化程度大大提高，产品更新速度加快；企业规模越来越大，跨国公司大量出现，市场竞争愈演愈烈。为了适应社会经济出现的新情况，考虑现代化生产的客观要求，提高管理的现代化，运筹学、系统工程和电子计算机等各种科学技术成就在成本会计中得到了广泛的应用，从而使成本会计发展到了一个新阶段，即成本会计发展已由如何事中控制成本、事后计算和分析成本转移到如何预测、决策和规划成本，形成了新型的注重管理的经营性成本会计。其主要内容有：

1. 开展成本预测与决策

为了控制成本，现代成本会计逐步转向把成本的预测和决策放在重要地位。运用预测理论和方法，建立起数量化的管理技术，对未来成本发展趋势做出科学的估计和测算；运用决策理论和方法，依据各种成本数据，按照成本最优化的要求，研究各种方案的可行性，选取最优方案，谋取企业的最佳效益，从而使成本会计向预防性管理方向发展。企业要进行经营决策，离不开成本预测，进行成本预测又需要进行成本性态分析，以了解成本与业务量之间的关系；本量利分析是对企业成本、业务量和利润之间各种变量关系进行分析的一种方法，它有利于企业制定经营决策和进行有效控制。

2. 实行目标成本管理

随着目标管理理论的应用，成本会计有了新的发展。在产品设计之前，按照客户所能接受的价格确定产品售价和目标利润，然后确定目标成本管理，使成本会计与工程技术等有机结合，有助于企业形成产品品质和功能优化、成本降低的竞争优势。

3. 实施责任成本

第二次世界大战后，随着美国企业规模的日益扩大和管理的日趋复杂，管理由集权制转为分权制。为了加强对企业内部各级单位的业绩考核，1952 年美国会计学家 J. A. 希琴斯（J. A. Higgins）倡导责任会计，提出建立成本中心、利润中心和投资中心相结合的会计制度，将成本目标进一步分解为各级责任单位的责任成本，进行责任成本核算，使成本控制更为有效。

4. 推行质量成本

随着工业生产的发展，企业对质量管理日益重视。美国质量管理专家朱兰等对此进行了系统研究，出版了大量著作。从 20 世纪 20 年代至 60 年代，质量管理几经变革，从质量检查阶段，经过统计质量管理阶段，形成了全面质量管理。20 世纪 60 年代，质量成本概念基本形成，并确定了质量成本项目以及质量成本的计算和分析方法。质量成本是企业为保证和提高产品质量而支出的一切费用，以及因未达到质量水平而造成的一切损失之和。质量成本一般包括预防成本、鉴定成本、内部损失成本和外部损失成本。质量成本的分析方法有多种，包括定性分析方法（如调查分析法和经验分析法）和定量分析方法（如排列图分析法和指标分析法等）。质量成本核算的推行，扩大了成本会计的研究领域。

5. 施行作业成本管理

美国会计学家在 20 世纪 80 年代后期提出了作业成本法，即以作业为基础的成本计算制度，施行作业成本管理。作业成本计算是一种真正具有创新意义的成本计算方法，它是适应当代高新科学技术制造环境而形成和发展起来的。

由此可见，现代成本会计是根据会计资料和其他有关资料，对企业生产经营活动过程中所发生的成本，按照成本最优化的要求，有组织有系统地进行预测、决策、控制、计划、核算、分析和考核，促使企业提高产品质量，降低成本，实现生产经营的最佳运转，不断提高企业经济效益。

综上所述，成本会计的方式和理论体系，随着发展阶段的不同而有所区别。从成本会计的方式来看，在早期成本会计阶段，主要是采用分批或分步成本会计方法计算产品成本，以确定存货成本及销售成本；在近代成本会计阶段，主要采用标准成本制度和成本预算制度，为生产过程的成本控制提供了条件；在现代成本会计阶段，加强事前成本控制，广泛应用管理科学的成果，其发展重点趋向预测、规划及决策，实施最优化控制。从成本会计的理论体系来看，开始属于财务会计体系，主要从财务会计理论来研究成本计算，并纳入会计账簿体系；到了近代成本会计阶段，成本会计具备了完整的理论和方法，形成了独立的学科；随着经营管理的发展，成本概念十分广泛，成本会计范围更加开阔，逐步向经营型成本会计发展，形成了企业会计中财务会计、成本会计和管理会计的三分局面。

（四）战略成本会计阶段（1981 以后）

20 世纪 80 年代，英国学者西蒙首先提出了战略成本管理。从 20 世纪 90 年代开始，实务界和学术界开始致力于战略成本管理研究，建立成本管理的新理论和新方法，以适应科学技术迅速发展和全球竞争带来的挑战。战略成本管理是为了获得和保持企业持久竞争优势而进行的成本分析与管理[①]。对于战略成本管理所应包括的内容，中外学者观点不一。美国哈佛商学院迈克尔·波特教授在《竞争战略》一书中提出了价值链分析的一般方法；美国管理会计学者杰克·桑克等人出版了《战略成本管理》一书，使战略成本管理的理论方法更加具体化；推崇作业成本制度的美国教授鲁宾·库珀提出了以作业成本制度为核心的战略成本管理体系；日本理论界和企业界提出了成本企划这一战略成本管理模式，日本成本企划委员会将成本企划定性为企业确立中长期竞争优势的、与产品开发相关的战略性管理方法。国外学者对于战略成本管理研究的成果，主要表现为通过成本管理来提供对战略决策有用的成本信息，一般认为，战略成本管理的内容包括价值链分析、战略定位分析、成本动因分析等。

价值链分析是通过对从原材料供应到产品消费的全过程的价值活动的成本与价值的比较分析，以实现企业竞争优势。价值链分析可以从多方面揭示有关企业竞争力的

① 刘明辉. 走向 21 世纪现代会计. 大连：东北财经大学出版社，1996：151.

成本信息，具体来说，通过价值链分析可以确认企业价值活动在整个行业价值链中的位置如何；通过竞争对手价值链分析，可以发现企业成本是否具有竞争优势；对供应商价值链进行分析，目的是同供应商建立合作关系，寻求成本持续降低的机会；分析客户价值链，有助于同购买商建立战略合作伙伴关系，扩展市场份额，增强产品市场竞争力。战略定位分析是对影响企业战略的诸多因素进行综合分析，确定企业应采取的战略，并建立与企业战略相适应的成本管理战略。一般认为企业可以通过成本领先战略、产品差异化战略和目标集聚三种竞争战略来取得竞争优势地位，前两种战略是要在全行业范围内实现竞争优势，而目标集聚战略却是为特定市场服务，通过吸引顾客达到战略目标。成本动因是指导致企业成本发生的任何因素，即成本驱动因素。成本动因一般包括结构性成本动因，指与企业基础经济结构有关的成本驱动因素，如企业规模、业务范围、经验、技术、多样性和厂址等；执行性成本动因是与企业执行作业程序有关的成本驱动因素，如劳动力参与、全面质量管理、生产能力利用、工厂布局的效率性、产品外观、联系等。结构性成本动因分析用来解释成本定位，执行性成本动因分析用来引导成本管理的方向和重点。

二、成本会计、管理会计和财务会计的关系

会计系统是任何企业组织取得财务和管理信息不可缺少的工具。现代会计系统可分为财务会计和管理会计两类。由于使用者的不同，由此产生了财务会计和管理会计两个子系统。财务会计主要是为投资者、债权人、政府机构以及其他的企业外部使用者提供经营成果、财务状况及其变动信息，其主要目的是发挥会计信息的社会职能；财务会计关注过去发生的经营活动，为满足客观性、可验证性以及一致性的要求，必须受制于"公认会计原则"（GAAP）。而管理会计则主要为企业内部各阶层管理人员提供各种相关的管理信息，其主要目的是协助实现组织目标，一般不受限于公认会计原则；管理会计强调未来，除了提供历史报告外，还提供预算和其他预测信息。成本会计是财务会计与管理会计的混合物，是计算及提供成本信息的会计方法。成本会计主要是通过处理企业获取和消耗资源的成本及其相关信息，从而向财务会计和管理会计提供必要的数据。财务会计要依据成本会计所提供的有关资料进行资产计价和收益确定，而成本的形成、归集和结转程序也要纳入以复式记账法为基础的财务会计总框架中，因此，成本数据往往被企业外部信息使用者用于对企业管理当局业绩的评价，并据此做出投资决策。同样，成本会计所提供的成本数据，更多地被企业管理当局作为决策的依据或被用于对企业内部管理人员的业绩评价，因为，成本会计中的一个重要内容就是确认以前的管理决策引起的成本支出。可见，成本会计提供的成本信息既可以为财务会计编制财务报表之用，也可满足企业内部管理人员进行决策或业绩评价的需要。总之，就财务报表的编制而言，成本会计附属于财务会计；但从管理角度来看，成本会计是管理会计的一个重要组成部分，成本会计是以管理为重心的。更进一步地讲，财务会计与管理会计都必须依赖于成本会计系统所提供的信息。

第三节 成本会计的对象

成本计算是在汇集一定时期发生的费用的基础上，运用一定的计算程序和方法，将费用按照确定的成本计算对象进行归集和分配，最终计算出各个成本计算对象的总成本和单位成本的一种方法。

成本会计的主要目的在于计量各项成本，并将之分配到每个实体即成本对象。因此，确认及选择成本对象是成本会计工作的基础。成本对象是指需要对其进行成本计量和分配的项目，如产品、服务、客户、部门、项目或作业等等。例如，如果我们想知道生产一辆轿车得花多少钱，那么成本对象是轿车；如果我们想知道航空公司的一条从北京开往美国航班的成本，那么成本对象就是该条航线的服务；如果我们想知道某一通信设备的开发成本，那么成本对象就是该通信设备的开发项目。因此，成本计算对象是为了计算经营业务成本而确定的归集经营费用的各个对象，也是成本的承担者。成本对象可以是一种产品、一项服务、一位顾客、一张订单、一份合同、一个作业或是一个部门。

因此，成本会计的对象就是指成本会计反映和监督的内容。明确成本会计的对象，对于确定成本会计的任务，研究和运用成本会计的方法，更好地发挥成本会计在经济管理中的作用，具有重要的意义。

第一节对成本的经济实质进行了说明。从理论上讲，成本所包括的内容，也就是成本会计应该反映和监督的内容。但为了更加详细，具体地了解成本会计的对象，还必须结合企业的具体生产经营过程和现行企业会计制度的有关规定加以说明。下面以工业企业为例，说明成本会计应反映和监督的内容。

工业企业的基本生产经营活动是生产和销售工业产品。在产品的直接生产过程中，即从原材料投入生产到产成品制成的产品制造过程中，一方面制造出产品来；另一方面要发生各种各样的生产耗费。这一过程中的生产耗费，概括地讲，包括劳动资料与劳动对象等物化劳动耗费和活劳动耗费两大部分。其中房屋，机器设备等作为固定资产的劳动资料，在生产过程中长期发挥作用，直至报废而不改变其实物形态，但其价值则随着固定资产的磨损，通过计提折旧的方式，逐渐地，部分地转移到所制造的产品中去，构成产品生产成本的一部分；原材料等劳动对象，在生产过程中或者被消耗掉，或者改变其实物形态，其价值也随之一次性转移到新产品中去，也构成产品生产成本的一部分；生产过程是劳动者借助劳动工具对劳动对象进行加工，制造产品的过程，通过劳动者对劳动对象的加工，才能改变原有劳动对象的使用价值，并且创造出新的价值来。其中劳动者为自己劳动所创造的那部分价值，则以工资形式支付给劳动者，用于个人消费，因此，这部分工资也构成产品生产成本的一部分。具体来说，在产品的制造过程中发生的各种生产耗费，主要包括原料及主要材料，辅助材料，燃料等的支出，生产单位（如分厂、车间）固定资产的折旧，直接生产人员及生产单位管理人员的工资以及其他一些货币支出等。所以这些支出，就构成了企业在产品制造过程的全部生产费用，而为生产一定种类，一定数量产品而发生的各种生产费用支出的总和就构成了产品的生产成本。上述产品制造过程中各种生产费用的支出和产品生产成本的形成，是成本会计应反映和监督的主要内容。

在产品的销售过程中，企业为销售产品也会发生各种各样的费用支出。例如，应由企业负担的运输费，装卸费，包装费，保险费，展览费，差旅费，广告费，以及为销售本企业商品而专设销售机构的职工薪酬、类似工资性质的费用、业务费等。所有这些为销售本企业产品而发生的费用，构成了企业的销售费用。销售费用也是企业在生产经营过程中所发生的一项重要费用，它的支出及归集过程，也应该成为成本会计所反映和监督的内容。

企业的行政管理部门为组织和管理生产经营活动，也会发生各种各样的费用。例如，企业行政管理部门人员的薪酬，固定资产折旧，工会经费，业务招待费，坏账损失等。这些费用可统称为管理费用。企业的管理费用，也是企业在生产经营过程中所发生的一项重要费用，其支出及归集过程，也应该成为成本会计所反映和监督的内容。

此外，企业为筹集生产经营所需资金也会发生一些费用。例如，利息净支出、汇兑净损失、金融机构的手续费等。这些费用可统称为财务费用。财务费用亦是企业在生产经营过程中发生的费用，它的支出及归集过程也应属于成本会计反映和监督的内容。

上述销售费用、管理费用和财务费用，与产品生产没有直接联系，而是按发生的期间归集，直接计入当期损益，因此，它们构成了企业的期间费用。

综上所述，按照企业会计制度的有关规定，可以把工业企业成本的对象概括为：工业企业生产经营过程中发生的产品生产成本和期间费用。

商品流通企业，交通运输企业，施工企业，农业企业等其他行业企业的生产经营过程虽然各有其特点，但按照现行企业会计制度的有关规定，从总体上看，他们在生产经营过程中所发生的各种费用，同样是部分地形成了企业的生产经营业务成本，部分作为期间费用直接计入当期损益。因此，从现行企业会计制度的有关规定出发，可以把成本会计的对象概括为：企业生产经营的过程中发生的生产经营业务成本和期间费用。

以上按照现行企业会计制度的有关规定，对成本会计的对象进行了概括性的阐述。但成本会计不仅应该按照现行企业会计制度的有关规定为企业正确确定利润和进行成本管理提供可靠的生产经营业务成本和期间费用信息，而且应该从企业内部经营管理的需要出发，提供多方面的成本信息。例如，为了进行短期生产经营的预测和决策，应计算变动成本、固定成本、机会成本和差别成本等；为了加强企业内部的成本控制和考核，应计算可控成本和不可控成本；为了进一步提高成本信息的决策相关性，还可以计算作业成本，等等。上述按照现行企业会计制度的有关规定所计算的成本（包括生产经营业务成本和期间费用），可称为财务成本、为企业内部经营管理的需要所计算的成本，可称为管理成本。因此，成本会计的对象，总括地说应该包括各行业企业的财务成本和管理成本。

第四节 成本会计的职能与任务

一、成本会计的职能

成本会计的职能，是指成本会计在经济管理中的功能。成本会计作为会计的一个重要分支，其基本职能同会计一样，具有反映和监督两大基本职能。但从成本会计产生和发展的历史看，随着生产过程的日趋复杂，生产、经营管理对成本会计不断提出新的要求，成本会计反映和监督的内涵也在不断发展。现代成本会计的职能主要包括成本预测、成本决策、成本计划、成本控制、成本核算、成本分析和成本考核。

（一）成本预测

成本预测，是指依据成本的有关数据及其与各种技术经济因素之间的依存关系，结合企业发展前景及应采取的各种措施，通过一定程序、方法和模型，对未来成本水平及其变化趋势做出的科学估计。

成本预测是成本决策的前提。企业不仅应该在成本决策之前进行成本预测，为成本决策提供依据，而且还应该在成本计划执行过程中进行成本预测，以便及时掌握成本变化趋势，为进行成本事中控制提供帮助，从而保证企业完成成本计划。进行成本预测有助于企业减少生产经营的盲目性，有利于选择最优方案，并可以提高企业降低成本的自觉性。

（二）成本决策

成本决策，是指在成本预测的基础上，按照既定目标要求，运用专门方法，对有关生产经营的成本方案进行计算分析，从中选择最优方案。

企业可以根据市场需求和其他方面的要求，通过成本预测，确定生产经营的几个备选方案。对这些备选方案，必须运用专门方法进行认真的分析论证。通过从技术上、经济上的分析论证，可以确定各备选方案的可行性，从而可以进行成本决策，确定最优方案，制定目标成本。做好成本决策对于企业正确制订成本计划，促进企业提高经济效益，具有十分重要的意义。

（三）成本计划

成本计划，是根据成本决策所确定的方案和目标，具体规定计划期内各种生产耗费水平和各种产品成本水平，并提出实现规定成本水平所应采取的具体措施。

成本计划执行的过程，也是进行成本控制的过程。成本计划是建立成本管理责任制的基础，对于企业进行成本控制、挖掘降低成本的潜力，具有重要作用。会计期末，当企业计算出实际消耗的各种生产费用后，可以与计划成本进行对比，以分析企业成本计划的实际完成情况。

（四）成本控制

成本控制，是指预先制定成本标准作为各项费用消耗的限额。在生产经营过程中，将实际发生的费用严格控制在限额标准之内，随时揭示和及时反馈实际费用与限额标准之间的差异，并要系统分析成本差异原因，以便采取措施，消除生产中的损失和浪费。

企业应在规定的成本费用开支范围内，分别制定有关成本标准，包括原材料、燃料、工资等的费用消耗标准和数量消耗标准，并根据制定的标准控制生产过程中实际发生的各项费用，以保证完成成本目标和成本计划水平。成本控制包括事前控制、事中控制和事后控制。在进行成本预测、成本决策和成本计划过程中进行的成本控制，属于成本的事前控制。在生产经营过程中，将实际发生的费用控制在限额标准之内，为成本的事中控制。成本核算和成本事后分析，都属于成本的事后控制。进行成本控制，有利于实现预期的成本目标和不断降低成本。

（五）成本核算

成本核算，是对生产经营过程中所发生的各项费用进行审核，按照一定的程序，采用适当的方法，归集和分配各成本计算对象所应负担的成本费用，以计算出各该对象的总成本和单位成本。

成本核算是对成本计划执行结果的反映，也是对成本控制结果的反映。通过成本核算，不仅可以考核和分析成本计划的执行情况，揭露企业生产经营中存在的问题，还可以为制定产品价格提供依据。

（六）成本分析

成本分析，是指利用成本核算资料和其他有关资料，全面分析成本水平与构成的变动情况，系统地研究影响成本变动的因素和原因，挖掘降低成本的潜力。

成本分析包括的具体内容很广泛，如产品成本分析，技术经济指标对成本影响的分析，成本效益分析等。具体进行成本分析时，可以将实际成本核算资料与计划成本、上年同期实际成本、本企业的历史先进水平等进行对比分析。通过成本分析，可以正确认识和掌握成本变动的规律，明确影响成本升降的责任，以便采取措施，从而实现降低成本的目标，并为编制成本计划和制定新的经营决策提供依据，也为成本考核提供依据。

（七）成本考核

成本考核，是指将报告期的成本、成本效益的各项实际完成指标同计划指标、定额指标和预算指标进行对比，评价企业成本管理工作的成绩及存在问题的一项工作。

在经济活动完成之后，将成本、成本效益的实际指标同计划指标进行比较，可以评价企业成本计划的完成情况，以提高企业的成本管理水平，提高企业的经济效益。需要强调的是，成本考核要与一定的奖惩制度相结合，通过成本考核，用经济、行政手段进行激励，可以调动各成本责任单位与全体员工更好地完成成本计划的积极性。

综上所述，成本会计的各种职能是互相配合、互相依存的一个有机整体。成本预测是成本会计的第一个环节，它是进行成本决策的前提；成本决策是成本会计的重要环节，在成本会计中居中心地位，它既是成本预测的结果，又是制订成本计划的依据；成本计划是成本决策的具体化；成本控制是对成本计划的实施进行监督，是实现成本决策既定目标的保证；成本核算是成本会计最基本的职能，它提供企业管理所需的成本信息资料，是发挥其他职能的基础，同时也是对成本计划能否得到实现的最后检验；成本分析和成本考核是实现成本决策目标和成本计划的有效手段，只有通过成本分析，查明影响成本高低的原因，制定和执行改进和完善企业管理的措施，才能有效降低成本；通过正确评价和考核各责任单位的工作业绩，才能调动各部门和全体职工的积极性，进行有效控制，为切实执行成本计划，实现企业既定目标提供动力。

二、成本会计的任务

成本会计的任务同成本会计的职能有着密切联系。一方面，能否承担某一项任务，取决于是否具有完成该项任务的职能；另一方面，职能作用的发挥又受制于任务完成情况的好坏。同时，成本会计的职能和任务又是各有特定涵义的独立概念。职能是指成本会计本身所具有的功能，具有客观性、相对稳定性以及普遍适用性的特点，而任务是发挥其职能作用所要达到的目的和要求，具有主观性、不稳定性以及与社会环境紧密相联的特点。所以，成本会计的任务不仅取决于其职能作用，还取决于一定时期社会环境的要求和企业的中心任务。

根据我国现时经济发展的客观要求，成本会计的根本任务是在保证产品质量的前提下，促进企业尽可能节约产品生产经营过程中的物化劳动和活劳动消耗，不断提高经济效益。成本会计的具体任务包括以下方面：

（一）正确计算产品成本，及时为企业的经营管理提供成本信息

进行产品成本计算，是成本会计的基础。企业只有正确计算产品成本，及时提供成本信息，才能保证盈亏计算和存货计价的正确性，有效地考核成本计划的完成情况，为成本的预测、决策和成本目标的规划，以及财务报表的编制提供成本信息。为此，企业要严格遵守成本开支范围规定，依据会计准则、企业会计制度和成本管理规定的有关要求，根据企业生产特点采用相应的成本计算方法，正确、及时地计算产品成本，这也是做好成本会计工作的最基本要求。

（二）进行成本预测，参与成本决策

做好成本预测和决策工作，是成本会计适应社会生产发展而承担的新任务。成本预测和成本决策有着密切联系，加强成本预测是优化成本决策的前提，而优化成本决策是加强成本预测的结果。把二者有机地结合起来，可为企业挖掘降低成本的潜力、提高经济效益指明方向。

进行成本预测，不仅要在生产过程中对成本进行预测，而且要在产品投产前进行

预测；要充分占有资料，并采用科学的计算方法，提高成本预测的准确程度。

参与成本决策，要收集有关信息资料，通过经济评价，合理判断，做出正确决策。决策的结果必须是经济上合理，技术上先进，资源上充足，并有具体行动规划作保证。

（三）制定目标成本，加强成本控制

目标成本是个总的奋斗目标，不便进行日常成本控制。因此，目标成本制定出来后，还要按照责任会计的要求，把目标成本层层分解为各个责任中心的责任成本，并形成责任预算，落实到各有关责任中心，进行归口分级管理，形成一个多层次的成本控制网络，由各级管理人员根据责任预算进行控制，包括限制、指导、监督和调节。这样制定的目标成本才能真正起到成本控制的作用。

成本控制是在目标成本分解的基础上进行的，是目标成本的实施过程。加强成本控制，必须对目标成本的分指标进行归口分级控制，以产品成本形成的全过程为对象，结合生产经营各阶段的特点进行有效控制，从人力、物力和财力的使用效果出发，立足于成本效益的提高。

（四）做好成本分析，严格成本考核

成本分析是在成本核算的基础上进行的。将实际成本与计划成本、上期实际成本、本企业的历史先进成本水平等进行对比，可以确定差异，分析原因，以便采取措施，消灭不利差异，扩大有利差异，保证成本目标实现。

现代企业应建立成本责任制，把成本责任指标分解落实到各部门、各层次和各相关人员，实行责权利相结合，以提高全体职工降低成本的责任心和积极性，从而增强企业活力。成本考核是成本责任制顺利进行的保证，通过考核，可以分清责任，正确评价各责任单位工作成绩，起到鼓励先进鞭策落后的作用。只有通过成本考核，把成本管理的好坏，同每个人的切身利益紧密结合起来，才能保证促使企业全员改进工作，努力降低成本，不断增加效益。

根据上述对成本会计职能和任务的分析，成本会计的内容包括成本的预测、决策、计划、控制、核算、分析和考核几大部分。其中，进行成本核算，提供真实、有用的核算资料，是成本会计的基本任务和中心环节。

第五节   成本会计工作的组织

为了有效地进行成本会计工作，充分发挥其应有的作用，企业必须科学地组织成本会计工作。成本会计工作的组织，主要包括设置成本会计机构，配备必要的成本会计人员，制定科学、合理的成本会计制定等。产品成本高低受到企业各部门和全体职工工作的影响，因此，需要把企业各部门很好地组织起来，分解成本指标，具体落实成本责任，充分调动职工积极性，使所有部门单位和人员都重视成本，才能达到提高效益的目的。

一、成本会计机构

企业的成本会计机构，是在企业中直接从事成本会计工作的机构。一般而言，大中型企业应在专设的会计部门中，单独设置成本会计机构，专门从事成本会计工作；在规模较小、会计人员不多的企业，可以在会计部门中指定专人负责成本会计工作。另外，企业的有关职能部门和生产车间，也应根据工作需要设置成本会计组或者配备专职或兼职的成本会计人员。

成本会计机构内部，可以按成本会计所担负的各项任务分工，也可以按成本会计的对象分工，在分工的基础上建立岗位责任制，使每一个成本会计人员都明确自己的职责，每一项成本会计工作都有人负责。

企业内部各级成本会计机构之间的组织分工，有集中工作和分散工作两种基本方式。

所谓集中工作方式，是指企业的成本会计工作，主要由厂部成本会计机构集中进行，车间等其他单位的成本会计机构或人员只负责原始记录和原始凭证的填制，并对它们进行初步的审核、整理和汇总，为厂部成本会计机构及时掌握整个企业与成本有关的全面信息；便于集中使用计算机进行成本数据处理；还可以减少成本会计机构的层次和成本会计人员的数量。但这种工作方式不便于直接从事生产经营活动的各单位和职工及时掌握本单位的成本信息，从而不便于成本的及时控制和责任成本制的推行。

所谓分散工作方式，是指成本会计工作中的计划、控制、核算和分析由车间等其他单位的成本会计机构或人员分别进行。成本考核工作由上一级成本会计机构对下一级成本会计机构逐级进行。厂部成本会计机构除对全厂成本进行综合的计划、控制、分析和考核以及汇总核算外，还应负责对下级成本会计机构或人员进行业务上的指导和监督。成本的预测和决策工作一般仍由厂部成本会计机构集中进行。

分散工作方式的优缺点与集中工作方式正好相反。一般而言，大中型企业由于规模较大，组织结构复杂，会计人员数量较多，为了调动各级各部门控制成本费用，提高经济效益的积极性，一般应采用分散工作方式；小型企业为了提高成本会计工作的效率和降低成本管理的费用，一般可采用集中工作方式。

二、成本会计人员

在成本管理机构中，配备适当数量思想品德优秀、精通业务的成本会计人员是做好会计工作的关键。就思想品德而言，要求成本会计人员应具备脚踏实地、实事求是、敢于坚持原则的作风和高度的敬业精神；就业务素质而言，要求成本会计人员不仅要具备较为全面的会计知识而且要掌握一定的生产技术和经营管理方面的知识。

为了充分调动和保护会计人员的工作积极性，国家在有关的会计法规中对会计人员的职责、权限、任免、奖惩以及会计人员的技术职称等，都做了明确的规定。这些规定对于会计成本也是完全适用的。

成本会计机构和成本会计人员应在企业总会计师和会计主管人员的领导下，忠实地履行自己的职责，认真完成成本会计的各项任务，并从降低成本、提高企业经济效益的角度出发，参与制定企业的生产经营决策。为此，成本会计人员应经常深入生产经营的各个环节，结合实际情况，向有关人员和职工宣传、解释国家的有关方针、政策和制度，以及企业在成本管理方面的计划和目标等，并督促他们贯彻执行；深入了解生产经营的实际情况，注意发现成本管理中存在的问题并提出改进的意见和建议，当好企业负责人的参谋。

根据成本会计人员的职责，应赋予他们相应的权限。这些权限主要有：成本会计人员有权要求企业有关单位和人员认真执行成本计划，严格遵守国家的有关法规、制度和财经纪律；有权参与制定企业生产经营计划和各项定额，参加与成本管理有关的生产经营管理会议；有权督促检查企业各单位对成本计划和有关法规、制度、财经纪律的执行情况。

成本会计工作是一项涉及面很广、综合性很强的管理工作，尤其是随着市场经济体制的不断发展和完善、科学技术的不断进步，按照市场经济的要求，靠技术进步降低成本，加强企业的竞争能力，提高企业的经济效益，已经成为成本会计工作的重要内容。为此，成本会计人员必须刻苦钻研业务，认真学习有关的业务知识和业务技术，不断充实和更新自己的专业知识，提高自己的素质，以适应新形势的要求。

三、成本会计制度

成本会计制度是组织和从事成本会计工作必须遵循的规范和具体依据。企业应遵循国家有关法律、法规、制度，如《会计准则》、《财务通则》、《财务会计制度》等的有关规定，并体现社会主义市场经济的要求，满足宏观调控的需要来制定；要适应企业生产经营的特点和管理要求，制定企业内部成本会计制度，作为企业进行会计工作具体和直接的依据。

各行业企业由于生产经营的特点和管理的要求不同，所制定的成本会计制度有所不同。成本会计制度的内容，应包括对成本进行预测、决策、计划、控制、核算、分析和考核等做出决定，一般应包括以下几个方面：

（一）关于成本岗位责任制；

（二）关于成本预测和决策的制度；

（三）关于成本定额的制度和成本计划编制的制度；

（三）关于控制成本的制度；

（五）关于成本核算规程的制度；

（六）关于责任成本的制度；

（七）关于企业内部结算价格和内部结算办法的制度；

（八）关于成本报表的制度；

（九）成本岗位考核标准；

（十）其他有关成本会计的制度。

应该说明的是，成本会计制度一经确定，就应认真贯彻执行，保持相对稳定。但，随时间的推移，实际情况往往会发生变化，出现新的情况，这时应根据变化了的情况，对成本会计制度进行适当地修订和完善或做相应的调整，以保证成本会计制度的科学性和先进性。

四、成本会计的基础工作

一般来说，不同类型的企业成本会计工作差别很大；在同一类型的企业里，若不同类型的企业成本会计工作差别很大；在同一类型的企业里，若分工不同，工作流程也会有所不同。企业应根据本单位生产经营的特点、生产规模的大小和成本管理的要求等具体情况来组织成本会计工作。具体来说，成本会计的基础工作主要包括以下内容：

（一）原始记录制度

原始记录是指按照规定的格式，对企业的生产、技术经济活动的具体事实所做的最初书面记载。它是进行各项核算的前提条件，是编制费用预算，严格控制成本费用支出的重要依据。成本会计有关的原始记录主要包括以下内容：

（1）反映生产经营过程中物化劳动消耗的原始记录。

反映活劳动消耗的原始记录。

反映在生产经营过程中发生的各种费用支出的原始记录。

（4）其他原始记录。

原始记录是成本核算的基础，成本核算更是如此。因此，原始记录必须真实正确，内容完整，手续齐全，要素完备，以便为成本计算、控制、预测和决策提供客观的依据。原始记录要符合企业管理和成本管理的要求，要有利于开展班组经济核算，力求简便易行，讲求实效，并根据实际使用情况和提高企业管理的要求，随时补充和修改，以充分发挥原始记录的作用。

（二）计量与验收制度

为了保证入库材料物资数量与质量，必须搞好计量与验收工作，准确的计量和严格的质量检测是保证原始记录可靠性的前提；为了保证领、退的材料物资准确无误，还必须及时办好领料和退料凭证手续，使成本中的材料费用相对准确。由于材料物资等存货品种、规格多，进出频繁，尽管严格管理，但由于种种原因，账面不符还经常存在，所以对材料物资还得进行定期或不定期的清查盘点，进行账面调整，以保证库存材料物资的真实性，确保成本中的材料等费用更加准确。计量和验收为企业生产、科学实验、经济核算提供可靠数据，对保证生产、提高质量、降低成本都有重要作用，应当切实搞好。

（三）定额管理制度

定额是指在一定生产技术组织条件下，对人力、财力、物力的消耗及占用所规定的数量标准。科学先进的定额，是对产品成本进行预测、核算、控制和考核的依据。与成本核算有关的消耗定额，主要包括：工时定额、产量定额、材料、燃料、动力、工具等消耗的定额，有关费用的定额如制造费用的预算等。消耗定额的制定是作为企业产品生产发生耗费应该掌握的标准。但由于消耗定额服务于不同的成本管理目的，可表现为不同的消耗水平。当企业编制成本计划时，是根据计划期内平均消耗水平所制定的定额；当定额作为分配实际成本标准时，是以能体现现行消耗水平的定额为依据来衡量的；当企业为实现预期利润而控制成本时，是根据企业实现预期利润必须达到的消耗水平作为衡量的尺度。定额制定后，为了保持它的科学性和先进性，还必须根据生产的发展、技术的进步、劳动生产率的提高，进行不断的修订，使它为成本管理与核算提供客观的依据。

（四）企业内部计价制度

在生产经营过程中，企业内部各单位之间往往会相互提供半成品、材料、劳务等等，为了分清企业内部各单位的经济责任，明确各单位工作业绩以及总体评价与考核的需要，应制定企业内部结算价格。企业应当根据进行内部经济核算和成本管理的需要，对原材料、辅助材料、燃料、动力、工具、配件、在产品、半成品、其他劳务等，制订合理的厂内计划价格，以便划分经济责任，计算经济效果。计划价格要尽可能符合实际，并定期进行修订，使之在计划、核算和内部结算过程中更好地发挥作用。

【思考题】

1. 简述成本的经济实质。
2. 现代成本会计的内容包括哪些？
3. 成本的作用是什么？
4. 成本会计的基础工作包括什么？其主要内容是什么？
5. 成本会计人员的主要职责是什么？
6. 成本会计制度应包括的内容是什么？

【练习题】

一、单项选择题

1. （   ）是构成商品的理论成本。
   A. 已耗费的生产资料转移的价值
   B. 劳动者为自己劳动所创造的价值
   C. 劳动者为社会劳动所创造的价值
   D. 已耗费的生产资料转移的价值和劳动者为自己劳动所创造的价值

2. 成本的经济实质是（   ）。
   A. 生产经营过程中所耗费生产资料转移价值的货币表现
   B. 劳动者为自己劳动所创造价值的货币表现

C. 劳动者为社会劳动所创造价值的货币表现

D. 企业在生产经营过程中所耗费的资金的总和

3. 一般来说，实际工作中的成本开支范围与理论成本包括的内容（　　）。

  A. 是有一定差别的　　B. 是相互一致的　　C. 是不相关的　　D. 是可以相互替代的

4. 从现行企业会计制度的有关规定出发，成本会计的对象是（　　）。

  A. 各项期间费用的支出及归集过程

  B. 产品生产成本的形成过程

  C. 诸会计要素的增减变动

  D. 企业生产经营过程中发生的生产经营业务成本和期间费用

5. 成本会计的基础工作包括（　　）。

  A. 设置会计机构　　B. 配备会计人员　　C. 制定会计制度　D. 建立定额管理制度

6. 现代成本会计应该放在首位的工作是（　　）。

  A. 成本计划　　　　　　　　　　B. 成本核算

  C. 成本预测和决策　　　　　　　D. 成本考核和分析

7. 成本会计反映职能的最基本方面是（　　）。

  A. 检查各项生产经营耗费的合理性、合法性和有效性

  B. 提供真实的、可以验证的成本信息

  C. 分析和考核成本管理工作的业绩

  D. 调节和指导企业的有关经济活动

8. 成本会计最基本的任务和中心环节是（　　）。

  A. 进行成本预测，编制成本计划

  B. 审核和控制各项费用的支出

  C. 进行成本核算，提供实际成本的核算资料

  D. 参与企业的生产经营决策

二、多项选择题

1. 商品的理论成本是由生产商品所耗费的（　　）构成的。

  A. 生产资料转移的价值　　　　　　B. 劳动者为自己劳动所创造的价值

  C. 劳动者为社会劳动所创造的价值　D. 必要劳动

  E. 其他方面支出

2. 成本的主要作用在于（　　）。

  A. 是补偿生产耗费的尺度　　　　　B. 是综合反映企业工作质量的重要指标

  C. 是企业对外报告的主要内容　　　D. 是制定产品价格的重要因素

  E. 是企业进行生产经营决策的重要依据

3. 现代成本会计阶段的主要内容包括（　　）。

  A. 开展成本的预测和决策　　　　　B. 实行目标成本计算

  C. 实施责任成本核算　　　　　　　D. 实行变动成本计算法

  E. 推行质量成本核算

4. 战略成本管理包括的范围一般认为有（　　）。

    A. 价值链分析　　　　B. 战略定位　　　　C. 分散战略　　　　D. 成本动因分析

    E. 集中战略

5. 成本核算的各项基础工作主要有（　　　）。

    A. 建立和健全成本考核制度

    B. 建立和健全财产物资的计量、收发、领退制度

    C. 建立和健全各项原始记录制度

    D. 建立和健全成本分析制度

    E. 制定厂内内部结算价格

6. 成本会计工作的组织包括（　　　）。

    A. 成本会计制度　　　　　　　　B. 成本会计人员

    C. 成本会计机构　　　　　　　　D. 成本管理责任制

    E. 班组经济核算

7. 成本会计制度应该包括的内容是（　　　）。

    A. 关于成本核算制度　　　　　　B. 关于成本分析制度

    C. 关于成本考核制度　　　　　　D. 关于成本岗位责任制度

    E. 企业内部结算制度

8. 可以从事成本会计工作的会计人员应该是（　　　）。

    A. 能够公正客观地表达会计信息

    B. 必须具备必要的会计知识，但不必熟悉生产技术

    C. 通过持续教育，保持胜任的职业能力

    D. 必须有能力经营管理企业

    E. 必须具备会计师资格

三、判断题

1. 从理论上讲，商品价值中的补偿部分，就是商品的理论成本。　　　　（　　）

2. 成本的经济实质，是生产经济过程中所耗费生产资料转移价值的货币表现。（　　）

3. 成本的经济实质，是企业在生产经营过程中所耗费的资金的总和。　　（　　）

4. 在实际工作中，确定成本的开支范围应以成本的经济实质为理论依据。（　　）

5. 成本会计的对象，概括地讲，就是产品的生产成本。　　　　　　　　（　　）

6. 提供有关预测未来经济活动的成本信息资料，是成本会计监督职能的一种发展。

    　　　　　　　　　　　　　　　　　　　　　　　　　　　　　　　（　　）

7. 以已经发生的各项费用为依据，为经济管理提供真实的、可以验证的成本信息资料，

    是成本会计反映职能的基本方面。　　　　　　　　　　　　　　　（　　）

8. 成本会计的监督职能，就是通过对实际成本信息资料进行检查和分析，来评价、考

核有关经济活动。　　　　　　　　　　　　　　　　　　　　　　　　（　　）

9. 成本预测和计划是成本会计的最基本的任务。　　　　　　　　　　　（　　）

10. 企业主要应根据外部有关方面的需要来组织成本会计工作。　　　　（　　）

【案例与分析】

【案例】

某小型生产企业，由于考虑成本——效益原则，所以在成本核算工作中存在一些不足，比如材料消耗是根据实际领料数量进行核算，没有考虑核算标准，因而各月之间成本波动较大，而且领用材料计量不够准确，对于不能点数的材料用目测的方法估算。鉴于存在的问题，企业经理决定进行整改。

要求：如果请你为经理出谋划策，请问你有哪些建议？

【分析】

进行成本核算，必须做好各项基础工作，包括建立定额管理制度，制定必要的消耗定额，加强物质的计量、验收、领发和清查制度，建立内部结算制度，制定内部结算价格，以及建立原始记录制度，制定合理的凭证转递流程。

本案例中的企业存在的问题，就是没有做好成本核算的基础工作。一是通过制定材料消耗定额，解决材料领用与考核没有标准的问题；二是加强材料的计量、验收和清查工作，以控制生产消耗。

第二章　成本核算的基本要求和一般程序

学习目标

1. 了解成本核算的意义和原则。
2. 掌握成本核算应划分五个方面的费用界限。
3. 掌握费用按各种标准的分类，以及这些分类之间的区别和联系；了解费用的各种分类在成本核算和成本管理中的作用。
4. 掌握企业成本核算的一般程序、需要设置的主要会计科目及其用途和结构，以及明细账的设置口径、账页格式和登记方法。
5. 了解产品成本核算方法的确定原则。
6. 本章重点是成本核算的基本程序。
7. 难点是各种支出、费用、成本界限的划分。

第一节　成本核算的意义和原则

一、成本核算的意义

产品成本是企业在生产某种产品过程中发生的各种费用总和。企业通过生产费用的汇集和分配，将生产费用在完工产品和在产品之间进行分配之后，即可计算出各种完工产品成本。

企业正确组织产品成本核算工作，具有非常重要的意义，主要表现在如下几个方面：

（1）通过成本核算，计算出产品实际成本，可以作为生产耗费的补偿尺度，也是确定企业盈利的依据；同时，产品实际成本又是有关部门制定产品价格和企业编制财务成本报表的依据。

（2）通过产品成本核算，反映和监督各项消耗定额及成本计划的执行情况，可以控制生产过程中人力、物力和财力的耗费，从而做到增产节约、增收节支。同时，利用成本核算资料，开展对比分析，还可以查明企业生产经营的成绩和缺点，从而采取措施，改善经营管理，促使企业进一步降低成本。

（3）通过在产品成本的核算，还可以反映和监督在产品占用资金的增减变动和结存情况，为加强在产品资金的管理、提高资金周转速度和节约有效地使用资金提供资料。

（4）通过产品成本的核算计算出的产品实际成本资料，可与产品的计划成本、定额成本或标准成本等指标进行对比，除可对产品成本升降的原因进行分析外，还可据此对产品的计划成本、定额成本或标准成本进行适当的修改，使其更加接近实际。

（5）通过成本核算取得的实际成本资料，是进行成本管理（包括成本预测、决策等）的重要数据，为企业管理部门及经营管理者服务。

二、成本核算的原则

企业由于生产类型的特点和管理要求等方面的不同，其成本核算也具有不同的特点。但是，对所有企业来说，成本核算提供的信息应具备相关、及时、准确的特征。相关是指成本核算数据必须满足使用者特定的信息需求；及时是指信息的反馈，能满足成本分析、成本决策和成本考核的需要，为及时制定措施、改进企业生产工作服务，否则过时信息就会失去其价值；准确是相对而言的，因为成本核算中有些因素是预计的，不同核算方法和分配方法求得的结果是不同的。所以，相对准确主要是指成本信息的质量是可靠的，没有人为地任意提高或降低成本。

成本核算提供的信息符合以上特征才能充分发挥其应有作用。为此，企业在进行成本核算时，应遵循以下成本核算的基本原则。这些原则是从成本核算实践中提炼和归纳出来，把感性认识上升到理性认识而逐渐形成的。它对于成本会计人员合理地、恰当地处理成本核算业务，提供相关、及时和准确的成本信息，具有重要指导作用。这些基本原则主要有：

（一）实际成本计价原则

实际成本计价也称历史成本计价，它包含三个方面的涵义：第一，对生产所耗用的原材料、燃料和动力等费用，都是按实际成本计价。具体来说，原材料、燃料和动力在数量方面要按其实际耗用数量计算，其价格方面不一定必须采用实际价格，也可采用计划价格计价。但是在计入产品成本时，对计划价格同实际价格的差异要作调整，将其调整为实际成本。第二，对固定资产折旧必须按其原始价值和规定的使用年限计算。第三，对完工产品要按实际成本计价，但并不排除"库存商品"账户及其明细账也可按计划成本计价。对于实际成本与计划成本之间的差额，另设"产品成本差异"账户登记。按实际成本计价，能正确地计算企业当期的盈利水平，但是它也有局限性。当物价变动较大时，将使历史成本不能确切地反映资产的现值。为此应按国家的规定，根据物价变动的情况，对资产账面价值及损益进行适当的调整。

（二）成本分期原则

企业生产经营活动是连续不断进行的，为了计算一定期间所生产产品的成本，企业就必须将其生产经营活动划分为若干个相等的成本会计期间，分别计算各期产品的成本。成本核算的分期，必须与会计年度的分月、分季、分年相一致。这样有利于各项工作的开展。但需指出，成本核算的分期与产成品（完工产品）成本的计算期不一定一致，不论生产类型如何，成本核算中的费用归集、汇总和分配，都必须按月进行。至于完工产品的成本计算与生产类型有关，可以是定期的，也可以是不定期的。

（三）合法性原则

合法性原则是指计入成本的费用必须符合国家法律、法令和制度等的规定，不符合规定的费用就不能计入成本。如目前制度规定，凡属于增加固定资产而发生的各项资本性支出，不能直接计入成本；购入无形资产的支出、对外投资支出、被没收的财物、各项罚款性质的支出等不能列入成本开支。又如，管理费用、财务费用和销售费用等作为期间费用处理，不能计入产品成本。

（四）重要性原则

在进行成本核算时，所采用的成本计算步骤、费用分配方法、成本计算方法等，都是根据每一企业的具体情况进行选择的。对于一些主要产品、主要费用，应采用比较复杂、详细的方法进行分配和计算，而对于一些次要的产品、费用，则可采用简化的方法，进行合并计算和分配，而不能不分主次。因此，按照重要性原则进行成本核算，既减轻了成本计算的工作量，也加快了成本核算的速度。

（五）一贯性原则

企业在进行成本计算时，一般应根据企业生产的特点和管理的要求，选择不同的成本计算方法进行成本计算。产品成本计算方法一经确定，没有特殊的情况，一般不应经常变动，以使计算出来的成本资料便于进行比较。如果因情况特殊确需改变原有的成本计算方法，应在有关的会计报告中加以说明，并对原成本计算单中的有关数字进行必要的调整。

（六）权责发生制原则

在进行成本核算时，应遵循权责发生制原则。权责发生制原则是以收入和支出是否在本期已经发生作为确认其应否算作本期的收入和支出的一种方法。权责发生制原则的基本内容是，凡是应计入本期的收入和支出，不论款项是否收到或已付出，都算作本期的收入或支出；凡是不应计入本期的收入和支出，即使款项已收到或付出，也不算作本期的收入或支出。在成本核算时，对于已经发生的支出，如果其受益期不仅包括本期而且还包括以后各期，就应按其受益期分摊，不能全部列入本期；对于虽未发生的费用，但却应由本期负担的支出，则应先行预提计入本期费用中，待实际支出时，就不再列入费用。

（七）受益原则

在进行成本核算时，应遵循受益原则。受益原则是指谁受益谁负担，多受益多负担，少受益少负担，不受益不负担。

第二节　成本核算的基本要求

成本核算是按照国家有关的法规、制度和企业经营管理的要求，对生产经营过程序中实际发生的各种劳动耗费进行计算，并进行相关的账务处理，提供真实、有用的成本信息。

成本核算不仅是成本会计的基本任务，同时也是企业经营管理的重要组成部分。因此，为了保证产品成本核算的客观性和合理性，在生产经营费用汇集分配进程中，正确地计算产品成本和期间费用，必须正确划分以下五个方面的费用界限。

一、正确划分生产经营费用和非生产经营费用的界限

企业的经济活动是多方面的，除了生产经营活动以外，还有其他方面的经济活动，因而费用也是来自多方面的，并非都计入生产经营费用。例如，企业购置和建造固定资产、购买无形资产以及对外投资，这些经济活动的支出都属于资本性支出，不应计入生产经营费用；又如企业的固定资产盘亏损失、固定资产报废清理损失、由于自然灾害等原因而发生的非常损失，以及由于非正常原因发生的停工损失等，都不是由于日常的生产经营活动而发生的，其支出属于营业外支出，也不应计入生产经营费用。只有用于产品的生产和销售、用于组织和管理生产经营活动，以及用于筹集生产经营资金的各种费用，才应计入生产经营费用。企业既不应将不属于生产经营的费用计入生产经营费用，也不应将属于生产经营的费用，不计入生产经营费用，这样会使成本、费用不实，不利于企业成本管理。乱计生产经营费用，还会减少企业利润和国家财政收入；少计生产经营费用，则会虚增企业利润，超额分配，使企业生产经营的耗费得不到应有的补偿，影响企业再生产的顺利进行。因此，每一个企业都应正确划分生产经营费用与非生产经营费用的界限，遵守国家关于成本、费用开支范围的规定，防止乱计或少计生产经营费用的错误做法的出现。

二、正确划分产品生产费用与期间费用的界限

工业企业日常生产经营中所发生的各种耗费，其用途和计入损益的时间是有所不同的。用于产品生产的费用形成产品成本，并在产品销售后作为产品销售成本计入企业损益；当月投入生产的在产品不一定当月产成、销售，因而本月发生的产品生产费用往往不是全部计入当月损益。工业企业当月发生的管理费用、销售费用、财务费用等经营管理费用作为期间费用处理，不计入产品成本，而直接计入当月损益，从当月利润中扣除。因此，为了正确地计算产品制造成本和期间费用，正确计算企业各个月

份的损益，还应将生产经营费用正确地划分为产品生产费用和期间费用。用于产品生产的原材料费用、生产工人工资费用和制造费用等，属于产品费用，应当计入产品成本；用于产品销售、组织和管理生产经营活动及筹集生产经营资金所发生的费用，属于期间费用，应当汇集为销售费用、管理费用、财务费用，直接计入当月损益，从当月利润中扣除。应该防止混淆产品生产费用和期间费用的界限，将应计入产品成本的费用计入期间费用，或者将某些期间费用计入产品成本，借以调节各月产品成本和各月损益的错误做法。

三、正确划分各月份的费用界限

为了按月（期）分析和考核产品成本和期间费用，正确计算各月（期）损益，还应将应计入产品成本的生产费用和直接列作当期损益的期间费用，在各个月份（各期）之间进行划分。为此，本月（期）发生的成本、费用都应在本月（期）入账，不应将其一部分递延到下月（期）入账；也不应未到月（期）末就提前结账，将本月（期）成本、费用的一部分作为下月（期）成本、费用处理。更为重要的是：应该贯彻权责发生制原则，正确核算待摊费用和预提费用。本月（期）支付，但属于以后各月（期）受益的成本、费用，应列为待摊费用，分摊计入以后各月（期）的成本、费用；本月（期）虽未支付，但本月（期）已经受益的成本、费用，应列为预提费用，预提计入本月（期）的成本、费用。应该防止利用费用待摊和预提的办法，人为调节各月（期）的产品成本和期间费用、人为调节各月（期）损益的错误做法的出现。

四、正确划分各种产品的费用界限

如果企业生产的产品不止一种，那么，为了正确计算各种产品的成本，正确分析和考核各种产品成本计划或定额成本的执行情况，必须将应计入本月产品成本的生产费用在各种产品之间正确地进行划分。凡属于某种产品单独发生，能够直接计入该种产品的费用，均应直接计入该种产品的成本；属于几种产品共同发生，不能直接计入某种产品成本的生产费用，则应采用适当的分配方法，分别计入这几种产品的成本。应该防止在盈利产品与亏损产品之间，可比产品与不可比产品之间任意转移生产费用，借以掩盖成本超支或以盈补亏的错误做法。

五、正确划分完工产品与月末在产品的费用界限

月末计算产品成本时，如果某种产品已全部完工，那么，这种产品的各项生产费用之和就是这种产品的完工产品成本；如果某种产品均未完工，那么，这种产品的各项生产费用之和，就是这种产品的月末在产品成本；如果某种产品既有完工产品，又有在产品，则应将这种产品的各项生产费用，采用适当的分配方法在完工产品与月末在产品之间进行分配，分别计算完工产品成本和月末在产品成本。应该防止任意提高或降低月末在产品成本，人为地调节完工产品成本的错误做法。

以上五个方面费用界限的划分，都应贯彻受益原则，即谁受益谁负担费用，何时受益何时负担费用；负担费用多少应与受益程度大小成正比。这五个方面费用界限的

划分过程，也是产品成本的计算过程。

第三节 生产经营费用的分类

企业生产经营过程中的耗费是多种多样的，为了科学地进行成本管理，正确计算产品成本和期间费用，需要对种类繁多的生产费用按一定的标准进行分类。

一、生产经营费用按经济内容的分类

费用是指企业在日常活动中发生的、会导致所有者权益减少的、与向所有者分配利润无关的经济利益的总流出。费用要素是指生产费用的构成要素，也就是生产经营费用按其经济内容进行的分类，生产费用按其经济内容（性质）可划为劳动对象方面的费用，劳动手段方面的费用和活劳动方面的费用三大类。这三类可以称为费用的三大要素。具体可分为如下几项费用要素。

（1）外购材料。指企业为进行生产经营而耗用的一切从外单位购进的原料及主要材料、半成品、辅助材料、包装物、修理用备件和低值易耗品等。

（2）外购燃料。指企业为进行生产经营而耗用的一切从外单位购进的各种固体、液体和气体燃料。

（3）外购动力。指企业为进行生产经营而耗用的从外单位购进的各种动力。

（4）职工薪酬。指企业为进行生产经营而发生的各种职工薪酬。

（5）折旧费与摊销费。指企业按照规定的固定资产折旧办法，对用于生产经营的固定资产所计算提取的折旧费，以及无形资产、递延资产的摊销费，但不包括出租固定资产的折旧费。

（6）修理费。指企业为修理固定资产而发生的修理费用。

（7）利息支出。指企业应计入财务费用的借入款项的利息支出减利息收入后的净额。

（8）税金。指应计入企业管理费用的各种税金，如房产税、车船税、土地使用税、印花税等。

（9）其他支出。指不属于以上各要素但应计入产品成本或期间费用的费用支出，如差旅费、租赁税、外部加工费以及保险费等。

各种生产经营费用，一方面，按照经济内容的要素加以反映，便于考察生产经营费用中物化劳动消耗和活劳动消耗情况，揭示企业发生了哪些费用开支，从而为企业计算工业增加值指标提供依据。另一方面，却不能反映生产经营费用的用途和发生地点，不能确定费用支出和各种产品之间的关系，不便于分析成本升降的原因以及费用支出是否节约、是否合理。因此，还必须按其用途加以归类。

二、生产经营费用按经济用途的分类

企业在生产经营中发生的费用，可以分为计入产品成本的生产费用和直接计入当期损益的期间费用两大类。

（一）生产费用按经济用途的分类

计入产品成本的生产费用在生产过程中的用途也各不相同，有的直接用于产品生产，有的间接用于产品生产。

为了具体地反映计入产品成本的生产费用的各种用途，还应进一步划分为若干个项目，即产品生产成本项目，简称产品成本项目或成本项目。可以分为以下几个项目。

（1）直接材料。指直接用于产品生产，并构成产品实体或有助于产品形成的原料及主要材料、外购半成品、辅助材料等，还包括生产过程中用于包装产品、构成产品组成部分的内外包装直接材料，可以是外购材料、外购件，也可以是企业自制材料。

（2）直接燃料和动力。指直接用于产品生产的各种燃料和动力，直接燃料和动力可以是外购燃料和动力，也可是企业自制燃料和动力。

（3）工资及福利费，也称直接人工。指直接参加产品生产的工人工资及福利费。

（4）废品损失。指生产过程中因产生废品而发生的损失费用。废品损失包括因生产废品而发生的材料、燃料、动力、工资及制造费用。实施质量责任会计的企业，可设"质量成本费用"项目，不再另设"废品损失"项目。

（5）停工损失。指生产过程中因停工而发生的损失费用。停工损失包括因停工而发生的材料、燃料、动力、工资及制造费用等。设有"质量成本费用"项目的企业，因质量事故而发生的停工损失，不计入本项目，应计入"质量成本费用"项目。

（6）制造费用。指企业内部各生产单位为组织和管理生产所发生的各项费用。它包括管理人员及其他非生产人员工资和福利费、固定资产的折旧费和修理费、租赁费、机物料消耗、低值易耗品摊销、取暖费、水电费、办公费、差旅费、运输费、保险费、设计制图费、试验检验费、劳动保护费、季节性和修理期间的停工损失费等。

企业可根据生产特点和管理要求对上述成本项目做适当调整。设置或调整产品成本项目时，应考虑的主要因素包括：

（1）管理上是否具有单独反映、控制和考核的需要。比如采用分步法计算产品成本且半成品需要入库管理的企业，就应增设"自制半成品"项目。

（2）费用在产品成本中比重的大小。例如，如果废品损失在产品成本中所占比重较大，在管理上需要对其进行重点控制和考核，则应单设"废品损失"成本项目。又如，如果工艺上耗用的燃料和动力不多，为了简化核算，可将其中的工艺用燃料费用并入"原材料"成本项目，将其中的工艺用动力费用并入"制造费用"成本项目。

这种分类方法的优点主要表现在：能够明确地反映产品成本中各种生产耗费的水平与构成，从而有利于加强成本监督、成本控制、成本分析和考核。

（二）期间费用按经济用途的分类

期间费用是指与产品制造过程没有直接联系的非生产性成本耗费。它按经济用途可分为销售费用、管理费用、财务费用三类。

（1）销售费用。指企业在销售产品、自制半成品和提供劳务等过程中发生的各项费用，以及专设销售机构的各项经费。包括应由企业负担的运输费、装卸费、包装费、保险费、委托代销手续费、广告费、展览费、租赁费（不含融资租赁费）和销售服务费，以及专设的销售机构的人员工资及福利费、差旅费、办公费、折旧费、修理费、物料消耗、低值易耗品摊销等。

（2）管理费用。指企业行政管理部门为组织和管理生产经营活动发生的各项费用。包括工厂总部管理人员工资及福利费、差旅费、办公费、折旧费、修理费、物料消耗、低值易耗品摊销，以及企业的工会经费、职工教育经费、劳动保险费、待业保险费、董事会费、咨询费、审计费、诉讼费、排污费、绿化费、税金、土地使用费（海域使用费）、土地损失补偿费、技术转让费、技术开发费、无形资产摊销、开办费摊销、业务招待费、坏账损失、存货盘亏、毁损和报废（减盘盈）等。

（3）财务费用。指企业为筹集资金而发生的各项费用。它包括企业生产经营期间发生的利息支出冲减利息收入后的净额、汇兑损失冲减汇兑收益后的净损失、金融机构的手续费，以及因筹集资金而发生的其他费用等。

三、生产费用的其他分类

（一）生产费用按与生产工艺的关系分类

生产费用按与生产工艺的关系，可以分为直接生产费用和间接生产费用。直接生产费用是指由生产工艺本身引起的、直接用于产品生产的各项费用，如原料费用、主要材料费用、生产工人工资和机器设备折旧费等。间接生产费用是指与生产工艺没有联系，间接用于产品生产的各项费用，如机物料消耗、辅助工人工资和车间厂房折旧费等。

（二）生产费用按计入产品成本的方法分类

按照计入产品成本的方法划分，生产费用可以分为直接计入费用和间接计入费用。

直接计入费用是指为生产某种产品而发生的费用，在计算产品成本时，可根据费用发生的原始凭证直接计入该种产品成本，如直接用于某种产品生产的原材料、生产工人的计件工资等，就可以根据领料单和有关工资凭证直接计入该种产品成本。间接计入费用是指几种产品共同发生的费用，这种费用无法根据费用发生的原始凭证直接计入各种产品成本，需要采用适当的方法在几种产品之间进行分配。

生产费用按与生产工艺的关系分类和按计入产品成本的方法分类之间既有区别又有联系。它们之间的联系表现在：直接生产费用在多数情况下是直接计入费用，如原料、主要材料费用大多能够直接计入某种产品成本；间接生产费用在多数情况下是间接计入费用，如机物料消耗大多需要按照一定标准分配计入有关的各种产品成本。但它们毕竟是对生产费用的两种不同分类，直接生产费用与直接计入费用、间接生产费用与间接计入费用不能等同。例如，在只生产一种产品的企业（或车间）中，直接生产费用和间接生产费用都可以直接计入这种产品的成本，因而均属于直接计入费用；又如，在用同一种原材料同时生产出几种产品的联产品生产企业（或车间）中，直接生产费用和间接生产费用都需要按照一定标准分配计入有关的各种产品成本，因而均属于间接计入费用。

（三）生产费用按与产品产量的关系分类

生产费用按与产品产量的关系可分为变动费用和固定费用两种。

变动费用是指费用总额随着产品产量（或业务量）的变动而成正比例变动的费用。若就单位产品成本而言，则是固定的，无论产量（或业务量）如何变动，每一单位产品应包含的这类费用不变，如原材料及主要材料费用、生产工人计件工资等。

固定费用是指在一定产量（或业务量）范围内，费用总额不随产品产量（或业务量）的变动而变动的相对固定的费用。若就单位产品成本而言，这一类费用则是变动的，随着产量（或业务量）的增加，每一单位产品应负担的费用数额将随之减少。

区分固定费用与变动费用，是为了研究费用与产量的依存关系，寻找降低成本的途径。

第四节　成本核算的主要会计科目

为了核算和监督企业生产过程中发生的各项费用，正确计算产品或劳务成本，企业需要设置有关成本费用类账户，组织生产产品成本核算包括总分类核算和明细分类核算。企业一般应设置"生产成本"和"制造费用"等科目。企业产品和劳务的成本是按照权责发生制原则计算的，为了正确划分各期费用的界限，企业应设置"待摊费用"、"长期待摊费用"和"预提费用"等科目；为了核算和监督企业发生的各项期间费用，企业还应设置"管理费用"、"财务费用"和"销售费用"等科目。下面分别加以说明。

一、成本类账户

（一）产品成本总分类核算使用的会计科目

通过设置总分类账户登记生产过程中发生的各种生产费用，以便提供各种产品成本总括资料的过程，称为产品成本的总分类核算。产品成本总分类核算应设置的会计科目主要有：

1. "生产成本"科目

"生产成本"科目属于成本类科目，本科目核算企业进行工业性生产发生的各项生产费用，包括生产各种产品（包括产成品、自制半成品等），自制材料，自制工具，自制设备等。该科目的借方登记生产过程中发生的直接材料、直接工资等直接费用以及分配转入的制造费用。该科目的贷方登记完工入库的产成品、自制半成品的实际成本以及分配转出的辅助生产费用。该科目的期末余额在借方，为尚未完工的各项在产品成本。"生产成本"科目应设置"基本生产成本"和"辅助生产成本"两个明细科目进行明细核算。在发生各项生产费用时，应按成本核算对象和成本项目分别归集。属于直接材料、直接工资等直接费用，直接记入"基本生产成本明细账"和"辅助生产成本明细账"中。属于企业辅助生产车间为生产产品提供的动力等费用，应在"辅助生产成本明细账"中先行归集，然后再分配转入"基本生产成本明细账"中。其他间接费用先在"制造费用"科目中归集，月末再按一定的分配方法，分配计入各有关的产品成本。企业的辅助生产车间为基本生产车间和行政管理等部门提供的产品和劳务，应于月末，按一定的标准分配给各受益对象，并从"辅助生产成本明细账"中转出。

2. "制造费用"科目

"制造费用"科目属于成本类科目，该科目核算企业生产车间、部门为生产产品和提供劳务而发生的各项间接费用。企业行政管理部门为组织和管理生产经营活动而发生的管理费用，在"管理费用"科目核算。该科目应当按照不同的生产车间、部门和费用项目进行明细核算。企业在发生制造费用时，应记入该科目的借方；制造费用应按企业成本核算办法的规定，分配计入有关的成本核算对象，记入该科目的贷方。除季节性生产或采用累计分配率法、计划分配率法分配制造费用的企业外，本科目月末应无余额。在大中型企业中，根据管理需要，可将"生产成本"科目分为"基本生产成本"和"辅助生产成本"两个明细科目。对于属于辅助生产车间的制造费用，可直接计入"生产成本——辅助生产成本"科目的借方，也可以仍然通过"制造费用"科目，再转入"生产成本——辅助生产成本"科目的借方。另外，在中小型企业中，如果业务比较简单，也可以将"生产成本"和"制造费用"两个科目合并为"生产费用"科目。

(二) 产品成本明细分类核算使用的会计科目

产品成本的总分类核算，只能提供成本费用的总括情况，为了确定各种产品的实际成本，还应将各项生产费用按每种产品进行汇集和分配，并按成本项目予以归类。产品成本的明细分类核算，就是反映这些费用汇集和分配的详细情况。

产品成本明细分类核算的程序，根据成本核算体制的不同，可分为一级成本核算体制和两级成本核算体制。在选择时，一般是根据企业规模的大小、成本管理的要求及水平等条件进行。

在规模比较小的企业里，各生产车间的规模一般比较小，成本核算不需分车间、部门进行，一般实行一级成本核算体制。一级成本核算体制是指成本的核算工作完全集中在厂部财会部门进行的核算方式。工业企业的产品生产根据各生产单位任务的不同，可以分为基本生产和辅助生产。

1. "基本生产成本明细账"

基本生产是指为完成企业主要生产任务而进行的产品生产或劳务供应。为了归集基本生产所发生的各种生产费用，计算基本生产产品成本，应设置"基本生产成本科目"。该科目借方登记企业为进行基本生产而发生的各种费用；贷方登记转出的完工入库的产品成本；余额在借方，表示基本生产的在产品成本，即基本生产在产品占用的资金。

"基本生产成本"科目应按产品品种或产品批别、生产步骤等成本计算对象设置产品成本明细分类账（或称基本生产明细账、产品成本计算单），账内按产品成本项目分设专栏或专行。其格式见表2－1。

表2－1　基本生产明细账

车间：某车间

产品：某产品　　　　　　　　　　　　　　　　　　　　　　　　　　　单位：元

月	日	摘要	产量（件）	成本项目			成本合计
				直接材料	直接人工	制造费用	
		月初在产品成本 本月生产费用 生产费用合计 本月完工产品成本 完工产品单位成本 月末在产品成本					

在大中型企业，由于规模比较大，一般应分车间、部门进行成本核算。同时，成本管理上也要求提供各车间的成本资料。因此，在这样的企业里，应采取两级成本核算体制。所谓两级成本核算体制是指生产费用的核算由厂部和车间两级财会部门分别进行核算的方式。在实行两级成本核算的企业里，主要车间应配备专职成本核算员，计算各车间产品的制造成本，然后，由厂部财会部门进行汇总，计算全厂各种产品的总成本和单位成本。企业应设置基本生产成本二级账，基本生产成本二级账的格式同一级及成本核算体制下有关明细账的格式基本相同。其格式见表2－2。

表2－2　基本生产成本二级账

车间：某车间　　　　　　　　　　　　　　　　　　　　　　　　　　　单位：元

月	日	摘要	成本项目			合计
			直接材料	直接人工	制造费用	
		月初在产品成本				
		本月生产费用				
		生产费用合计				
		本月完工产品成本				
		月末在产品成本				

2. "辅助生产成本明细账"

辅助生产是指为企业基本生产单位或其他部门服务而进行的产品生产或劳务供应。如企业内部的供水、供电、供气、自制材料、自制工具和运输、修理等生产。辅助生产所需提供的产品和劳务，有时也对外销售，但这不是它的主要目的。为了归集辅助生产所发生的各种生产费用，计算辅助生产所提供的产品和劳务的成本，应设置"辅助生产"成本科目。该科目的借方登记为进行辅助生产而发生的各种费用；贷方登记完工入库产品的成本或分配转出的劳务成本；余额在借方，表示辅助生产在产品的成本，即辅助生产在产品占用的资金。

"辅助生产成本"科目应按辅助生产车间和生产的产品、劳务分设明细分类账，账中按辅助生产的成本项目或费用项目专设或专行进行明细登记。

二、期间费用账户

1. "销售费用"科目

为了核算企业在产品销售过程中所发生的各项费用以及为销售本企业产品而专设的销售机构的各项经费，应设置"销售费用"科目。该科目的借方登记实际发生的各项产品销售费用；贷方登记期末转入"本年利润"科目的产品销售费用；期末结转后该科目应无余额。

"销售费用"科目的明细分类账，应按费用项目设置专栏，进行明细登记。

2. "管理费用"科目

为了核算企业行政管理部门为组织和管理生产经营活动而发生的各项管理费用，应设置"管理费用"科目。该科目的借方登记发生的各项管理费用；贷方登记期末转入"本年利润"科目的管理费用；期末结转后该科目应无余额。

"管理费用"科目的明细分类账，应按费用项目设置专栏，进行明细登记。

3. "财务费用"科目

为了核算企业为筹集生产经营所需资金而发生的各项费用，应设置"财务费用"科目。该科目的借方登记发生的各项财务费用；贷方登记应冲减财务费用的利息收入、汇兑收益以及期末转入"本年利润"科目的财务费用；期末结转后该科目应无余额。

"财务费用"科目的明细分类账，应按费用项目设置专栏，进行明细登记。

三、跨期费用账户

1. "待摊费用"科目

为了核算企业已经支付，但应由本期和以后各期成本共同负担且分摊期在一年以内的各项费用，应设置"待摊费用"科目。该科目的借方登记实际支付的各项待摊费用；贷方登记分期摊销的待摊费用；该科目的余额在借方，表示已经支付但尚未摊销的费用。

"待摊费用"科目应按费用种类设置明细分类，进行明细核算。

2. "长期待摊费用"科目

为了核算企业已经支出，但摊销期限在一年以上（不含一年）的各项费用，应设置"长期待摊费用"科目。该科目的借方登记实际支付的各项长期待摊费用；贷方登记分期摊销的长期待摊费用；该科目的余额在借方，表示企业尚未摊销的各项长期待摊费用的摊余价值。

"长期待摊费用"科目应按费用种类设置明细账，进行明细核算。

3. "预提费用"科目

为了核算企业按照规定预提计入成本但尚未支付的费用，应设置"预提费用"科目。该科目的贷方登记预先计入成本的预提费用；借方登记实际支付的费用；期末，该科目若为贷方余额，则表示已经预提但尚未实际支付的费用，若为借方余额，则表示实际支付费用数额大于已预提数额的差额，应视为待摊费用。

"预提费用"科目应按费用种类设置明细账，进行明细核算。

第五节　成本核算的一般程序

成本核算的一般程序是指企业在生产经营过程中发生的各项费用，按照成本核算的要求，逐步进行归集和分配，最后计算出各种产品的成本和各项期间费用的基本过程。成本核算程序，实际上是完工产品和月末在产品成本的形成过程。通过产品成本的总分类核算，可以反映企业生产过程中发生的各种费用，以及这些费用的归集和分配的程序，最终计算出完工产品和在产品的成本。成本核算程序一般分为以下几个步骤：

（1）根据成本开支范围的规定，对各项生产经营管理费用支出进行严格审核。对于符合成本费用开支范围的各项费用，确定应计入产品成本的生产费用和不应计入产品成本的期间费用。

（2）编制要素费用分配表。对生产中产品所耗用的材料，可以根据领料凭证编制材料费用分配表；发生的人工费用，可根据产量通知单等产量工时记录凭证编制工资费用分配表等等。凡是能直接计入成本计算对象的生产费用，根据各要素费用分配表可直接记入"基本生产成本"、"辅助生产成本"账户及有关明细账户。不能直接计入成本计算对象的生产费用，先进行归集，记入"制造费用"账户及其有关明细账户。

（3）编制预付费用和应付费用分配表。本月发生的预付费用归集后，应将由本月承担的金额按用途进行分配，编制预付费用分配表。对尚未发生、但应由本月承担的金额，应按照用途进行分配，也应编制应付费用分配表。根据所编制的这两张分配表的分配结果，分别记入"辅助生产成本""制造费用"等账户及其明细账户。

（4）辅助生产费用的归集和分配。归集在"辅助生产成本"账户及其明细账户的费用，除对完工入库的自制工具等产品的成本转为存货成本外，应按受益对象和所耗用的劳务数量，编制辅助生产费用分配表，据以登记"基本生产成本"、"制造费用"等账户及有关明细账户。

（5）制造费用的归集和分配。各基本生产车间的制造费用归集后，应分别不同车间，于月终编制制造费用分配表，分配计入本车间生产的各种产品成本中，记入"基本生产成本"账户及其明细账户。

（6）完工产品成本的确定和结转。经过以上费用分配，各成本计算对象应负担的生产费用已全部计入有关的产品成本明细账。如果当月产品全部完工，所归集的生产费用即为完工产品成本。如果全部未完工，则为期末在产品成本。如果只有部分完工，则需要采用一定的方法在完工产品与期末在产品之间进行分配，以确定本期完工产品成本，并将完工验收入库的产成品成本从"基本生产成本"账户及其明细账户结转至"库存商品"账户及有关明细账户。

（7）已销售产品成本结转。已销售产品的成本要从"库存商品"账户及其明细账户转到"主营业务成本"账户及其明细账户。

上述成本核算账务处理的基本程序，可用图 2 - 1 表示。

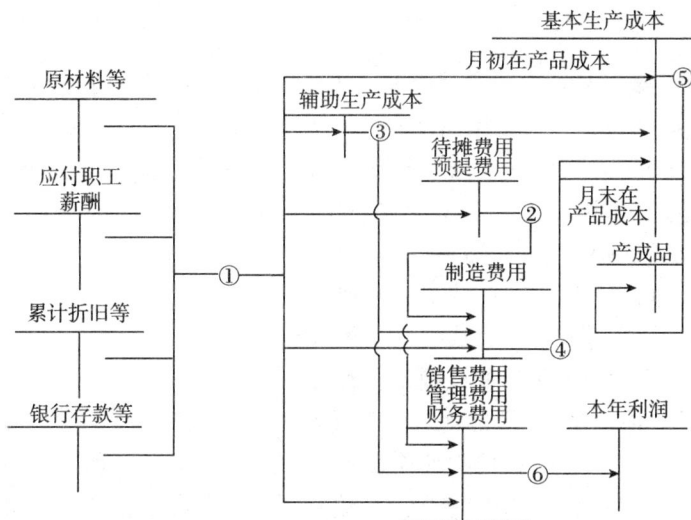

图 2 - 1 成本核算账务处理的基本程序

说明：

①根据原始凭证编制材料、工资等要素费用分配表。

②根据原始凭证及各要素费用分配表登记有关明细账。

③编制应付费用和预付费用分配表。

④根据应付费用和预付费用分配表登记有关明细账。

⑤编制辅助生产费用分配表。

⑥根据辅助生产费用分配表登记有关明细账。

⑦编制制造费用分配表。

⑧根据制造费用分配表登记有关产品成本计算单。

⑨将完工产品成本转入库存商品明细账。

⑩将已销售产品成本结转主营业务成本明细账。

【思考题】

1. 进行成本核算应遵循哪些基本原则？这些基本原则之间有什么关系？

2. 在进行成本核算时应正确划分哪几个成本费用的界线？防止哪些错误的做法？

3. 为了正确计算产品成本，应该做好哪些基础工作？

4. 简述费用按经济内容的分类。

5. 简述费用按经济用途的分类。

6. 简述成本核算的一般程序。

【练习题】

一、单项选择题

1. 企业对于一些主要产品、主要费用应采用比较复杂、详细的方法进行分配和计算，而对于一些次要的产品、费用采用简化的方法进行合并计算和分配的原则称为（　　）。

    A. 实际成本计价原则　B. 成本分期原则　　C. 合法性原则　　D. 重要性原则

2. 在下列辅助生产车间中，可以不设置制造费用明细账的是（　　）。

    A. 辅助生产车间只生产一种产品或只提供一种劳务

    B. 辅助生产车间生产两种产品或提供两种劳务

    C. 辅助生产车间生产三种产品或提供三种劳务

    D. 辅助生产车间生产多种产品或提供多种劳务

3. 在两级成本核算体制下，"厂部基本生产成本明细账"应按（　　）设置专栏。

    A. 成本项目　　　　　B. 费用明细项目　　C. 生产车间　　D. 产品名称

4. "凡是应由本期产品成本负担的费用，不论是否在本期发生，都不应全部计入本期产品成本"，此说法是为了（　　）。

    A. 正确划分应否计入产品成本的费用界线

    B. 正确划分各种产品的费用界线

    C. 正确划分各个月份的费用界线

    D. 正确划分完工产品与在产品的费用界线

5. 下列会计科目中，属于进行成本总分类核算时使用的是（　　）。

    A. 库存商品　　　　　B. 主营业务成本　　C. 管理费用　　D. 生产成本

6. 在一级成本核算体制下，"基本生产成本明细账"一般是按（　　）设置专栏。

    A. 车间别　　　　　　　　　　　　B. 费用明细项目

    C. 成本项目　　　　　　　　　　　D. 费用发生的时间顺序

7. 在一级成本核算体制下，"制造费用明细账"一般是按（　　）设置专栏。

    A. 车间别　　　　　　　　　　　　B. 费用明细项目

    C. 成本项目　　　　　　　　　　　D. 费用发生的时间顺序

8. 在两级成本核算体制下，"厂部制造费用明细账"一般是按（　　）设置专栏。

    A. 车间别　　　　　　　　　　　　B. 费用明细项目

    C. 成本项目　　　　　　　　　　　D. 费用发生的时间顺序

9. 在两级成本核算体制下，"厂部完工产品成本汇总计算表"中是按（　　）。

    A. 产品别反映每种产品的总成本和单位成本

　　B. 产品别反映每种产品的总成本

　　C. 可比产品和不可比产品分别反映总成本和单位成本

　　D. 车间别反映各车间产品的总成本

10. "制造费用"科目期末有余额的情况是（　　　）。

　　A. 大量大批生产企业　　　　　　　　B. 单位小批生产企业

　　C. 制造费用采用累计分配法分配　　　D. 制造费用采用当月分配法分配

二、多项选择题

1. 在进行成本核算时，在不同时期、不同产品以及产成品和在产品之间正确分摊费用，应分清有关成本的几个界线包括（　　　）。

　　A. 本期成本和下期成本的界线

　　B. 各种产品成本的界线

　　C. 在产品成本和产成品成本的界线

　　D. 计入产品成本和不应计入产品成本的界线

　　E. 本企业产品成本和其他企业产品成本的界线

2. 在进行成本总分类核算时应设置的会计科目主要有（　　　）。

　　A. 生产成本　　　　　B. 制造费用　　　　C. 销售费用　　　D. 财务费用

　　E. 管理费用

3. 生产成本科目的借方登记（　　　）。

　　A. 生产过程中直接发生的材料费用　　　B. 生产过程中直接发生的工资费用

　　C. 完工入库的产成品成本　　　　　　　D. 完工入库的半成品成本

　　E. 分配转入的辅助生产费用

4. "生产成本"科目应设置的明细科目是（　　　）。

　　A. "生产成本——基本生产成本"

　　B. "生产成本——基本生产车间制造费用"

　　C. "生产成本——辅助生产成本"

　　D. "生产成本——辅助生产车间制造费用"

　　E. "生产成本——在产品成本"

5. 在一级成本核算体制下，企业应设置的明细账主要有（　　　）。

　　A. 基本生产成本明细账　　　　　　　　B. 产品成本计算单

　　C. 辅助生产成本明细账　　　　　　　　D. 制造费用明细账

　　E. 厂部基本生产成本明细账

6. 在两级成本核算体制下，厂部应设置的明细账有（　　　）。

　　A. 厂部基本生产成本明细账　　　　　　B. 厂部辅助生产成本明细账

　　C. 厂部制造费用明细账　　　　　　　　D. 厂部废品损失明细账

　　E. 厂部完工产品成本汇总计算表

7. "制造费用"科目期末有余额的情况主要有（　　　）。

　　A. 季节性生产企业

　　B. 非季节性生产企业

    C. 采用累计分配率法分配制造费用的企业

    D. 采用当月分配率法分配制造费用的企业

    E. 采用计划分配率法分配制造费用的企业

8. 成本核算的原则主要有（   ）。

    A. 实际成本计价原则   B. 成本分期原则

    C. 合法性原则和重要性原则   D. 一贯性原则

    E. 权责发生制原则

三、判断题

1. 成本核算的分期，不一定与会计年度的分月、分季、分年相一致。   （   ）

2. 生产车间发生的制造费用应由本车间生产的产品负担，因此，期末时"制造费用"科目期末一定没有余额。   （   ）

3. 企业在进行费用分配时，应先分配基本生产车间的制造费用，然后才能分配辅助生产车间的制造费用。   （   ）

4. 当企业规模较大时，其成本的明细核算可采用两级核算体制；当企业规模较小时，成本的明细核算则可采用一级核算体制。   （   ）

5. 在一级成本核算体制下，如果企业生产两种以上的产品，应在"基本生产明细账"下设置"产品成本计算单"。   （   ）

6. 在两级成本核算体制下，成本明细账应分别厂部和车间设置。   （   ）

7. 在一级成本核算体制下，"基本生产成本明细账"应按成本项目设置专栏。   （   ）

8. 在两级成本核算体制下，"厂部基本生产成本明细账"应按成本项目设置专栏。   （   ）

9. 在两级成本核算体制下，"厂部基本生产成本明细账"中各车间的成本总额，应与相应的车间"基本生产成本明细账"中的成本总额保持一致。   （   ）

10. 不能将应列入亏损产品的成本计入盈利产品成本中或相反，体现了"正确划分计入产品成本和不应计入产品成本的费用界线"。   （   ）

【案例与分析】

    某同学 2012 年 7 月毕业应聘到北方机械公司当成本会计员，财务部成本科李科长向这位同学介绍了公司的有关情况。

    1. 产品情况

    该厂主要生产大型重型机械，用于矿山等企业，是国内矿山机械制造的龙头企业。

    2. 车间设置情况

    北方机械公司设有 7 个基本生产车间，分别生产矿山机械的各种零部件以及零部件的组装；另外，还设有 4 个辅助生产车间，为基本生产车间及其他部门提供服务。

    3. 成本核算的现状

    该厂现有会计人员 36 人，其中成本会计人员 8 人（不包括各个生产车间的成本会计人员）。由于该公司规模较大，现在实行两级成本核算体制，厂部和车间分别设置有关的成本费用明细账进行核算。

李科长让某同学再了解几天企业成本核算及其他方面的情况后书面回答如下几个问题。

（1）根据本厂的具体情况应采用什么核算体制（一级还是两级）？

（2）车间和厂部应设置哪些成本会计核算的岗位？

（3）成本和厂部应设置哪些成本总账和明细账？

（4）成本费用应按什么程序进行汇集和分配？

（5）对企业现在实行的成本核算模式提出进一步改进的意见。

第三章　生产费用要素的归集和分配

学习目标

1. 了解生产费用按经济内容的分类，固定资产折旧的核算，工资核算等；
2. 掌握生产费用要素分配的一般原则，工资总额的组成；
3. 熟练掌握外购燃料费用的分配方法及其特点，工资核算的账务处理方法；
4. 重点掌握材料费用的分配方法及其特点，应付职工薪酬的计算，特别是计时工资的计算、计件工资的计算和分配等。

第一节　生产费用要素概述

一、生产费用要素分配的概述

各项要素费用应按其用途和发生地点，进行分配和归集。

（1）对于基本生产车间直接用于产品生产，并且专设成本项目的各项费用，如构成产品实体的原材料费用、产品生产工人的薪酬费用等，应计入"基本生产成本"总账，并直接计入或分配计入有关产品成本明细账的相关成本项目，即凡是能够根据原始凭证直接认定是某种产品消耗的费用，应直接计入该种产品成本细账的相关成本项目，凡是几种产品共同耗用，不能直接确认各种产品消耗数额的费用，则应采用适当的方法，在有关产品之间进行分配，根据分配结果登记有关产品的成本明细账的相关成本项目。

（2）对于基本生产车间直接用于产品生产，但没有专设成本项目的各项费用（如机器设备的折旧费）以及间接用于产品费用（如车间管理人员的薪酬费用）应先记入"制造费用"科目以及所属明细账有关的费用项目，然后通过一定的分配程序，转入或分配转入"基本生产成本"总账及所属明细账的"制造费用"成本项目。

（3）对于用于辅助生产的费用，应分别不同情况进行处理：①若辅助生产车间设有"制造费用"明细账，则其费用的处理可以比照上述基本生产车间费用的处理办法进行；②若辅助生产车间未设"制造费用"明细账，则对于直接或间接用于辅助生产的各项费用，均记入"辅助生产成本"总账及其所属明细账的相关费用项目。辅助生产费用应按照其用途、采用一定的方法进行分配。

（4）对于各项间接计入费用，应该选择适当的方法进行分配。所谓分配方法适当，是指分配所依据的标准与分配对象有比较密切的联系，因而分配结果比较合理，而且分配标准的资料比较容易取得，计算比较简便。分配间接计入费用的标准主要有：①成果类，如产品的重量、体积、产量、产值等；②消耗类，如生产的工时、生产工资、机器工时、原材料消耗量或原材料费用等；③定额类，如定额消耗量、定额费用等。分配费用的计算公式可以概括为：

$$费用分配率 = \frac{待分配费用总额}{分配标准总额}$$

某分配对象应分配的费用 = 该对象的分配标准 × 费用分配率

在生产经营过程中发生的用于产品销售的费用、行政管理部门的费用，以及筹集资金活动中发生的费用等各项期间费用，不计入产品成本，而应分别计入"销售费用"、"管理费用"、"财务费用"的总账科目及其所属明细账的相关费用项目，然后转入"本年利润"科目，计入当期损益。

二、生产费用要素分配的一般程序如下

（1）根据发生费用的原始凭证或原始凭证汇总表，编制费用分配表或费用汇总分配表，并编制记账凭证；

（2）根据原始凭证或记账凭证登记各种成本明细账；

（3）根据记账凭证登记成本类总账。

第二节　材料费用的归集和分配

企业生产经营过程中领用的各种材料、包括原料及主要材料、半成品、辅助材料、包装物、修理用备件、低值易耗品等，无论是外购或是自制，都应根据审核后的领、退料凭证。按照材料的具体用途进行分配和归集。

一、材料费用核算的意义

材料是生产过程中的劳动对象。对于生产过程中发生的材料费用，应首先按其发生的地点和用途进行归集，然后再采用适当的方法进行分配。所以，材料费的核算，包括材料费的归集和分配两个方面。外购材料与企业自制等方面取得的材料的分配方法是一样的。

材料在生产过程中所起的作用各不相同，有的材料经过加工后构成产品的主要实体，有的材料虽不构成产品的主要实体，但却有助于产品的形成，有的材料在生产过程中被劳动工具所消耗。虽然材料在生产过程中的作用不同，但其价值转移方式却是相同的，即材料在生产过程中被全部消耗，或改变其原有的实物形态，变成新产品的

组成部分。这时，材料的价值也就一次、全部转移到新生产的产品中去，构成了产品成本的重要组成部分。

材料是产品成本的重要组成部分，加强对材料费用的核算，对于降低产品成本，节约使用资金，加速资金周转等方面，都有着十分重要的作用。

首先，工业企业的重要任务是生产产品。在产品成本中，材料费用占有最大的比重，若要不断地降低产品成本，主要应从降低材料消耗上入手。通过建立健全材料保管、领发、核算、分配等一系列的方法和制度，控制材料费用，促使其不断降低，进而降低产品成本，从而使企业的经济效益不断提高。

其次，材料是企业流动资产的一部分，流动资产占用资金的多少对企业的财务状况影响很大。如果材料占用的资金过多，会影响资金的周转，进而影响生产的正常运转和材料储存成本增加。这样，就应使材料储备保持在一个合理的水平上，既要防止超储积压，又要防止储备不足。

第三，企业在生产中使用的材料是多种多样的，有的直接为生产某种产品所耗用，有的为生产几种产品所耗用，有的则属车间、部门一般耗用。对于不同用途的材料，其费用的分配方法也不一样。因此，应采用适当的方法进行材料费用的分配，以保证材料费用分配的准确性。

工业企业的材料，品种、规格繁多，各种材料在生产中的作用也不一样。为了加强对材料的核算和管理，有必要对材料进行科学的分类。材料一般是按其在生产中的作用不同，分为原料及主要材料、辅助材料、外购半成品（外购件）、修理用备件（备品备件）、包装材料、燃料、包装物等。

二、材料费用核算的任务

材料费用是指企业在生产过程中使用材料所发生的费用。它是成本会计中的重要内容之一。企业生产经营过程中使用的材料，大多是外购的，材料采购费用的高低，直接关系到材料成本的高低。因此，应根据企业生产经营的需要，制定材料采购计划，促使企业按计划进行采购，以降低材料采购成本，并借以考核采购部门的工作业绩。

企业产品的生产过程，也是各种材料的消费过程。企业要不断地生产，就应不断地补充生产中消耗掉的材料。这样，要保证企业生产的正常进行，就应储备一定数量的材料。储备材料所占用的资金在流动资金中占有较大的比例。因此，做好材料储备的管理工作，可以节约资金，降低材料的储存成本。

企业的材料大部分为生产产品所耗用。在材料的使用过程中，既要制定材料的消耗定额，同时，还应采用适当的方法，将其在各种产品当中进行分配，计算出产品耗用的材料费用，借以正确计算产品成本。

综上所述，在成本会计中，材料费用核算的主要任务是：

（1）反映和监督材料采购计划的执行情况，控制材料采购支出，降低材料采购成本。

（2）反映和监督材料的收入、发出和结存情况，降低材料储备所占用的资金和储存成本，做到既要满足生产需要，又要防止储备不足。

（3）反映和监督材料费用的归集情况，应按材料发生的地点和用途进行材料费用的归集。

（4）反映和监督材料费用的分配情况。材料费用发生后，要按材料的用途，采用既简便又合理的方法，将材料费用在各种产品中进行分配。材料费用的分配方法一经确定后，没有特殊情况，不应经常变动，以使各期的成本资料便于进行比较。

为了完成上述材料费用核算的任务，应做好材料费用核算的基础工作，确定发出材料实际成本及材料分配的各种计算方法，并配合材料采购部门，做好材料资金的各项管理工作。

三、材料费用核算的基础工作

为了准确核算生产过程中发生的材料费用，应先对材料费用进行归集，并做好下列基础工作：

（一）建立和健全发出材料的盘存制度

发出材料的盘存制度有两种，即永续盘存制和定期盘存制。不同的盘存制度对材料费用核算的准确性有着直接的影响。

（1）永续盘存制，也称账面盘存制，是先确认本期发出数量，再确认期末结存数量的盘存方法。采用这种方法，必须按材料的具体品种设置材料明细账，逐笔或逐日登记收入和发出的数量，因而随时可以从账上结算出每种材料的收、发、存数量。其计算公式如下：

期末结存数量 = 期初结存数量 + 本期收入数量 − 本期发出数量

（2）定期盘存制，也称实地盘存制，根据这种方法我们应该先通过实地盘点确认期末结存数量，再确认材料发出数量。其计算公式如下：

材料发出数量 = 期初结存数量 + 本期收入数量 − 期末结存数量

在永续盘存制下，材料明细账上可以随时反映材料的收、发、存情况，便于对材料的跟踪与控制。而定期盘存制则"以消计耗"，凡是不包含在期末存货中的材料都被计入了材料费用中，这样就可能会将材料的偷窃、损坏、遗失等数量隐含在消耗量之中，因此，这种方法不利于企业对材料的管理，根据它所提供的材料消耗量资料计算的产品成本也不够准确。一般只适用于那些在领用时不能随时办理领料手续的材料，如黄沙、石子等大宗、大堆材料。

（二）建立健全领发料凭证制度

严格有关的领料手续，加强发出材料控制，是材料核算的主要环节。材料发出的凭证主要有限额领料单、领料单、领料登记簿等。

限额领料单是一种在当月或一定时期中，在规定的限额内，可多次使用的领发料累计凭证。它是由供应部门或生产计划部门在月份开始前，根据生产计划、材料消耗定额等有关资料，按产品、工作令、车间或部门填明所需要的材料品种和限额，经供应部门或计划部门负责人签字后，以一份送交用料车间或部门，一份送交发料仓库，分别作为当月内领发材料的依据。限额领料单格式如表 3 - 1 所示。

表 3 - 1　限额领料单
年　　月

编号
仓库
计划产量

车间　　小组　　　　　　　　　　　　　　　　　　单位消耗定额
产品名称　　工作令号　　　　　　　　　　　　　　　领用限额
材料类别、编号　　名称规格　　计量单位　　　　　　单价

日期	请领数量	实发数量	累计实发数量	领料人签章

累计实发金额

供应部门负责人（签章）　　生产部门负责人（签章）　　仓库负责人（签章）

领料部门需要材料时，在限额领料单内填明请领数量，向发料仓库领取材料。仓库在发料时，应查看请领数量是否在领用限额以内，如在领用限额以内，可照发，并将实发数量和累计实发数量在两份限额领料单上填写清楚。如果超过限额领料范围，则要另填领料单，并经过有关部门批准后才能领发。月终，领料部门所持的限额领料单，应送交发料仓库，与仓库留存的一份核对，并计算填制全月实发数量和金额，并由仓库登记材料明细账后送交财会部门。采用限额领料单，不仅节省大量凭证，简化核算手续，还可有效地监督材料消耗定额的执行，及时有效地控制材料的领用，促使用料部门合理地、节约地使用材料，也便于仓库主动备料、送料。

（三）建立健全材料退库和盘点制度

月终，企业还应加强对已领用材料的退料以及材料盘点工作的管理。这也是准确计算材料费用的重要一环。

对于月终车间已领未用的材料，如果下月不再继续使用，应填制退料单或填写红字领料单，并及时送仓库收储；如果下月还需继续使用的，应填制本月退料单和下月领料单，材料不退回仓库。

无论材料的计量是采用定期盘存制，还是永续盘存制，通常至少要求一年进行一次实地盘点，以检查材料的储存保管情况，及其实存数与账存数是否相符。如果在盘点中发现确实属于发料差错造成账实不符，经过批准后，可以按规定的方法进行更正，以保证材料费用核算的正确性。如果是其他原因造成的错误，也要按规定程序报经批准。

四、材料发出的核算

为了进行材料的明细核算，应该按照材料的品种、规格设立材料收、发、存明细

账，根据收、发料凭证和退料凭证登记收、发材料的数量和金额。材料收、发、存的日常核算，可以按照材料的实际成本进行，也可以先按照材料的计划成本进行计价，月末再将材料的计划成本根据材料成本差异率调整为实际成本。

1. 按实际成本计价材料发出的核算

在材料按实际成本计价时，材料明细账中的收、发、存的金额都应反映材料的实际成本，其中收入材料的金额，应根据按实际成本计价的收料凭证登记。当生产产品等领用材料时，可以采用加权平均法、个别计价法、先进先出法、移动平均法等方法计算应该转入生产成本等账户的材料费用。月末，再根据发料凭证定期汇总编制发料凭证汇总表，并据以编制发料的会计分录。

由于会计核算手续比较复杂，按实际成本计价的方法通常只适用于材料品种较少、每月收料次数不多的企业。

2. 按计划成本计价材料发出的核算

材料在按计划成本计价的情况下，材料明细账中的收、发、存金额按材料的计划成本反映。采用计划成本核算的企业，还必须设置"材料成本差异"账户以反映材料的实际成本和计划成本的差异。月末再根据计算求得的材料成本差异率，将发出材料的计划成本调整为实际成本。将发料的计划成本调整为实际成本，需计算材料的成本差异率。其计算公式如下：

$$材料成本差异率 = \frac{月初结存材料成本差异 \pm 本月收入材料成本差异}{月初结存材料计划成本 + 本月收入材料计划成本} \times 100\%$$

根据材料成本差异率和发出材料的计划成本，即可计算发出材料的成本差异和实际成本。其计算公式如下：

发出材料成本差异 = 发出材料计划成本 × 材料成本差异率

发出材料实际成本 = 发出材料计划成本 ± 发出材料成本差异

上列公式中的材料成本差异，如为超支差异，按正数计算，需要将发出材料的计划成本调高；如为节约差异，按负数计算，则需要调减发出材料的计划成本。

在实际工作中，对材料的日常核算，可以按照材料的实际成本进行，也可以先按照材料的计划成本进行计价。究竟采用哪种方法，应根据企业的具体情况加以确定。一般情况下，采用计划成本计价，可以大大简化平时的核算工作量，特别是材料收、发频繁的企业，同时也便于对材料的控制和计划完成情况的考核。但是，为了保证发出材料实际成本计算的准确性，企业必须合理制定材料的计划成本。当实际成本变动较大时，应该及时调整计划成本。

五、材料费用分配的核算

（一）材料费用的分配原则

材料费用的分配，是通过编制"材料费用分配表"的方式进行的。因此，各生产车间和部门的"材料费用分配表"应根据各种领料凭证中的记录编制。在按实际成本核算时，根据各种领料凭证中所登记的实际成本汇总编制"材料费用分配表"；在按计划成本核算时，除根据各种领料凭证中所登记的计划成本汇总外，还应根据材料成本差异率计算领用材料应负担的材料成本差异，计算发出材料的实际成本。但在"材料费用分配表"中，还应同时登记材料的计划成本和材料成本差异额，如果多种产品共同耗用某种材料，还应采用适当的方法在各种产品中进行分配，然后登记"材料费用分配表"，在各车间、部门"材料费用分配表"的基础上，汇总编制"材料费用汇总分配表"，据此进行材料费用分配的总分类核算。

不管材料是按实际成本核算还是按计划成本核算，对于发出材料的成本，一般是根据各种发料凭证编制"材料费用分配表"，根据"材料费用分配表"进行材料费用的分配。

在进行材料费分配时，应首先确定材料费用的分配对象。材料费用的分配对象应根据材料的具体用途确定。

1. 生产产品使用材料费用的分配

对于用于产品生产并构成产品主要实体或有助于产品形成的各种材料，其分配原则是直接材料费用直接计入，间接材料费用分配记入各成本计算对象的"直接材料"成本项目中。直接材料费用是指直接为生产某一种产品所耗用的材料，并能直接确定其归属对象，而间接材料费用是指几种产品共同耗用的某种材料，不能直接确定其归属对象，需采用简便合理的方法在几种产中进行分配。分配方法的简便，是指作为分配标准的资料比较容易取得，并且应尽量采用单一标准，避免采用复合标准；分配方法的合理性，是指所采用的分配方法、分配标准，应同各个成本计算对象负担的费用成正比例的因果关系。例如，当分配铸铁件材料费用时，以铸铁件的重量、定额耗用量等作为分配标准就比较合理，若采用生产工时作为分配标准就不合适了。

2. 生产中一般消耗材料费用的分配

对于生产车间和行政管理部门一般耗用的材料，应分别记入"制造费用"和"管理费用"中的相关项目中。在材料费用的分配中，对于直接用于生产各种产品的材料，如果数量较少，金额较小，根据重要性原则，可以采用简化的分配方法，即全部记入"制造费用"中，以省去一些复杂的计算分配工作。

3. 其他材料费用的分配

除了生产过程中使用的材料外，对于发出的其他用途的材料，应根据其发生的具体用途，分别记入到"其他业务支出"、如用于建造固定资产的材料费用，计入"在建工程"等相关的会计科目中。

（二）材料费用的分配方法

对于领用直接用于生产某一种产品的材料，可采用直接分配法，直接记入各该产品"直接材料"成本项目中；对于几种产品共同耗用的某种材料，则应采取分配的方法计入，材料费用的分配方法主要有：

1. 定额耗用量比例分配法

定额耗用量比例分配法是按各种产品原材料消耗定额比例分配材料费用的一种方法，它一般在各项材料消耗定额健全且比较准确的情况下采用，其计算公式如下：

某产品材料定额耗用量 = 该产品实际产量 × 该产品单位产品材料定额消耗量

$$材料定额耗用量分配率 = \frac{材料实际消耗总量}{各种产品材料定额消耗量之和}$$

某产品应分配的实际材料数量 = 该产品材料定额耗用量 × 材料定额耗用量分配率

某产品应分配的材料费用 = 该产品应分配的实际材料数量 × 材料单价

举例说明按定额耗用量的比例分配材料费用的方法。

【例 3 – 1】 某企业生产 A、B、C 三种产品，共耗用某种原材料 1 530 千克，每千克 3.5 元。A 产品实际产量为 150 件，单位产品材料定额耗用量为 3 千克；B 产品实际产量为 100 件单位产品材料定额耗用量为 1.5 千克；C 产品实际产量为 300 件，单位产品材料定额耗用量为 4 千克，采用定额耗用量比例分配法分配材料费用的结果如下：

A 产品材料定额耗用量 = 150 × 3 = 450（千克）

B 产品材料定额耗用量 = 100 × 1.5 = 150（千克）

C 产品材料定额耗用量 = 300 × 4 = 1 200（千克）

$$材料定额耗用量分配率 = \frac{1\ 530}{450 + 150 + 1\ 200} = 0.85$$

A 产品应分配的材料实际数量 = 450 × 0.85 = 382.50（千克）

B 产品应分配的材料实际数量 = 150 × 0.85 = 127.50（千克）

C 产品应分配的材料实际数量 = 1 200 × 0.85 = 1 020（千克）

A 产品应分配的材料费用 = 382.5 × 3.50 = 1 338.75（元）

B 产品应分配的材料费用 = 127.50 × 3.50 = 446.25（元）

C 产品应分配的材料费用 = 1 020 × 3.50 = 3 570（元）

采用上述方法计算分配材料费用，不仅能计算出每种产品应分配的材料费用，而且还能计算出每种产品耗用材料的实际数量。这样，为考核材料消耗定额的执行情况提供了资料，有利于加强成本的核算和管理，但这样计算比较麻烦。为了简化材料费用的分配工作，对于不需要考核材料实际耗用量的企业，可采用按材料定额耗用量的比例直接分配材料费用的方法，其计算公式如下：

$$材料费用分配率 = \frac{材料实际总耗用量 × 材料单价}{各种产品材料定额耗用量之和}$$

某产品应分配的材料费用 = 该产品材料定额耗用量 × 材料费用分配率

仍以上例资料为基础，计算结果如下：

$$材料费用分配率 = \frac{1\ 530 × 3.50}{450 + 150 + 1\ 200} = 2.975（元/千克）$$

A 产品应分配的材料费用 = 450 × 2.975 = 1 338.75（元）

B 产品应分配的材料费用 = 150 × 2.975 = 446.25（元）

C 产品应分配的材料费用 = 1 200 × 2.975 = 3 570（元）

上述两种计算方法结果相同，企业可根据本企业的具体情况选择使用。

2. 产品重量比例分配法

产品重量比例分配法是按照各种产品的重量比例分配材料费用的一种方法。这种方法一般适用于产品所耗用材料的多少与产品重量有着直接联系的情况，其计算公式如下：

$$材料费用分配率 = \frac{材料实际总耗用量 \times 材料单价}{各种产品重量之和}$$

某产品应分配的材料费用 = 该产品的重量 × 材料费用分配率

举例说明采用产品重量比例分配法的计算。

【例3－2】某企业生产A、B两种产品，共同耗用甲材料30 400千克，每千克4.50元。A产品的重量为12 000千克，B产品的重量为26 000千克，采用产品重量比例分配法分配材料费用的结果如下：

$$材料费用分配率 = \frac{30\,400 \times 4.50}{12\,000 + 26\,000} = 3.6（元/千克）$$

A产品应分配的材料费用 = 12 000 × 3.6 = 43 200（元）

B产品应分配的材料费用 = 26 000 × 3.6 = 93 600（元）

3. 产品产量比例分配法

产品产量比例分配法是按产品的产量比例分配材料费用的一种方法。当产品的产量与其所耗用的材料多少有密切联系的情况下，可采用这种方法分配材料费用，其计算公式如下：

$$材料费用分配率 = \frac{材料实际总耗用量 \times 材料单价}{各种产品实际产量之和}$$

某产品应分配的材料费用 = 该产品实际产量 × 材料费用分配率

举例说明采用产品产量比例分配法分配材料费用的计算。

【例3－3】某企业生产A、B两种产品，共耗用乙材料4 032千克，每千克6元，A产品实际产量为1 800件，B产品实际产量为2 400件，采用产品产量比例分配法分配材料费用的结果如下：

$$材料费用分配率 = \frac{4\,032 \times 6}{1\,800 + 2\,400} = 5.76（元/件）$$

A产品应分配的材料费用 = 1 800 × 5.76 = 10 368（元）

B产品应分配的材料费用 = 2 400 × 5.76 = 13 824（元）

4. 产品材料定额成本比例分配法

产品材料定额成本比例分配法是按照产品材料定额成本分配材料费用的一种方法。它一般适用于几种产品共同耗用几种材料的情况，其计算公式如下：

某产品材料定额成本 = 该产品实际产量 × 单位产品材料定额成本

$$材料定额成本分配率 = \frac{各种产品实际材料费用总额}{各种产品材料定额成本之和}$$

某产品应分配的材料费用 = 该产品材料定额成本 × 材料定额成本分配率

举例说明采用产品材料定额成本比例分配法分配材料费用的计算。

【例3－4】某企业生产A、B两种产品，耗用甲、乙两种材料。耗用甲材料591.50千克，每千克5元；耗用乙材料4 500千克，每千克3.60元。A产品实际产量200件，单位产品材料定额成本为20元，B产品实际产量450件，单位产品材料定额成本为35元，采用按产品材料定额成本比例分配法分配材料费用的结果如下：

A产品材料定额成本 = 200 × 20 = 4 000（元）

B 产品材料定额成本 $= 450 \times 35 = 15\,750$（元）

材料定额成本分配率 $= \dfrac{591.50 \times 5 + 4\,500 \times 3.60}{4\,000 + 15\,750} = 0.97$

A 产品应分配的材料费用 $= 4\,000 \times 0.97 = 3\,880$（元）

B 产品应分配的材料费用 $= 15\,750 \times 0.97 = 15\,277.50$（元）

六、材料费用的账务处理

在实际工作中，材料费用的分配是采取编制"材料费用分配表"的方式进行的，根据"材料费用分配表"进行材料费用的分配。"材料费用分配表"可先按各生产车间和部门分别编制，然后，全厂合并编制一张"材料费用汇总分配表"。

举例说明"材料费用分配表"的编制及根据"材料费用分配表"所进行的账务处理。

【例3-5】某企业有两个生产车间，一个基本生产车间，一个辅助生产车间，基本生产车间根据各种领料凭证编制的"材料费用分配表"见表3-2。

表 3 - 2　基本生产车间材料费用分配表

20 ××年 8 月　　　　　　　　　　　　　　金额单位：元

| 分配对象 | 直接计入 | 分配计入 | | | 材料计划成本合计 | 材料成本差异额 | 材料的实际成本 |
		分配标准	分配率	金额			
甲产品	85 600	450		1 338.75	86 938.75	869.39	87 808.14
乙产品	10 000	150		446.25	10 446.25	104.46	10 550.71
丙产品	5 045	1 200		3 570	8 615	86.15	8 701.15
小计	100 645	1 800	2.975	5 355	106 000	1 060	107 060
制造费用	7 000	—			7 000	70	7 070
合计	107 645			5 355	113 000	1 130	114 130

辅助生产车间和管理部门的材料费用分配表略。编制的"材料费用分配汇总表"见表3-3根据各车间、部门的"材料费用分配表"，可以登记生产成本明细账、产品成本计算单、制造费用明细账以及管理费用明细账等有关明细账。根据汇总编制的"材料费用分配汇总表"，作为发料凭证汇总表，编制记账凭证据以记账。

本例中，根据"材料费用分配汇总表"作如下的会计分录：

借：生产成本——基本生产成本——甲产品　　　　　86 938.75

　　　　　　　　　　　　　——乙产品　　　　　10 446.25

　　　　　　　　　　　　　——丙产品　　　　　　8 615

　　　　——辅助生产成本　　　　　　　　　　　24 000

　　制造费用——基本生产车间　　　　　　　　　　7 000

　　　　　　——辅助生产车间　　　　　　　　　　1 000

```
管理费用                                                    3 500
  贷：原材料                                              141 500
```

表 3-3　材料费用分配汇总表

20××年8月　　　　　　　　　　　　　　　　　单位：元

分配对象	计划成本	差异额	实际成本
生产成本——基本生产成本	106 000	1 060	107 060
生产成本——辅助生产成本	24 000	240	24 240
制造费用——基本生产车间	7 000	70	7 070
制造费用——辅助生产车间	1 000	10	1 010
管理费用	3 500	35	3 535
合计	141 500	1 415	142 915

结转材料成本差异时，应作如下会计分录：

```
借：生产成本——基本生产成本——甲产品            869.387 5
              ——乙产品            104.462 5
              ——丙产品             86.15
           ——辅助生产成本            240
  制造费用——基本生产车间             70
       ——辅助生产车间             10
  管理费用                      35
    贷：材料成本差异                        1 415
```

如果材料成本差异为节约差异，则应用做相反的会计分录。

七、燃料费用的分配

在生产过程中使用的燃料，实际上也属于材料。因此，其费用归集与分配的方法与材料费用的归集与分配方法大致相同。

对于生产产品使用的燃料，在燃料使用不多时，可不设置专门的成本项目，而将其列入"直接材料"成本项目中。若燃料耗用的数量较大，则应专门设置"燃料及动力"成本项目，归集生产中使用的燃料费用，以便于对其使用情况进行分析和考核。这时，对于直接用于产品生产的燃料，能分清是由哪种产品耗用的，则应根据有关的原始凭证，直接计入该产品的成本计算单中的"燃料及动力"成本项目中。若企业不设置"燃料及动力"成本项目，则应将其直接计入"直接材料"成本项目中。几种产品共同耗用而分不清哪种产品耗用的燃料费用时，则应采取适当的分配标准，在各种产品当中进行分配。采用的分配标准一般为产品的重量、体积、定额耗用量等。

对于辅助生产车间使用的燃料，应列入"辅助生产成本明细账"中。基本生产车间一般耗用的燃料，则应列入"制造费用明细账"中。管理部门使用的燃料，应列入

"管理费用明细账"中。

八、低值易耗品摊销

(一) 低值易耗品的概念

低值易耗品是指不能作为固定资产的各种用具物品，如工具、管理用具、玻璃器皿、劳动保护用品，以及在经营过程中周转使用的容器等。

低值易耗品的特点是单位价值较低，使用期限相对于固定资产较短，在使用过程中基本保持其原有实物形态不变。低值易耗品的收入、发出、摊销和结存的核算，是通过建立"低值易耗品"总账科目及按其类别、品种、规格设置明细账进行的。低值易耗品的日常核算一般按照实际成本进行，在按计划成本进行核算时，还应在"材料成本差异"总账科目下设置"低值易耗品成本差异"二级科目。

低值易耗品的核算可分为在库和在用两个阶段。在库阶段核算与原材料核算相同。这里主要讲述低值易耗品在用及摊销的核算。在用低值易耗品是指车间、部门从仓库领用，直到报废以前整个使用过程中的低值易耗品。低值易耗品在使用中的实物状态基本不变，其价格应该采用适当的摊销方法计入产品成本或期间费用。但是，低值易耗品摊销额在产品成本中所占比重较小，又没有专设成本项目，因此，用于生产计入产品成本的低值易耗品摊销，应计入制造费用；用于组织和管理企业生产经营的低值易耗品摊销，应计入管理费用；用于产品销售的低值易耗品摊销，应计入销售费用。

(二) 低值易耗品的摊销方法

低值易耗品的摊销方法一般有一次摊销法和五五摊销法。

1. 一次摊销法

一次摊销法，即一次转销法或一次计入法。采用这种方法领用时，将其全部价值一次计入当月（领用月份）产品成本、期间费用等，借记"管理费用"、"制造费用"等科目，贷记"低值易耗品"科目。报废时，将报废低值易耗品的残料价值作为当月低值易耗品摊销额的减少，冲减有关的成本、费用，借记"原材料"等科目，贷记"制造费用"、"管理费用"等科目。

【例3-6】某企业基本生产车间领用的低值易耗品采用一次摊销法，某月该车间领用生产工具一批，其实际成本为800元；以前月份领用的另一批生产工具在本月报废，残料验收入库作价50元，编制会计分录如下：

（1）领用生产工具时。

借：制造费用 800
　　贷：低值易耗品 800

（2）报废生产工具残料入库时。

借：原材料 50
　　贷：制造费用 50

一次摊销法的核算比较简单，但由于低值易耗品的使用期一般不止一个月，因而采用这种方法会是各月成本、费用负担不合理，还会产生账外财产，不便于实行价值监督。这种方法一般适用于单位价值较低、使用期限较短、一次领用数量不多以及容易破损的低值易耗品。

2. 五五摊销法

五五摊销法也称"五成法"，是指在领用低值易耗品时，摊销其价值的一半，报废时再摊销其价值的另一半。在这种方法下的低值易耗品二级科目的设置与分次摊销法下的相同。从仓库领出交使用部门时，借记"低值易耗品——在用"科目，贷记"低值易耗品——在库"科目；同时，按其价值的 50% 计算摊销额，借记"制造费用"、"管理费用"等科目，贷记"低值易耗品——摊销"科目。报废时如有残值，借记"原材料"等科目，贷记"制造费用""管理费用"等科目，以示冲减。也可以在进行低值易耗品报废摊销时，按低值易耗品价值的 50% 减去残值后的差额，借记"制造费用"、"管理费用"等科目，贷记"低值易耗品——摊销"科目。此外，还应将报废低值易耗品的价值及其累计摊销额注销，借记"低值易耗品——摊销"科目，贷记"低值易耗品——在用"科目。如果低值易耗品按计划成本进行日常核算，月末也要调整分配所领低值易耗品的计划成本，分配成本差异。

【例 3 – 7】某企业行政管理部门领用管理用具，其计划成本 2 800 元；报废以前领用的另一批管理用具计划成本 1 000 元，回收残料计价 50 元。本月低值易耗品成本差异为节约 3% 。编制会计分录如下：

（1）领用时。

借：低值易耗品——在用低值易耗品	2 800	
贷：低值易耗品——在库低值易耗品		2 800

（2）摊销价值的 50% 。

借：管理费用	1 400	
贷：低值易耗品——摊销		1 400

（3）报废以前领用低值易耗品（管理用具）的摊销额。

借：原材料	50	
管理费用	450	
贷：低值易耗品——摊销		500

（4）注销报废管理用具。

借：低值易耗品——摊销	1 000	
贷：低值易耗品——在用低值易耗品		1 000

（5）月末，调整分配本月所领管理用具的成本节约差异。

借：材料成本差异——低值易耗品差异	84	
贷：管理费用（2 800 ×3%）		84

从上述可知，在按计划成本进行低值易耗品日常核算的情况下，"低值易耗品"总账科目的月末余额，就是月末低值易耗品（包括在库和在用）按计划成本反映的摊余价值，再加上或减去"材料成本差异——低值易耗品成本差异"科目的余额，就是月末低值易耗品按实际成本反映的摊余价值。

低值易耗品采用五五摊销法的优点是能够对在用低值易耗品实行价值监督；各月成本、费用负担低值易耗品的摊销额比较合理。但其核算工作量比较大。因此，该种方法适用于各月领用和报废低值易耗品的数量比较均衡、各月摊销额相差不多的低值易耗品。

第三节　外购动力费用的归集和分配

一、外购动力费用的归集

外购动力费用是指企业从外单位购入的电力、热力、蒸汽等所支付的费用。外购动力应根据其使用的数量，向供应单位支付款项。一般情况下，使用的外购动力都有仪器仪表计量。在支付外购动力费用时，应根据仪器仪表上记录的耗用数量、规定的价格向提供动力的单位支付款项。以支付款项的凭证编制记账凭证，作为外购动力费用分配的依据。

二、外购动力费用的分配

外购动力费用分配时，应由财会部门根据所支付的外购动力费用额以及各部门耗用外购动力的数量，通过编制"动力费用分配表"进行分配。如果使用外购动力的各部门都有仪器仪表计量，则外购动力费用应根据仪器仪表记录的各部门耗用量进行分配。若使用动力的部门没有仪器仪表计量的情况，可按机器工作时数等标准进行分配。

（一）基本生产车间用于产品生产外购动力费用的分配

基本生产车间生产产品用的动力，如电解用电力、烘干用蒸汽、炼钢用氧气，以及可以按产品确定消耗定额的动力用电等，应以"燃料和动力"成本项目记入"基本生产成本明细账"和"产品成本计算单"中。对于几种产品共同耗用的动力费用，一般按各种产品定额工时或实际工时消耗量的比例进行分配。

下面以外购电力为例，说明外购动力费用分配的计算公式。在一般情况下，对于各车间、部门耗用的电力，都有电表等计量器具加以计量。因此，各车间、部门应分配的电费应按下式计算：

$$每度电费分配率 = \frac{外购电费总额}{各车间、部门耗用的外购电力度数之和}$$

某车间、部门应分配的电费＝该车间、部门用电度数×每度电费分配率

对于生产车间用于产品生产的外购电力，由于不能按产品分装电表计量其耗用的数量，因此，一般采用工时的比例（实际工时或定额工时）进行分配，其计算公式如下：

$$某车间产品用电力费用分配率 = \frac{生产产品用电度数×每度电费分配率}{该车间产品的生产工时（或机器工时）之和}$$

某产品应分配的电费＝该产品的生产工时×该车间产品用电力费用分配率

（二）基本生产车间一般耗用外购动力费用的分配

基本生产车间照明、取暖等耗用的动力，应根据其耗用的数量和动力费用分配率，计算出应分配的动力费用数额，记入"制造费用明细账"中有关的成本项目。

（三）辅助生产车间耗用外购动力费用的分配

辅助生产车间耗用的动力费用，应根据其耗用的数量和动力费用分配率，计算出应分配的动力费用数额，记入"辅助生产成本明细账"中有关的项目中。

（四）管理部门耗用外购动力费用的分配

管理部门耗用的外购动力费用，应根据其耗用的数量和动力费用分配率，计算出应分配的动力费用数额，记入"管理费用明细账"中的有关项目。

举例说明外购动力费用的分配方法。

【例3-8】某企业20××年8月耗电度数合计67 125度，金额26 850元，每度电0.4元。直接用于产品生产耗电42 750度，金额17 100元，没有分产品安装电表，规定按机器工时比例分配。A产品机器工时为5 550小时，B产品机器工时为3 000小时。该企业设有"直接燃料和动力"成本项目。A、B产品动力费用分配计算如下：

$$动力费用分配率 = \frac{17\,100}{5\,550 + 3\,000} = 2$$

A产品动力费用 = 5 550 × 2 = 11 100（元）

B产品动力费用 = 3 000 × 2 = 6 000（元）

外购动力费用分配是一般通过编制外购动力（电力）费用分配表进行的，根据该分配表编制会计分录，据以登记有关总账和明细账。外购动力费用分配表格式及举例详见表3-4。

表3-4　外购动力费用分配表

20××年8月　　　　　　　　　　　　　　　　　　　　金额单位：元

应借记账户		成本或费用项目	机器工时（分配率：2）	度数（分配率：0.4）	合计
基本生产成本	A产品	直接燃料和动力	5 550		11 100
	B产品	直接燃料和动力	3 000		6 000
	小计		8 550	42 750	17 100
辅助生产成本	供水车间	水电费		7 500	3 000
	机修车间	水电费		5 000	2 000
	小计			12 500	5 000
制造费用		水电费		5 875	2 350

续 表

应借记账户	成本或费用项目	机器工时（分配率：2）	度数（分配率：0.4）	合计
管理费用	水电费		4 500	1 800
销售费用	水电费		1 500	600
合计			67 125	26 850

根据表 3 - 4，编制会计分录如下：

借：生产成本——基本生产成本——A 产品		11 100
——B 产品		6 000
生产成本——辅助生产成本——供水车间		3 000
——机修车间		2 000
制造费用		2 350
管理费用		1 800
销售费用		600
贷：银行存款（或应付账款）		26 850

第四节 职工薪酬的归集和分配

一、职工薪酬的构成

职工薪酬是企业为获得职工提供的服务或解除劳动关系而给予各种形式的报酬或补偿。企业在确定应当作为职工薪酬进行确认和计量的项目时，需要综合考虑，确保企业人工成本核算的完整性和准确性，职工薪酬主要包括以下内容：

（一）工资、奖金、津贴、补贴

这是指构成工资总额的计时工资、计件工资、支付给职工的超额劳动报酬和增收节支的劳动报酬、为了补偿职工特殊或额外的劳动消耗和因特殊原因支付给职工的津贴，以及为了保证职工工资水平不受物价影响支付给职工的物价补贴等。

（二）职工福利费

这主要是指尚未实行医疗统筹企业职工的医疗费用、职工因公负伤赴外地就医路费、职工生活困难补助，以及按照国家规定开支的其他福利支出。

（三）"五险一金"

它主要是指企业按照国务院相关条例和地方政府规定的范围与标准，为职工缴纳的养老保险费、医疗保险费、失业保险费、工伤保险费、生育保险费等社会保险费和住房公积金。

（四）工会经费、职工教育经费

它是指企业为了改善职工文化生活、为职工学习先进技术和提高文化水平、业务素质，用于开展工会活动和职工教育及职业技能培训等相关支出。

（五）非货币性福利

非货币性福利，通常包括企业以自己的产品或外购商品发放给职工作为福利，企业提供给职工无偿使用自己拥有的资产或租赁资产供职工无偿使用，为职工无偿提供类似医疗保健等服务，如无偿提供给高级管理人员使用的住房、以低于成本的价格向职工出售住房等。

（六）因解除与职工劳动关系给予的补偿即辞退福利

它是指由于分离办社会职能实施重组、改组计划，职工不能胜任等原因，企业在职工劳动合同尚未到期之前解除与职工的劳动关系，或者为鼓励职工自愿接受裁减而提出补偿建议的计划中给予职工的经济补偿。

（七）特殊情况下支付的工资

特殊情况下支付的工资是指根据国家法律、法规和政策规定，支付给职工的病假、工伤、产假、计划生育假、婚丧假、事假、探亲假、定期休假、停工学习、执行国家和社会义务的工资以及支付给职工的保留工资等。

工资总额不包括以下的内容：根据国家有关规定颁发的创造发明奖；有关劳动保险和职工福利方面的各项费用；有关离休、退休人员待遇的各项支出、劳保支出；出差伙食补助；支付给承租人的风险性补偿收入；购买本企业股票和债券所得到的股息收入和利息收入等。

二、职工薪酬的归集和分配的基础工作

职工薪酬总额中的职工福利费、"五险一金"以及工会经费和职工教育经费都是根据工资总额的一定比例提取的，因此，人工费用核算的基础是健全有关工资计算的基础工作。企业应按照劳动工资制度的规定，根据考勤记录、工时记录、产量记录、工资标准、工资等级等，编制"工资单"（亦称工资结算单、工资表、工资计算表等），计算各种工资。"工资单"的格式和内容由企业根据实际情况自行规定。

（一）考勤记录

考勤记录是登记职工出勤、缺勤时间和情况的原始记录。它是企业计算职工工资和分配人工费用的依据。完善考勤记录，对于加强企业劳动管理，提高出勤率和工时

利用率，从而提高企业劳动生产率都有重要意义。考勤记录的形式有考勤簿和考勤卡两种。

1. 考勤簿

是按车间、部门或生产小组设置，由考勤人员根据各单位在册人员的编号、姓名逐日登记职工的出勤和缺勤的时间，月末对该月个人出勤情况进行归类汇总登记。如有人员变更（包括级别职务变更、人员迁入迁出等），应根据人事部门的通知，在考勤簿上做出相应的调整。

2. 考勤卡

是按职工分别设置，每年一张，在每年年初或职工录用时开设，若有人员变更，应根据人事部门的通知，将考勤卡在内部单位之间进行转移或注销。考勤卡的内容和项目与考勤簿相同。月终仍然需要考勤人员负责汇总统计出每位职工全月的出勤情况。

除上述两种考勤形式外，还有些单位根据企业的具体情况，采用翻牌法、移牌法或打卡机打卡计时等方法进行考勤。不论采用何种形式，其考勤的内容和项目基本相同。月末，车间和部门的考勤人员将考勤登记汇总后，由车间、部门负责人签章，连同有关证明文件送交工资核算部门，据以计算职工应付工资。

（二）产量和工时记录

产量和工时记录是登记每一位工人或生产小组在出勤时间内完成产品的数量、质量和生产产品耗用工时数量的原始记录。它是统计产量和工时、计算计件工资的依据，也是考核工时定额、明确生产工人的责任，考核劳动生产率的依据。

由于生产特点和管理要求不同，产量和工时记录在不同行业、企业和车间或班组，其具体格式、内容和登记程序也不尽相同，一般有工作通知单、工序进程单和产量明细表等。

1. 工作通知单

工作通知单在实务中也称派工单、工票，它是对每个工人或生产班组按照每项作业或每道工序签发，用以分派生产任务，并记录其产量和工时的原始记录。

工作通知单适用于单件小批生产的企业或车间，以及个别的、一次性的工作。这些工作的个别性和特殊性比较显著，即使是同一个工人在同一月份，甚至是同一天的工作内容也不尽相同，因此需要每天分派生产任务。工作通知单同时也就起了派工的作用。工人按照单内的要求完成工作后，将产品连同工作通知单一并交付给检验人员验收，签章后工作通知单就可作为计算计件工资的依据。

2. 工序进程单和工作班产量报告

工序进程单，也叫工序单、多工序工票、加工路线单等。它是以加工的产品为对象而开设的产量和工时记录，可用以分派生产任务，记录每道工序的产量、实际工时和完成的定额工时。

工序进程单适用于成批生产的企业或车间。在成批生产的情况下，加工的产品需要按顺序地经过一系列加工工序，在完成一道工序之后，工序进程单要随着加工物一起移交下一工序，并顺次记录各道工序加工的实际产量和所耗工时，以及加工物在各工序之间转移的数量。

由于一批加工物往往需要经过几个班组甚至几个车间的加工才能完成，这样就可能出现一张工序进程单上登记了几个班组或车间的产量和工时，或者是一个班组或车间的产量和工时分别登记在几张工序进程单中。为了集中反映一个班组或车间的全部产量和工时，工序进程单通常需要与工作班产量报告结合起来使用。

工作班产量报告也称工作班报告，它是按生产班组开设的，反映一个班组的产品产量和所耗用的工时。

3. 产量通知单

产量通知单是登记一个生产班组每个生产工人完成的产量和所耗工时的原始记录。它主要适用于大量生产的企业或车间。在产品大量生产的情况下，每一班组或工人每日的工作基本相同，因此只需要在工作班工作结束时，由检验员根据验收结果填制产量通知单，并以此作为统计产量、工时和计算工资的依据。

除上述这些记录之外，在核算人工费用时，可能还需要填制一些其他凭证，如废品通知单、停工通知单以及各种奖金、津贴发放通知单等等。在月终结算工资费用之前，这些原始记录必须送交财会部门，以便准确结算工资。

三、工资费用的分配

企业可以根据实际情况采用不同的工资制度，最基本的工资制度包括计时工资制和计件工资制。工资总额中的计时工资和计件工资又是构成工资总额的主要内容，需要采用一定的方法进行计算。

（一）计时工资的计算

企业的计时工资是根据考勤记录登记的每一职工的出勤和缺勤日数，按照规定的工资标准计算的。工资标准有按月计算的月薪，也有按日计算的日薪或按小时计算的小时工资。我国的企业一般采用月薪制。在月薪制下每月的标准工资相同。

在月薪制下，计时工资的计算有两种方法：

1. 应付月计时工资 = 月标准工资 − 缺勤天数 × 日工资率 − 病假天数 × 日工资率 × 扣款率

或

2. 应付月计时工资 = 实际出勤天数 × 日工资率 + 病假天数 × 日工资率 × （1 − 扣款率）

上式中的日工资率可按每月 30 天（即 360/12）计算，也可按全年扣除法定节假日后的月平均天数计算，目前在我国约为 20.83 天（365 天扣除 104 个双休日和 11 个法定节假日，再除以 12 而得）。需要注意的是，按 30 天计算日工资率时，由于标准工资的计算没有扣除节假日，因此出勤期间的节假日照付工资，缺勤期间的节假日照扣工资；而按 20.83 天计算日工资率时，节假日本来就不支付工资，因此，缺勤期内的节假日也不需要扣工资。

由于计算计时工资有两种方法，而计算日标准工资又有两种方法，将这四种方法综合起来，就得到了计算计时工资的四种方法：（1）按 30 日计算日标准工资，根据月标准工资扣除缺勤工资来计算当月应付的计时工资；（2）按 30 日计算日标准工资，按实际出勤日计算当月应付的计时工资；（3）按 20.83 天计算日标准工资，根据月标准工资扣除缺勤工资来计算当月应付的计时工资；（4）按 20.83 天计算日标准工资，根据实际出勤日来计算当月应付的计时工资。企业可以自行确定采用何种办法计算工资，计算方法一旦选定，不应随意变更。

【例 3 - 9】 某企业某工人的月工资标准为 1 800 元。5 月份该工人事假 2 天，病假 3 天。根据该工人的工龄，其病假工资按工资标准的 80% 计算。该工人病假、事假期间没有节假日。该工人 5 月份的工资可计算如下：

（1）按 30 天计算：

日工资率 $= 1\,800/30 = 60$（元）

应付工资 $= 1\,800 - 2 \times 60 - 3 \times 60 \times (1 - 80\%) = 1\,644$（元）

或

应付工资 $= 26 \times 60 + 3 \times 60 \times 80\% = 1\,704$（元）

上述结果的差异，是因为 5 月份有 31 天所致。两种结果正好是差一天的工资。

（2）按 20.83 天计算：

日工资率 $= 1\,800/20.83 = 86.41$（元）

应付工资 $= 1\,800 - 2 \times 86.41 - 3 \times 86.41 \times (1 - 80\%) = 1\,575.33$（元）

或

应付工资 $= 18 \times 86.41 + 3 \times 86.41 \times 80\% = 1\,762.76$（元）

由于该月的法定工作日是 23 天（31 - 8），所以两者计算结果差 2.17（23 - 20.83）天的工资，即 $2.17 \times 86.41 = 187.51$（元）（由于计算结果四舍五入，所以有尾差）。

（二）计件工资的计算

计件工资是指对已完成工作按计件单价支付的劳动报酬，按照结算对象不同可以分为个人计件工资和集体计件工资两种。

1. 个人计件工资的计算

个人计件工资应根据产量和工时记录中登记的每个工人完成的实际工作量如产量，乘以规定的计件单价计算。计算公式如下：

$$应付工资 = \sum 月内每种产品的产量 \times 该种产品的计件单价$$

注意：完成的产量中如果有废品，则需要分析产生废品的原因。若是由材料本身质量原因造成的，即料废，应该照常付工资；若是工废，即工人本人过失造成的，就不能支付工资，而且有的还会向过失人索取赔偿。

产品的计件单价是根据生产单位产品所需耗用的工时定额和该级工人的小时工资率计算求出的。计算公式如下：

$$计件单价 = 工时定额 \times 小时工资率$$

【例 3 - 10】 某企业生产的甲、乙两种产品都由六级工人加工。甲产品的工时定额为 27 分钟；乙产品的工时定额为 15 分钟。六级工的小时工资率为 10 元。该两种产品的计件工资单价应计算如下：

甲产品计价单价 = 10 × 27/60 = 4.5（元）

乙产品计件单价 = 10 × 15/60 = 2.5（元）

从产品计价单价的计算原理可以看出，同一工人如果生产计价单价不同的各种产品，为了简化计算工作，也可以根据每一个人完成的产品定额工时总数和工人所属等级的小时工资率计算计件工资。其计算结果与上述公式计算的结果应该相同。

【例 3 - 11】承例 3 - 10，假定某六级工共加工甲产品 500 件，乙产品 700 件。其按上述公式计算的计件工资为：

应付工资 = 500 × 4.5 + 700 × 2.5 = 4 000（元）

该工人完成的产品定额工时为：

甲产品定额工时 = 500 × 27/60 = 225（小时）

乙产品定额工时 = 700 × 15/60 = 175（小时）

该工人完成产品定额工时总数 = 225 + 175 = 400（小时）

该工人完成的产品定额工时总数和小时工资率计算的计价工资为：

应付工资 = 400 × 10 = 4 000（元）

以上两种方法计算结果相同，但由于产量记录中记有每种产品的定额工时数，而且每一工人完成的各种产品的定额工时数可以加总，因而后一种方法比较简便。

2. 集体计件工资的计算

集体计件工资是根据某一集体完成工作量的多少和计件单价计算，并与集体进行结算的工资。集体计件工资与个人计件工资的计算方法相同。但是，在采用集体计件工资的情况下，应先按集体完成的工作量和计件单价计算集体应得的计件工资总额，然后在集体内部各工人之间按照贡献大小进行分配。通常可按每人的工资标准和工作日数（或工时数）的乘积作为比例进行分配。

【例 3 - 12】某企业由三位不同等级的工人组成，他们某月份共同完成了若干项工作任务，共得集体计件工资 1 0260 元。该集体各成员的工资等级、工作日数以及每人应得计件工资如表 3 - 5 所示。

表 3 - 5　集体计件工资分配标准

某生产小组　　　　　　　　　　20 × × 年 × 月

工人姓名	等级	工资标准（日工资率）	出勤日数	按工资率和出勤日数计算的工资额	分配率	个人应得计件工资
王亮	六	80	22	1 760	2.25	3 960
李平	五	70	22	1 540	2.25	3 465
赵军	四	60	21	1 260	2.25	2 835
合计	—	—	—	4 560	—	10 260

上表数据计算说明如下：

生产小组内部工资分配率 = 10 260/4 560 = 2. 25

王亮应分工资 = 1 760 × 2. 25 = 3 960 （元）

李平应分工资 = 1 540 × 2. 25 = 3 465 （元）

赵军应分工资 = 1 260 × 2. 25 = 2 835 （元）

3 人所分工资 = 3 960 + 3 465 + 2 835 = 10 260 （元）

四、职工薪酬的分配

职工薪酬的分配应按照职工从事的工作性质进行分配。直接进行产品生产的生产工人工资，应计入"基本生产成本"科目及所属明细账"直接人工"成本项目。其中生产工人的计件工资，属于直接计入费用，根据工资结算凭证（产量记录）直接计入某种产品成本的"直接人工"成本项目。生产工人的计时工资一般属于间接计入费用，但是在只生产一种产品时，属于直接计入费用可以直接计入该种产品成本的"直接人工"成本项目；在生产多种产品时，则属于间接计入费用，应按照产品的实际生产工时比例或定额生产工时比例等分配标准分配后再记入各种产品成本明细账"直接人工"成本项目。需要指出的是，按照产品的实际生产工时比例分配生产工人的薪酬费用，能够将产品所分配的薪酬费用与劳动生产率联系起来。某种产品如果单位产品耗用的生产工时减少，说明劳动生产率提高，其所分配的职工薪酬费用就应减少。相反，如果单位产品耗用的生产工时增加，说明劳动生产率降低。其所分配的职工薪酬费用就应增加。因此，按产品的实际生产工时比例分配生产工人薪酬费用比较合理。但是，如果取得各种产品的实际生产工时数据比较困难，而各种产品的单件工时定额比较准确，也可以按产品的定额工时比例，分配生产工人薪酬费用。按照生产工时（实际或定额）比例分配生产工人薪酬费用的计算公式如下：

$$直接工资费用分配率 = \frac{直接工资总额}{该车间各种产品生产工时（实际或定额）之和}$$

某产品应分配计时工资 = 该产品生产工时（实际或定额）× 工资费用分配率

【例 3 - 13】 某企业生产 A、B 两种产品，生产工人工资分别为：A 产品 30 000 元，B 产品 20 000 元；A、B 产品生产工人工资（直接工资）共计 320 000 元。A、B 产品生产工时分别为 25 000 和 15 000 小时。按生产工时比例分配计算如下：

$$工资费用分配率 = \frac{320\,000}{25\,000 + 15\,000} = 8$$

A 产品分配工资费用 = 25 000 × 8 = 200 000 （元）

B 产品分配工资费用 = 15 000 × 8 = 120 000 （元）

生产车间管理人员和技术人员的工资，应记入"制造费用"科目；其他各部门人员的工资，不计入产品成本，则分别记入"销售费用"、"管理费用"等相关会计科目。

工资费用分配是通过编制工资费用分配表进行的，根据工资费用分配表编制会计分录，登记有关总账和明细账。

【例 3 - 14】 某企业 20 ××年工资费用分配表如表 3 - 6 所示。

表 3-6　工资费用分配表

20××年 8 月单位：元

应借账户		成本或费用项目	直接计入	分配计入			工资费用合计
				生产工时（小时）	分配率	分配金额	
基本生产成本	A 产品	直接人工	30 000	25 000	8	200 000	230 000
	B 产品	直接人工	20 000	15 000	8	120 000	140 000
	小计		50 000	40 000		320 000	370 000
辅助生产成本	供水车间	直接人工	48 000				48 000
	机修车间	直接人工	32 000				32 000
	小计		80 000				80 000
制造费用	基本生产车间	职工薪酬	40 000				40 000
管理费用		职工薪酬	60 000				60 000
销售费用		职工薪酬	30 000				30 000
合计			260 000			320 000	580 000

根据表 3-6，编制会计分录如下：

借：生产成本——基本生产成木——A 产品　　　　　　　 230 000

　　　　　　　　　　　　　——B 产品　　　　　　　　 140 000

　　生产成本——辅助生产成本——供水车间　　　　　　　 48 000

　　　　　　　　　　　　　——机修车间　　　　　　　　 32 000

　　制造费用——基本生产车间　　　　　　　　　　　　　 40 000

　　管理费用　　　　　　　　　　　　　　　　　　　　　 60 000

　　销售费用　　　　　　　　　　　　　　　　　　　　　 30 000

　　贷：应付职工薪酬——工资　　　　　　　　　　　　　　　 580 000

五、其他职工薪酬的核算

在应支付的职工薪酬中，除工资、奖金以及津贴和补贴之外，尚有职工福利费、医疗保险、养老保险等项目。这些项目大多需要根据工资总额的一定比例计提。对于国务院有关部门，省、自治区、直辖市人民政府或经批准的企业年金计划规定了计提基础和计提比例的项目，企业应当按照规定计提标准，计量企业应当承担的职工薪酬义务和计入成本费用的职工薪酬，比如"五险一金"和工会经费以及职工教育经费等；对于国家相关法律法规没有明确规定计提基础和计提比例的项目，如职工福利费，则企业应当根据历史经验数据和自身实际情况进行估计。

企业代扣代缴的由职工个人负担的养老保险、医疗保险、失业保险、住房公积金、个人所得税，属于职工工资的组成部分应根据职工工资的一定比例计算，并在职工工资中扣除，借记"应付职工薪酬—工资"科目，贷记"其他应付款—社会保险费"、"其他应付款—住房公积金"、"应交税费—应交个人所得税"。

企业承担的"五险一金"、工会经费、职工教育经费和职工福利费，应根据收益对象计入相关资产成本或当期费用，借记"生产成本"、"制造费用"、"管理费用"、"销售费用"等科目，贷记"应付职工薪酬"的相应明细科目。

【例3－15】根据【例3－14】中的有关资料为例，分别按8%、2%、0.5%、12%计提企业代扣的由个人负担的养老、医疗、失业保险和住房公积金；分别按20%、9%、2%、1%、1%、12%、2%、1.5%、14%计提企业负担的养老、医疗、失业、工伤、生育保险及住房公积金、工会经费、职工教育经费、职工福利费。

（1）企业代扣代缴的由个人负担的社会保险费、住房公积金

借：应付职工薪酬—工资   130 500

  贷：其他应付款—社会保险费   60 900

      —住房公积金   69 600

（2）企业负担的社会保险费、住房公积金、工会经费、职工教育经费、职工福利费

借：生产成本—基本生产成本—A 产品（230 000 ×62.590） 143 750

       —B 产品（140 000 ×62.590） 87 500

    —辅助生产成本—供水车间（48 000 ×62.590） 30 000

       —机修车间（32 000 ×62.590） 20 000

  制造费用—基本生产成本（40 000 ×62.590） 25 000

  管理费用（60 000 ×62.590）   37 500

  销售费用（30 000 ×62.590）   18 750

  贷：应付职工薪酬—社会保险费   191 400

      —住房公积金   69 600

      —工会经费   11 600

      —职工教育经费   8 700

      —职工福利费   81 200

第五节　固定资产折旧费用的归集和分配

一、固定资产折旧费用的归集

固定资产在长期使用过程中保持实物形态不变，但其价值随着固定资产的损耗而逐渐减少，这部分由于损耗而减少的价值就是固定资产折旧，它应该以折旧费用计入产品成本或期间费用。从其性质看，固定资产的折旧费用是一种基本费用。但是，由

于一般企业折旧费用在产品成本中所占的比重不大，且大多数企业固定资产的使用与多种产品有关，如房屋以及各种通用的设备，因此为了简化成本核算，折旧费用一般作为间接费用核算。

为了正确计算和分配折旧费用，企业应该注意以下几个问题：

（一）合理估计固定资产的使用年限和净残值

企业应当根据《企业会计准则第 4 号——固定资产》的规定，结合企业的实际情况，制定固定资产目录、分类方法、每类或每项固定资产的使用寿命、预计净残值、折旧方法等，并编制成册，根据企业的管理权限，经股东大会或董事会，或经理（厂长）会议或类似机构批准，按照法律、行政法规的规定报送有关各方备案，并备置于企业所在地，以供投资者等有关各方查阅。企业已经确定并对外报送，或备置于企业所在地的有关固定资产目录、分类方法、使用寿命、预计净残值、折旧方法等，一经确定不得随意变更，如需变更，仍然应当按照上述程序，经批准后报送有关各方备案，并在会计报表附注中予以说明。

（二）选择适当的折旧方法

企业固定资产的折旧方法可以采用年限平均法、工作量法、年数总和法、双倍余额递减法等。前两种属于直线折旧法，即每月或每单位作量的折旧是相同的；后两种是加速折旧法，即折旧随着年限的增加而递减。加速折旧法通常适用于随着科技的发展，更新比较快的固定资产，如电脑、高新电子设备等。为了合理计算折旧费用，必须根据企业的特点以及各种固定资产的性质，慎重选择折旧方法。

（三）正确确定折旧范围

企业应当对所有的固定资产计提折旧，但是，已提足折旧仍继续使用的固定资产和单独计价入账的土地除外。同时，还应注意：（1）企业一般按月提取折旧，当月增加的固定资产，当月不提折旧，从下月起计提折旧；当月减少的固定资产，当月照提折旧，从下月起不提折旧。（2）固定资产提足折旧后，不管能否继续使用，均不再提取折旧；提前报废的固定资产，也不再补提折旧。（3）已达到预定可使用状态但尚未办理竣工决算的固定资产，应当按照估计价值确定其成本，并计提折旧；待办理竣工决算后再按实际成本调整原来的暂估价值，但不需要调整原已计提的折旧额。

二、固定资产折旧费用的分配

固定资产的折旧费用通常按发生地点进行归集，计入产品成本的折旧费一般不单独设成本项目，而是作为制造费用的项目，和其他费用一起分配计入产品成本。具体而言，企业基本生产车间所使用的固定资产，其计提的折旧应计入"制造费用"；管理部门使用的固定资产，其计提的折旧应计入"管理费用"；销售部门使用的固定资产，其计提的折旧应计入"销售费用"；自行建造固定资产过程中使用的固定资产，其计提的折旧应计入"在建工程"；经营租出的固定资产，其计提的折旧应计入"其他业务支出"；未使用的固定资产，其计提的折旧应计入"管理费用"。

折旧费用的分配是通过编制折旧费用分配表，企业据以编制会计分录，登记有关总账及所属明细账。折旧费用分配表格式如表3－7所示。

举例说明固定资产折旧费用的分配方法。

【例3－16】某企业8月份的折旧费用分配表如表3－7所示。

表3－7　固定资产折旧费用分配表

20××年8月　　　　　　　　　　　　　　　　　　单位：元

项目	基本生产车间	辅助生产车间		行政管理部门	专设销售机构	合计
		供水车间	机修车间			
折旧费	20 000	4 500	3 700	3 000	1 000	32 000

根据表3－7，编制会计分录如下：

借：制造费用——基本生产车间　　　　　　　　　　20 000

　　　　　　——供水车间　　　　　　　　　　　　4 500

　　　　　　——机修车间　　　　　　　　　　　　3 700

　　管理费用　　　　　　　　　　　　　　　　　　3 000

　　销售费用　　　　　　　　　　　　　　　　　　1 000

　　贷：累计折旧　　　　　　　　　　　　　　　　　　32 200

第六节　其他要素费用的归集和分配

其他要素费用是指除了外购材料、外购燃料、外购动力、工资、职工福利费以及折旧费等要素费用以外的其他要素费用。其他要素费用包括利息支出、税金和其他费用。

一、利息费用

要素费用中的利息费用，不是产品成本的组成部分，而是期间费用中财务费用的组成部分。短期借款的利息一般是按季结算支付。按照权责发生制原则，可以采用分月按计划计提的方法，季末实际支付利息时冲减已经计提的利息，实际支付的利息费用与预提利息之间的差额，调整记入季末月份的财务费用。每月计提利息费用时，借记"财务费用"科目，贷记"应付利息"科目；季末实际支付利息时，借记"应付利息"科目，贷记"银行存款"科目。季末调整实际利息费用与按计划预提利息费用的差额。如果利息费用数额不大，为了简化核算也可以不采用预提利息费用的办法，而应将季末实际支付的利息全部计入当月的财务费用，借记"财务费用"科目，贷记"银行存款"科目。长期借款利息费用一般是每年计算一次应付利息，到期一次还本付息。每年计算结转应付利息费用时，借记"财务费用"、"在建工程"科目，贷记"长期借款"科目，到期一次还本付息时，借记"长期借款"科目，贷记"银行存款"等科目。

【例3－17】 某企业20××年6月1日从银行取得期限3个月、年利率为10%的短期借款120 000元，用于生产经营周转；该企业对此项短期借款的利息支出采用按月预提的办法进行处理。编制的有关会计分录如下：

1. 取得借款时。

借：银行存款	120 000
贷：短期借款	120 000

2. 各月末（6月、7月、8月末）预提利息费用时。

$$月末预提利息费用 = 120\ 000 \times 10\% \times \frac{1}{12} = 1\ 000\ （元）$$

借：财务费用	1 000
贷：应付利息	1 000

（3）借款到期，按期归还本息。

$$按期归还本息 = 120\ 000 + 1\ 000 \times 3 = 123\ 000\ （元）$$

借：短期借款	120 000
应付利息	3 000
贷：银行存款	123 000

如果季末月份的利息不再进行预提，则（2），（3）项会计分录为：

6月、7月末。

借：财务费用	1 000
贷：应付利息	1 000

归还短期借款利息时。

借：短期借款	120 000
财务费用	1 000
应付利息	2 000
贷：银行存款	123 000

二、税金

要素费用中的税金支出，是指应计入管理费用的各项税金。要素费用中的税金，如印花税、房产税、车船税和土地使用税等，不是产品成本的组成部分，而是期间费用中管理费用的组成部分。对于上述税金可以在"管理费用"明细账中设置"税金"项目予以反映。

对于印花税，如果购买税票金额较小，购买时可以直接借记"管理费用"总账科目及其所属明细账的"税金"项目，贷记"银行存款"科目。

【例3－18】 某企业8月开出转账支票购买印花税税票，共计200元，会计分录如下：

借：管理费用	200

　　　　贷：银行存款　　　　　　　　　　　　　　　　　　　　　　　　200

　　如果印花税税票是一次购买，分期使用，且金额较大，或者一次性缴纳印花税额较大需分摊的，可以作为待摊费用处理。购买印花税税票时，借记"待摊费用"科目，贷记"银行存款"科目；按月摊销时，借记"管理费用"科目，贷记"待摊费用"科目。

　　对于需要预先计算应缴金额，然后缴纳的税金，如房产税、车船税和土地使用税等，在计算出应交税金时，应借记"管理费用"科目，贷记"应交税费"科目；在缴纳税金时，应借记"应交税费科目"，贷记"银行存款"科目。

　　【例3－19】某企业本月计算应交房产税150元，土地使用税200元，车船税150元，共计500元。会计分录如下：

　　借：管理费用　　　　　　　　　　　　　　　　　　　　　　　　　500
　　　　贷：应交税费　　　　　　　　　　　　　　　　　　　　　　　　500

三、其他费用

　　其他费用是指企业各种要素费用中，除了前面所述各项要素费用以外的费用。其他费用支出，包括邮电费、保险费、差旅费、劳动保护费、运输费、办公费、报刊订阅费、印刷费、租赁费、水电费、技术转让费、业务招待费、排污费等。这些费用有的是产品成本的组成部分，有的则是期间费用等的组成部分，即使是应计入产品成本的，也没有单独设立成本项目，因此，这些费用发生时，根据有关的付款凭证，按照费用的用途进行分类，分别记入"制造费用"、"辅助生产费用"、"管理费用"、"销售费用"科目的借方，"银行存款"等科目的贷方。

　　【例3－20】某企业以银行存款支付应由8月负担的费用38 069.6元，其中，基本生产车间的劳保费13 969.6元，供水车间的劳保费4 000元，机修车间的劳保费4 000元，专设销售机构的广告费3 000元，办公费4 000元，企业行政管理部门的办公费9 000元，支付金融机构的手续费100元。会计分录如下：

　　借：制造费用——基本生产车间　　　　　　　　　　　　　13 969.6
　　　　　　　　——供水车间　　　　　　　　　　　　　　　　4 000
　　　　　　　　——机修车间　　　　　　　　　　　　　　　　4 000
　　　　管理费用　　　　　　　　　　　　　　　　　　　　　　9 000
　　　　销售费用　　　　　　　　　　　　　　　　　　　　　　7 000
　　　　财务费用　　　　　　　　　　　　　　　　　　　　　　　100
　　　　贷：银行存款　　　　　　　　　　　　　　　　　　　38 069.6

【思考题】

　　1. 生产费用按经济内容划分可分为几类？这种分类有什么作用？

　　2. 按费用要素反映的生产费用和按成本项目反映的产品成本之间有什么区别？

3. 生产费用要素分配的一般原则是什么？

4. 材料费用归集和分配的主要任务是什么？

5. 如何选择材料费用的分配方法？

6. 采用定额耗用量比例分配法分配材料费用时应如何计算？这种方法适用于什么条件？

7. 采用产品材料定额成本比例分配法分配材料费用时应如何计算？这种方法适用于什么条件？

8. 燃料费用的分配有什么特点？如何分配？

【练习题】

一、单项选择题

1. 下列不应计入产品成本的费用是（   ）。

    A. 车间厂房折旧费   B. 车间机物料消耗

    C. 房产税、车船税   D. 有助于产品形成的辅助材料

2. 直接用于产品生产并构成该产品实体的原材料费用应列入的会计科目是（   ）。

    A. "生产成本"   B. "制造费用"   C. "管理费用"   D. "销售费用"

3. 企业行政管理部门人员的工资费用应列入的会计科目是（   ）。

    A. "营业外支出"   B. "销售费用"

    C. "其他业务支出"   D. "管理费用"

4. 按产品材料定额成本比例分配法分配材料费用时，其适用的条件是（   ）。

    A. 产品的产量与所耗用的材料有密切的联系

    B. 产品的重量与所耗用的材料有密切的联系

    C. 几种产品共同耗用几种材料

    D. 各项材料消耗定额比较准确稳定

5. 在几种产品共同耗用几种材料的情况下，材料费用的分配可采用（   ）。

    A. 定额耗用量比例分配法   B. 产品产量比例分配法

    C. 产品重量比例分配法   D. 产品材料定额成本比例分配法

6. 工作通知单是对每位职工或班组按工序分配生产任务并记录其生产数量的一种（   ）。

    A. 出勤记录   B. 工时记录   C. 产量凭证   D. 质量凭证

7. 用月标准工资除以全年平均每月工作日数计算日工资时，全年平均每月的工作日数为（   ）。

    A. 30 天   B. 25. 5 天   C. 21. 17 天   D. 20. 83 天

二、多项选择题

1. 期间费用包括（   ）。

    A. 制造费用   B. 财务费用   C. 管理费用   D. 销售费用

E. 辅助生产费用

2. 下列各项目中，属于成本项目的有（　　　　）。

A. 外购材料　　　B. 直接材料　　　C. 燃料及动力　　D. 废品损失

E. 直接工资

3. 计入产品成本的各种材料费用，按其用途分配，应记入下列科目的借方（　　　　）。

A. 基本生产成本　　B. 管理费用　　　C. 制造费用　　　D. 销售费用

E. 辅助生产成本

4. 生产车间发生的计入产品成本的其他费用支出有（　　　　）。

A. 劳动保护费　　　　　　　　　B. 利息支出

C. 固定资产修理费　　　　　　　D. 水电费

E. 产品销售费用

5. 要素费用的分配原则是（　　　　）。

A. 所有的费用均应采用一定的方法在各种产品当中进行分配

B. 直接费用直接计入产品成本

C. 直接费用分配计入产品成本

D. 间接费用直接计入产品成本

E. 间接费用分配计入产品成本

6. 生产领用的材料被多种产品耗用且不能分清每种产品的消耗数量时，将材料费用在各种产品当中进行分配可采用的分配方法有（　　　　）。

A. 约当产量法　　　　　　　　　B. 定额耗用量比例分配法

C. 产品产量比例分配法　　　　　D. 产品重量比例分配法

E. 产品材料定额成本比例分配法

7. 下列应包括在工资，总额中的项目是（　　　　）。

A. 计时工资　　　B. 计件工资　　　C. 津贴和补贴　　D. 病假工资

E. 生活困难补助

8. 计算应付职工薪酬的原始凭证主要有（　　　　）。

A. 考勤簿　　　　　　　　　　　B. 产量记录

C. 工作班产量记录　　　　　　　D. 工作通知单

E. 工序进程单

9. 计算日工资时可用月标准工资除以（　　　　）。

A. 30 天　　　　　B. 20. 83 天　　　C. 31 天　　　　D. 当月满勤日数

E. 当月日历日数

10. 下列属于特殊情况下支付的工资有（　　　　）。

A. 病假期间支付的工资　　　　　B. 工伤休息期间支付的工资

C. 探亲期间支付的工资　　　　　D. 婚假期间支付的工资

E. 加班支付的工资

11. 下列可以计算计件工资的产量是（　　　　）。

A. 合格品产量　　B. 料废数量　　　C. 工废数量　　　D. 在产品数量

E. 尚未检验的产品数量

12. 下列各项目中属于工资中的"其他相关支出"的是（　　　）。

A. 职工福利　　　　　B. 社会保险费　　　C. 住房公积金　　D. 工会经费

E. 职工教育经费

三、判断题

1. 成本项目是企业费用按其经济内容所做的分类。（　　）

2. 费用要素中的"工资"项目与成本项目中的"直接工资"项目，虽然名称有一点区别，但金额却是相等的。（　　）

3. 当燃料费用在产品成本中所占比重较大时，可与动力费用合并设立"燃料及动力"成本项目。（　　）

4. 企业按月计提的固定资产折旧费用，应该全部计入产品成本。（　　）

5. 生产费用按经济内容和经济用途划分的要素费用和成本项目所包括的内容相同。

（　　）

6. 在一般情况下企业在本期投产的产品往往能在本期完工，本期完工的产品一定全部都是由本期投产的。（　　）

7. 材料费用的分配一般是通过编制材料费用分配表进行的。（　　）

8. 材料费用分配方法的简便原则是指计算过程简单。（　　）

9. 要素费用中的工资项目是指应计入产品成本中的生产工人的工资。（　　）

10. 在几种产品共同耗用几种材料的情况下，材料费用的分配应采用产品材料定额成本比例分配法进行分配。（　　）

11. 如果是因为料废原因而导致的废品，应照付计件工资。（　　）

12. 采用月薪制计算计时工资时，不论是大月还是小月，只要职工出满勤，就可以得到固定的月标准工资。（　　）

13. 采用月标准工资除以 30 天计算日工资的方法时，缺勤期间的节假日照发工资。

（　　）

14. 不论采用什么方法计算日工资，只要月标准工资不变，各月份的日工资都是相等的。（　　）

15. 工资总分类核算是根据"工资结算汇总表"进行的。（　　）

四、计算与账务处理题

1. 某车间生产 A、B 两种产品，共耗原料 2 000 千克，单价 20 元，原料费用合计 40 000 元。本月投产 A 产品 300 件，B 产品 200 件。A 产品单位消耗定额 10 千克，B 产品为 25 千克。

要求：根据上述资料，采用材料定额耗用量的比例分配材料费用。

2. 某企业生产甲、乙两种产品领用 A、B 两种材料，实际成本总计 66 480 元。本月投产甲产品 200 件，乙产品 100 件。甲产品的消耗定额为：A 材料 5 千克，B 材料 8 千克。乙产品的材料消耗定额是：A 材料 7 千克，B 材料 9 千克。A、B 两种材料的计划单价分别是 12 元和 14 元。

要求：根据上述资料，采用产品材料定额成本的比例分配每种产品应负担的材料费用。

3. 某企业生产 A、B 两种产品，共耗用甲材料 3 000 千克；每千克 180 元，A 产品重 2 000 千克，B 产品重 1 200 千克。

要求：根据上述资料，来用产品重量比例分配法分配材料费用。

4. 某企业生产甲、乙两种产品，共耗用 A 材料 60 000 千克，每千克 20 元。本月份共生产甲产品 100 件，乙产品 300 件。

要求：根据上述资料，采用产品产量比例分配法分配材料费用。

5. 职工王明月标准工资为 941. 40 元，本月份日历日数为 30 天，共 9 个休息日，该职工病假 7 天（其中有 2 天是休息日），本月份出勤 16 天。王明本月份奖金 200 元，津贴和补贴 280 元，星期天加班 2 天，病假支付标准为标准工资的 80%。

要求：根据上述资料，采用日工资计算的三种方法，分别计算王明本月份的应付职工薪酬（采用月薪制计算）。

6. 职工张丽 6 月份加工甲、乙两种产品，加工甲产品 300 件，乙产品 150 件。验收时发现甲产品有废品 30 件，其中料废 10 件，工废 20 件；乙产品全部合格。该职工的小时工资率为 5 元，甲产品的定额为 30 分钟，乙产品的定额工时为 2 小时。

要求：根据上述资料，计算张丽本月份的应付计件工资。

7. 某企业的一个生产小组，本月份生产 A 产品 2 000 件，每件计件单价为 8 元。该小组共有职工 5 人，每位职工的小时工资率分别为：张强 6 元，李明 7 元，王刚 6 元，孙朋 8 元，赵越 8. 8 元。本月份工作时间张强 180 小时，李明 175 小时，王刚 160 小时，孙朋 169 小时，赵越 182 小时。

要求：根据上述资料，计算该小组应得的计件工资，并采用计件工资和计时工资的比例分配计算每一位职工应得的计件工资，并将计算结果填入表 3 - 8 中。

表 3 - 8 计件工资分配表

工人姓名	小时工资率	实际工作小时	计时工资	分配率	应付计件工资
合计					

8. 某企业一小组共有职工 4 人，本月份共生产甲产品 800 件，每件产品的计件单价 60 元，4 名职工的工作天数分别为：A 职工 25 天，B 职工 24 天，C 职工 23 天，D 职工 21 天。

要求：根据上述资料，计算该小组应得的计件工资，并按实际工作天数计算每位职工应得的计件工资，并将计算结果填入表 3 - 9 中。

表 3 - 9 计件工资分配表

工人姓名	实际工作天数	计件工资分配率	应付计件工资
合计			

9. 某企业本月份发生生产工人的工资 180 000 元，共生产三种产品。三种产品的生产工时分别为甲产品 2 000 小时，乙产品 4 000 小时，丙产品 3 000 小时。

要求：根据上述资料，按生产工时的比例计算每种产品应分配的工资费用，并将计算结果直接填入表 3 - 10 中。

表 3 - 10 工资费用分配表

分配对象	分配标准	分配率	分配金额
甲产品			
乙产品			
丙产品			
合计			

【案例与分析】

朱红 2010 年 7 月从某大学会计专业毕业，应聘到远达设备制公司从事会计工作，该公司 2011 年 9 月份开始生产甲、乙、丙三种有关资料如下（见表 3 - 11）。

表 3 – 11 耗用材料情况表

单位：元

产品名称	产量（件）	重量（千克）	材料定额单耗	材料单价	料单位定额成本
甲产品	100	30 000	200	9	1 800
乙产品	300	50 000	150	9	1 350
丙产品	500	190 000	370	9	3 330
合计	900	270 000	—	—	—

本公司以前采用产品的产量比例对材料费用进行分配。本月份共使用 A 材料 300 000 千克，每千克 9 元。

要求：财务部经理在向朱红介绍了企业生产产品使用的材料以及产品的情况后，提出如下几个问题，请朱红在调查后回答：

1. 本企业目前采用的材料费用的分配方法是否合适？
2. 本月份开始生产的新产品应采用什么方法分配材料费用？
3. 对本企业材料费用的分配方法提出进一步改进的意见。

第四章　辅助生产费用的归集和分配

1. 了解辅助生产部门的特点，辅助生产车间和基本生产车间费用明细账的设置。
2. 掌握辅助生产成本归集方法。
3. 熟练掌握辅助生产成本分配的账务处理。
4. 重点掌握辅助生产成本的分配方法。

第一节　辅助生产费用的归集

一、辅助生产费用核算的意义

　　工业企业的生产车间按其性质划分，可分为基本生产车间和辅助生产车间两大类。基本生产车间是直接生产产品的车间，以生产各种产品为主要任务。辅助生产车间是为企业的基本生产车间、行政管理等部门提供产品或劳务的生产车间，一般很少对外服务。其中有的只生产一种产品或提供一种劳务，如供电、供水、供气、供风、运输等辅助生产；有的则生产多种产品或提供多种劳务，如从事工具、模具、修理用备件的制造，以及机器设备的修理等辅助生产。辅助生产提供的产品和劳务，有时也对外销售，但主要是为本单位服务。因此，辅助生产车间发生的费用应由各受益的车间、部门负担。辅助生产车间提供的产品和劳务绝大部分是为基本生产车间生产产品服务的，对外销售的很少。因此，辅助生产成本的高低，对产品成本水平有直接影响。同时，也只有正确及时地计算并分配应由产品负担的辅助生产费用后，才能进行产品成本的计算。这就决定了辅助生产车间所发生的费用，必须单独进行归集与核算，并先将其分配计入各受益对象中。因此，正确、及时地组织辅助生产费用的核算，加强对辅助生产费用的监督，对于正确计算产品成本和各项期间费用，以及节约支出、降低成本有着重要的意义。

二、辅助生产费用的归集

（一）辅助生产

在一些规模较大的工业企业中，除了生产产品的基本生产车间外，还设有另一类被称辅助生产车间的服务部门。辅助生产车间为生产产品或提供劳务而发生的各种费用，构成了这些产品或劳务的成本。为了核算辅助生产车间所发生的费用，计算所产产品或劳务的成本，辅助生产车间应设置"生产成本——辅助生产成本"科目，据此进行辅助生产成本的归集和分配。"辅助生产成本明细账"的设置，应根据各个辅助生产车间的具体情况决定。辅助生产车间按其提供劳务、生产产品的种类多少，可分为以下两种类型。

1. 辅助生产车间只生产一种产品或只提供一种劳务

在只生产一种产品或只提供一种劳务的辅助生产车间，如供电、供水、供气、供风、运输等车间，应按车间分别设置"辅助生产成本明细账"，在账内按规定的成本项目设置专栏，车间所发生的所有费用都登记在"辅助生产成本明细账"内。

2. 辅助生产车间生产多种产品或提供多种劳务

在生产多种产品或提供多种劳务的辅助生产车间，如工具、模具、修理用备件的制造，以及机器设备的修理等车间，除了要按车间分别设置"辅助生产成本明细账"外，还应按所生产的各种产品或劳务，分别开设"产品成本计算单"，登记当月发生的直接材料、直接工资等直接成本项目的费用。其他费用可先在"制造费用——辅助生产车间"明细账中进行核算，月末，再采用适当的分配标准，分配记入各有关产品或劳务成本计算单中。辅助生产车间也应根据其生产类型的特点和管理的要求，采用适当的成本计算方法，计算其产品或劳务的成本。

（二）辅助生产费用

企业辅助生产车间在提供服务时发生的各项费用总和称之为辅助费用（或称辅助生产费用）。如在提供服务的过程中，发生的原材料费用、职工薪酬费用、固定资产折旧费、水电费、办公费、劳动保护费、保险费、修理费等耗费。这些部门所发生的各种耗费，即构成辅助生产部门提供劳务或产品的成本，在"辅助生产成本"账户核算。

"辅助生产成本"属成本类账户，用于核算辅助生产车间为基本生产服务而发生的各项费用的归集和分配情况。该账户的借方反映服务部门所发生的一切生产耗费，既包括各服务部门发生的直接费用，也包括服务部门为组织和管理生产活动而发生的各种间接费用，以及在服务部门相互提供劳务的情况下，各受益的服务部门按受益量比例而转入应承担的费用。该账户的贷方反映服务费用的分配，登记各服务部门向受益部门提供服务成本的转出数，以及完工入库的工具、模具等产品生产成本的转出数，期末如有借方余额，则为服务部门的在产品成本。

由于辅助生产部门主要是为基本生产提供服务的，所以辅助生产费用中大部分应计入"基本生产成本",然而其中相当大一部分费用不能直接计入产品成本,只能先计入制造费用,再分配计入产品成本。为了正确地反映各部门耗用劳务的情况,必须将辅助生产部门的费用在各个受益部门之间进行合理分配。对于辅助生产部门费用的计算,首先应将各服务部门在提供服务过程中所发生的服务费用进行归集,然后将所归集的服务费用按各受益部门(产品)的受益量进行合理分配。需要注意的是,服务部门费用的归集和分配应分别各服务部门(辅助生产车间)进行。

（三）辅助生产费用的归集

辅助生产费用的归集和分配,是通过"辅助生产成本"科目进行的。"辅助生产成本"科目一般应按车间及产品或劳务的种类设置明细账,账内按成本项目设置专栏,进行明细核算。对于直接用于辅助生产产品或提供劳务的费用,应记入"辅助生产成本"科目的借方;辅助生产车间发生的制造费用,有两种处理方法:一种是先通过"制造费用——辅助生产车间"科目的借方,然后从"制造费用——辅助生产车间"科目的贷方直接转入或分配转入"辅助生产成本"科目及其明细账的借方。辅助生产完工产品或劳务的成本,经过分配以后从"辅助生产成本"科目的贷方转出,期末如有借方余额则为辅助生产的在产品成本。另一种是不通过"制造费用"科目核算。由于辅助生产车间规模较小,制造费用很少,且不对外提供服务或产品,为了简化核算工作,制造费用也可以直接记入"辅助生产成本"科目,而不通过"制造费用"科目核算。辅助生产成本明细账的格式见表4-1、表4-2。

表4-1　辅助生产成本明细表

辅助车间:供电　　　　　　　　　　　　20××年8月　　　　　　　　　　　　单位:元

日期	凭证	摘要	直接人工	办公费	折旧费	直接材料	燃料和动力	其他支出	合计	转出	余额
略	略	分配材料费 外购动力费用 分配工资费用 提取折旧 分配其他费用	48 000	8 000	21 000	40 000	12 000	7 000	40 000 12 000 48 000 21 000 15 000		
		合计	48 000	8 000	21 000	40 000	12 000	7 000	136 000		
		本月转出								136 000	0

表 4 - 2　辅助生产成本明细表

辅助车间：供水　　　　　　　　　20××年 8 月　　　　　　　　　单位：元

日期	凭证	摘要	机物料消耗	燃料和动力	劳保费	保险费	职工薪酬	折旧费	办公费	合计	转出	余额
略	略	分配材料费	2 100							2 100		
		外购动力费用		2 500						2 500		
		劳保费			5 000					5 000		
		分摊保险费				2 000				2 000		
		分配工资费用					15 000			15 000		
		提取折旧						4 000		4 000		
		分配其他费用							12 000	12 000		
		合计	2 100	2 500	5 000	2 000	4 000	15 000	12 000	42 600		
		本月转出									42 600	0

需要说明的是：有的企业辅助生产车间规模较小，发生的辅助生产费用较少，辅助生产也不对外销售产品或提供服务，不需要按照规定的成本项目计算辅助生产的成本，为了简化核算成本，辅助生产车间的制造费用可以不单独设置"制造费用——辅助生产车间"明细账"只在费用"明细账，既不通过"制造费用"科目进行核算，而直接计入"辅助生产成本"科目及其明细科目的借方。此时，"辅助生产成本"明细账就应按照成本项目明细账与费用项目相结合设置专栏，而不是按照成本项目设置专栏。

第二节　辅助生产费用的分配

由于辅助生产车间是为基本生产车间、行政管理等部门提供产品和劳务的，所以，辅助生产车间发生的费用，应由企业生产的各种产品或行政管理等部门负担。

辅助生产车间发生的各种费用计入成本费用的方法，是由辅助生产车间提供产品和劳务的性质以及它在生产中的作用决定的。若辅助生产车间是生产产品的，如自制材料、工具等，在这些产品完工后，应将其成本从"生产成本——辅助生产成本"账户，转入到"原材料"或"低值易耗品"等账户中。各车间、部门领用时，再比照财务会计中存货的核算方法，根据具体的用途和数量，一次或分次转入有关成本费用账户。

如果辅助生产车间提供水、电、蒸汽等产品或劳务，辅助生产车间发生的费用在归集后，应根据各受益部门的耗用量，在各受益部门之间进行分配。在这种情况下，辅助生产车间除主要向基本生产车间和行政管理等部门提供劳务外，辅助生产车间之间也相互提供劳务。如供电车间向供汽车间提供电力，供汽车间向供电车间提供蒸汽。这样，要计算电的成本，首先应计算蒸汽的成本；而要计算蒸汽的成本，又要以先计算出电的成本为先决条件。由于它们之间相互制约互为条件，使辅助生产费用的分配产生了困难。因而，辅助生产费用的分配采用了一些特殊的分配方法，主要有直接分配法、一次交互分配法、顺序分配法、代数分配法和计划成本分配法等。

1. 直接分配法

直接分配法是指把辅助生产车间所发生的实际费用，仅在各基本生产车间和行政管理等部门之间按其受益数量进行分配，对于各辅助生产车间之间相互提供的产品或劳务则不进行分配的一种辅助生产费用分配方法。

【例4-1】某企业有供水和供电两个生产车间，主要为企业基本生产车间和行政管理部门等服务，根据"辅助生产车间"明细账汇总的资料，供电车间本月发生费用为36 960元，供水车间本月发生费用为27 000元。各辅助生产车间供应产品数量或劳务数量见表4-3。

表4-3 辅助生产车间提供的劳务数量资料表

受益部门　　　供应单位		供水车间供水量（吨）	供电车间供电量（度）
基本生产——甲产品			48 000
基本生产车间		24 000	8 000
辅助生产车间	供电车间	3 000	
	供水车间		12 000
行政管理部门		2 000	4 000
专设销售机构		1 000	1 600
合计		30 000	73 600

（1）根据表4-3的资料，采用直接分配法进行分配时，应该先计算费用分配率（单位成本），然后再按受益量分配。但应注意，在计算费用分配率（单位成本）时，必须将其他辅助生产车间的劳务耗用量从总供应量中扣除。计算公式如下：

$$\text{某辅助生产车间费用分配率} = \frac{\text{待分配的辅助生产费用总额}}{\text{辅助生产供应劳务（产品）总量} - \text{为其他辅助生产提供的劳务（产品）量}}$$

按照上述公式计算表4-3中水费、电费分配率过程如下：

$$\text{供水车间费用分配率} = \frac{27\ 000}{30\ 000 - 3\ 000} = 1.00\ \text{（元/吨）}$$

$$\text{供电车间费用分配率} = \frac{36\ 960}{73\ 600 - 12\ 000} = 0.6\ \text{（元/度）}$$

（2）根据以上计算资料，采用直接分配法编制的"辅助生产费用分配表"如表4-4所示

表4-4　辅助生产费用分配表

（直接分配法）

20××年8月　　　　　　　　　　　　单位：元

项目		供水车间	供电车间	合计
待分配辅助生产费用（元）		27 000	36 960	63 960
供应辅助生产以外的劳务数量		27 000吨	61 600度	
单位成本（分配率）		1.00	0.60	
基本生产——甲产品	耗用数量		48 000	
	分配金额		28 800	28 800
基本生产车间	耗用数量	24 000	8 000	
	分配金额	24 000	4 800	28 800
行政管理部门	耗用数量	2 000	4 000	
	分配金额	2 000	2 400	4 400
专设销售机构	耗用数量	1 000	1 600	
	分配金额	1 000	960	1 960
合计		27 000	36 960	63 960

（3）根据表4-4"辅助生产费用分配表"计算的结果，编制会计分录如下：

借：生产成本——基本生产成本——甲产品　　　　　　　　28 800
　　　制造费用　　　　　　　　　　　　　　　　　　　　28 800
　　　管理费用　　　　　　　　　　　　　　　　　　　　 4 400
　　　销售费用　　　　　　　　　　　　　　　　　　　　 1 960
　　　贷：生产成本——辅助生产成本——供水车间　　　　　　　27 000
　　　　　　　　　　　　　　　　　　——供电车间　　　　　　　36 960

采用直接分配法，由于不考虑各辅助生产车间之间相互提供产品或劳务的情况，辅助生产费用只是进行对外分配，只分配一次，计算工作简便。当辅助生产车间相互提供产品或劳务量差异较大时，分配结果往往与实际不符，因此，这种方法只适用于在辅助生产内部相互提供生产或劳务不多、不进行费用的交互分配，对辅助生产成本和产品生产成本影响不大的情况下采用。

2. 交互分配法

交互分配法是指将辅助生产费用的分配分为两次进行：第一次根据交互分配前各辅助生产车间发生的费用和提供的劳务总量计算费用分配率（单位成本），在辅助生产车间之间进行一次交互分配（对内分配）；第二次是将各辅助生产车间、部门交互分配后的实际费用（交互分配前的费用加上交互分配转入的费用，减去交互分配转出的费用），再按提供产品或劳务的数量和交互分配后的单位成本（费用分配率），在辅助生产车间、部门以外的各受益单位进行分配（对外分配）。其计算公式如下：

第一步：交互分配

$$交互分配前单位服务成本（交互分配率）=\frac{某辅助生产车间交互分配前的服务费用总额}{该辅助生产车间提供的服务总量}$$

第二步：对外分配

交互分配后辅助生产费用＝交互分配前的费用＋分配转入的费用－分配转出的费用

$$交互分配后的单位服务成本（对外分配率）=\frac{该辅助生产车间交互分配后的服务费用总额}{该辅助生产车间对外部各受益部门提供服务的总量}$$

【例4-2】某企业设有供水和供电两个辅助生产车间，主要为本企业基本生产车间和行政管理部门等服务，根据"辅助生产成本"明细账汇总的资料，供水车间本月发生费用为20 650元，供电车间本月发生费用为47 400元。各辅助生产车间供应产品或劳务数量见表4-5；采用交互分配法的辅助生产费用分配表见表4-6。

表4-5　辅助生产车间提供的劳务数量资料表

受益部门＼供应单位		供水车间供水量（吨）	供电车间供电量（度）
基本生产——甲产品			103 000
基本生产车间		205 000	60 000
辅助生产车间	供电车间	100 000	
	供水车间		20 000
行政管理部门		80 000	12 000
专设销售机构		28 000	5 000
合计		413 000	200 000

（1）根据表4-5的资料，采用"交互分配法"计算各受益部门应承担的辅助生产费用。

1）对内交互分配率的计算：

供水车间交互分配率＝20 650/413 000＝0.05

供电车间交互分配率＝47 400/200 000＝0.237

供电车间应负担的水费＝100 000×0.05＝5 000（元）

供水车间应负担的电费＝20 000×0.237＝4 740（元）

2）交互分配后的实际费用

供水车间交互分配后的实际费用＝20 650＋4 740－5 000＝20 390（元）

供电车间交互分配后的实际费用＝47 400＋5 000－4 740＝47 660（元）

3）对外分配

供水车间对外分配率＝20 390/（413 000－100 000）＝0.065 14

供电车间对外分配率 = 47 660/（200 000 - 20 000）= 0.264 78

基本生产车间应负担的水费 = 205 000 × 0.065 14 = 13 354（元）

行政管理部门应负担的水费 = 80 000 × 0.065 14 = 5 212（元）

专设销售机构应负担的水费 = 28 000 × 0.065 14 = 1 824（元）

基本生产甲产品应负担的电费 = 103 000 × 0.264 78 = 27 272（元）

基本生产车间应负担的电费 = 60 000 × 0.264 78 = 15 887（元）

行政管理部门应负担的电费 = 12 000 × 0.264 78 = 3 177（元）

专设销售机构应负担的电费 = 5 000 × 0.264 78 = 1 324（元）

（2）根据以上计算资料，采用交互分配法编制的"辅助生产费用分配表"如表 4 - 6 所示。

表 4 - 6　辅助生产费用分配表

（交互分配法）

20 ××年8 月　　　　　　　　　　　　　　　　　　　　　单位：元

项目		供水			供电			合计
		数量	分配率	金额	数量	分配率	金额	
待分配辅助生产费用		413 000	0.05	20 650	200 000	0.237	47 400	68 050
交互分配	辅助生产——供水			+4 740	-20 000			-4 740
	辅助生产——供电	-100 000		-5 000				+5 000
对外分配辅助生产费用		313 000	0.065 14	20 390	180 000	0.264 78	47 660	68 050
对外分配	基本生产成本——甲产品				103 000		27 272	27 272
	基本生产车间	205 000		13 354	60 000		15 887	29 241
	行政管理部门	80 000		5 212 *	12 000		3 177	8 389
	专设销售机构	28 000		1 824	5 000		1 324	3 148
	合计	313 000		20 390	180 000		47 660	68 050

*数字四舍五入，小数尾差计入管理费用。

（3）根据表 4 - 6 "辅助生产费用分配表"计算的结果，编制会计分录如下：

1）对内交互分配：

借：生产成本——辅助生产成本——供水车间　　　　　　　　　　　4 740

　　　　　　　　　　　　　　——供电车间　　　　　　　　　　5 000

　　贷：生产成本——辅助生产成本——供电车间　　　　　　　　　　4 740

　　　　　　　　　　　　　　　——供水车间　　　　　　　　　5 000

2）对外分配：

借：生产成本——基本生产成本——甲产品　　　　　　　　　　　　27 272

　　制造费用——基本生产车间　　　　　　　　　　　　　　　　29 241

管理费用	8 389
销售费用	3 148
贷：生产成本——辅助生产成本——供水车间	20 390
——供电车间	47 660

采用交互分配法，进行了两次分配，增加了计算量，但同时提高了分配结果的正确性。该方法适用于各辅助生产车间较多，相互提供劳务量较大。

3. 顺序分配法

顺序分配法，是按照受益多少的顺序将辅助生产车间依次排序，受益少的排在前面，先将费用分配出去，受益多的排在后面，后将费用分配出去的一种辅助费用分配方法。例如，供电和供水两个辅助生产车间，若供电车间耗用水的费用较少，而供水车间耗用电的费用较多，则辅助生产费用的分配顺序就可以按照供电、供水的顺序排列，先分配电费，然后分配水费。其计算公式如下：

$$某辅助生产车间费用分配率 = \frac{待分配的辅助生产费用总额}{辅助生产供应总量 - 先分配的·辅助生产劳务量}$$

【例 4-3】 根据【例 4-1】中的有关资料为例，采用顺序分配法编制的"辅助生产费用分配表"如表 4-7 所示。

（1）表 4-7 中费用分配率计算如下：

$$电费分配率 = \frac{36\,960}{48\,000 + 8\,000 + 12\,000 + 4\,000 + 1\,600} = 0.502\,17$$

$$水费分配率 = \frac{27\,000 + 6\,026.04}{24\,000 + 2\,000 + 1\,000} = 1.223\,2$$

（2）根据表 4-7 "辅助生产费用分配表" 计算的结果，编制会计分录如下：

1）分配电费。

借：生产成本——辅助生产成本——供水车间	6 026.04
——基本生产成本——甲产品	24 104.16
制造费用	4 017.36
管理费用	2 008.68
销售费用	803.76
贷：生产成本——辅助生产成本——供电	36 960

2）分配水费。

借：制造费用	29 356.8
管理费用	2 446.4
销售费用	1 222.84
贷：生产成本——辅助生产成本——供水	33 026.04

采用顺序分配法分配辅助生产费用的优点是计算方法简便，但是，由于排列在先的辅助生产车间不负担耗用排列在后辅助生产车间的费用，分配结果的准确性受到一定的影响。同时，也不便于调动排列在先辅助生产车间降低耗用排列在后辅助生产车间产品或劳务的积极性。因此，这种方法一般适用于辅助生产车间相互提供产品或劳务有着明显的顺序，并且排列在先的辅助生产车间耗用排列在后辅助生产车间的费用

单位：元

表 4 - 7　辅助生产费用分配表

（顺序分配法）

20××年 8 月

项目	辅助生产车间						基本生产						行政管理部门		专设销售机构	
	供电车间			供水车间			甲产品		基本生产车间			耗量	分配金额	耗量	分配金额*
车间部门	劳务量	待分配费用	分配率	劳务量	待分配费用	分配率	耗量	分配金额	耗量	分配金额					
分配电费	73 600	36 960		30 000	27 000		48 000	24 104.16	8 000	4 017.36		4 000	2 008.68	1 600	803.67
	−73 600	−36 960	0.502 17	12 000	6 026.04										
分配水费				−27 000	−33 026.04	1.223 2			24 000	29 356.8		2 000	2 446.4	1 000	1 222.84
分配金额合计								24 104.16		33 374.16			4 455.08		2 026.6

* 数字四舍五入，小数尾差计入销售费用。

较少的情况。

4. 代数分配法

代数分配法是运用代数中建立多元一次方程组的方法,计算出各辅助生产车间提供产品或劳务的单位成本,然后,再按各车间、部门(包括辅助生产车间内部)耗用辅助生产车间产品或劳务的数量计算应分配的辅助生产费用的一种方法。在建立多元一次方程组时,每一组方程都是按下例公式建立的:

$$\begin{array}{l}\text{某辅助生产车}\\\text{间提供产品或}\\\text{劳务数量}\end{array} \times \begin{array}{l}\text{该产品或该}\\\text{辅助生产劳务}\\\text{的单位成本}\end{array} = \begin{array}{l}\text{该辅助生产}\\\text{车间直接}\\\text{发生的费用}\end{array} + \begin{array}{l}\text{该辅助生产车间}\\\text{耗用其他辅助}\\\text{生产车间产品}\\\text{或劳务的数量}\end{array} \times \begin{array}{l}\text{某辅助生产车间}\\\text{产品或劳务的}\\\text{单位成本}\end{array}$$

只要将上式中产品或劳务的单位成本分别用未知数代替,即可建立一个方程。将建立的每一个方程联立成一个方程组,并解出未知数,即可计算出每一种产品或劳务的单位成本。然后,按下式即可将辅助生产费用分配出去:

各车间、部门应分配的辅助生产费用 = 该车间、部门的劳务耗用量 × 产品或劳务的单位成本

【例4-4】根据【例4-2】中的有关资料为例,采用代数分配法分配辅助生产费用。分配计算过程如下:

(1)设供水车间的供水单位成本为 X 元,供电车间的供电单位成本为 Y 元。则根据【例4-2】中的资料可以建立如下多元一次方程组:

$$\begin{cases} 20\,650 + 20\,000Y = 413\,000X & \cdots\cdots\cdots\cdots\cdots\cdots\cdots (1) \\ 47\,400 + 100\,000X = 200\,000Y & \cdots\cdots\cdots\cdots\cdots\cdots\cdots (2) \end{cases}$$

解上述方程式,求得:

$$\begin{cases} X = 0.063\,00 \\ Y = 0.268\,45 \end{cases}$$

(2)根据 X,Y 的值以及各受益单位所供水和供电劳务的数量,即可求得各受益单位应负担的费用金额(计算过程从略)。据以编制代数分配法的"辅助生产费用分配表"如表4-8所示。

表4-8 辅助生产费用分配表

(代数分配法)

20××年8月

单位:元

受益部门 ＼ 供应单位	供水	供电	金额合计
待分配辅助生产费用	20 650	47 400	68 050
劳务、作业供应总量	413 000	200 000	
计量单位	吨	度	
用代数分配法算出的单位成本(分配率)	0.063 00	0.268 45	

续　表

受益部门	供应单位			供水	供电	金额合计
辅助生产车间耗用	辅助生产成本	供水车间	耗用数量		20 000	
			分配金额		5 369	5 369
		供电车间	耗用数量	100 000		
			分配金额	6 300		6 300
基本生产甲产品耗用	基本生产成本	耗用数量耗用数量			103 000	
		分配金额			27 650.4	27 650.4
基本生产车间耗用	制造费用	耗用数量		205 000	60 000	
		分配金额		12 915	16 107	29 022
行政管理部门耗用	管理费用	耗用数量		80 000	12 000	
		分配金额		5 040	3 221.4	8 261.4
专设销售机构耗用	销售费用	耗用数量		28 000	5 000	
		分配金额		1 764	1 342.3	3 106.3
分配金额合计				26 019	53 690.1	79 709.1

（3）根据表4-8"辅助生产费用分配表"计算的结果，编制会计分录如下：

借：生产成本——辅助生产成本——供电车间　　　　　　　6 300.0

　　　　　　　　　　　　　——供水车间　　　　　　　5 369.0

　　　——基本生产成本——甲产品　　　　　　　27 650.4

　　制造费用——基本生产车间　　　　　　　29 022.0

　　管理费用　　　　　　　8 261.4

　　销售费用　　　　　　　3 106.3

　　贷：生产成本——辅助生产成本——供水车间　　　　　　　26 019.0

　　　　　　　　　　　　　——供电车间　　　　　　　53 690.1

采用代数分配法分配辅助生产费用，其最大的优点是分配结果最准确，这是其他分配方法所不能达到的。但是，当企业的辅助生产车间较多时，需设的未知数就多，建立的方程组中的方程就多，计算起来是比较麻烦的。所以，代数分配法一般适用于辅助生产车间较少或会计工作采取计算机系统处理的企业。

5. 计划成本分配法

计划成本分配法又称内部结算价格法，它是指按事先确定的辅助生产车间提供的产品或劳务的计划单位成本和各车间、部门耗用的数量，计算各车间、部门应分配的辅助生产费用的一种方法。采用这种方法分配辅助生产费用时，也是分为两个步骤进行。首先，根据各产品、车间、部门实际耗用的劳务数量和事先确定的计划单位成本分配辅助生产费用；然后，计算辅助生产车间实际成本和按计划单位成本分配出去的计划成本的差异，进行调整分配。具体的计算公式如下：

第一步：按计划成本分配

某辅助生产费用的计划成本 = 接受的劳务量 × 计划单位成本

第二步：成本差异的计算

某辅助车间的成本差异 = 该辅助车间实际成本 - 分配转出的计划成本

辅助生产成本差异算出后，应将差异调整分配。调整分配在会计上有两种处理方法：①将差异按辅助生产外部各受益对象的受益比例分配；②为了简化计算工作，也可以将差异全部计入"管理费用"科目中。如果是超支差，应增加管理费用，如果是节约差，则应冲减管理费用。

在采用计划成本分配法分配辅助生产成本时，确定的各辅助生产车间劳务或产品的计划单位成本应比较准确。如果实际成本与计划分配额之间的差额过大，不利于企业内部的经济核算。因此，在制订计划成本时，应考虑该产品、劳务的历史成本资料，对今后产品或劳务成本的变动情况做出正确的预测，并考虑其他一些因素后，合理地加以确定。当按计划成本分配额与实际成本差异额较大时，可及时对计划成本进行修改，以便使其更加接近实际。

【例4-5】某企业设有供水和运输两个辅助生产车间，它们为基本生产车间和管理部门提供服务。2011年8月，两车间分别发生费用139 200元和95 000元，其供应的产品和劳务数量详见表4-9。该企业水的计划成本为1.05元/千瓦时，每公里运输劳务的计划成本为1.1元。

表4-9   辅助生产车间提供的劳务数量资料表

受益部门	供应单位	供水车间（立方米）	运输车间（公里）
辅助生产车间	供水车间		2 000
	运输车间	20 000	
基本生产甲产品耗用		100 000	40 000
基本生产车间耗用		10 000	10 000
行政管理部门耗用		9 200	48 000
合计		139 200	100 000

（1）根据表4-9的资料，采用计划成本分配法编制的"辅助生产费用分配表"如表4-10所示。

表 4 - 10 辅助生产费用分配表

（计划成本分配法）

2011 年 8 月　　　　　　　　　　　　　　　　单位：元

受益部门		供应单位		供水	运输	合计
待分配辅助生产费用				139 200	95 000	234 200
劳务、作业供应总量				139 200	100 000	
计量单位				立方米	公里	
计划单位成本				1.05	1.1	
辅助生产车间耗用	辅助生产成本	供水车间	耗用数量		2 000	
			分配金额		2 200	2 200
		运输车间	耗用数量	20 000		
			分配金额	21 000		21 000
基本生产甲产品耗用	基本生产成本	耗用数量		100 000	40 000	
		分配金额		105 000	44 000	149 000
基本生产车间耗用	制造费用	耗用数量		10 000	10 000	
		分配金额		10 500	11 000	21 500
行政管理部门耗用	管理费用	耗用数量		9 200	48 000	
		分配金额		9 660	52 800	62 460
按计划成本分配金额合计				146 160	110 000	256 160
辅助生产实际成本				141 400	116 000	257 400
辅助生产成本差异				- 4 760	+ 6 000	+ 1 240

（2）在所列辅助生产费用分配表中，辅助生产车间实际成本和成本差异的计算如下：

①某辅助生产车间实际成本 = 该辅助生产车间待分配费用 + 从其他辅助生产车间分配转入的费用

供水车间实际成本 = 139 200 + 2 200（分配转入的运输费）= 141 400（元）

运输车间实际成本 = 95 000 + 21 000（分配转入的水费）= 116 000（元）

②某辅助车间的成本差异 = 该辅助车间实际成本 - 分配转出的计划成本

供水车间成本差异 = 141 400 - 146 160 = - 4 760（元）

运输车间成本差异 = 116 000 - 110 000 = + 6 000（元）

（3）根据表 4 - 10"辅助生产费用分配表"计算的结果，编制会计分录如下：

①按计划成本分配的会计分录如下：

借：生产成本——辅助生产成本——供水车间　　　　　　　2 200
　　　　　　　　　　　　　　——运输车间　　　　　　　21 000
　　　　　　　　——基本生产成本——甲产品　　　　　　149 000
　　制造费用——基本生产车间　　　　　　　　　　　　　21 500
　　管理费用　　　　　　　　　　　　　　　　　　　　　62 460
　　贷：生产成本——辅助生产成本——供水车间　　　　　146 160
　　　　　　　　　　　　　　　　——运输车间　　　　　110 000

②结转辅助生产成本差异。为了简化核算，将辅助生产成本差异全部记入"管理费用"科目。

借：管理费用　　　　　　　　　　　　　　　　　　　　　1 240
　　贷：生产成本——辅助生产成本——供水车间　　　　　4 760
　　　　　　　　　　　　　　　　——运输车间　　　　　6 000

上列结转辅助生产成本差异的分录，属于调整分录。若成本差异为超支差异，则借记"管理费用"科目，贷记"生产成本—辅助生产成本"科目；若成本差异为节约差异，则作相反的会计分录。

从上述举例中我们可以看出，采用计划成本分配法分配辅助生产费用，计算手续比较简单，由于是按预先确定的计划单位成本进行分配，除了能反映和考核辅助生产成本计划的执行情况外，并且便于分析和考核各受益单位的成本，有利于分清企业内部各单位的经济责任。但是，计划单位成本的确定必须比较准确，计划成本分配法一般适宜在有准确的计划成本资料的企业中采用。

通过辅助生产费用的归集和分配，应计入本月产品成本的生产费用，全部分别汇集在"生产成本——基本生产成本""制造费用""管理费用"等账户之中。

【思考题】

1. 什么是辅助生产费用？
2. 为什么要进行辅助生产费用的分配？
3. 辅助生产费用分配的特点是什么？
4. 辅助生产费用的分配方法有哪些？

【练习题】

一、单项选择题

1. 辅助生产车间完工的修理用备件，应借记的科目是（　　　）。

  A. "库存商品"   B. "原材料"

  C. "修理用备件"   D. "自制半成品"

2. 在下列各种分配方法中，属于辅助生产费用分配方法的是（ ）。

  A. 约当产量法   B. 计划成本分配法

  C. 定额成本分配法   D. 生产工时比例分配法

3. 在辅助生产费用各种分配方法中，最为准确的一种方法是（ ）。

  A. 直接分配法   B. 一次交互分配法

  C. 代数分配法   D. 计划成本分配法

4. 采用直接分配法分配辅助生产费用时，各辅助生产车间费用分配率计算公式中的分母数应是（ ）。

  A. 该辅助生产车间向基本生产车间提供的劳务总量

  B. 该辅助生产车间向行政管理部门提供的劳务总量

  C. 该辅助生产车间提供的劳务总量

  D. 该辅助生产车间向基本生产车间和行政管理部门提供的劳务总量

5. 采用一次交互分配法分配辅助生产费用时，计算第二阶段直接分配率的分子数应是（ ）。

  A. 该辅助生产车间直接发生的费用

  B. 该辅助生产车间直接发生的费用加上分配转入的费用

  C. 该辅助生产车间直接发生的费用加上分配转入减去分配转出的费用

  D. 该辅助生产车间直接发生的费用减去分配转出的费用

6. 采用顺序分配法分配辅助生产费用时，计算辅助生产车间费用分配率的分子数应是（ ）

  A. 该辅助生产车间直接发生的费用

  B. 该辅助生产车间直接发生的费用加上分配转入的费用

  C. 该辅助生产车间直接发生的费用加上分配转入减去分配转出的费用

  D. 该辅助生产车间直接发生的费用减去分配转出的费用

7. 采用计划成本分配法分配辅助生产费用时，实际成本与按计划成本分配额的差额应与期末时列入（ ）

  A. 制造费用   B. 管理费用   C. 财务费用   D. 生产成本

8. 采用计划成本分配法分配辅助生产费用时，辅助生产费用分配表中辅助生产的实际成本（ ）

  A. 是正确的实际成本

  B. 不是"纯粹"的实际成本

  C. 是正确的计划成本

  D. 是辅助生产车间本身的费用，不包括上步骤转入的费用

9. 采用交互分配法分配辅助生产费用时，第二阶段的对外分配应（ ）。

  A. 在辅助生产车间以外的各受益单位之间进行分配

  B. 在辅助生产车间以内的各受益单位之间进行分配

C. 在辅助生产车间、部门之间进行分配

D. 只分配给基本生产车间

10. 在辅助生产费用的各种分配方法当中，最简便的方法是（   　　）

    A. 顺序分配法　　　　B. 直接分配法　　　　C. 交互分配法　　　D. 代数分配法

11. 辅助生产的直接分配法一般是将辅助生产车间发生的费用（   　　）。

    A. 直接记入辅助生产车间明细账

    B. 直接记入"辅助生产成本"明细账

    C. 直接分配给所有受益单位

    D. 直接分配给辅助生产车间以外的各受益单位

12. 采用顺序分配法分配辅助生产费用时，其分配的顺序是（   　　）。

    A. 先辅助生产车间后基本生产车间

    B. 先辅助生产车间内部后对外部单位

    C. 辅助生产车间受益金额的多少

    D. 辅助生产车间提供劳务金额的多少

二、多项选择题

1. 下列各种方法中，属于辅助生产费用分配方法的是（   　　）

    A. 交互分配法　　　　　　　　　　B. 代数分配法

    C. 约当产量分配法　　　　　　　　D. 顺序分配法

    E. 计划成本分配法

2. 在下列情况中，辅助生产车间的制造费用可以不通过"制造费用"科目核算的是（   　　）。

    A. 车间规模很大　　　　　　　　　B. 车间只生产一种产品

    C. 制造费用很多　　　　　　　　　D. 制造费用很少

    E. 车间不生产商品产品

3. 采用一次交互分配法分配辅助生产费用时，计算第二阶段的直接分配率公式的分子数应是（   　　）。

    A. 该辅助生产车间直接发生的费用　　B. 加上分配转入的费用

    C. 减去分配转入的费用　　　　　　　D. 加上分配转出的费用

    E. 减去分配转出的费用

4. 辅助生产费用的顺序分配法一般适用于（   　　）。

    A. 辅助生产车间相互提供产品或劳务有着明显顺序

    B. 辅助生产车间相互提供产品或劳务没有顺序

    C. 排列在先的辅助生产车间耗用排列在后的辅助生产车间的费用较少

    D. 排列在先的辅助生产车间耗用排列在后的辅助生产车间的费用较多

    E. 排列在先和排列在后的辅助生产车间耗用其他辅助生产车间的费用差不多

5. 在进行辅助生产费用分配时，应将分配出去的辅助生产费用从"生产成本——辅助生产成本"科目和所属的明细账中转入（   　　）科目。

    A. "生产成本——基本生产成本"　　　B. "管理费用"

　　C. "制造费用"　　　　　　　　　　　　D. "在建工程"

　　E. "销售费用"

6. 采用顺序分配法分配辅助生产费用时，辅助生产车间一般应该（　　　）。

　　A. 按车间规模的大小顺序排列

　　B. 按车间受益多少顺序排列

　　C. 按车间规模大小或受益多少顺序排列

　　D. 规模小的车间先将费用分配出去

　　E. 受益少的车间先将费用分配出去

7. 采用交互分配法分配辅助生产车间的费用时，应该（　　　）。

　　A. 先在企业内部各受益单位之间进行一次交互分配

　　B. 先在辅助生产内部各受益单位之间进行一次交互分配

　　C. 算出交互分配后的实际费用

　　D. 再向企业以外的各受益单位进行一次对外分配

　　E. 再向辅助生产车间以外的各受益单位进行一次对外分配

三、判断题

1. 对于辅助生产车间发生的费用，都应在"生产成本——辅助生产成本"科目中进行核算。　　　　　　　　　　　　　　　　　　　　　　　　　　　　（　　）

2. 辅助生产车间发生的费用，都应于月末时借记"生产成本——基本生产成本"等科目，贷记"生产成本——辅助生产成本"科目。　　　　　　　　　　（　　）

3. 采用直接分配法分配辅助生产费用时，辅助生产车间之间相互提供产品或劳务也应计算其应负担的金额。　　　　　　　　　　　　　　　　　　　（　　）

4. 在所有的辅助生产费用分配方法中，最准确的方法是一次交互分配法。　（　　）

5. 辅助生产成本明细账一般采用多栏式明细账，账内按费用的明细项目设置专栏。

　　　　　　　　　　　　　　　　　　　　　　　　　　　　　　　　（　　）

6. 采用直接分配法分配辅助生产费用时，一般不需要考虑各辅助生产车间之间相互提供产品或劳务的情况。　　　　　　　　　　　　　　　　　　　（　　）

7. 采用辅助生产费用的代数分配法时，其计算过程中是不考虑辅助生产车间相互提供产品或劳务情况的。　　　　　　　　　　　　　　　　　　　　（　　）

8. 采用一次交互分配法分配辅助生产费用时，第一阶段是对内分配，第二阶段是对外分配。　　　　　　　　　　　　　　　　　　　　　　　　　　　（　　）

四、计算与账务处理题

1. 假设中兴工厂设有供水、供电两个辅助生产车间，主要为基本生产车间和厂行政管理部门服务。根据辅助生产成本明细账，供水车间本月发生费用为 7 380 元，供电车间本月发生费用为 10 519.20 元。该工厂辅助生产的制造费用不通过"制造费用"科目核算。根据劳务供应和耗用劳务通知单，各车间和部门耗用劳务情况如下（见表 4 – 11）

表 4 – 11 辅助生产车间提供的劳务数量资料表

受益部门	耗用水量（吨）	耗用电量（度）
辅助生产车间		
——供水		2 922
——供电	559	
基本生产车间		
——甲产品		12 000
——乙产品		8 000
一般耗用	5 100	2 000
行政管理部门耗用	1 050	4 298
合计	6 709	29 220

要求：根据上述材料，采用直接分配法、计划成本分配法（假设每吨水的计划单位成本为 1.20 元，每度电的计划单位成本为 0.38 元）、交互分配法分配辅助生产费用，将计算结果直接填入表 4 – 12、表 4 – 13 和表 4 – 14 中，并根据计算的结果编制相应的会计分录。

表 4 – 12 辅助生产费用分配表
（直接分配法）

辅助生产车间名称			供水车间	供电车间	合计
待分配辅助生产费用					
辅助生产车间以外部门劳务供应量					
费用分配率					
基本生产成本	甲产品	耗用数量			
		分配金额			
	乙产品	耗用数量			
		分配金额			
	小计				
制造费用		耗用数量			
		分配金额			
管理费用		耗用数量			
		分配金额			
分配金额合计					

表 4 - 13　辅助生产费用分配表

(交互分配法)

项目			交互分配			对外分配		
			供水	供电	合计	供水	供电	合计
辅助生产车间名称								
待分配辅助生产费用								
供应劳务数量								
费用分配率								
辅助车间内部	供水车间	耗用数量						
		分配金额						
	供电车间	耗用数量						
		分配金额						
	分配金额小计							
辅助生产车间以外的分配	基本生产成本	甲产品	耗用数量					
			分配金额					
		乙产品	耗用数量					
			分配金额					
		分配金额小计						
	制造费用	耗用数量						
		分配金额						
	管理费用	耗用数量						
		分配金额						
合计								

表 4 - 14　辅助生产费用分配表

(按计划成本分配)

项目		供水车间 (计划单位成本为: 1.20 元)		供电车间 (计划单位成本为: 0.38 元)		按计划成本分配转入合计
		供水数量	分配金额	供电数量	分配数量	
辅助生产成本	甲产品					
	乙产品					
	小计					

续　表

项目		供水车间（计划单位成本为：1.20元）		供电车间（计划单位成本为：0.38元）		按计划成本分配转入合计
		供水数量	分配金额	供电数量	分配数量	
基本生产成本	甲产品					
	乙产品					
	小计					
制造费用						
管理费用						
按计划成本分配转出合计						
待分配费用						
分配转入费用						
实际成本						
成本差异						

【案例与分析】

张强 2008 年 7 月 15 日从东方财经大学会计学院毕业，在招聘会上被柏斯特设备制造公司录用为成本会计员。该公司新增加了一个辅助生产车间，即供汽车间，该车间主要生产蒸汽，用的燃料是原煤。生产的蒸汽主要供机械加工、冲压、供电、修理等车间使用。其他部门使用的较少。该公司过去辅助生产车间主要是供电车间和修理车间。本月份供汽车间共发生费用 800 000 元，供电车间发生费用 1 200 000 元，修理车间发生费用 900 000 元，各辅助生产车间提供的劳务及耗用单位情况如下（见表 4 – 15）。

表 4 – 15　辅助生产车间提供劳务情况表

耗用劳务单位		供汽车间（立方米）	供电车间（千瓦）	修理车间（小时）
供汽车间		—	10 000	12 000
供电车间		20 000	—	4 000
修理车间		5 000	25 000	—
第一车间	产品耗用	30 000	50 000	68 000
	一般耗用	4 000	26 000	2 000

续　表

耗用劳务单位		供汽车间 （立方米）	供电车间 （千瓦）	修理车间 （小时）
第二车间	产品耗用	1 000	60 000	13 000
	一般耗用	1 500	18 000	9 000
行政管理部门		2 000	17 000	7 000
设备自建工程		1 500	14 000	5 000
合计		65 000	220 000	120 000

要求：财务部领导向张强提出了如下几个方面的问题要求其解答：

1. 原来企业采用直接分配法分配辅助生产费用，这种分配方法是否合适？有什么优缺点？

2. 新增加了一个辅助生产车间是否需要对辅助生产费用分配方法进行改变？

3. 若需要改变辅助生产费用分配方法，采用什么方法比较合适？请提供几种方案供领导决策时选择。

第五章 制造费用的归集和分配

学习目标

1. 了解制造费用的概念、特点，车间费用明细账的设置。
2. 掌握制造费用归集方法。
3. 掌握制造费用制造费用的分配方法和账务处理。

第一节 制造费用的归集

企业在产品生产过程中，除产品直接耗用各种材料费用，发生人工费用和燃料动力费用外，还会发生各种制造费用。为此，正确地核算制造费用，对于正确计算产品的制造成本非常重要。由于辅助生产的制造费用归集和分配的核算已在第四章中讲述，本章着重讲述基本生产的制造费用归集和分配的核算。

一、制造费用核算的意义

制造费用是指工业企业的各个生产单位（分厂、车间）为生产产品或提供劳务而发生的，应计入产品成本，但没有专设成本项目的各项生产费用。

制造费用大部分是间接用于产品生产的费用，比如机物料消耗、辅助生产工人的职工薪酬、车间房屋及建筑物的折旧费、修理费、保险费、租赁费。车间生产用的照明费、取暖费、劳动保护费以及季节性停工和生产用固定资产修理期间的停工损失等等。制造费用中还有一部分直接用于产品生产的直接生产费用，但管理上不要求或者核算上不便于单独核算，因而没有专设成本项目，如机器设备的折旧费、修理费、租赁费、保险费，生产工具摊销，设计制图费和试验检验费等。制造费用还包括车间用于组织和管理生产的费用，这些费用的性质本属于管理费用，但由于它们是生产车间的管理费用，与生产车间的制造费用很难严格划分，为简化核算工作，也将它们作为制造费用核算，如生产车间管理人员职工薪酬，车间管理用房屋和设备的折旧费、修理费、租赁费、保险费、车间管理用具摊销，车间管理用的照明费、水费、取暖费、差旅费、办公费、电话费等。如果企业的组织机构分为车间、分厂和总厂等若干层次，企业的分厂与企业的生产车间相似，也是企业的生产单位，因而其发生的用于组织和管理生产的费用，也作为制造费用核算。

综上所述，制造费用的内容比较复杂，为了减少费用项目，简化制造费用的核算工作，通常将上述相同性质的费用合并设立相应的费用项目，如将生产工具和管理用具的摊销合并设立"低值易耗品摊销"项目，将辅助生产人员和管理人员职工薪酬合并设立"职工薪酬"项目，将车间用于生产的房屋租赁费与用于车间管理的房屋租赁费合并设立"租赁费"项目等。一般而言，制造费用的项目包括：机物料消耗、职工薪酬、折旧费、修理费、租赁费（不包括融资租赁费）、保险费、低值易耗品摊销、水电费、取暖费、劳动保护费、设计制图费、试验检验费、差旅费、办公费和在产品盘亏、毁损和报废，以及季节性及修理期间停工损失等。制造费用项目可以根据工业企业自己的生产特点和管理上的要求进行调整，既可以合并或进一步细分，也可以另行设立制造费用项目。但是，制造费用项目一经确定，不应任意变更。

二、制造费用的归集

制造费用的归集与分配，应通过设置"制造费用"账户进行。该账户应按不同的车间（基本生产车间、辅助生产车间）、部门设立明细账，账内按照费用项目设立专栏或专行，分别反映各车间、部门各项制造费用的支出情况。

企业在发生各项制造费用时，应根据各种付款凭证、转账凭证和各种费用（如原材料、工资、折旧、修理、待摊和预提以及辅助生产费用的）分配表，登记在"制造费用"账户的借方，同时登记在"原材料"、"应付职工薪酬"、"应付福利费"、"累计折旧"、"长期待摊费用"、"预提费用"、"银行存款"等账户的贷方。期末按照一定的标准分配转出时，登记在"制造费用"账户的贷方，同时登记在"生产成本——基本生产成本""生产成本——辅助生产成本"等账户的借方。除季节性生产企业外，"制造费用"账户期末应无余额。

需要说明的是，如果辅助生产车间发生的制造费用是通过"制造费用"账户核算的，则应比照基本生产车间发生的费用进行核算。如果辅助生产车间发生的制造费用不通过"制造费用"账户核算，则在发生时直接登记"辅助生产成本"账户。制造费用明细账如表5－1所示。

表5－1　制造费用明细账

日期	凭证	摘要	机物料消耗	外购动力	职工薪酬	折旧费	修理费	水电费	保险费	办公费	其他	小计	转出
略	略	材料费用分配表 外购动力费用分配表 分摊保险费分配表 工资费用分配表 折旧费用分配表 制造费用分配表 辅助生产分配表 其他费用分配表											
		月　计											
		本月转出											

第二节　制造费用的分配

为了正确计算产品的生产成本，必须合理地分配制造费用。在实际工作中。由于各车间的制造费用水平不同，制造费用的分配应该按照车间分别进行，而不应将各车间的制造费用汇总起来，在整个企业范围内统一分配。

在生产一种产品的车间、部门中，发生的制造费用应直接计入该种产品的成本。在生产多种产品的车间、部门中，发生的制造费用则属于间接计入费用，应采用适当的分配方法，分配计入各产品生产成本中。分配的计算公式如下式：

某种产品应分配的制造费用 = 该种产品所用分配标准 × 制造费用分配率

分配制造费用的方法很多，常用的一般有生产工时比例分配法、生产工人工资比例分配法、机器工时比例分配法和按年度计划分配率分配法等制造费用的分配方法。其中，生产工人工时比例分配法、生产工人工资比例分配法、机器工时比例分配法属实际分配率方式；按年度计划分配率分配法属计划分配率方式。实际分配率方式是根据当月实际制造费用及其分配标准来分配制造费用；计划分配率法是根据企业制造费用预算和各种产品的定额工时（或标准工时）为标准分配制造费用的一种方法。分配方法一经确定，不得任意变更。

一、生产工人工时比例分配法

生产工人工时比例分配法简称生产工时比例法，是按照各种产品所用生产工人实际工时的比例分配费用的方法。其计算公式为：

$$制造费用分配率 = \frac{制造费用总额}{车间产品生产工时之和}$$

某种产品应分配的制造费用 = 该种产品的生产工时 × 制造费用分配率

按生产工时比例分配，可以用各种产品实际耗用的生产工时（实用工时），如果产品的工时定额比较准确，制造费用也可以按定额工时的比例分配。

【例 5 - 1】某企业生产 A、B 两种产品。本月基本生产车间发生的制造费用总额 54 400 元，基本生产车间 A 产品生产工时为 27 000 小时，B 产品生产工时为 13 000 小时。按生产工时比例分配制造费用，计算分配如下：

$$制造费用分配率 = \frac{54\ 400}{27\ 000 + 13\ 000} = 1.36$$

A 产品应分配的制造费用 = 27 000 × 1.36 = 36 720（元）

B 产品应分配的制造费用 = 13 000 × 1.36 = 17 680（元）

按生产工时比例法编制"制造费用分配表"如表 5 - 2 所示。

表5-2 制造费用分配表

车间：基本生产车间　　　　　　　　　　20××年8月　　　　　　　　　　（单位：元）

应借记科目		生产工时（小时）	费用分配率	分配金额
基本生产成本	A产品	27 000	1.36	36 720
	B产品	13 000	1.36	17 680
合计		40 000		54 400

根据表5-2"制造费用分配表"，编制会计分录如下：

借：生产成本——基本生产成本——A产品　　　　　　　36 720

　　　　　　——基本生产成本——B产品　　　　　　　17 680

　　贷：制造费用　　　　　　　　　　　　　　　　　　　　54 400

按生产工时比例分配是常见的一种分配方法，它能将劳动生产率的高低与产品负担费用的多少联系起来，分配结果比较合理。由于生产工时是分配间接计入费用常用的分配标准之一，因此，必须正确组织好产品生产工时的记录和核算等基础工作，以保证生产工时的准确、可靠。

二、生产工人工资比例法

生产工人工资比例法又称生产工资比例法，是以各种产品的生产工人工资的比例分配制造费用的一种。计算公式如下：

$$制造费用分配率 = \frac{制造费用总额}{车间产品生产工人工资总额}$$

某种产品应分配的制造费用 = 该种产品生产工人工资 × 制造费用分配率

采用这种方法分配制造费用，由于可从企业的工资费用分配表中直接找到生产工人工资的资料，因此采用这种分配方法的核算工作比较简便。但是采用这种分配方法，各种产品生的机械化程度应大致相同，否则会因为机械化程度高低的差别，造成分配结果的不均衡，而影响费用分配的合理性。这是因为，机械化程度高的产品，工资费用少；机械化程度低产品，工资费用反而多。另外，制造费用中也包含着一部分与机械使用有直接关系的费用，机械设备的折旧费、修理费、租赁费和保险费等，这些费用对于机械化程度高的产品，应分配一些，而对于机械化程度低的产品，应少分配一些。该分配方法与生产工时比例法原理基本相同。如果生产工人的计时工资是按照生产工时比例分配的，按照生产工人工资比例分配制造费用，实际就是按生产工时比例分配制造费用。

三、机器工时比列法

机器工时比列法是按照各种产品所用机器设备运转时间的比例分配制造费用的一种方法。其计算公式为：

$$制造费用分配率 = \frac{制造费用总额}{各种产品耗用机器工时之和}$$

某种产品应分配的制造费用 = 该产品耗用的机器工时 × 制造费用分配率

这种方法适用于机械化程度较高的车间，因为在这种车间中，机器折旧费用、维护费用等的多少与机器运转的时间有密切的联系。采用这种方法，必须组织好各种产品所耗用机器工时的记录工作，以保证工时的准确性。该方法的计算程序、原理与生产工时比例法基本相同。

为了提高分配结果的正确性，可以将机器设备划分为若干类别，按其类别归集和分配制造费用。也可以将制造费用按性质和用途分类，如分为与机器设备使用有关的费用，及由于管理组织生产而发生的费用，分别采用适当的方法分配制造费用。

四、按年度计划分配率分配法

按年度计划分配率分配法，是按照年度开始前确定的全年适用的计划分配率分配费用的方法。采用这种分配方法，不论各月实际发生的制造费用是多少，每月各种产品成本中的制造费用都按年度计划确定的计划分配率分配。年度内如果发生全年制造费用的实际数和产品的实际产量与计划数产生较大的差额，应及时调整计划分配率。计算公式如下：

$$年度计划分配率 = \frac{年度制造费用计划总额}{年度各种产品计划产量的定额工时总数}$$

某月某产品制造费用 = 该月该种产品实际产量的定额工时数 × 年度计划分配率

【例 5 - 2】某企业第一车间全年制造费用计划数为 57 000 元；全年各种产品的计划产量为：A 产品 3 000 件，B 产品 1 200 件；单件产品的工时定额为 A 产品 6 小时，B 产品 4 小时。年度计划分配率计算如下：

（1）计算各种产品年度计划产量的定额工时。

A 产品年度计划产量的定额工时 = 3 000 × 6 = 18 000（小时）

B 产品年度计划产量的定额工时 = 1 200 × 4 = 4 800（小时）

（2）计算制造费用年度计划分配率

$$年度计划分配率 = \frac{57\ 000}{18\ 000 + 4\ 800} = 2.5（元/小时）$$

假设该车间 8 月的实际产量为：A 产品 260 件，B 产品 105 件；该月实际发生的制造费用为 4 800 元。则本用制造费用分配如下：

（1）计算各种产品本月实际产量的定额工时。

A 产品本月实际产量的定额工时 = 260 × 6 = 1 560（小时）

B 产品本月实际产量的定额工时 = 105 × 4 = 420（小时）

（2）计算各种产品应分配的制造费用。

该月 A 产品分配制造费用 = 1 560 × 2.5 = 3 900（元）

该月 B 产品分配制造费用 = 420 × 2.5 = 1 050（元）

该车间本月按计划分配率分配转出的制造费用为：

3 900 + 1 050 = 4 950（元）

根据上列计算结果编制的"制造费用分配表"如表 5 - 3 所示。

表 5 - 3　制造费用分配表

车间：基本生产车间　　　　　　　　　20××年 8 月　　　　　　　　（单位：元）

应借记科目		本月产量（件）	工时定额（小时）	定额工时（小时）	计划分配率	分配金额
基本生产成本	A 产品	260	6	1 560	2.5	3 900
	B 产品	105	4	420	2.5	1 050
合计						4 950

根据表 5 - 3"制造费用分配表"，编制会计分录如下：

借：生产成本——基本生产成本——A 产品　　　　　　　　3 900

　　　　　　　　　　　　　——B 产品　　　　　　　　1 050

　　贷：制造费用　　　　　　　　　　　　　　　　　　4 950

采用年度计划分配率分配法时，每月实际发生的制造费用与分配转出的制造费用金额不等，因此，"制造费用"科目一般有月末余额，可能是借方余额，也可能是贷方余额。如为借方余额，表示年度内累计实际发生的制造费用大于按计划分配率分配累计的转出额，是该月超过计划的预付费用；如为贷方余额，表示年度内按计划分配率分配累计的转出额大于累计的实际发生额，是该月按照计划应付未付费用，属于预提费用。"制造费用"科目的余额，就是全年制造费用的实际发生额与计划分配的差额，一般应在年末调整计入 12 月份的产品成本。实际发生额大于计划分配额，借记"基本生产成本"科目，贷记"制造费用"科目；实际发生额小于计划分配额，则借记"制造费用"，贷记"基本生产成本"科目。

这种分配方法核算工作简便，特别适用于季节性生产的车间，因为它不受淡月和旺月产量相差悬殊的影响，从而不会使各月单位产品成本中制造费用忽高忽低，便于进行成本分析。但是，采用这种分配方法要求计划工作水平较高，否则会影响产品成本计算的正确性。

无论采用哪种制造费用分配方法，都应根据分配方法计算的结果，编制制造费用分配表，据以进行制造费用的总分类核算和明细核算。制造费用分配后，除采用按年度计划分配率分配法的业务外，"制造费用"科目都没有月末余额。

【思考题】

1. 制造费用一般应包括哪些费用项目？有哪些分配方法？
2. 按年度计划分配率分配法有何特点？适用范围是什么？
3. 选择制造费用分配方法时应该注意哪些问题？

【练习题】

一、单项选择题

1. 能够将劳动生产率和产品负担的费用水平联系起来，使分配结果比较合理的制造费用分配方法是（　　）。

    A. 生产工人工时比例分配法   B. 按年度计划分配率分配法

    C. 生产工人工资比例分配法   D. 机械工时比例分配法

2. 机器工时比例分配法适用于（　　）。

    A. 季节性生产的车间   B. 制造费用较多的车间

    C. 机械化程度大致相同的各种产品   D. 机械化程度较高的车间

3. 在下列各种制造费用分配方法中，适用于季节性生产车间的方法是（　　）。

    A. 实际分配率方法   B. 计划分配率方法

    C. 标准分配率方法   D. 按年度计划分配率分配法

4. 生产车间归集的制造费用在进行分配后，"制造费用"科目一般应无余额，如果有余额，可能是（　　）。

    A. 该企业属于大量大批生产的企业

    B. 该企业制造费用采用按年度计划分配率分配法

    C. 该企业属于单件小批生产的企业

    D. 该企业生产过程中产生的废品较多

5. "制造费用"科目在月末进行分配后，一般应无余额，如果有余额，则（　　）。

    A. 一定是借方余额   B. 一定是贷方余额

    C. 可能是借方余额，也可能是贷方余额 D. 计算发生错误，不可能有余额

6. 制造费用的分配方法有（　　）。

    A. 计划成本分配法   B. 直接分配法

    C. 生产工时比例分配法   D. 交互分配法

二、多项选择题

1. 制造费用的分配方法有很多，一般常用的有（　　）。

    A. 计划成本分配法   B. 生产工人工资比例分配法

    C. 生产工时比例法   D. 机器工时比例法

    E. 按年度计划分配率分配法

2. "制造费用"科目核算的内容包括（　　）。

    A. 生产工具和管理用具的摊销   B. 辅助生产人员和管理人员职工薪酬

    C. 车间用于生产的房屋租赁费   D. 季节性及修理期间停工损失的费用

    E. 车间管理的房屋租赁费

3. 下列属于制造费用的有（　　）。

    A. 车间照明用电   B. 设计制图费

C. 车间管理人员工资   D. 生产工人劳动保护费

E. 机器设备的折旧费与修理费

三、判断题

1. 制造费用是指工业企业的各个生产单位为生产产品或提供劳务而发生的，应计入产品成本，但没有专设成本项目的各项生产费用。（　　）

2. 采用年度计划分配率分配法时，每月实际发生的制造费用与分配转出的制造费用金额不等，因此，"制造费用"科目一般有月末余额，可能是借方余额，也可能是贷方余额。（　　）

3. 制造费用不包括季节性停工和生产用固定资产修理期间的停工损失。（　　）

4. 按生产工时比例分配，不可以用各种产品实际耗用的生产工时也不可以按定额工时的比例分配。（　　）

5. 年度计划分配率分配法特别不适用于季节性生产的车间。（　　）

四、计算与账务处理题

1. 企业某生产车间生产甲、乙、丙三种产品，甲产品实耗生产工人工时 2 000 小时，乙产品实耗生产工人工时 800 小时，丙产品实耗生产工人工时 1 200 小时，该车间本月制造费用实际发生额为 64 600 元。

要求：根据上述资料，采用生产工时比例法计算分配各种产品应分担的制造费用。

2. 企业某生产车间本月份生产甲、乙、丙三种产品，共发生制造费用 64 600 元，甲产品发生生产工人的工资为 3 600 元，乙产品发生的生产工人的工资为 2 000 元，丙产品发生的生产工人的工资为 2 400 元。

要求：根据上述资料，采用生产工人工资比例法分配各种产品应负担的制造费用。

3. 某企业的第二生产车间全年计划制造费用额为 360 000 元，各种产品全年定额工时为 400 000 小时。12 月份甲产品实际产量的定额工时为 26 000 小时，乙产品实际产量的定额工时为 11 000 小时。年末核算时，该车间全年共发生制造费用 378 000 元。

1—11 月份按计划分配率分配的制造费用甲产品为 244 800 元，乙产品为 107 100 元。

要求：根据上述资料，采用计划分配率法分配制造费用，并根据计算结果编制相应的会计分录。

【案例与分析】

　　某企业生产甲、乙、丙三种产品。本月共耗用生产工时 5 050 小时，其中甲产品耗用 1 400 小时，乙产品耗用 1 150 小时，丙产品耗用 2 500 小时。本月的应付工资总额为 180 000 元，其中基本生产车间工人的工资 138 370 元，车间管理人员的工资 11 630 元，厂部管理人员的工资 26 700 元，销售机构人员的工资 3 300 元。

　　要求：根据以上资料，将生产工人的工资在各种产品之间进行分配，并按工资总额的 10% 计提职工养老保险费，按 4% 计提医疗保险费。

第六章 生产损失的归集与分配

1. 了解生产损失的概念。
2. 掌握废品的分类及废品净损失包括的内容。
3. 熟练掌握"废品损失"科目的结构和废品损失核算的账务处理方法。
4. 重点掌握不可修复废品成本的计算方法。

第一节 生产损失核算的概述

一、生产损失的意义

企业在产品生产过程中所发生的各种损失，称为生产损失。生产损失由废品损失和停工损失两个部分构成。产生生产损失的原因很多，诸如生产工艺水平、材质、工人的素质、企业管理水平等。因此，在企业的生产过程中，不可避免地会产生一些损失。如果生产损失的数额较小，为了简化成本核算的工作量，可以不进行核算；但若生产损失的数额较大，为了控制生产损失发生的数额，使其不断降低，同时，也为了明确经济责任，提高企业的管理水平，保证企业生产的正常进行，就有必要进行生产损失的核算。因此加强对生产损失的核算和控制，对降低产品成本，提高企业经济效益具有重要意义。

二、生产损失核算的任务

生产过程中产生的损失，不仅会使企业的经济效益下降，同时，也是人力、物力、财力的极大浪费。如果生产损失的数额较大，则会使企业正常的生产经营活动受到影响。因此，企业加强生产损失的核算是十分重要的。生产损失核算的任务，主要内容如下：

1. 正确计算生产过程中的损失，明确经济责任，加强企业管理

企业应确定适合于本企业的生产损失的计算方法，并且应确定产生生产损失的责任单位、环节和责任人。这样，便于进行生产损失产生原因的分析，提出改进的措施，降低生产损失的数额。

2. 正确地分配生产损失

由于生产损失产生的原因不同，其账务处理方法也不一样。有的应计入产品成本，而有的则应列入"营业外支出"等科目。这时，就应根据规定的要求，将生产损失列入不同的账户中。

3. 正确地考核生产损失计划的执行情况

考核生产损失计划、定额的执行情况，明确经济责任，并根据实际情况对生产损失计划、定额进行修改。

第二节　废品损失的归集与分配

一、废品及废品损失

废品是指不符合规定的技术标准，不能按原定用途使用，或者需要加工修理后才能按原定用途使用的在产品、半成品和产成品。不论是在生产过程中发现的，还是在入库后发现的，只要不符合规定的技术标准，不能按原定用途使用的产品均属于废品。

在实际工作中，废品可以按不同的标志进行分类。一般可按废品的废损程度和在经济上是否具有修复价值，将废品区分为可修复废品和不可修复废品两类。可修复废品是指该废品在技术上是可以修复的，而且在重新修理加工过程中所支付的费用在经济上是合算的。不可修复废品是指该废品在技术上是不可修复的或者虽能修复，但在经济上是不合算的。

废品按产生的原因不同，可分为料废和工废两种。料废是指由于材料质量、规格、性能不符合要求而产生的废品；工废是指在生产过程中由于加工工艺技术、工人操作方法、技术水平等方面的缺陷所产生的废品。

废品损失是指因产生废品而造成的损失。可修复废品的损失，是指修复费用扣减回收废品的残料价值和应由过失单位或个人赔偿的损失。不可修复废品的损失，是指废品的生产成本扣减回收废品的残料价值和应由过失单位或个人赔偿的损失。

在生产过程中产生废品或被质量检验人员确认为废品时，应由质量检验人员填写"废品通知单"。"废品通知单"是进行废品损失核算的原始凭证，在单内应详细填列废品的名称和数量、产生废品的原因、工序、责任人、处理意见等。

这里所指的废品及废品损失，仅指在生产过程中产生的废品和废品损失。产品销售出去以后发现的废品，属于"三包"损失，应作为产品销售费用，不作为废品损失处理。

二、生产过程中废品损失的核算

在单独核算废品损失的企业里，应增设"废品损失"账户，在成本项目中应增设"废品损失"项目。"废品损失"账户属于成本类账户，对发生的可修复废品的修复费和计算的不可修复废品的生产2成本，登记在该账户的借方；对回收的废品残料价值和计算的应由过失人赔偿金额，登记在该账户的贷方。该账户的借方发生额大于贷方发生额的差额，是废品的净损失，应由本月同种产品成本负担，由该账户的贷方转至"生产成本——基本生产成本"账户的借方。通过上述处理，"废品损失"账户月末应该没有余额。

（一）不可修复废品损失的归集与分配

企业为了计算不可修复废品损失时，应必须先确定不可修复废品的生产成本，然后再扣除残值和应收赔款，算出废品的净损失。由于不可修复的废品在报废之前是与合格品合并在一起进行核算的，因此需要采用一定的方法确定不可修复废品的生产成本，并将其与合格品的成本进行分离。确定不可修复废品的成本有两种方法，一种是按废品所耗实际费用计算，另一种是按废品所耗定额费用计算。

1. 按所耗实际费用计算不可修复废品成本

采用这种方法计算不可修复废品成本，通常是按照合格品和废品的数量比例以及生产工时比例进行费用分配。一般原材料费用应按产品的数量比例进行分配，其他加工费用应按生产工时比例进行分配。将计算求出的不可修复废品成本，从生产费用总额中减去，其余额为合格产品的生产费用。用不可修复废品成本再减去回收废品的残料价值和应由过失单位或个人赔偿之后的余额，即可计算出不可修复废品的净损失。若原材料在开始生产时一次投入，不可修复废品成本计算公式如下：

$$材料费用分配率 = \frac{材料费用总额}{合格品数量 + 废品数量}$$

$$废品的材料成本 = 废品数量 \times 材料费用分配率$$

$$其他费用分配率 = \frac{某项其他费用数额}{合格品工时 + 废品工时}$$

$$废品的其他费用 = 废品工时 \times 其他费用分配率$$

以下，举例说明按所耗实际费用计算不可修复废品成本的计算方法。

【例6-1】 某企业某月份投产甲产品180件，验收入库时发现不可修废品30件。该产品成本明细账所登记的合格品与废品的全部生产费用为：直接材料4 500元，直接人工2 160元，制造费用5 400元。废品回收残料110元，责任人应赔偿20元。（直接材料于开始生产时一次投入，合格品和废品的生产工时合计为2 700小时）

原材料是在生产开始时一次投入的，因此原材料费用应按产品的数量比例进行分配；其他加工费用按生产工时比例进行分配。根据以上资料编制的"废品损失计算表"如表6-1所示。

表 6-1 不可修复废品损失计算表

（按实际成本计算）

20××年8月

车间名称：某车间 产品名称：甲产品

废品数量：30件 （单位：元）

项目	数量（件）	直接材料	生产工时（小时）	直接人工	制造费用	成本合计
总生产	180	4 500	2 700	2 160	5 400	12 060
费用分配率		25		0.8	2	
废品	30	750	450	360	900	2 010
减：残料价值		110				110
减：应收赔款				20		20
废品净损失		640		340	900	1 880

在表6-1中，材料费用分配率是根据材料费用总额4 500元除以全部产量180件计算而得；直接人工和制造费用分配率，是根据这两项费用总额分别除以生产工时总数计算而得。

根据表6-1，编制会计分录如下：

（1）结转不可修复废品成本。

借：废品损失——甲产品 2 010

    贷：生产成本——基本生产成本——甲产品 2 010

（2）回收废品残料入库价值。

借：原材料 110

    贷：废品损失——甲产品 110

（3）登记应收赔款。

借：其他应收款 20

    贷：废品损失——甲产品 20

（4）转出废品净损失。

借：生产成本——基本生产成本——甲产品 1 880

    贷：废品损失——A产品 1 880

在完工以后发现的废品，其单位废品负担的各项生产费用应与该单位合格品完全相同，可按合格品产量和废品数量比例分配各项生产费用，计算废品的实际成本。按废品的实际成本计算和分配废品损失，符合实际，但核算工作量较大。

2. 按所耗定额费用计算不可修复废品成本

采用这种方法计算不可修复废品成本，通常不考虑废品的实际费用是多少，而按照废品的数量以及各项费用定额进行计算。其计算公式如下：

废品材料（或工时）定额消耗量＝废品数量×单位产品材料（或工时）消耗定额

废品定额成本 = 废品单位产品定额消耗量 × 材料（或费用）单价

以下，举例说明按所耗定额费用计算不可修复废品成本的计算方法。

【例 6 - 2】某企业 20××年 8 月生产 B 产品 1 400 件，生产过程中发现其中有 25 件为不可修复废品。按所耗定额费用计算废品的生产成本。其原材料费用定额为 180 元。废品所耗生产工时 650 小时，每小时的费用定额为：直接人工 2.4 元，制造费用 14.30 元。回收残料计价 570 元。根据以上资料编制的"废品损失计算表"如表 6 - 2 所示。

表 6 - 2 不可修复废品损失计算表
（按定额成本计算）

20××年 8 月

车间名称：某车间   产品名称：B 产品

废品数量：25 件   （单位：元）

项目	直接材料	定额工时	直接人工	制造费用	费用合计
单件或小时费用定额	180		2.4	14.30	
废品定额成本	4 500	650	1 560	9 295	15 355
减：残料价值	570				570
废品报废损失	3 930				14 785

根据表 6 - 2，编制会计分录如下：

（1）结转不可修复废品成本。

借：废品损失——B 产品   15 355

  贷：生产成本——基本生产成本——B 产品   15 355

（2）回收废品残料入库价值。

借：原材料   570

  贷：废品损失——B 产品   570

（3）转出废品净损失。

借：生产成本——基本生产成本——B 产品   14 785

  贷：废品损失——B 产品   14 785

采用按废品所耗定额费用计算废品成本和废品损失的方法，核算工作比较简便，有利于考核和分析废品损失和产品成本。但必须具备比较准确的定额成本资料，否则会影响成本计算的正确性。

（二）可修复废品损失的归集与分配

可修复废品，在进行修复之前也是与合格品合并在一起进行核算的，此前发生的生产费用并不是废品损失，因此不需要计算可修复废品的生产成本，而只需要确定在修复过程中发生的修复费用，并进一步计算废品损失。

对可修复废品在修复过程中发生的修复费用，应借记"废品损失"账户，贷记

"原材料"、"应付职工薪酬"、"制造费用"等账户；对回收的残料价值，应借记"原材料"账户，贷记"废品损失"账户；对索赔款金额，应借记"其他应收款"账户，贷记"废品损失"账户；对废品的修复费用减去残料价值和索赔款金额后的净损失，应借记"生产成本——基本生产成本"账户，贷记"废品损失"账户。经过上述处理后，"废品损失"账户月末应无余额。

对不单独核算废品损失的企业，可不设置"废品损失"账户及成本项目。当发生回收废品残料时，只需借记"原材料"账户，贷记"生产成本——基本生产成本"账户即可。这样处理非常简便。

第三节 停工损失的归集与分配

一、停工损失的概述

停工损失是指企业的生产车间在停工期间所发生的各项费用。停工损失主要包括停工期间应支付给职工的薪酬费用、计提的应付福利费、所耗直接燃料和动力费，以及应负担的制造费用等。过失单位、过失人员或保险公司负担的赔款，应从停工损失中扣除。

企业发生停工的原因很多，应分别不同情况进行处理。由于自然灾害引起的停工损失，应按规定转作营业外支出；其他停工损失，如原材料供应不足、停电、机器设备发生故障、对设备进行修理，以及计划减产等原因发生的停工损失，应计入产品成本。另外，有些企业的生产带有明显的季节性，这样，也会引起季节性停工。

计算停工损失的时间界限，停工时间有长有短，范围有大有小。停工时间长的可能在一个月以上，短的可能有几天、几小时；停工范围可能仅有某台设备、某个班组、某条生产线，也可能是整个车间或全厂。企业不是所有的停工都要计算停工损失的，在一般情况下，为了简化会计核算手续，停工损失的计算范围和时间，可由企业或企业与其主管部门确定一个界限，超过某一界限，就要计算停工损失了。否则，就可以不计算停工损失。

在停工期间，应由车间填列"停工报告单"，并应在考勤记录中登记。停工报告单应详细列明停工的车间、原因、起止时间等内容。只有经过有关部门审核的停工报告单才能作为停工损失核算的依据。

二、停工损失的核算

在停工期间所发生的费用，均属于停工损失，应通过设置"停工损失"这一成本类账户进行核算。对在停工期间所发生的各项费用，应借记"停工损失"账户，贷记"原材料""应付职工薪酬""制造费用"等账户，"停工损失"科目应按车间设置明细账进行明细核算。在"停工损失明细账"中，应按成本项目设置专栏，归集停工损失。停工损失的原因不同，其转销的账务处理也不一样。对于季节性、修理期间的停工损失，应列入制造费用，由开工月份负担；非季节性和非修理期间的停工损失，应计入营业外支出；可向责任人或保险公司取得的赔款，应记入"其他应收款"账户。经过上述处理后，"停工损失"账户月末应无余额。

对不单独核算停工损失的企业，可不设置"停工损失"账户及成本项目。在停工期间发生的停工损失费用，可直接记入"制造费用""营业外支出"等账户。

当发生停工损失时，应根据停工单等凭证作如下会计分录：

借：停工损失
　　贷：应付职工薪酬
　　　　制造费用等科目

可以向责任人或保险公司取得的赔款金额，应作如下会计分录：

借：其他应收款
　　贷：停工损失

如果是季节性、修理期间的停工损失，应由生产期间的产品负担，在结转季节性、固定资产修理期间的停工损失时，应作如下的会计分录：

借：制造费用
　　贷：停工损失

如果是非季节性、非修理期间发生的停工损失，应列入"营业外支出"科目，作如下会计分录：

借：营业外支出
　　贷：停工损失

经过上述处理后，"停工损失"科目应无余额。

【思考题】

1. 生产损失包括哪些内容？
2. 生产损失核算的任务是什么？
3. 废品应如何进行分类？这种分类有什么作用？
4. 废品及废品损失的范围包括哪些？
5. 不可修复废品损失应如何计算？各种不同的计算方法有什么区别？
6. 废品损失应如何进行账务处理？
7. 停工损失的内容包括哪些？停工的原因有哪些？
8. 不同原因产生的停工损失应如何进行核算？

【练习题】

一、单项选择题

1. 下列各项目中不属于"废品损失"科目核算内容的是（　　　）。

  A. 修复废品人员工资   B. 修复废品使用材料

  C. 不可修复废品的报废损失   D. 产品"三包"损失

2. 计算出来的废品净损失分配转出时，应借记的会计科目是（　　）。

  A. "废品损失"   B. "生产成本"   C. "管理费用"   D. "制造费用"

3. 由于自然灾害造成的非正常停工损失，应记入（　　）。

  A. 营业外收入   B. 营业外支出   C. 管理费用   D. 制造费用

4. 计算出来的废品净损失应（　　）。

  A. 分配列入当月同种合格品的成本中   B. 分配列入当月各种合格品的成本中

  C. 直接列入当月的"制造费用"科目中   D. 直接列入当月的"管理费用"科目中

5. 计算出来的废品净损失，应分配转由（　　）。

  A. 本月的制造费用负担   B. 本月的管理费用负担

  C. 本月的同种产品成本负担   D. 下月的同种产品成本负担

6. 企业在核算废品损失时，一般是指（　　）。

  A. 辅助生产车间的废品损失

  B. 基本生产车间的废品损失

  C. 基本生产车间和辅助生产车间发生的废品损失

  D. 产品销售后发生的废品损失

7. 产品的三包损失，应记入（　　）。

  A. 废品损失   B. 管理费用   C. 制造费用   D. 销售费用

8. 对于季节性停工企业在停工期间所发生的费用，应计入（　　）。

  A. 停工损失   B. 管理费用   C. 营业外支出   D. 制造费用

9. 下列各项损失中，属于废品损失的项目是（　　）。

  A. 入库后发现的生产中的废品损失

  B. 可以降价出售的不合格品降价的损失

  C. 产成品入库后由于保管不当发生的损失

  D. 产品出售后发现的废品由于包退、包换和包修形成的损失

10. 不可修复废品损失的核算，应采用一定的方法，将废品的成本计算出来，然后，从"生产成本"科目的贷方转入借方的会计科目是（　　）。

  A. "制造费用"   B. "管理费用"   C. "废品损失"   D. "营业外支出"

11. 企业发生的废品净损失应计入（　　）。

  A. 管理费用   B. 销售费用   C. 生产成本   D. 营业外支出

12. 产成品入库后，由于管理不当等原因造成的损失，应记入（　　）。

  A. 管理费用   B. 销售费用   C. 生产成本   D. 营业外支出

13. 在下列各项当中，属于废品损失的项目是（　　）。

  A. 可修复废品的生产成本   B. 不可修复废品的生产成本

  C. 不合格品的降价损失   D. 自然灾害造成的产成品损失

二、多项选择题

1. 废品损失应包括（　　）。

A. 不可修复废品的报废损失　　　　B. 可修复废品的修复费用

C. 不合格品的降价损失　　　　　　D. 产品保管不善的损坏变质损失

E. 产品售出后退货的费用

2. 计算不可修复废品的净损失应包括下列因素（　　　）。

A. 不可修复废品的生产成本　　　　B. 不可修复废品的残值

C. 不可修复废品的应收赔款　　　　D. 可修复废品的修复费用

E. 合格品的成本

3. "废品损失"科目的借方登记（　　　）。

A. 可修复废品成本　　　　　　　　B. 不可修复废品成本

C. 可修复废品的修复费用　　　　　D. 不可修复废品的应收赔款

E. 不可修复废品的残值

4. 废品按其产生的责任划分，可分为（　　　）。

A. 工废　　　　　　B. 料废　　　　　　C. 可修复废品　　　D. 不可修复废品

E. 废品损失

5. 废品按其是否可以和值得修复可分为（　　　）。

A. 工废　　　　　　B. 料废　　　　　　C. 可修复废品　　　D. 不可修复废品

E. 废品损失

6. 在计算废品损失时，一般包括以下一些项目（　　　）。

A. 可修复废品的修复费用　　　　　B. 不可修复废品的修复费用

C. 不可修复废品的成本　　　　　　D. 不可修复废品的残值

E. 过失人承担的赔款损失

7. 在下列各项损失中，不属于废品损失的项目是（　　　）。

A. 产品入库后发现的生产中发生的废品的损失

B. 产品入库后发现的由于保管不当发生的损失

C. 出售后发现的废品由于包退发生的损失

D. 出售后发现的废品由于包修发生的损失

E. 降价出售的不合格品的降价损失

8. "废品损失"科目贷方的对应科目可能有（　　　）。

A. "生产成本"　　　　B. "其他应收款"　　C. "制造费用"　　D. "原材料"

E. "营业外支出"

9. "废品损失"科目借方的对应科目可能有（　　　）。

A. "生产成本"　　　　B. "其他应收款"　　C. "制造费用"　　D. "原材料"

E. "应付职工薪酬"

10. 企业发生的不可修复废品损失会使企业（　　　）。

A. 产品总成本可能降低　　　　　　B. 产品总成本可能提高

C. 产品单位成本提高　　　　　　　D. 产品单位成本降低

E. 产品产量降低

11. 生产损失一般包括（　　　）。

    A. 废品损失　　　　B. 产品盘亏损失　　C. 停工损失　　　D. 产品三包损失

    E. 车间材料损失

三、判断题

1. 可修复废品是指经过修理后可以使用的产品。　　　　　　　　　　　（　　）

2. 对于产品三包损失，也应作为废品损失处理。　　　　　　　　　　　（　　）

3. 非季节性的停工损失，应列入"营业外支出"科目当中。　　　　　　（　　）

4. 不可修复的废品只是指不能修复的废品。　　　　　　　　　　　　　（　　）

5. 废品损失还包括不需要返修、可以降价出售的不合格品的降价损失。　（　　）

6. 废品损失包括产成品入库后由于保管不当造成的损失。　　　　　　　（　　）

7. 废品损失包括实行包退、包换、包修的企业在产品出售后发现废品时所发生的一切
   损失。　　　　　　　　　　　　　　　　　　　　　　　　　　　　　（　　）

8. 结转不可修复废品的成本时，应借记"生产成本——基本生产成本"科目，贷记
   "废品损失"科目。不可修复废品的成本可以按其所耗实际费用计算，也可以按其
   所耗定额费用计算。　　　　　　　　　　　　　　　　　　　　　　　（　　）

9. 季节性和固定资产修理期间的停工损失，应记入"管理费用"科目中。（　　）

10. 废品的净损失，包括可修复废品的修复费用、不可修复废品的成本扣除残值，应于
    期末，直接计入当期损益，列入"本年利润"科目当中，不再计入该种产品的成
    本当中了。　　　　　　　　　　　　　　　　　　　　　　　　　　　（　　）

11. 凡技术上能够修复的废品均为可修复废品。　　　　　　　　　　　　（　　）

四、计算与账务处理题

1. 某企业某月份投产甲产品180件，生产过程中发现不可修复废品30件；该产品成本
   明细账所记合格品与废品的全部费用为：直接材料4 500元；直接工资2 224元，制
   造费用5 560元。废品回收残料110元。直接材料于生产开始时一次投入，因此直接
   材料费按合格品的数量（150件）、废品数量（30件）的数量比例分配。其他费用
   按生产工时比例分配，生产工时为：合格品2 360小时，废品420小时。应向某失人
   索取赔款200元。

要求：根据上述资料，编制不可修复废品损失计算表（见表6-3）并进行相应的账务
处理。

表6-3　不可修复废品损失计算表

项目	数量（件）	直接材料	生产工时	直接工资	制造费用	合计
费用总额						
费用分配率						
废品成本						
减：残值						
废品报废损失						

2. 假设某企业生产的乙产品生产过程中发现不可修复废品 4 件，按所耗定额费用计算废品的生产成本。其直接材料费用定额为 50 元，已完成的定额工时为 100 小时，每小时的费用定额为：直接工资 1. 20 元，制造费用 1. 40 元。回收残料 15 元。

要求：根据上述资料，编制如下不可修复废品损失计算表（见表 6 – 4）。

表 6 – 4 不可修复废品损失计算表

项目	直接材料	定额工时	直接工资	制造费用	合计
单件、小时费用定额					
废品定额成本					
减：残值					
废品净损失					

【案例与分析】

某公司第二车间本月生产甲产品 1 000 件，经验收入库发现不可修复废品 50 件；合格品生产工时为 26 600 小时，废品工时为 1 400 小时，全部生产工时为 28 000 小时；合格品机器工时为 5 747. 5 小时，废品机器工时为 302. 5 小时，全部机器工时为 6 050 小时。按所耗实际费用计算废品的生产成本。甲产品成本计算单（即基本生产成本明细账）所列合格品和废品的全部生产费用为：直接材料 500 000 元；直接燃料和动力 12 100 元；直接人工 336 000 元；制造费用 134 400 元，共计 982 500 元。废品残料回收入库价值 1 500 元，原材料于生产开工时一次投入。原材料费用按合格品数量和废品数量的比例分配；直接燃料和动力费用按机器工时比例分配；其他费用按生产工时比例分配。

要求：根据上述资料编制"废品损失"计算表，并编制相应的会计分录。

第七章 期间费用的归集与结转

1. 了解期间费用核算的任务，一般性了解期间费用的特点。
2. 掌握期间费用包括的内容；
3. 熟练掌握销售费用、管理费用和财务费用包括的具体内容。
4. 重点掌握销售费用、管理费用和财务费用的核算方法。

第一节 期间费用的概述

一、期间费用的概念

期间费用是指企业在生产经营过程中发生的，与产品生产活动没有直接联系，属于某一时期发生的直接计入当期损益的费用。这些费用包括：一是与制造产品无关的资本化成本的期间耗费，如企业行政管理部门和专设销售机构的固定资产的折旧费等；二是在发生时即记为费用的项目，如行政管理部门发生的办公费、差旅费和职工薪酬等。企业的期间费用一般包括销售费用、管理费用和财务费用三个项目：销售费用是指企业在产品销售过程中发生的各项费用，以及专设销售机构的各项经费；管理费用是企业行政管理部门为组织和管理生产经营活动而发生的各项管理费用；财务费用是企业为筹集生产经营所需资金而发生的财务费用。

二、期间费用的特点

与计入产品成本的费用相比，期间费用通常具有如下几个特点：

（一）期间费用与产品生产活动没有直接联系，可以确定其发生的期间，而难以确定其应归属的成本计算对象，因此不计入产品成本。

（二）期间费用在发生时即确认为当期费用，与当期的营业收入相配比，全额列入利润表。而计入产品成本的费用，如耗用的直接材料、发生的直接工资和制造费用等，最终要由完工的产成品负担，只有在产品销售出去后，其实现销售的成本，才能以

"销售成本"的形式转为费用从当期销售收入中抵减。如果本期没有销售产品，则计入产品成本的费用就会递延到下期。

（三）期间费用在一定范围内与产品产量的增减无关，而与期间长短有关。

三、期间费用的任务

正确组织期间费用的核算，对企业加强经济管理、提高盈利水平有着重要的作用，期间费用核算的准确性直接影响企业营业利润计算的准确性。根据期间费用核算的特点，期间费用的核算主要应完成以下几项任务：

（一）严格审核各项期间费用开支

期间费用是确定企业盈亏的重要因素，在企业其他因素保持不变的前提下，降低期间费用就意味着企业利润的增加。因此，为准确地确定企业的盈利水平，使期间费用控制在预算数额之内，企业应该按照国家和企业制定的有关费用开支范围和标准，严格审核各项期间费用，确保其开支的合理性。

（二）准确核算期间费用，为企业计算营业利润提供依据

企业营业利润是在营业收入的基础上，扣减营业成本、营业税费以及期间费用等项目后计算出来的，其中期间费用的资料是通过期间费用核算提供的，因此企业必须根据成本核算的原则正确确定本期的期间费用，为营业利润的计算提供依据。

（三）考核期间费用预算执行情况，落实经济责任制

在准确核算各项实际期间费用的基础上，将其同期间费用预算数进行比较，通过分析其差额，考核各项期间费用的预算执行情况。同时，由于期间费用又是分别由不同的部门归口管理的，将各部门的期间费用实际数与预算数额比较，可以考核各部门期间费用预算的执行情况，反映各责任单位的费用水平和管理责任，强化各部门的节约意识，及时发现和纠正问题，使期间费用不断降低。

第二节　销售费用的归集与结转

一、销售费用的概念

销售费用是指企业在产品销售过程中发生的各项费用，以及销售机构的经营费用。如企业在销售商品、自制半成品、材料和提供劳务等过程中发生的各种费用，以及为销售本企业商品而专设销售机构的经营费用。销售费用是发生在流通领域为实现产品价值而发生的各项费用。

二、销售费用的内容

销售费用包括的内容较多，具体包括运杂费、包装费、保险费、委托代销手续费、广告费、展览费、租赁费（不含融资租赁费）和专设销售机构（含销售网点、售后服务网点等）的职工薪酬、业务费、折旧费等经营费用。这些费用项目具体内容说明如下：

1. 运输费：是指企业在销售产品过程中发生的应由企业负担的运输费用。应由购买单位负担的运杂费不包括在内。

2. 装卸费：是指企业在销售产品过程中发生的应由企业负担的装卸费用。应由购买单位负担的装卸费不包括在内。

3. 包装费：包括自行包装费用和委托包装费用两种。自行包装费用是指企业为包装产品而耗用的包装材料费（如纸、绳、铁皮等）、包装费用（如箱、桶、瓶、袋等）以及包装部门的经费。委托包装费用是指企业委托外单位包装本企业产品所发生的劳务费用。

4. 保险费：是指为销售产品而发生的保险支出。

5. 广告费：是指企业通过广播、电视、报纸、杂志、路牌等媒体为其商品做市场宣传而支付的各种费用。

6. 展览费：是指企业为参加各种产品展览会而发生的各种会务经费。

7. 委托代销手续费：是指支付给代理销售本企业产品的机构和个人的手续费。

8. 租赁费：是指为销售产品而租用柜台、门市部等场所而发生的经营性租赁费用。

9. 产品质量保证费：是指企业期末根据本期销售情况预计的产品质量保证费用。如果企业不能合理地预计产品质量保证费用，也可以在产品质量保证费用发生时计入销售费用。

10. 专设销售机构经费：是指企业设立的专门从事产品销售的网络、门市部等机构所发生的职工薪酬、折旧费、差旅费、办公费、修理费、物料消耗、低值易耗品摊销和其他费用等。

11. 其他：是指一切未归入上述各项费用的其他销售费用。

三、销售费用的归集与结转

上述销售费用它不计入产品的生产成本，不参与产品成本计算，也不存在分配问题，而是作为期间费用直接计入当期损益。这种费用应该按年、季、月和费用项目编制费用计划，进行分析和考核。销售费用的归集与结转是通过"销售费用"总账科目和所属明细科目进行的。销售费用应按费用项目设置明细账，进行明细核算，用以反映和考核各项费用的支出情况。发生和支付各项产品销售费用时，借记"销售费用"科目，贷记"银行存款"、"库存现金"、"应付账款"、"应付职工薪酬"、"包装物"等科目。月末，根据"销售费用"科目和所属明细科目借方归集的各项费用，将其实际发生额全部结转至"本年利润"科目。结转以后，"销售费用"科目和所属明细科目应无余额。销售费用明细账格式见表 7 - 1

表7-1　销售费用明细账

20××年×月　　　　　　　　　　　　　　　　　单位：元

日期	凭证	摘要	职工薪酬	包装费	广告费	运杂费	保险费	展览费	……	其他	小计	转出
略	略	略										
		月　计										
		本月转出										

四、销售费用的核算

企业发生的销售费用涉及的经济业务应按照业务发生的时间加以归集，期末结转至"本年利润"账户。下面举例说明销售费用的具体经济业务处理如下：

1. 企业用银行存款支付应由企业负担的销售产品的运杂费850元。

借：销售费用——运杂费　　　　　　　　　　　　　　　　850

　　贷：银行存款　　　　　　　　　　　　　　　　　　　　　　850

2. 企业用银行存款支付广告费22 000元，支付展览费12 400元。

借：销售费用——广告费　　　　　　　　　　　　　　22 000

　　　　　　　——展览费　　　　　　　　　　　　　　12 400

　　贷：银行存款　　　　　　　　　　　　　　　　　　　　　34 400

3. 本月企业专设销售机构负担以下费用：工资24 104元，折旧费2 200元，低值易耗品400元，以现金支付其他费用890元。

借：销售费用（明细从略）　　　　　　　　　　　　　27 594

　　贷：应付职工薪酬　　　　　　　　　　　　　　　　　　24 104

　　　　累计折旧　　　　　　　　　　　　　　　　　　　　2 200

　　　　低值易耗品　　　　　　　　　　　　　　　　　　　　400

　　　　库存现金　　　　　　　　　　　　　　　　　　　　　890

4. 月末，将本月发生的销售费用转入"本年利润"科目。

借：本年利润　　　　　　　　　　　　　　　　　　　62 844

　　贷：销售费用　　　　　　　　　　　　　　　　　　　　62 844

第三节　管理费用的归集与结转

一、管理费用的概念

管理费用是指企业行政管理部门为组织和管理生产经营活动而发生的各项费用，包括企业董事会和行政管理部门在企业的经营管理中发生的，或者应由企业统一负担的公司经费（包括行政管理部门职工薪酬、修理费、物料消耗、低值易耗品摊销、办公费和差旅费等）、工会经费、待业保险费、劳动保险费、董事会会费（包括董事会成员津贴、会议费和差旅费等）、聘请中介机构费、咨询费（含顾问费）、诉讼费、业务招待费、房产税、车船使用税、土地使用税、印花税、技术转让费、研究费用、矿产资源补偿费、无形资产摊销、职工教育经费、排污费、存货盘亏或盘盈以及其他管理费用等。

二、管理费用的内容

企业行政管理部门是指厂部、公司各职能管理部门。由于厂部、公司职能管理部门多，涉及面广，管理费用涉及的内容也很多。这些费用项目具体内容说明如下：

1. 公司经费：是指支付给企业行政管理部门管理人员的职工薪酬以及企业行政管理部门所发生的差旅费、办公费、折旧费、修理费、物料消耗、低值易耗品摊销以及其他公司经费。以及其他公司经费。

2. 工会经费：是指按职工工资总额的一定比例计提拨交给工会的经费。

3. 职工教育经费：是指企业为职工学习先进技术和提高文化水平而支付的费用。

4. 劳动保险费：是指企业支付离退休职工的退休金、价格补贴、医药费、职工退职金、6个月以上病假人员工资、职工死亡丧葬补助费、抚恤费及按规定支付给离休干部的各项经费。

5. 待业保险费：是指企业按照国家规定交纳的待业保险基金。

6. 董事会费：是指企业最高权力机构（如董事会）及其成员为执行职能而发生的各项费用，包括董事会成员津贴、会议费和差旅费等。

7. 咨询费（含顾问费）：是指企业向有关咨询机构进行科学技术、经营管理咨询所支付的费用，包括聘请经济技术顾问、法律顾问等支付的费用。

8. 聘请中介机构费：是指企业聘请会计师事务所等进行查账、验资以及进行资产评估等发生的各项费用。

9. 诉讼费：是指企业因起诉或应诉而发生的各项费用。

10. 业务招待费：是指企业为业务经营的合理需要而支付的交际应酬费用。

11. 排污费：是指企业按照规定交纳的排污费用。

12. 税金：是指企业按照规定支付的房产税、车船税、土地使用税和印花税等。

13. 矿产资源补偿费：是指企业在中华人民共和国领域和其他管辖海域开采矿产资源，按照主营业务收入的一定比例缴纳的矿产资源补偿费。

14. 技术转让费：是指企业使用非专利技术而支付的费用，包括以技术转让为前提的技术咨询、技术服务和技术培训过程中发生的有关费用。

15. 研究费用：是指企业内部研究开发项目的研究阶段发生的各项支出以及不计入无形资产成本的开发阶段发生的有关费用化支出。

16. 无形资产摊销：是指专利权、商标权、著作权、土地使用权、非专利技术等无形资产的摊销，但是不包括出租无形资产的摊销。

17. 辞退福利：是指由于分离办社会职能，实施主辅分离、辅业改制以及重组、改组计划等原因，企业在职工劳动合同尚未到期之前解除与职工的劳动关系，或者为鼓励职工自愿接受裁减而提出补偿建议的计划中给予职工的经济补偿。

18. 其他费用：是指企业发生的上述项目之外的、应列入管理费用的费用。

三、管理费用的归集与结转

为了核算行政管理部门为组织和管理生产经营活动而发生的上述各项费用，企业应设置"管理费用"科目，该科目是损益类科目。其借方登记企业发生的各项管理费用，贷方登记期末将其余额转入"本年利润"科目的数额，本科目期末结转后无余额。

商品流通企业管理费用不多的，可不设置"管理费用"科目，"管理费用"科目的核算内容可并入"销售费用"科目核算。

企业发生的管理费用应按照费用项目设置明细账进行明细分类核算，以便控制监督管理费用支出情况，分析其脱离费用预算的原因。管理费用明细账格式类似于销售费用明细账，这里从略。下面举例说明管理费用的具体经济业务处理如下：

1. 厂部管理部门购入办公用品一批，共计 640 元，用支票支付。

借：管理费用——公司经费　　　　　　　　　　　640
　　贷：银行存款　　　　　　　　　　　　　　　　640

2. 用银行存款支付注册会计师业务咨询费 1 850 元。

借：管理费用——咨询费　　　　　　　　　　　1 850
　　贷：银行存款　　　　　　　　　　　　　　　1 850

3. 企业本月计算应缴纳的房产税 2 178 元。

借：管理费用——税金　　　　　　　　　　　　2 178
　　贷：应交税费——应交房产税　　　　　　　　2 178

4. 本月行政管理部门应计提固定资产折旧 3 300 元。

借：管理费用——公司经费　　　　　　　　　　3 300
　　贷：累计折旧　　　　　　　　　　　　　　　3 300

5. 按规定企业本月应摊销无形资产 2 480 元。

借：管理费用——无形资产摊销　　　　　　　　2 480
　　贷：累计摊销　　　　　　　　　　　　　　　2 480

6. 用银行存款支付业务招待费 960 元。

借：管理费用——业务招待费　　　　　　　　　960
　　贷：银行存款　　　　　　　　　　　　　　　960

7. 本月应付行政管理人员工资等职工薪酬 65 200 元。

借：管理费用——公司经费　　　　　　　　　65 200
　　贷：应付职工薪酬　　　　　　　　　　　　65 200

8. 月末，将本月发生的管理费用结转到"本年利润"科目。

借：本年利润　　　　　　　　　　　　　　　76 608
　　贷：管理费用　　　　　　　　　　　　　　76 608

第四节　财务费用的归集与结转

一、财务费用的概念

财务费用是指企业在筹集生产经营资金等财务活动中发生的各项费用，它包括企业在经营期间发生的利息支出（减利息收入）、汇兑损失（减汇兑收益）、银行及其他金融机构手续费以及因筹集资金而发生的其他财务费用。

二、财务费用的内容

财务费用是指企业在筹集生产经营资金以及结算业务等财务活动中发生的各项费用，这些费用项目具体说明如下：

1. 利息支出：是指利息支出减去银行存款等的利息收入后的净额。利息支出包括短期借款利息、应付票据利息、票据贴现利息、长期借款利息和应付债券利息等。

2. 汇兑损失：是指企业向银行结售或购入外汇时，因银行买入价或卖出价与记账所采用的汇率不同而产生的汇兑差额，以及月度终了，各种外币账户的外币期末余额，按照期末汇率折合的记账本位币金额与原账面记账本位币金额之间的差额等。发生的汇兑损失增加财务费用，汇兑收益冲减财务费用。

3. 相关的手续费：是指企业发行债券所需支付的手续费（需要资本化的手续费除外）、开出汇票时支付的银行手续费、调剂外汇手续费等。

4. 其他财务费用：是指企业因筹集生产经营资金而发生的其他费用，如融资租入固定资产发生的融资租赁费、发生的现金折扣等。

财务费用是企业理财过程中发生的费用，为了加强对资金的筹措和使用，必须在事前确定财务费用预算，事后加以核算和分析，促使企业花费较少的财务费用支出，保证资金的正常运转。

三、财务费用的归集与结转

为了核算财务费用并考核财务费用预算的执行情况，应设置"财务费用"科目，它是损益类科目。该科目借方登记发生的各项财务费用，贷方登记发生的应冲减财务费用的利息收入、汇兑收益以及期末余额转入"本年利润"科目的数额，本科目期末结转后无余额。

需要说明的是，企业为购建或生产满足资本化条件的资产发生的应予资本化的利息支出、汇兑损失、手续费等借款费用，在"在建工程"、"制造费用"等科目核算，不在"财务费用"科目核算。

企业发生的财务费用应按费用项目设置明细账进行明细分类核算，以加强对财务费用的控制，揭示财务费用增减的原因。财务费用明细账格式类似于销售费用明细账，这里从略。下面举例说明财务费用的具体经济业务处理如下：

1. 根据短期借款计划预提本月短期借款利息6 000元。

借：财务费用——利息支出   6 000

  贷：预提费用   6 000

2. 企业支付银行手续费500元。

借：财务费用——手续费   500

  贷：银行存款   500

3. 企业收到银行存款利息收入800元。

借：银行存款   800

  贷：财务费用——利息支出   800

4. 月末，将"财务费用"科目的余额结转到"本年利润"科目。

借：本年利润   5 700

  贷：财务费用   5 700

【思考题】

1. 简述期间费用包括的内容及特点有哪些？
2. 简述销售费用包括的内容及如何对销售费用进行核算？
3. 简述管理费用包括的内容及如何对管理费用进行核算？
4. 简述财务费用包括的内容及如何对财务费用进行核算？

【练习题】

一、单项选择题

1. 下列各项费用中，应计入管理费用的是（ ）。

 A. 技术转让费   B. 银行贷款利息 C. 展览费   D. 发行债券手续费

2. 下列各项费用中，应计入销售费用的项目是（ ）。

 A. 诉讼费   B. 绿化费   C. 坏账损失   D. 广告费

3. 下列各项费用中，应计入财务费用的项目是（ ）。

 A. 业务招待费   B. 金融机构手续费 C. 审计费   D. 包装费

4. 存货盘亏损失应记入的会计科目是（ ）。

 A. 营业外支出   B. 管理费用   C. 财务费用   D. 销售费用

5. 企业在商品销售过程中，实际给予购货方的现金折扣应列入（ ）。

 A. "管理费用"科目   B. "销售费用"

 C. "财务费用"科目   D. "制造费用"

二、多项选择题

1. 下列各项费用中，应计入管理费用的项目是（ ）。

A. 技术转让费
B. 广告费
C. 无形资产摊销
D. 短期借款利息
E. 行政管理人员的职工薪酬

2. 下列各项费用中，应计入销售费用的项目是（　　）。
A. 包装费
B. 广告费
C. 运输费
D. 专设销售机构办公费
E. 公司经费

3. 下列各项中，应通过"财务费用"科目核算的有（　　）。
A. 金融机构手续费
B. 一般借款发生的汇兑损失
C. 银行存款利息收入
D. 现金折扣
E. 商业折扣

4. 期间费用的特点是（　　）。
A. 期间费用与生产过程紧密相联
B. 期间费用与产品生产没有直接联系
C. 期间费用应在发生时确认为当期费用
D. 期间费用应记入当期利润表
E. 期间费用应与生产成本一样反映在资产负债表中

5. 期间费用核算应完成的任务是（　　）。
A. 审核各项期间费用开支
B. 正确核算期间费用
C. 将期间费用采用适当的方法分配计入各种产品成本
D. 在资产负债表中恰当列示
E. 考核期间费用预算执行情况

三、判断题

1. 管理费用与销售费用以及财务费用一样，都属于期间费用。因此，应将其计入当期损益。　　　　　　　　　　　　　　　　　　　　　　　　　　（　　）

2. 企业为筹集生产经营资金而发生的各项费用都应计入企业的财务费用中。（　　）

3. 企业专设销售机构发生的经常费用应计入管理费用。　　　　　　　　（　　）

4. 期间费用与产品生产活动没有直接联系，因此，不能将其计入产品生产成本。
　　　　　　　　　　　　　　　　　　　　　　　　　　　　　　　　（　　）

5. 与筹集资金有关的全部支出都应计入财务费用。　　　　　　　　　　（　　）

6. 从某种程度上说，业务招待费的多少与企业产品市场开发与销售有关。因此，应将企业发生的业务招待费计入销售费用中进行核算。　　　　　　　　（　　）

7. 财务费用科目核算企业为筹集资金而发生的各项费用。现金折扣与资金筹集无关，实际发生的现金折扣应该记入管理费用科目。　　　　　　　　　　　（　　）

8. 财务费用科目借方登记发生的利息支出，贷方登记利息收入。因此，本科目期末余额可能在借方，也可能在贷方。　　　　　　　　　　　　　　　　　（　　）

四、计算与账务处理题

甲企业本月份发生下列各项经济业务：

（1）以银行存款支付广告费 25 000 元；

（2）以现金支付运费 300 元；

（3）以银行存款支付专设销售机构经费 6 000 元；

（4）本月摊销无形资产价值，该项无形资产入账价值为 48 000 元，受益期限为 10 年；

（5）通过银行转账支付印花税 400 元；

（6）支付一项管理用固定资产的修理费 900 元；

（7）分别计提销售部门和行政管理部门折旧费 1 000 元和 1 500 元；

（8）支付短期借款利息 3 000 元，其中 1 800 元已预提；

（9）通过银行转账收回原登记入账的应收账款 35 100 元，同时按合同规定给予购货方现金折扣 100 元；

（10）月末，结转本期发生的各项期间费用。

要求：根据本月发生的各项经济业务，分别编制有关的会计分录。

【案例与分析】

某公司有两个基本生产车间，分别生产甲、乙两种产品。为简化核算，在进行产品成本核算过程中，只将为生产产品发生的直接材料费用、直接工资费用，按其发生地点和用途分别列入各相关产品生产成本中，对于发生的其他各项生产费用和经营管理费用全部列入"管理费用"账户中。本会计期间内列入管理费用账户的各有关项目包括：

（1）各生产车间机器设备折旧费用 45 000 元，其中，第一车间 20 000 元，第二车间 25 000 元；办公设备折旧费 5 000 元。

（2）支付各生产车间管理人员工资 800 元，其中，第一车间和第二车间分别为 3 000 元和 5 000 元；厂部管理人员工资 12 000 元。

（3）第一车间经营性租入固定资产发生修理费用 4 000 元。

（4）本期支付水电费 8 600 元，其中，第一车间和第二车间分别为 4 600 元和 3 000 元，其余 1 000 元为厂部耗用。

（5）本期为推销产品支付广告宣传费 34 000 元。

（6）支付各项办公用品费 5 200 元。

（7）本期摊销印花税 1 000 元。

（8）专设销售机构发生经费支出 15 000 元。

（9）预提短期借款利息 3 000 元。

要求：根据上述资料，对该企业的会计处理进行评价，并说明理由。

第八章　生产费用在完工产品和期末在产品之间的分配

学习目标

1. 了解在产品、产成品的概念。
2. 掌握在产品盘盈盘亏的账务处理方法。
3. 熟练掌握完工产品和在产品之间分配费用的各种方法的特点、适用情况、优缺点以及具体的分配计算过程。
4. 重点掌握约当产量比例法、在产品按定额成本计价法、定额比例法。

第一节　在产品数量的核算

一、在产品的概念

在产品是指没有完成全部生产过程、不能作为商品销售的产品。在产品包括没有完成全部工艺过程的狭义在产品、需要进一步加工的半成品或已经完成全部工艺过程等待验收入库的产成品。

企业在产品有广义在产品和狭义在产品之分。广义在产品是就整个企业而言的，它是指企业已经投入生产，但尚未完成全部生产过程，不能作为商品销售的产品。广义在产品包括正在各个生产单位加工的在制品和已经完成一个或多个生产步骤，尚未最终完工而需要继续加工的自制半成品。狭义在产品是就企业某一个生产单位（分厂、车间）或某一个生产步骤而言的，它只指本生产单位和本生产步骤正在加工的在制品，不包括该生产单位或生产步骤已经完工交付的自制半成品。

对于不准备在本企业继续加工，等待对外销售的自制半成品，应作为商品产品，不应列入在产品范围之内。不可修复的废品也不应列入在产品之内。

二、在产品数量的核算

在产品数量的核算，主要有两项工作：一是在产品收发结存的日常核算工作，二是在产品的清查工作。做好这两项工作，不仅可以从账面上随时掌握在产品的动态情况，还可以查清在产品的实际数量，对于正确计算产品成本，加强生产资金管理和保护企业财产的安全，都具有十分重要的意义。

（一）在产品收发结存的数量核算

企业在产品品种规格较多，又处在不断流动之中，因此，在产品收发结存的数量核算，是一个比较复杂的问题。为了加强在产品实物管理，严格控制在产品数量，企业必须设置有关凭证账簿来反映在产品的转入（收入）、转出（发出）和结存情况。

在设有半成品仓库的企业，自制半成品收入，发出和结存数量的核算，可以比照原材料收入，发出和结存数量的核算，设置有关凭证和账簿，组织自制半成品的日常核算。各生产单位和生产步骤在产品转入，转出和结存数量的日常核算，可以通过设置在产品内部转移凭证和"在产品台账"来进行。

"在产品台账"（或称"在产品收发结存账"）应当分生产单位（分厂、车间）和生产步骤（生产工序），按照产品品种和在产品（零部件）名称分别设置。"在产品台账"的一般格式，如表8-1所示。

表8-1　在产品收发结存账

生产单位：第一车间　　　　　　　　　　　　　　　　　产品名称：甲产品
生产工序：第二工序　　　　　　　　　　　　　　　　　零件名称编号：0001

年		摘要	转入		转出			结存	
月	日		数量	凭证号	合格品	废品	已完工	未完工	
8	1	上月结转							80
	6	上步结转	801	400					480
	7	完工转出			46	80			400
—	—	—	—	—	—	—	—	—	—
		本月合计	1 000		1 000	10			70

"在产品收发结存账"应当根据有关领料凭证、在产品内部转移凭证，产成品检验凭证和产品交库凭证等逐笔序时登记。

生产单位的核算人员应对"在产品收发结存账"的登记情况进行审核和汇总。通过"在产品收发结存账"的设置和登记，可以从账面上随时掌握和控制在产品动态，有利于掌握生产进度，加强生产管理和财产管理；通过在产品账面结存数与实存数进行核对，可以为计算在产品成本提供在产品数量资料；通过在产品成本的计算，又可以了解在产品的资金动态和资金占用额。

（二）在产品清查的核算

"在产品收发结存账"可以提供在产品转入，转出和结存的数量，是控制在产品数量的业务核算账簿。同其他核算和控制实物数量的账簿一样，由于种种原因，账簿反映的结存数量，可能与实际情况不同。为了加强在产品的管理，正确计算在产品成本，企业应当定期进行在产品清查盘点，做到账实相符。

在产品清查采用实地盘点法。清查工作应在有关生产单位和生产工序实物负责人的直接参加下进行。在产品清查情况，应当记入"在产品盘点清单"。实物盘点结束后，应根据"在产品收发结存账"与"在产品盘点清单"核对的结果，编制"在产品盘点盈亏报告表"，详细载明在产品的账存数、实存数、盘盈、盘亏数和毁损数，以及盈亏原因分析和处理意见等。

企业财会部门在认真审核各生产单位的"在产品盘点盈亏报告表"以后，应按照企业内部财务管理制度规定的审批程序报送有关部门和有关领导审批，并按照国家统一会计制度的规定及时做出账务处理。

为了全面反映盘盈、盘亏、毁损和报废在产品的处理过程，企业应当设置"待处理财产损溢"账户。盘亏、毁损和报废在产品的生产成本（账面平均成本），在记入"生产成本"账户贷方的同时，记入"待处理财产损溢"账户的借方；盘盈在产品的生产成本（可按同种在产品的账面平均成本或计划成本、定额成本计算），在记入"生产成本"账户借方的同时，记入"待处理财产损溢"账户的借方和贷方。盘盈和盘亏、毁损、报废在产品经批准转账时，分别记入"待处理财产损溢"账户的贷方。经批准转销后，"待处理财产损溢"账户应无余额。

盘盈和盘亏、毁损、报废在产品经批准转账时，应分别不同情况处理：盘盈在产品的生产成本，冲减管理费用；盘亏、毁损和报废在产品的生产成本，扣除过失单位（过失人）和保险公司赔款以及回收残料价值后的净损失，列作管理费用；因为意外灾害等非常原因造成的在产品毁损和报废，扣除保险公司赔款和回收残料价值以后的净损失，列作营业外支出。

【例8－1】某企业基本生产车间在产品清查结果：A产品在产品盘盈10件，单位定额成本20元；B产品的在产品盘亏8件，单位定额成本30元；过失人赔款20元；C产品的在产品毁损250件，单位定额成本28元，残料入库150元。属于自然灾害的损失2 000元，应由保险公司赔偿3 000元，其余损失计入营业外支出，都已经批准转账。

（1）在产品盘盈的核算。

盘盈时：

借：生产成本——基本生产成本——A产品（10×20）　　　　　　200

　　贷：待处理财产损溢　　　　　　　　　　　　　　　　　　　　　　200

批准后转账：

借：待处理财产损溢　　　　　　　　　　　　　　　　　　　　　200

　　贷：管理（制造）费用　　　　　　　　　　　　　　　　　　　　　200

（2）在产品盘亏的核算。

盘亏时：

借：待处理财产损溢　　　　　　　　　　　　　　　　　　　　　240

　　贷：生产成本——基本生产成本——B产品（8×30）　　　　　　　240

批准后转账：

借：其他应收款（过失人赔款）	20	
管理（制造）费用	220	
贷：待处理财产损溢		240

（3）在产品毁损的核算。

毁损时：

| 借：待处理财产损溢 | 7 000 | |
| 贷：生产成本——基本生产成本——C 产品（250×28） | | 7 000 |

残料入库时：

| 借：原材料 | 150 | |
| 贷：待处理财产损溢 | | 150 |

批准后转账：

借：其他应收款（银行存款）	3 000	
营业外支出（自然灾害的损失）	3 850	
贷：待处理财产损溢		6 850

第二节 生产费用在完工产品和在产品之间分配的方法

一、生产费用在完工产品和在产品之间的分配方法概述

企业在生产产品过程之中发生的生产费用在完工产品和月末在产品之间分配，是成本核算工作中一项非常重要而又复杂的问题，企业应该根据在产品数量的多少、各月在产品数量变化的大小、各项费用比重的大小以及定额管理基础的好坏等具体条件，选择既合理又简便的分配方法，在完工产品与月末在产品之间分配费用。

生产费用在完工产品与月末在产品之间分配的方法有很多种，一般可以分为两种类型：第一种是将月初在产品费用与本月费用之和划分为本月完工产品费用和月末在产品费用两部分；第二种类型是先确定月末在产品费用，然后用月初在产品费用与本月费用之和减去月末在产品费用即可得到本月完工产品费用。这两种类型的分配方法可以用如下公式表述：

第一种类型：月初在产品费用＋本月生产费用＝本月完工产品费用＋月末在产品费用

第二种类型：本月完工产品费用＝月初在产品费用＋本月生产费用－月末在产品费用

完工产品和月末在产品之间分配费用通常采用的具体方法有以下几种：

（一）在产品不计价法。

（二）在产品按固定成本计价法。

（三）在产品按所消耗原材料费用计价法。

（四）约当产量比例法。

（五）在产品成本按完工产品成本计算法。

（六）在产品按定额成本计价法。

（七）定额比例法。

1. 在产品不计价法

在产品不计价法又称不计算月末在产品成本法。采用这种分配方法时，月末虽然有在产品，但不计算在产品成本。这种分配方法适用于各月末在产品数量很少，价值很低，算不算在产品成本对完工产品成本的影响很小，且各月在产品数量比较稳定，在这种情况下，为简化成本计算工作，可以不计算月末在产品成本，即某种产品每月发生的生产费用，全部由该种完工产品成本负担，其每月生产费用之和即为每月完工产品成本。其计算公式如下：

本月完工产品成本＝本月生产费用

2. 在产品按固定成本计价法

这是一种月末在产品固定按年初在产品成本计价的方法。采用这种分配方法时，各月末在产品的成本固定不变。这种方法适用于各月末在产品数量较少，或者虽然在产品数量较多，但各月末在产品数量稳定、变化不大，算不算各月在产品成本的差额，对完工产品成本的影响不大。由于各月月初在产品成本与月末在产品成本之间的差额很小，为了简化成本计算工作，同时又反映在产品占用的资金，各月在产品可以按年初数固定计算。这样，各月月末在产品成本不变，月初与月末在产品成本相等，那么本月发生的各项生产费用，全部由完工产品负担，也就是本月完工产品的总成本。如，冶炼企业和化工企业的产品，由于高炉和化学反应装置的容积固定，可以采用这种方法计算在产品成本。其计算公式如下：

完工产品成本＝期初在产品固定成本＋本期生产费用－期末在产品固定成本＝本期生产费用

在实际工作中，采用在产品按固定成本计价法，每年到年终时，应根据实际盘点的在产品数量，计算 12 月末在产品的实际成本，并将算出的年末在产品成本作为下一年度各月固定的在产品成本。其完工产品成本的计算公式如下：

12 月的完工产品成本＝年初在产品成本＋12 月的生产费用－年末在产品成本

3. 在产品按所消耗直接材料费用计价法

采用这种分配方法时，月末在产品只计算耗用的直接材料费用，不计算所耗用的直接人工费用和制造费用等加工费用，产品的加工费用全部计入完工产品成本。某种产品全部生产费用减月末在产品直接材料费用，就是完工产品的成本。这种分配方法适用于各月末在产品数量较大，数量变化也较大，同时直接材料费用在成本中所占比重较大的产品，如造纸、纺织、酿酒等企业，直接材料费用占产品成本比重较大。其计算公式如下：

$$直接材料费用分配率 = \frac{月初在产品直接材料费用 + 本月发生直接材料费用}{完工产品数量 + 在产品实际数量}$$

期末在产品负担的直接材料费用＝在产品的实际数量×直接材料费用分配率

完工产品成本 = 期初在产品材料费用 + 本期生产费用 - 期末在产品材料费用

【例 8 - 2】某企业生产 A 产品，该产品直接材料费用在产品成本中所占比重较大，完工产品与在产品之间的费用分配采用在产品按所消耗直接材料费用计价法。A 产品月初在产品直接材料费用（即月初在产品费用）为 50 000 元；本月发生直接材料费用 200 000 元，直接人工费用 8 000 元，制造费用 2 000 元；完工产品 850 件，月末在产品 150 件。按所消耗直接材料费用计价法，分配计算如下：

$$直接材料费用分配率 = \frac{50\ 000 + 200\ 000}{850 + 150} = 250\ （元/件）$$

完工产品直接材料费用 = 850 × 250 = 212 500 （元）

月末在产品直接材料费用（月末在产品费用）= 150 × 250 = 37 500 （元）

完工产品费用 = 50 000 + （200 000 + 8 000 + 2 000）- 37 500
$$= 222\ 500\ （元）$$

根据上述分配计算结果在 A 产品生产成本明细账中的登记见表 8 - 2。

表 8 - 2 产品生产成本明细账

产品：A 产品 20 ××年×月 单位：元

摘要	直接材料	直接人工	制造费用	合计
月初在产品成本	50 000			50 000
本月生产费用	200 000	8 000	2 000	210 000
生产费用合计	250 000	8 000	2 000	260 000
本月完工产品成本	212 500	8 000	2 000	222 500
月末在产品成本	37 500			37 500

根据产品成本计算结果，编制结转本月完工入库产品成本的会计分录如下：

借：库存商品——A 产品　　　　　　　　　　　　　　　　222 500

　　贷：生产成本——基本生产成本——A 产品　　　　　　　　222 500

4. 约当产量比例法

约当产量比例法是将月末在产品数量按照完工程度折算为相当于完工产品的产量，即约当产量，然后按照完工产品产量与在产品的约当产量的比例分配计算完工产品费用和月末在产品费用的一种方法。采用该种分配方法，在产品既要计算直接材料费用，又要计算直接人工费用、制造费用等其他加工费用。这种分配方法适用于月末在产品数量较大、各月末在产品数量变化也较大、产品成本中直接材料费用和加工费用比重相差不多的产品。其计算公式如下

$$直接材料费用分配率 = \frac{月初在产品直接材料费用 + 本月发生直接材料费用}{完工产品数量 + 在产品数量}$$

完工产品直接材料费用 = 完工产品数量 × 直接材料费用分配率

或：= 直接材料费用总额 - 月末在产品直接材料费用

月末在产品直接材料费用＝月末在产品数量×直接材料费用分配率

$$加工费用分配率＝\frac{月初在产品加工费用＋本月发生加工费用}{完工产品数量＋在产品约当产量}$$

在产品约当产量＝月末在产品数量×在产品完工程度（完工率）

完工产品加工费用＝完工产品数量×加工费用分配率

或：＝加工费用总额－月末在产品加工费用

月末在产品加工费用＝月末在产品约当产量×加工费用分配率

完工产品成本＝完工产品直接材料费用＋完工产品加工费用

月末在产品成本＝月末在产品直接材料费用＋月末在产品加工费用

【例 8－3】某企业生产 B 产品，本月完工 850 件，月末在产品 150 件，月初在产品和本月生产费用合计：直接材料费用为 50 000 元，直接人工费用为 9 400 元，制造费用为 18 800 元。直接材料是在生产开始时一次投入，分配各项加工费用、约当产量按完工程度的 60% 计算。直接材料费用按照完工产品和月末在产品数量比例分配，各项加工费用按照完工产品数量和月末在产品约当产量的比例分配。分配计算如下：

$$直接材料费用分配率＝\frac{50\ 000}{850＋150}＝50\ （元／件）$$

完工产品直接材料费用＝850×50＝42 500（元）

月末在产品直接材料费用＝150×50＝7 500（元）

在产品约当产量＝150×60%＝90（件）

$$直接人工费用分配率＝\frac{9\ 400}{850＋90}＝10\ （元／件）$$

完工产品直接人工费用＝850×10＝8 500（元）

月末在产品直接人工费用＝90×10＝900（元）

$$制造费用分配率＝\frac{18\ 800}{850＋90}＝20\ （元／件）$$

完工产品制造费用＝850×20＝17 000（元）

月末在产品制造费用＝90×20＝1 800（元）

完工产品成本＝42 500＋8 500＋17 000＝68 000（元）

月末在产品成本＝7 500＋900＋1 800＝10 200（元）

根据产品成本计算结果，编制结转本月完工入库产品成本的会计分录如下：

借：库存商品——B 产品　　　　　　　　　　　　　　　　　68 000

　　贷：生产成本——基本生产成本——B 产品　　　　　　　　　　68 000

采用约当产量比例法时，一般可以按照生产工时投入情况来确定在产品的加工进度，即完工程度，进而计算约当产量，分配各项加工费用。直接材料的投入方式有多种方式，因此，在采用约当产量比例法时，应根据直接材料投入方式的不同以及其他具体情况，来确定投料率，进而计算约当产量，分配直接材料费用。

（1）直接材料费用的分配

1）当直接材料费用是在生产开始时一次性投入的情况下，完工产品与月末在产品所消耗的直接材料费用是一样的。所以，通常按照完工产品与月末在产品的实际数量对直接材料费用来进行分配，即在产品的投料率按100%来确定。例8-3中直接材料费用的分配就是如此。

2）直接材料随加工进度陆续投入，则应按工序分别确定各工序在产品的投料率。在确定各工序的投料率时，一般以各工序的直接材料消耗定额为依据，投料程度按完成本工序投料的50%折算。各工序在产品的投料率和完工率的计算公式如下：

$$某道工序在产品原材料投料率 = \frac{该工序单位产品原材料累计定额消耗量}{单位产品原材料定额消耗量}$$

$$某道工序在产品完工率 = \frac{前面各工序工时定额之和 + 本工序的工时定额 \times 50\%}{单位产品工时定额}$$
$\times 100\%$

某道工序在产品约当产量 = 某道工序在产品数量 × 某道工序在产品的完工率

【例8-4】某企业生产甲产品，经过两道工序加工，直接材料消耗定额为500千克，其中，第一道工序直接材料消耗定额为240千克，第二道工序直接材料消耗定额为260千克。月末在产品数量：第一道工序为200件，第二道工序为150件，完工产品为241件，月初在产品和本月发生的直接材料费用共计38 400元。计算过程的结果如表8-3所示。

表8-3　在产品约当产量计算表

20××年×月　　　　　　　　　　　　　（单位：件）

工序	本工序直接材料消耗定额	完工率（投料率）	在产品约当产量	完工产品	合计
第一道工序	240 千克	$\frac{240 \times 50\%}{500} \times 100\% = 24\%$	200 × 24% = 48 件	—	—
第二道工序	260 千克	$\frac{240 + 260 \times 50\%}{500} \times 100\% = 74\%$	150 × 74% = 111 件	—	—
合计	500 千克	—	159 件	241 件	400 件

根据上述资料，直接材料是在每道工序随加工进度陆续分次投料，因此每道工序投料程度按50%折算。

$$直接材料费用分配率 = \frac{38\ 400}{241 + 159} = 96（元/件）$$

完工产品直接材料费用 = 241 × 96 = 23 136（元）

月末在产品直接材料费用 = 159 × 96 = 15 264（元）

3）直接材料随加工工序投入，但在每一道工序则是在开始时一次投入，则也应按工序确定投料率，不过在确定各工序的投料率时，应以各工序的直接材料消耗定额为依据，投料程度按完成本工序投料的100%计算。

$$某工序在产品原材料投料率 = \frac{该工序单位产品原材料累计定额消耗量}{单位产品原材料定额消耗量} \times 100\%$$

【例8-5】采用例8-4中某产品在各工序的直接材料消耗定额，但直接材料在各工序开始时一次投入。计算过程和结果如表 8 - 4 所示。

表 8 - 4　在产品约当产量计算表
20 ××年×月
（单位：件）

工序	工序开始时一次投入的直接材料定额	完工率（投料率）	在产品约当产量	完工产品	合计
第一道工序	240 千克	$\frac{240}{500} \times 100\% = 48\%$	$200 \times 48\% = 96$ 件	—	—
第二道工序	260 千克	$\frac{240 + 260}{500} \times 100\% = 100\%$	$150 \times 100\% = 150$ 件	—	—
合计	500 千克	—	246 件	241 件	487 件

由于直接材料是在每道工序一开始时投入的，在同一工序中各件在产品直接材料的消耗定额，就是该工序的消耗定额，不应按 50% 折算，最后一道工序在产品的消耗定额，为完工产品的消耗定额完工率为 100% 。

$$直接材料费用分配率 = \frac{38\ 400}{241 + 246} = 78.85 \text{（元/件）}$$

完工产品直接材料费用 $= 241 \times 78.85 = 19\ 002.85$ （元）

月末在产品直接材料费用 $= 246 \times 78.85 = 19\ 397.15$ （元）

（2）加工费用的分配

采用约当产量比例法分配加工费用时，首先要测定在产品的完工程度（完工率），在此基础上，计算在产品的约当产量，进而进行费用的分配。测定在产品完工程度的方法一般有两种：

第一种，平均计算，即一律按 50% 作为各工序在产品的完工程度。这是在各工序在产品数量和单位产品在各工序的加工量都相差不多的情况下，后面各工序在产品多加工的程度可以抵补前面各工序少加工的程度。这样，全部在产品完工程度均可按 50% 平均计算。

$$某工序在产品的完工率 = \frac{前面各工序工时定额之和 + 本工序的工时定额 \times 50\%}{单位产品工时定额}$$
$\times 100\%$

上述公式中的"本工序"，即在产品所在工序，其工时定额乘以 50% ，是因为该工序中各件在产品的完工程度不同，为了简化完工率的测算工作，在产品所在工序的加工程度一律按平均功率 50% 计算。在产品从上一道工序转入下一道工序时，因上一道工序已经完工，所以前面各道工序的工时定额应按 100% 计算。

第二种，各工序分别测定完工率。为了保证成本计算的准确性，加速成本的计算工作，可以按照各工序的累计工时定额占完工产品工时定额的比率计算，事前确定各工序在产品的完工率。

【例 8 - 6】某企业 A 产品单位定额工时 40 小时，经过三道工序制作完成。第一道工序工时定额为 8 小时，第二道工序工时定额为 16 小时，第三道工序工时定额为 16 小时。各道工序内各件在产品加工程度均按 50% 计算。各工序完工率计算如下：

第一道工序：$\dfrac{8 \times 50\%}{40} \times 100\% = 10\%$

第二道工序：$\dfrac{8 + 16 \times 50\%}{40} \times 100\% = 40\%$

第三道工序：$\dfrac{8 + 16 + 16 \times 50\%}{40} \times 100\% = 80\%$

根据各工序的月末在产品数量和各工序完工率，计算出月末各工序在产品的约当产量及其总数，据以分配费用。

【例 8 - 7】假定例 8 - 6 中的 A 产品本月完工 200 件。第一道工序的在产品 20 件，第二道工序的在产品 40 件，第三道工序的在产品 60 件。根据各工序月末在产品的数量和各工序的完工率，分别计算各工序月末在产品的约当产量及其总数。如表 8 - 5 所示。

表 8 - 5　约当产量计算表

产品名称：A　　　　　　　　　　20 ×× 年 × 月　　　　　　　　　　单位：件

在产品所在工序	完工率（%）	在产品数量		完工产品产量	产量合计
		结存量	约当产量		
第一道工序	10	20	2		
第二道工序	40	40	16		
第三道工序	80	60	48		
合计	—	120	66	200	266

假定例 8 - 6 中 A 产品月初加本月发生的加工费用为：直接人工 7 980 元；制造费用 8 512 元。完工产品与月末在产品加工费用的计算分配计算如下：

直接人工费用分配率 $= \dfrac{7\,980}{200 + 66} = 30$（元/件）

完工产品分配直接人工费用 $= 200 \times 30 = 6\,000$（元）

月末在产品分配直接人工费用 $= 66 \times 30 = 1\,980$（元）

制造费用分配率 $= \dfrac{8\,512}{200 + 66} = 32$（元/件）

完工产品分配制造费用 $= 200 \times 32 = 6\,400$（元）

月末在产品分配制造费用 $= 66 \times 32 = 2\,112$（元）

5. 在产品成本按完工产品成本计算法

采用在产品成本按完工产品成本计算法时，将月末在产品视同完工产品。这种方法适用于月末在产品已经接近完工，或者产品已经加工完毕，但尚未包装或尚未验收入库的产品。在这种情况下，在产品成本已接近完工产品成本，为了简化核算工作，将月末在产品视同完工产品，按完工产品与在产品的数量分配费用。

【例8-8】 某产品月初在产品费用和本月发生费用累计数为：直接材料费用25 600元，直接人工费用5 600元，制造费用6 400元。完工产品600件，月末在产品200件，该产品已接近完工，月末在产品成本按完工产品成本计算。其计算分配结果如表8-6所示。

表8-6　生产费用计算表

20××年×月　　　　　　　　　　　　　　　　　　　单位：元

成本项目	生产费用合计	费用分配率	完工产品		月末在产品	
			数量（件）	成本	约当产量（件）	成本
（1）	（2）	$(3)=\dfrac{(2)}{(4)+(6)}$	（4）	$(5)=(4)\times(3)$	（6）	$(7)=(6)\times(3)$
直接材料	25 600	32	600	19 200	200	6 400
直接人工	5 600	7	600	4 200	200	1 400
制造费用	6 400	8	600	4 800	200	1 600
合计	37 600	—	—	28 200	—	9 400

表8-6中各项费用分配率是根据各该生产费用的累计数除以完工产品数量与月末在产品数量之和计算出的；各该费用分配率分别乘以完工产品数量和月末在产品数量，即求出完工产品月末在产品分配的各项费用。

6. 在产品按定额成本计价法

采用这种方法，是按照预先制定的定额成本计算月末在产品成本，然后从某种产品全部生产费用（月初在产品费用本月生产费用）中减去月末在产品的定额成本，就是完工产品成本。也就是说，每月实际生产费用脱离定额的差异，全部计入当月完工产品成本。

这种方法简化了生产费用在月末在产品和本月完工产品之间的分配。但由于它将生产费用脱离定额的差异，全部计入了当月完工产品成本，因此只适用于各项消耗定额和费用定额比较准确、稳定，定额管理基础工作较好，并且各月在产品数量也比较稳定的产品。否则，将影响本月完工产品成本计算的准确性，不利于产品成本的分析和考核。

采用这种分配方法，应根据各种在产品有关定额资料以及在产品月末结存数量，计算各种月末在产品的定额成本。其有关计算公式如下。

月末在产品直接材料成本＝月末在产品实际数量×单位在产品材料定额成本

月末在产品直接人工成本＝月末在产品完成定额工时×单位工时定额工资

或：＝月末在产品实际数量×单位在产品定额工资

月末在产品制造费月＝月末在产品完成定额工时×单位工时定额制造费用

或：＝月末在产品实际数量×单位在产品定额制造费用

本月完工产品实际总成本 = 月初在产品定额成本 + 本月发生的生产费用 - 月末在产品定额成本

【例8-9】某企业生产A、B两种产品。两种产品完工产品和月末在产品费用的分配均采用在产品按定额成本计价的方法。A产品月末在产品50件，单价原材料费用定额为310元（原材料在生产开始时一次投入），在产品机器定额工时（简称"机时"）200小时，定额人工工时950小时；B产品月末在产品150件，单件原材料费用定额为300元（原材料在生产开始时一次投入），在产品定额机器工时450小时，定额人工工时2 250小时。其他有关资料及月末在产品定额成本的计算结果如表8-7所示。

表8-7 月末在产品定额成本计算表

车间：某车间　　　　　　　　　　20××年×月　　　　　　　　　　单位：元

产品名称	在产品数量（件）	直接材料定额费用	定额工时		直接燃料和动力（每机时2.1元）	直接人工（每工时12元）	制造费用（每工时4.8元）	定额成本合计
			机器工时	人工工时				
A产品	50	15 500	200	950	420	11 400	4 560	31 880
B产品	150	45 000	450	2 250	945	27 000	10 800	83 745
合计	—	60 500	—	—	1 365	38 400	15 360	115 625

采用这种分配方法，如果产品成本中直接材料费用所占比重较大，为了进一步简化成本计算工作，月末在产品成本可以只按定额原材料费用计算，其他各项实际费用计入完工产品成本。也就是把在产品按所耗直接材料费用计价法，与在产品按定额成本计价法相结合应用，即在产品按定额直接材料费用计价法，月末在产品只计算所耗直接材料费用，而直接材料费用又是按定额计算的。

7. 定额比例法

定额比例法是产品的生产费用按照完工产品和月末在产品的定额消耗量或定额费用的比例，分配计算完工产品成本和月末在产品成本的一种方法。其中，直接材料费用按照直接材料定额消耗量或直接材料定额费用比例分配；直接人工费用、制造费用等各项加工费用，可以按定额工时的比例分配。

这种分配方法适用于定额管理基础较好，各项消耗定额和费用定额比较准确、稳定，各月末在产品数量变动较大的产品。因为月初和月末在产品费用之间脱离定额的差异要在完工产品与月末在产品之间按比例分配，从而提高了产品成本计算的准确性。

按定额比例法计算完工产品和在产品成本的计算公式如下。

$$定额比例（消耗量分配率）= \frac{月初在产品实际消耗量 + 本月实际消耗量}{完工产品定额消耗量 + 月末在产品定额消耗量}$$

完工产品实际消耗量 = 完工产品定额消耗量 × 定额比例（消耗量分配率）

完工产品实际成本 = 完工产品实际消耗量 × 原材料单价（或单位工时的直接人工费用、单位工时的制造费用）

月末在产品实际消耗量 = 月末在产品定额消耗量 × 定额比例（消耗量分配率）

月末在产品实际成本 = 月末在产品实际消耗量 × 原材料单价（或单位工时的直接人工费用、单位工时的制造费用）

采用上述计算方法，不仅可以提供完工产品和月末在产品的实际费用资料，而且还可以提供实际消耗量资料，便于考核和分析各项消耗定额的执行情况。但是，在各产品所耗原材料的品种较多的情况下，采用这种分配方法工作量较大。为了简化核算工作，也可以采用下列公式计算分配。

$$直接材料费用分配率 = \frac{月初在产品实际直接材料费用 + 本月实际直接材料费用}{完工产品定额直接材料费用 + 月末在产品定额直接材料费用}$$

完工产品实际直接材料费用 = 完工产品定额直接材料费用 × 直接材料费用分配率

月末在产品实际直接材料费用 = 月末在产品定额直接材料费用 × 直接材料费用分配率

或：= 月初在产品实际直接材料费用 + 本月实际直接材料费用 − 完工产品实际直接材料费用

$$某项加工费用分配率 = \frac{月初在产品该项加工费用的实际金额 + 本月该项加工费用的实际金额}{完工产品定额工时 + 月末在产品定额工时}$$

完工产品应负担的某项加工费用实际金额 = 完工产品定额工时 × 该项加工费用分配率

月末在产品应负担的某项加工费用实际金额 = 月末在产品定额工时 × 该项加工费用分配率

或：= 月初在产品该项实际加工费用 + 月末该项实际加工费用 − 完工产品应负担该项实际加工费用

【例 8 – 10】某产品月初在产品费用为：直接材料 1 400 元；直接人工 6 000 元；制造费用 40 000 元。本月生产费用：直接材料 8 200 元；直接人工 30 000 元；制造费用 20 000 元。完工产品 4 000 件，直接材料定额费用 8 000 元；定额工时 5 000 小时。月末在产品 1 000 件，直接材料定额费用 2 000 元；定额工时 1 000 小时。完工产品与月末在产品之间，直接材料费用按直接材料定额费用比例分配，其他费用按定额工时比例分配。各项费用分配计算结果如表 8 – 8 所示。

表 8 – 8　产品成本明细账

产品名称：某产品　　　　　　　　　20 ××年×月　　　　　　　　　单位：元

成本项目	月初在产品费用	本月费用	生产费用合计	费用分配率	完工产品费用		月末在产品费用	
					定额	实际费用	定额	实际费用
(1)	(2)	(3)	(4) = (2)+(3)	(5) = $\frac{(4)}{(6)+(8)}$	(6)	(7) = (6)×(5)	(8)	(9) = (8)×(5)
直接材料	1 400	8 200	9 600	0.96	8 000	7 680	2 000	1 920

成本项目	月初在产品费用	本月费用	生产费用合计	费用分配率	完工产品费用		月末在产品费用	
					定额	实际费用	定额	实际费用
直接人工	6 000	30 000	36 000	6	5 000 *	30 000	1 000 *	6 000
制造费用	40 000	20 000	60 000	10	5 000 *	50 000	1 000 *	10 000
合计	47 400	58 200	105 600	—	—	87 680	—	17 920

* 工时。

按上述公式计算分配费用，必须取得完工产品和月末在产品的定额消耗量或定额费用资料。完工产品的直接材料定额消耗量和工时定额消耗量，可以根据完工产品的实际数量乘以单位直接材料消耗定额和工时消耗定额计算求得，在此基础上，再乘以相应的费用定额就可以计算完工产品的定额费用。月末在产品的直接材料定额消耗量和工时定额消耗量，可以根据月末在产品盘存表或账面所记录的在产品的结存数量，以及相应的消耗定额具体计算。但在在产品的种类和生产工序繁多时，核算工作量繁重。因此，在产品定额消耗量可以采用简化的方法计算。其计算公式如下：

月末在产品定额消耗量 = 月初在产品定额消耗量 + 本月投入的定额消耗量 – 本月完工产品定额消耗量

采用这一公式计算虽可以简化核算工作，但是容易掩盖在产品盘盈盘亏的情况，不能如实反映产品成本的水平。为了保证在产品账实相符，提高成本计算的准确性，采用这一方法必须每隔一定时期（每季或每半年）对在产品进行一次盘点，根据在产品的实存数量计算一次定额消耗量。

在具备了月初、月末和本月投入生产的定额消耗量以及本月完工产品的定额消耗量资料的情况下，还可按下列公式分配费用：

$$费用分配率 = \frac{月初在产品实际费用 + 本月实际发生费用}{月初在产品定额费用（定额工时）+ 本月投入定额费用（定额工时）}$$

完工产品和月末在产品费用的计算公式同前。

【例 8 – 11】某企业生产 A 产品，月初在产品原材料定额消耗量 2 400 千克，定额工时 3 800 小时。实际费用为：直接材料 2 500 元，直接工资 2 052 元，制造费用 1 520 元。本月投入生产原材料定额消耗量为 48 000 千克，定额工时为 72 000 小时。实际费用为：直接材料 49 916 元，直接工资为 35 848 元，制造费用为 28 800 元。本月完工产品原材料定额耗用量为 35 000 千克，定额工时为 42 000 小时。采用定额比例法计算完工产品和月末在产品成本的计算结果如下：

$$材料费用分配率 = \frac{2\,500 + 49\,916}{2\,400 + 48\,000} = 1.04（元／千克）$$

$$工资费用分配率 = \frac{2\,052 + 35\,848}{3\,800 + 72\,000} = 0.5（元／千克）$$

$$制造费用分配率 = \frac{1\,520 + 28\,800}{3\,800 + 72\,000} = 0.4（元／千克）$$

完工产品实际成本：

直接材料 = 35 000 × 1.04 = 36 400（元）

直接工资 = 42 000 × 0.5 = 21 000（元）

制造费用 = 42 000 × 0.4 = 16 800（元）

合计：74 200 元

月末在产品实际成本：

直接材料 =（2 400 + 48 000 − 35 000）× 1.04 = 16 016（元）

直接工资 =（3 800 + 72 000 − 42 000）× 0.5 = 16 900（元）

制造费用 =（3 800 + 72 000 − 42 000）× 0.4 = 13 520（元）

合计：46 436 元

根据上述计算结果，编制"产品成本计算单"如表 8 − 9 所示。

表 8 − 9　产品成本计算单

产品名称：A 产品　　　　　　　20 × × 年 × 月　　　　　　　　单位：元

成本项目	月初在产品成本		本月发生生产费用		合计		分配率	完工产品成本		月末在产品成本	
	定额	实际	定额	实际	定额	实际		定额	实际	定额	实际
直接材料	2 400（千克）	2 500	4 800（千克）	49 916	50 400（千克）	52 416	1.04	35 000（千克）	36 400	15 400（千克）	16 016
直接工资	3 800（小时）	2 052	72 000（小时）	35 848	75 800（小时）	37 900	0.5	42 000（小时）	21 000	33 800（小时）	16 900
制造费用	3 800（小时）	1 520	72 000（小时）	28 800	75 800（小时）	30 320	0.4	42 000（小时）	16 800	33 800（小时）	13 520
合计	—	6 072	—	114 564	—	120 636	—		74 200	—	46 436

采用定额比例法计算在产品成本时，由于企业有完整的定额资料，因此，计算起来比较简便，但它是建立在各种定额比较健全且准确的基础上的。如果定额制定的不准确，就会影响在产品和产成品成本的准确性。因此，在采用定额比例法计算在产品成本时，如果企业的生产条件等因素改变而使定额发生较大变化时，应对定额进行修改，以使在产品成本计算更加准确。

第三节　完工产品成本的核算

产品成本计算是费用的归集与分配的过程。企业发生的生产费用，采用前述方法在各成本计算对象之间以及完工产品与月末在产品之间分配后，就可以计算出各种完工产品的实际成本，为完工产品结转的账务处理提供了可靠的依据。

完工产品，包括产成品、自制材料、自制工具和模具等。根据产品成本计算单所提供的完工产品的实际成本，从"生产成本——基本生产成本"账户的贷方转入各有关账户的借方，其中完工入库产成品的成本，应转入"库存商品"账户的借方；完工入库自制半成品、自制材料、自制工具、模具的成本，应分别转入"自制半成品"、"原材料"和"低值易耗品"账户的借方。"生产成本——基本生产成本"账户的期末余额，就是基本生产尚未加工完成的各项在产品的成本。

【例8－12】某企业月末完工A、B两种产品，其"产成品成本汇总计算表"如表8－10所示。请根据产成品成本汇总计算表，结转完工产品成本。

表8－10　产成品成本汇总计算表

20××年×月　　　　　　　　　　　　　　单位：元

产品名称	产量	产品成本				
		直接材料	直接人工	制造费用	总成本	单位成本
A产品	240件	108 000	38 400	76 800	223 200	930
B产品	660个	49 500	29 700	33 000	112 200	170
合计	—	157 500	68 100	109 800	335 400	—

根据完工验收入库"产成品成本汇总计算表"，编制会计分录如下：

```
借：库存商品——A产品                         223 200
          ——B产品                         112 200
    贷：生产成本——基本生产成本——A产品        223 200
                          ——B产品        112 200
```

【思考题】

1. 什么是在产品？如何区分狭义在产品和广义在产品？

2. 为什么要加强产品实物的日常管理？

3. 如何进行在产品盘盈、盘亏的账务处理？

4. 在产品数量核算有什么意义？进行完工产品与月末在产品之间的费用分配，为什么要以在产品数量为基础？

5. 完工产品与在产品之间费用的分配方法有几种？它们各自的特点、适用范围、计算分配程序以及优缺点如何？

6. 在产品不计价法和在产品按固定成本计价法有何不同和相同点？

7. 在产品按定额成本计价与按定额比例法分配完工产品与在产品成本有什么区别？

8. 什么是约当产量？如何计算约当产量？

9. 如何确定在产品的投料程度和加工程度？

10. 完工产品成本如何结转？

【练习题】

一、单项选择题

1. 采用约当产量法计算完工产品和在产品成本时，若原材料不是在开始生产时一次投入的，而是随生产进度陆续投入，但在每道工序是一次投入的，原材料消耗定额第一道工序为 30 千克，第二道工序为 60 千克，则第二道工序在产品的完工率为（   ）。

   A. 67%   C. 22%   B. 100%   D. 97%

2. 某企业生产产品经过 2 道工序，各工序的工时定额分别为 30 小时和 40 小时，则第二道工序在产品的完工率约为（   ）。

   A. 68%   C. 70%   B. 69%   D. 71%

3. 采用约当产量法计算在产品成本时，影响在产品成本准确性的关键因素是（   ）。

   A. 在产品的数量   C. 完工产品的数量

   B. 在产品的完工程度   D. 废品的数量

4. 定额管理基础较好，各项消耗定额或费用定额比较准确、稳定，但各月末在产品数量变化较大的产品，其在产品成本的计算通常采用（   ）。

   A. 定额成本法   C. 原材料费用法   B. 定额比例法   D. 约当产量法

5. 当各项消耗定额或费用比较准确、稳定，而且各月末在产品数量变化不大的产品，其月末在产品成本的计算方法可采用（   ）。

   A. 在产品按定额成本计价法   B. 在产品按完工产品计算法

   C. 在产品按约当产量比例法   D. 在产品按所耗原材料费用计价法

6. 在产品采用定额成本计价法计算时，其实际成本与定额成本之间的差异应计入（   ）。

   A. 在产品成本   B. 营业外支出   C. 完工产品成本   D. 期间费用

7. 当各月末在产品数量较大，各月在产品数量变化也较大，但原材料费用在成本中所占比重较大的产品，其在产品成本的计算可采用（   ）。

   A. 固定成本计价法   B. 按所耗材料费用计价法

   C. 约当产量比例法   D. 定额成本计价法

8. 通过对在产品成本的计算，从而计算出完工产品的生产成本，然后将其转入（   ）。

   A. "库存商品"科目   B. "原材料"科目

   C. "生产成本"科目   D. "主营业务成本"科目

二、多项选择题

1. 完工产品和月末在产品成本的计算模式主要有（   ）。

   A. 先计算完工产品成本，再计算在产品成本

   B. 先计算在产品成本，再计算完工产品成本

   C. 先计算月初在产品成本，再计算月末在产品成本

    D. 将费用在完工产品和在产品之间按一定比例分配

    E. 先计算月末在产品成本，再计算月初在产品成本

2. 在产品成本的计算方法主要有（　　　）。

    A. 约当产量法　　　　　　　　　　B. 定额比例法

    C. 定额成本法　　　　　　　　　　D. 所耗直接材料费用计算法

    E. 工时比例法

3. 企业在选择在产品成本计算方法时应考虑的因素主要有（　　　）。

    A. 在产品数量的多少　　　　　　　B. 各月在产品数量变化的大小

    C. 各项费用比重的大小　　　　　　D. 定额管理基础的好坏

    E. 成本计算程序的繁简

4. 采用约当产量法计算在产品成本时，一般适用于下列费用的分配（　　　）。

    A. 销售费用　　　　　　　　　　　C. 管理费用

    B. 一次投入的原材料费用　　　　　D. 工资等加工费用

    E. 随生产进度陆续投入的原材料费用

5. 采用约当产量比例法计算完工产品和在产品成本时，应具备的条件是（　　　）。

    A. 月末在产品数量较大

    B. 月末在产品数量较小

    C. 各月末在产品变化较大

    D. 产品成本中原材料和加工费用的比重相差不大

    E. 产品成本中原材料和加工费用的比重相差较大

6. 采用定额比例法计算在产品成本时，所使用的定额主要有（　　　）。

    A. 材料定额消耗量　　　　　　　　B. 材料定额费用

    C. 工时定额消耗量　　　　　　　　D. 材料计划单位成本

    E. 产品产量定额

7. 采用定额成本法计算在产品成本时，应具备下列条件（　　　）。

    A. 定额管理基础较好　　　　　　　B. 消耗定额比较准确

    C. 各月末在产品数量变化不大　　　D. 各月末在产品数量变化较大

    E. 产品产量较大

8. 采用按所耗材料费用计算在产品成本时，应具备的条件是（　　　）。

    A. 产品成本中材料费用所占的比重较大

    B. 产品成本中材料费用所占的比重较小

    C. 其他加工费用比重较小

    D. 其他加工费用比重较大

    E. 产品产量较小

9. "库存商品"科目的结构是（　　　）。

    A. 借方登记入库产品的成本　　　　B. 借方登记发出产品的成本

    C. 贷方登记入库商品的成本　　　　D. 贷方登记发出商品的成本

    E. 期末余额为库存商品的成本

三、判断题

1. 当企业完工产品入库时，所作的会计分录是借记"库存商品"科目，贷记"生产成本"科目。　　　　　　　　　　　　　　　　　　　　　　　　　　　（　　）

2. 广义在产品包括正在加工中的产品和加工告一段落留存在半成品库和以后各步骤的半成品　　　　　　　　　　　　　　　　　　　　　　　　　　　　　（　　）

3. 对于盘盈的在产品，应于批准后，冲减"制造费用"科目。　　　　　（　　）

4. 采用约当产量法计算在产品成本时，如果原材料不是在开始生产时一次投入，而是随着加工进度陆续投入的，其投料程度与其加工进度完全一致，则计算材料费用的约当产量与计算加工费用的约当产量应是一致的。　　　　　　　（　　）

5. 完工产品与在产品之间分配费用的约当产量法只适用于工资和其他加工费用的分配，不适用于原材料费用的分配。　　　　　　　　　　　　　　　（　　）

6. 当企业的各项消耗定额或费用定额比较准确、稳定，而且各月末在产品数量变化不大时，可采用定额比例法计算在产品的成本。　　　　　　　　　（　　）

7. 采用定额比例法计算完工产品和在产品成本时，各种费用应采用相同的分配标准。　　　　　　　　　　　　　　　　　　　　　　　　　　　　（　　）

8. 按定额成本计算法计算在产品成本时，期末在产品按定额成本计算，定额成本与实际成本之间的差异额，应在年末时采用适当的分配方法在各种产品当中进行分配。　　　　　　　　　　　　　　　　　　　　　　　　　　　　（　　）

9. 在产品按定额成本计价时，在产品费用脱离定额的差异全部由完工产品成本负担。　　　　　　　　　　　　　　　　　　　　　　　　　　　　　（　　）

10. 在产品按其所耗原材料费用计价时，在产品所耗其他费用全部由完工产品成本负担。　　　　　　　　　　　　　　　　　　　　　　　　　　　（　　）

11. 在产品按所耗原材料费用计价时，都应按完工产品与月末在产品的数量比例分配它们的原材料费用。　　　　　　　　　　　　　　　　　　　　　（　　）

四、计算与账务处理题

1. 某企业生产甲产品，月初在产品直接材料费用（即在产品成本）为60 000元，本月发生直接材料费用240 000元，直接工资3 000元，制造费用1 500元。本月完工产品60件，月末在产品40件。原材料在开始生产时一次投入。

要求：根据上述资料，采用按所耗原材料费用计价法计算完工产品和月末在产品的成本，并将计算结果填入表8-11中。

表8-11　产品成本计算单

成本项目	月初在产品成本	本月生产费用	生产费用累计	完工产品成本	月末在产品成本
直接材料					
直接工资					
制造费用					
合　计					

2. 某企业生产 A 产品，本月完工 32 台，月末在产品 16 台，原材料于生产开始时一次投入。期初在产品成本为：直接材料 6 800 元、直接工资 5 600 元、制造费用 4 800 元；本月发生费用为：直接材料 70 000 元、直接工资 32 000 元，制造费用 21 200 元。在产品完工程度估计为 50%。

要求：采用约当产量法计算完工产品和在产品的成本。

3. 某企业生产的 B 产品月初在产品的直接材料费用为 5 500 元，直接工资 4 500 元，制造费用 6 000 元。本月费用为：直接材料 18 500 元，直接工资 16 300 元，制造费用 26 500 元。完工产品的定额原材料费用为 16 000 元，定额工时为 11 000 小时。月末在产品的定额材料费为 4 000 元，定额工时为 2 000 小时。

要求：在完工产品与月末在产品之间，直接材料费用按定额费用比例分配，其他各项费用按定额工时比例分配，并将计算结果直接填入表 8 - 12 中。

表 8 - 12　B 产品成本计算单

项目		直接材料	直接工资	制造费用	合计
月初在产品成本					
本月生产费用					
费用合计					
费用分配率					
完工产品费用	定额				
	实际				
月末在产品费用	定额				
	实际				

4. 某企业生产 C 产品，本月完工产品数量为 500 件，期末在产品数量为 400 件，原材料是随着加工进度陆续投入，原材料的投入程度与加工进度完全一致。期末在产品的完工程度为 50%。有关费用资料见 C 产品成本计算单表 8 - 13。

表 8 - 13　C 产品成本计算单

单位：元

项目	直接材料	燃料及动力	直接工资	制造费用	合计
月初在产品成本	17 900	172	28	750	18 850
本月发生费用	36 000	1 031	168	2 750	39 950
合计					
完工产品成本					
月末在产品成本					

要求：采用约当产量法计算完工产品和期末在产品的成本。

5. 某企业生产 D 产品，月初在产品原材料定额费用为 12 500 元，工时定额为 50 000 小时，月初在产品的实际费用为：直接材料 13 100 元，燃料及动力 4 100 元，直接工资 3 890 元，制造费用 11 290 元。本月原材料的定额费用为 25 200 元，定额工时为 70 000 小时。本月实际费用为：直接材料 23 469 元，燃料及动力为 61 900 元，直接工资为 48 910 元，制造费用为 66 710 元。本月完工产品原材料定额费用为 13 000 元，定额工时为 80 000 小时。

要求：根据上述资料，采用定额比例法计算完工产品成本和在产品成本，将计算结果填入表 8 – 14 中。

表 8 – 14　D 产品成本计算单

成本项目		直接材料	燃料及动力	直接工资	制造费用	合计
月初在产品费用	定额					
	实际					
本月生产费用	定额					
	实际					
生产费用累计	定额					
	实际					
费用分配率						
完工产品费用	定额					
	实际					
月末在产品费用	定额					
	实际					

6. 某企业生产 E 产品，月初在产品数量为 18 件，本月投产 12 件，本月完工 20 件。原材料费用按完工产品与月末在产品实际数量分配，其他费用按约当产量比例分配。

要求：根据上述资料，计算约当产量和产品成本，将计算结果填入表 8 – 15 和表 8 – 16 中。

表 8 – 15　约当产量计算表

工序	完工率（%）	盘存数（件）	约当产量（件）
第一道工序	15	2	
第二道工序	30	3	
第三道工序	60	4	
第四道工序	80	1	
合计	—	10	

表 8 – 16   产品成本明细账

单位：元

摘要	直接材料	燃料及动力	直接工资	制造费用	合计
生产费用合计	25 680	3 660	5 856	7 808	43 004
转出产成品成本					
产成品单位成本					
在产品成本					

7. 某企业生产乙产品，原材料不是在开始生产时一次投入，而是随着生产进度陆续投入，其投入程度与工时的投入程度不一致。有关资料如下（见表 8 – 17）。

表 8 – 17   定额、工时、在产品数量表

工序	本工序原材料消耗定额（千克）	工时消耗定额（小时）	在产品数量（件）
第一道工序	50	40	30
第二道工序	30	60	60
合计	80	100	90

生产该产品月初在产品和本月发生的费用合计为，直接材料 40 320 元，燃料及动力费 3 160 元，直接工资 6 320 元，制造费用 2 528 元。本月完工产品数量为 110 件。

要求：根据上述资料，采用约当产量法计算完工产品和在产品成本，并将计算结果填入表 8 – 18 中。

表 8 – 18   产品成本计算单

摘要	直接材料	燃料及动力	直接工资	制造费用	合计
生产费用合计					
转出产成品成本					
产成品单位成本					
在产品成本					

8. 某企业生产丙产品，原材料不是在开始生产时一次投入，而是随着生产进度陆续投入，其投料程度与工时的投材料在每道工序是一次投入的，有关资料如下（见表 8 – 19）。

表 8 - 19　定额、工时、在产品数量表

工序	工序开始时每件在产品一次投入的原材料定额（千克）	工时定额（小时）	在产品数量（件）
第一道工序	50	8	600
第二道工序	30	4	800
合计	80	12	1 400

本月完工产品数量 2 000 件，共发生直接材料费用 269 875 元，燃料及动力费用 37 271 元，直接工资 43 005 元，制造费用 22 936 元。

要求：根据上述资料，采用约当产量法计算完工产品和在产品成本，并将计算结果填入表 8 - 20 和表 8 - 21 中。

表 8 - 20　约当产量计算表

工序	原材料			工时		
	消耗定额	完工率	约当产量	消耗定额	完工率	约当产量
第一道工序						
第二道工序						
合计						

表 8 - 21　产品成本计算单

摘要	直接材料	燃料及动力	直接工资	制造费用	合计
生产费用合计					
转出产成品成本					
产成品单位成本					
在产品成本					

9. 某企业生产丁产品，有关的资料如下（见表 8 - 22）。

表 8 - 22　产品成本计算单

项目	直接材料	燃料及动力	直接工资	制造费用	合计
月初在产品成本	30 000	2 000	800	900	33 700
本月发生费用	86 000	4 000	5 000	3 000	98 000
合计					
完工产品成本					
月末在产品成本					

本月份完工产品产量为 600 件，在产品为 400 件。

要求：采用在产品按完工产品计算法计算完工产品和在产品成本，并将计算结果填入表 8 – 22 中。

【案例与分析】

1. 某企业生产甲产品，月初在产品费用为：直接材料 40 000 元，燃料及动力 12 000 元，直接工资 6 000 元，制造费用 13 000 元。本月生产费用为：直接材料 130 000 元，燃料及动力费 22 000 元，直接工资 9 000 元，制造费用 18 000 元，完工产品的定额直接材料费用为 150 000 元，定额燃料及动力费用为 20 400 元，定额工时为 9 500 小时。月末在产品的定额直接材料为 50 000 元，定额燃料及动力费为 6 800 元，定额工时为 3 000 小时。

要求：在完工产品与月末在产品之间，直接材料费用和燃料及动力费用按各该定额费用比例分配，其他各项费用按定额工时的比例分配。将计算的结果填入表中。

表：产品成本计算单

项目		直接材料	直接工资	制造费用	合计
月初在产品成本					
本月生产费用					
生产费用累计					
费用分配率					
完工产品费用	定额				
	实际				
月末在产品费用	定额				
	实际				

2. 某企业第一生产车间生产的乙产品本月完工 500 件，月末在产品 200 件，乙产品经过三道工序制成，完工乙产品工时定额为 100 小时，各工序工时定额及在产品数量如下：

工序	本工序工时定额（小时）	在产品数量（件）
第一道工序	40	80
第二道工序	40	80
第三道工序	20	40
合计	100	200

各工序内平均完工程度按50%计算。

乙产品月初在产品费用和本月生产费用如下：

成本项目	直接材料	直接燃料和动力	直接人工	制造费用	合计
月初在产品费用	6 000	1 200	2 400	1 400	11 000
本月费用	15 000	2 400	6 000	4 000	27 400

原材料在生产开始时一次投入。

要求：（1）编制约当产量计算表。

（2）登记乙产品成本明细账，计算出乙产品的完工产品成本和月末在产品成本。月末在产品原材料费用按产量比例分配，其他各项费用按约当产量比例分配。

（3）编制完工产品入库的会计分录。

思考：在原材料分次投入时，应该如何计算在产品的完工率（投料率）和月末在产品的约当产量？如何分配原材料费用？

3. 某企业丙产品消耗定额产品比较准确、稳定，各月在产品数量变化比较大，采用定额比例法分配完工产品与在产品费用，其中原材料费用按定额原材料费用比例分配，其他费用按定额工时比例分配。本月丙产品有关资料如下：

成本项目	月初在产品费用		本月生产费用	
	定额	实际	定额	实际
直接材料	3 000	3 500	7 000	7 500
直接人工	2 000（工时）	2 500	3 000（工时）	3 500
制造费用		1 500		2 500
合计		7 500		13 500

本月丙产品完工100件，单件产品定额：直接材料80元，工时40小时。

要求：（1）采用定额比例分配法分配完工产品与月末在产品费用，并登记产品成本明细账。

（2）编制完工产品入库的会计分录。

思考：定额比例法与月末在产品按定额成本计价法的相同点与不同的；在采用本题的方法计算各种费用的分配率时，应注意什么问题？

第九章　产品成本计算方法概述

1. 理解生产特点对产品成本计算方法的影响。
2. 理解管理要求对产品成本计算的影响。
3. 理解各种成本计算基本方法的主要区别。
4. 理解各种成本计算辅助方法的运用意义。
5. 熟练掌握成本管理的要求对成本计算方法的影响以及成本计算的辅助方法。
6. 重点掌握生产类型的特点对成本计算方法的影响以及基本成本计算方法的特点。
7. 理解区分成本计算的基本方法和辅助方法的标志。

第一节　生产特点和管理要求对产品成本计算的影响

　　工业企业产品成本计算的过程，就是对生产经营过程中所发生的各项生产费用，按照一定的成本对象进行归集和分配，计算出产品的总成本和单位成本的过程。为了正确计算产品成本，企业必须根据其生产特点与成本管理的要求，选择适当的成本计算方法。因此，选择产品成本计算方法之前，首先要了解企业的生产特点及其对成本计算方法的影响。

一、产品成本计算方法概念

　　产品成本计算方法是按一定的成本计算对象设置产品成本明细账，归集生产费用，计算产品成本的方法。在实际工作中，常用的产品成本计算方法包括分别以产品的品种、批别、生产步骤为成本计算对象的品种法、分批法和分步法，这 3 种方法也是成本计算的基本方法。

　　产品成本计算对象是根据生产特点和管理要求确定的。不同工业企业的生产特点不同，管理要求不尽相同，因此企业成本计算对象也不一样。产品成本是在生产过程中形成的，成本管理需要的成本资料在很大程度上又受到生产特点的影响，计算产品成本是为成本管理提供资料，应当满足成本管理对于成本资料的要求。因此，在计算产品成本时，每个企业应该根据本企业或车间生产的特点和管理要求来确定适宜的成本计算方法。

二、生产特点及其对产品成本计算方法的影响

（一）生产的特点
生产的特点，就是生产的类型。工业企业的生产特点包括产品生产工艺过程特点和生产组织特点两个方面。

1. 企业的生产按工艺过程特点分类

产品生产工艺过程是指企业生产制造产品的工艺技术的具体方法，是生产者利用劳动手段直接改变劳动对象的形状、性能、成分以及结构等，将其加工成为预期产品的过程。按照工艺过程的特点，企业生产可以划分为单步骤生产和多步骤生产两种类型。

（1）单步骤生产

单步骤生产，亦称简单生产，是指生产工艺过程不能间断，或者不便于分散在几个不同地点和划分为几个生产步骤的生产。如发电、燃气生产及采掘等工业生产。

这种类型生产的特点包括：生产工作地点一般比较集中；产品生产周期较短；技术上的不可间断（如发电），或由于工作地点上的限制（如采煤），通常只能由一个企业整体进行，而不能与其他企业协作进行。

（2）多步骤生产

多步骤生产，亦称复杂生产，是指生产工艺过程由若干个可以间断的、分散在不同地点、分别在不同时间进行的生产步骤所组成的生产，如纺织、钢铁、机械、造纸、服装等工业生产。多步骤生产按其产品的加工方式，又可分为连续式生产和装配式生产。

连续式生产是指原材料投入生产后，要依次经过若干个生产步骤的连续加工，才能成为产品的生产，如纺织、钢铁等工业生产。

装配式生产是指先将原材料分别在各个加工车间平行加工为零件、部件，然后再将零件、部件装配为产品的生产，如机械、车辆、仪表制造等工业生产。

2. 企业的生产按生产组织特点分类

产品生产组织是企业为保证生产过程中各因素相互协调的工作制度。生产组织的特点取决于产品产量的多少、产品生产的重要性以及产品的稳定程度。按其生产组织的特点，可以分为大量生产、成批生产和单件生产三种类型。

（1）大量生产

大量生产是指不断地重复生产相同产品的生产。在进行这种生产的企业或车间中，产品的品种较少，而且比较稳定，如采掘、纺织、面粉、化肥的生产。

（2）成批生产

成批生产是指按照事先规定的产品批别和数量进行的生产。在进行这种生产的企业或车间中，产品品种较多，而且具有一定的重复性，如服装，机械的生产。成批生产按

照产品批量的大小，又可以分为大批生产和小批生产。大批生产，由于产品批量大，往往在几个月内不断地重复生产一种或几种产品，因而其性质近似于大量生产；小批生产，由于生产产品的批量小，一批产品一般可以同时完工，因而其性质近似于单件生产。

（3）单件生产

单件生产类似于小批生产，是指根据订货单位的要求，进行个别的、特殊产品的生产，如重型机器制造和船舶制造等。在进行这种生产的企业车间中，产品的品种多，而且很少重复。

单步骤生产和连续生产加工式的多步骤生产的生产组织多为大量生产。装配式的多步骤生产的生产组织，则有大量生产、成批生产和单件生产的区别。

（二）生产特点对产品成本计算方法的影响

生产特点对成本计算方法的影响主要表现在成本计算对象的确定、成本计算期的确定以及生产费用在完工产品与在产品之间的分配方法三个方面。

1. 对成本计算对象的影响

从生产工艺过程特点看，单步骤生产由于工艺过程不能间断，必须以产品为成本计算对象；多步骤连续加工式生产，需要以生产步骤为成本计算对象；多步骤装配式加工生产，由于产品的零件、部件可以在不同地点同时进行加工，然后装配成最终产品，而零件、部件等半成品没有独立的核算意义，因此，不需要按步骤计算半成品成本，而以产品品种为成本计算对象。

从生产组织特点看，大量大批生产的，按产品品种作为成本计算对象；小批单件的，则以产品批别作为成本计算对象。

例如，在大量大批简单生产的企业里，一般产量较大，生产过程不能间断，所以应以产品品种作为成本计算对象；在大量大批复杂生产的企业里，由于其生产过程是可以间断的，因而不仅可以计算出每种产品的成本，而且还可以计算出各步骤半成品的成本。所以，它的成本计算对象就是每种产品和该产品的各生产步骤的成本；在单件小批生产企业里，一般是按客户的订单或批别来组织生产的，在进行成本计算时，要求计算每一订单产品或每批产品的成本，所以，它的成本计算对象就是产品的批别。

2. 对成本计算期的影响

成本计算期，是指每间隔多长时间计算一次成本。产品成本计算期的确定，主要决定于生产组织的特点。在实务中，计算产品的期间并不完全与产品的生产周期或会计结算期一致。在大量大批生产的企业中，由于生产的特点随时都有完工产品，因此，完工产品成本有可能不能随时计算，而是定期地在每月月末进行计算。此时，产品的成本计算期与会计结算期一致，而与产品的生产周期不一致。在小批单件生产中，当每一订单产品或每批产品未完工时，生产费用全属于在产品的成本，只有产品全部完工时，才能计算完工产品的成本，故其成本计算期是不固定的，与产品的生产周期一致，但与会计结算期不一致。

3. 对生产费用在完工产品与在产品之间的分配的影响

生产的特点，还影响到月末进行成本计算时有没有在产品，是否需要在完工产品与在产品之间分配费用的问题。在单步骤生产中，生产过程不能间断，生产周期也短，一般没有在产品，或者在产品数量很少，因而计算产品成本时，生产费用不必在完工产品与在产品之间进行分配。在多步骤生产中，是否需要在完工产品与在产品之间分配生产费用，在很大程度上取决于生产组织的特点。大量大批生产由于生产不间断进行，而且经常有在产品，因而需要采用适当的方法，将生产费用在完工产品与在产品之间分配费用。在小批单件生产中，由于成本计算期与生产周期一致，因而一般不存在完工产品与在产品之间分配费用的问题。

三、管理要求对产品成本计算方法的影响

一个企业选择什么方法计算产品成本，除了受生产类型的特点影响之外，企业成本管理的要求不同，对成本计算方法（主要是成本计算对象）的确定也会产生影响。成本计算方法主要受企业生产特点的制约，但并不完全服从于生产特点。例如，在大量大批复杂生产的企业里，由于产品需要经过若干个生产步骤，所以，一般情况下都以每种产品及其所经过的加工步骤作为成本计算对象，即采用分步法来计算产品成本。但是，如果企业规模较小，成本管理上不要求计算出各加工步骤的成本，只要求计算出每种产品的成本，这时，可采用品种法计算该种产品成本。

总之，产品成本计算方法的选择不仅取决于产品的生产特点，同时也要考虑企业成本管理的要求，两者缺一不可。

第二节 产品成品计算的基本方法和辅助方法

在上节概括阐述了生产特点和成本管理要求对产成品成本计算的影响，并阐明了这一影响主要表现在成本计算对象的确定上。产品成本计算，就是按照成本计算对象分配和归集生产费用，计算各成本计算对象的总成本和单位成本的过程，也是进一步说明了成本计算对象的确定是产品成本计算的核心，因而也是构成产品计算方法的主要标志。在这一基础上下面具体阐明成本计算对象与产品成本计算方法的关系。

一、产品成本计算的基本方法

为了适应不同类型生产特点和成本管理的要求，在产品成本计算工作中有三种不同的成本计算对象；产品品种、产品批别和产品的生产步骤。因而以成本计算对象为主要标志的产品成本计算的基本方法也有三种。

1. 品种法

产品成本计算的品种法，是以产品品种为成本计算对象，归集生产费用，计算产品成本的一种方法。品种法适用于单步骤的大量生产，如发电、采掘等；也可用于不需要分步骤计算成本的多步骤的大量、大批生产，如小型造纸厂、水泥厂等。

2. 分批法

分批法是以产品的批别或订单作为成本计算对象，归集生产费用，计算产品成本

的一种方法。分批法适用于单件、小批的单步骤生产或管理上不要求分步骤计算成本的多步骤生产，如修理作业、专用工具模具制造、重型机器制造、船舶制造等。

3. 分步法

分步法是以每种产品生产步骤的半成品和产成品作为成本计算对象，归集生产费用，计算产品成本的一种方法。分步法适用于大量、大批的多步骤生产，如纺织、冶金、机械制造等。

上述的品种法、分批法和分步法这三种方法，之所以称为产品成本计算的基本方法，是因为这三种方法与不同生产类型的特点有着直接联系，而且涉及成本计算对象的确定，因而是计算产品实际成本必不可少的方法。概括所有工业企业，不论哪一种生产类型，进行成本计算所采用的基本方法，不外乎这三种。

二、产品成本计算的辅助方法

在实际工作中，除了上述三种基本方法外，有的企业基于不同的需要，还广泛采用一些其他的成本计算方法。如针织厂、灯泡厂等在产品（或服务）品种、规格繁多的工业企业中，为了简化成本计算工作，还采用着一种简便的成本计算方法——分类法；为了加强定额管理，采用着将符合定额的费用和脱离定额的差异分别核算的成本计算方法——定额成本法；为了提高成本计算结果的准确性，采用一种将间接生产费用按成本动因进行分配的成本计算方法——作业基础成本法；为了加强企业内部成本控制和分析，采用着一种只计算产品（或服务）的标准成本，而将成本差异直接计入当期损益的标准成本法；为了满足企业经营决策的需要，采用着一种只将变动制造成本计入产品（服务）成本，而将固定制造费用作为期间费用处理的变动成本计算法。分类法、作业基础成本法、定额成本法、标准成本法和变动成本计算法，从计算产品（或服务）实际成本的角度来说，都不是必不可少的，因而通称为辅助方法。

由于辅助方法与生产特点没有直接的关系，所以，只要具备条件，在任何类型生产企业都能运用。成本计算的辅助方法一般应与基本方法结合起来使用，而不单独使用。

在实际工作中，企业应根据生产规模和管理水平，结合具体的生产特点和管理要求，灵活应用上述各种成本计算方法。由于每个企业、一个企业的各个车间、一个车间的各种产品，它们的生产特点和管理要求并不一定相同，即使是一种产品，由于各个生产步骤、各个半成品和各个成本项目的生产特点和管理要求也并不一样，因此，在一个企业、一个车间、一个产品的生产中，就有可能同时应用几种不同的成本计算方法，还有可能把几种成本计算方法结合起来应用。

在工业企业中，确定不同的成本计算对象，采用不同的成本计算方法，主要是为了适应企业的生产特点和管理要求，正确提供成本核算资料以加强成本管理。但是，不论什么生产类型的企业，不论采用什么成本计算方法，最终都必须按照产品品种算出产品成本。因此，按照产品品种计算成本，是产品成本计算的一般的要求，换言之，品种法是上述基本方法中最基本的成本计算方法。

总之，上述产品成本计算的三种基本方法——品种法、分批法、分步法以及分类法、定额法等辅助成本计算方法。企业应根据其生产特点和管理的要求确定所应选择的成本计算方法。

【思考题】

1. 生产特点和管理要求对成本计算的影响主要表现在哪些方面?
2. 为什么一个企业在确定产品成本计算方法时,必须同时考虑企业的生产特点和进行成本管理的要求?
3. 基本成本计算的方法有哪几种? 各有什么特点?
4. 什么是产品成本计算的辅助方法? 有什么特点?
5. 为什么说按照产品品种计算成本的品种法是产品成本计算的最基本方法?

【练习题】

一、单项选择题

1. 生产的特点和管理的要求对成本计算方法的影响主要表现在 (　　)。
   A. 生产组织的特点
   B. 工艺过程的特点
   C. 生产管理的要求
   D. 产品成本计算的确定
2. 在大量生产的企业,要求连续不断地重复生产一种或若干种产品,因而管理上只要求而且也只能按照 (　　) 计算成本。
   A. 产品的批别　　　B. 产品的品种　　　C. 产品的类别　　D. 产品的步骤
3. 在大量大批管理上不要求计算步骤成本的多步骤生产的企业里,应采用的成本计算方法是 (　　)。
   A. 品种法　　　　　B. 分批法　　　　　C. 分类法　　　　D. 分步法
4. 在大量大批单步骤生产或管理上不要求分步骤计算成本的多步骤生产的企业里,应采用的成本计算方法是 (　　)。
   A. 品种法　　　　　B. 分批法　　　　　C. 分类法　　　　D. 分步法
5. 最基本的成本计算方法是 (　　)。
   A. 品种法　　　　　B. 分批法　　　　　C. 分类法　　　　D. 分步法

二、多项选择题

1. 工业企业的生产,按其生产组织的特点划分,可分为 (　　)。
   A. 大量生产　　　B. 成批生产　　　C. 单步骤生产　　D. 单件生产
   E. 多步骤生产
2. 工业企业的生产,按其工艺过程的特点划分,可分为 (　　)。
   A. 大量生产　　　B. 成批生产　　　C. 单步骤生产　　D. 单件生产
   E. 多步骤生产

3. 在多步骤生产的企业里，为了计算各生产步骤的成本，加强各个生产步骤的生产管理，一般要求按照（　　）计算成本。

    A. 产品的品种　　　　C. 产品的类别　　　　B. 产品的批别　　　D. 产品的生产步骤

    E. 产品的件别

4. 为了适应各种生产的特点和管理的要求，在成本计算工作中有三种不同的产品成本计算对象为标志的三种不同的成本计算方法，即（　　）。

    A. 品种法　　　　　　B. 分批法　　　　　　C. 分类法　　　　　D. 分步法

    E. 定额法

5. 品种法的适用范围是（　　）。

    A. 大量大批生产

    B. 小批单件生产

    C. 单步骤生产或管理上不要求分步骤计算成本的多步骤生产

    D. 管理上要求分步骤计算成本的多步骤生产

    E. 管理上要求分步骤计算成本的单步骤生产

6. 分步法的适用范围是（　　）。

    A. 大量大批生产

    B. 小批单件生产

    C. 单步骤生产或管理上不要求分步骤计算成本的多步骤生产

    D. 管理上要求分步骤计算成本的多步骤生产

    E. 管理上要求分步骤计算成本的单步骤生产

7. 在下述成本计算方法中，属于辅助成本计算方法的是（　　）。

    A. 分类法　　　　　　C. 分步法　　　　　　B. 品种法　　　　　D. 分批法

    E. 定额法

8. 生产类型的特点对成本计算方法的影响主要表现在（　　）。

    A. 成本计算对象　　　B. 成本计算期　　　　C. 成本项目　　　　D. 成本归集的程序

    E. 在产品的计价方法

9. 成本项目一般包括（　　）。

    A. 直接材料　　　　　B. 直接工资　　　　　C. 外购材料　　　　D. 外购动力

    E. 制造费用

三、判断题

1. 企业的生产按其工艺过程的特点划分，可分为单步骤生产和多步骤生产两类。

                                     （　　）

2. 企业的生产按其生产组织方式的特点划分，可分为大量生产、成批生产和单件生产。

                                     （　　）

3. 在大量大批生产的企业里，其成本计算期一般是在产品完工时进行计算。　（　　）

4. 在单件小批生产的企业里其成本计算期一般是定期于月末进行计算。　（　　）

5. 辅助生产车间如供水、供电车间，通常采用分批法计算成本。　　　（　　）

6. 不论什么组织方式的制造企业、什么生产类型的产品，也不论成本管理要求如何，

最终都必须按照产品品种计算出产品成本。 （ ）

【案例与分析】

资料1：某发电厂除生产电力外还生产一部分热力。生产技术过程不能间断，没有在产品和半产品。发电是利用燃料燃烧所产生的高热，使锅炉里的水变成蒸汽，推动汽轮机迅速旋转，借以带动发电机转动，产生电力。因而火力发电厂一般设有下列基本生产分厂（车间）：（1）燃料分厂；（2）锅炉分厂；（3）汽机分厂；（4）电气分厂。由于产电兼供热，汽机分厂还划分为两个部分，即电力化部分和热力化部分。此外，还设有机械修配等辅助生产分厂和企业管理部门。

资料2：某钢铁厂设有炼铁、炼钢和轧钢三个基本生产车。炼铁车间生产三种生铁：炼钢生铁、锻造生铁和锰铁。其中炼钢生铁全部供应本厂炼钢后用；锻造生铁和锰铁全部外销。炼铁车间生产高碳和低碳两种钢锭，全部供应本厂轧钢车间轧制钢铁：高碳钢扎制盘条，低碳钢扎制圆钢。此外，该厂还设有供水、供电等辅助生产车间和企业管理部门。

要求：结合上述两厂情况，分析和说明其在成本核算中所应采取的成本计算方法。

第十章　产品成本计算的基本方法

学习目标

1. 掌握各种成本计算方法的特点，适用范围，一般计算程序及账务处理过程。
2. 掌握分批法、简化分批法的应用条件及其核算过程。
3. 掌握逐步结转分步法下，各种步骤间成本结转的方法以及成本还原的必要性和还原的方法；
4. 掌握平行结转分步法下，生产费用在最终完工产品与广义在产品之间的分配的方法。
5. 理解逐步结转分步法和平行结转分步法各自的优缺点。

第一节　产品成本计算的品种法

一、品种法的特点和适用范围

产品成本计算的品种法，亦称简单法，是按照产品品种归集生产费用，计算产品成本的一种方法。

（一）品种法的主要特点如下

1. 成本计算对象

在采用品种法计算产品成本的企业或车间里，成本计算对象就是产品品种，如果只生产一种产品，计算产品成本是，只需要为这种产品开设一本产品成本明细账，账内按成本项目设立专栏或专行。在这种情况下，所发生的全部生产费用都是直接计入费用，可以直接计入该产品成本明细账的有关成本账目，不存在在个成本计算对象之间分配费用的问题。如果是生产多种产品，产品成本明细账就要按产品品种分别设置，发生的生产费用中，能分得清是哪种产品耗用的，可以直接计入各该产品成本明细账的有关成本项目，分不清的则要采用适当的分配方法，在各成本计算对象之间进行分配，然后分别计入各产品成本明细账的有关成本项目。

2. 成本计算期

在大量，大批的单步骤生产中，由于是不断地重复生产一种或几种产品，不能在产品制造完工时立即计算成本，因而成本计算一般是定期于每月月末进行。在多步骤生产企业中，如采用品种法计算成本，成本计算一般也都是定期于每月月末进行。

3. 费用在完工产品与在产品之间的分配

（1）在单步骤生产中，月末计算成本时，一般不存在尚未完工的在产品，或者在产品数量很小，因而可以不计算在产品成本。在这种情况下，产品成本明细账中按成本项目归集的生产费用，就是该产品的总成本，用该产品的产量去除，即可求的该产品的平均单位成本。

（2）在一些规模较小，而且管理上又不要求按照生产步骤计算成本的大量，大批的多步骤生产企业中，月末一般都有在产品，而且数量较多，这就需要将产品成本明细账中归集的生产费用，选择适当的分配方法，在完工产品与月末在产品之间进行分配，以便计算完工产品成本和月末在产品成本。

（二）品种法的适用范围如下

1. 品种法主要适用于大量大批的单步骤生产企业，如发电，采掘等生产。在这种类型的生产中，产品的生产工艺过程不可能或者不需要划分为几个生产步骤，因而也就不可能或者不需要按照生产步骤计算产品成本。

2. 在大量大批多步骤生产的企业中，如果企业规模较小，而且管理上又不要求提供各步骤的成本资料时，也可以采用品种法计算产品成本。如小型水泥厂，织布厂以及辅助生产的供水，供电，蒸汽车间等。

3. 企业的辅助生产车间也可以采用品种法计算辅助产品的成本。

二、品种法的账务处理程序

品种法是产品成本计算方法中最基本的方法，因而品种法的计算程序，体现着产品成本计算的一般程序。

1. 按产品品种设立成本明细账，根据各项费用的原始凭证及相关资料编制有关记账凭证并登记有关明细账，并编制各种费用分配表分配各种要素费用。

（1）根据货币资金支出业务，按用途分类汇总各种付款凭证，登记各项费用，据以登记有关明细账。

（2）根据领退料凭证及有关分配标准，编制材料费用分配表，分配材料费用，据以登记有关明细账。

（3）根据电费付款凭证和实际耗用量，编制外购动力费用分配表，据以登记有关明细账。

（4）根据工资结算凭证和福利费提取标准，编制工资及福利费分配表，分配工资及福利费，据以登记有关明细账。

（5）根据固定资产使用情况及折旧办法，编制固定资产折旧费用分配表，分配固定资产折旧费，据以登记有关明细账。

2. 根据上述各种费用分配表和其他有关资料，登记辅助生产明细账、基本生产明细账、制造费用明细账等。

3. 根据辅助生产明细账编制辅助生产成本分配表，分配辅助生产成本。

4. 根据制造费用明细账编制制造费用分配表，在各种产品之间分配制造费用，并据以登记基本生产成本明细账。

5. 根据各产品基本生产明细账编制产品成品计算单，分配完工产品成本和在产品成本。

6. 汇编产成品的成本汇总表，结转产成品成本。

【例 10 - 1】假定某企业设有一个基本生产车间，大量生产甲、乙两种产品，其生产工艺过程属于单步骤生产。根据生产特点和管理要求，确定采用品种法计算产品成本。该企业还设有修理和运输两个辅助生产车间，辅助生产车间的制造费用通过"制造费用"科目核算。该企业不单独核算废品损失，产品成本包括"直接材料"、"直接燃料和动力"、"直接人工"和"制造费用"四个成本项目。

下面以企业 2013 年 6 月份各项费用资料为例，说明产品成本计算的程序和相应的账务处理。

1. 根据各项费用的原始凭证和其他有关资料，编制各种费用分配表，分配各种要素费用

（1）根据 6 月份银行存款付款凭证汇总编制的各项货币支出（假定全部用银行存款支付）汇总表，见表 10 - 1。

表 10 - 1　银行存款付款凭证汇总表

应借科目			金额
总账科目	明细科目	成本或费用项目	
辅助生产成本	运输车间	直接燃料和动力	15 000
制造费用	基本生产车间	办公费	7 000
		劳动保护费	4 000
		其他	950
	修理车间	办公费	1 500
		劳动保护费	2 000
		其他	400
	运输车间	办公费	1 500
		劳动保护费	1 500
		其他	1 200
	小计		20 050
管理费用		办公费	8 000
		劳动保护费	5 000
		其他	3 000
	小计		16 000
合计			51 050

为了简化，本例均汇总编制会计分录，只列出应借、应贷的总账科目。

会计分录如下：

借：生产成本——辅助生产成本——运输车间　　　　　　　　　　15 000

　　制造费用——基本生产车间　　　　　　　　　　　　　　　　11 950

　　　　　　——修理车间　　　　　　　　　　　　　　　　　　3 900

　　　　　　——运输车间　　　　　　　　　　　　　　　　　　4 200

　　管理费用　　　　　　　　　　　　　　　　　　　　　　　　16 000

　　贷：银行存款　　　　　　　　　　　　　　　　　　　　　　　　51 050

（2）根据原材料用途归类的领退料凭证和有关的费用分配标准，编制原材料费用分配表，见表 10 - 2。

表 10 - 2　原材料费用分配表（分配表1）

应借科目			原料及主要材料	其他材料	合计
总账科目	明细科目	成本或费用项目			
基本生产成本	甲产品 乙产品	直接材料 直接材料	80 000 73 000	2 500 1 500	82 500 74 500
	小计		153 000	4 000	157 000
辅助生产成本	修理车间 运输车间	直接材料 直接材料	1 800 1 500	600 300	2 400 1 800
	小计		3 300	900	4 200
制造费用	基本生产车间 修理车间 运输车间	机物料消耗 机物料消耗 机物料消耗		1 200 700 2 100	1 200 700 2 100
	小计			4 000	4 000
管理费用	物料消耗			1 800	1 800
合计			156 300	10 700	167 000

会计分录如下：

借：生产成本——基本生产成本——甲产品　　　　　　　　　　82 500

　　　　　　　　　　　　——乙产品　　　　　　　　　　　　74 500

　　　　——辅助生产成本——机修车间　　　　　　　　　　　2 400

　　　　　　　　　　　　——运输车间　　　　　　　　　　　1 800

　　制造费用——基本生产车间　　　　　　　　　　　　　　　1 200

　　　　　　——修理车间　　　　　　　　　　　　　　　　　700

　　　　　　——运输车间　　　　　　　　　　　　　　　　　2 100

管理费用　　　　　　　　　　　　　　　　　　　　　　　　　1 800

贷：原材料　　　　　　　　　　　　　　　　　　　　　　　167 000

（3）根据各车间，部门耗电数量，电价和有关的费用分配标准（各种产品耗用的生产工时）编制外购动力费（电费）分配表，见表 10 - 3。

表 10 - 3　外购动力费（电费）分配表（分配表 2）

单位：元

应借科目			数量		金额
总账科目	明细科目	成本或费用项目	生产工时（分配率：0.5 元）	度数（单价：0.4 元）	
基本生产成本	甲产品 乙产品	直接燃料和动力 直接燃料和动力	12 000 8 000		6 000 4 000
	小计		20 000	25 000	10 000
辅助生产成本	修理车间 运输车间	直接燃料和动力 直接燃料和动力		5 000 4 000	2 000 1 600
	小计		9 000		3 600
制造费用	基本生产费用 修理车间 运输车间	水电费 水电费 水电费	1 500 1 000 1 000	600 400 400	
	小计		3 500		1 400
管理费用	水电费		500		200
合计			38 000		15 200

会计分录如下：

借：生产成本——基本生产成本——甲产品　　　　　　　　　　6 000

　　　　　　　　　　　　　——乙产品　　　　　　　　　　4 000

　　——辅助生产成本——修理车间　　　　　　　　　　2 000

　　　　　　　　　　——运输车间　　　　　　　　　　1 600

　制造费用——基本生产车间　　　　　　　　　　　　　　600

　　　　——修理车间　　　　　　　　　　　　　　　　400

　　　　——运输车间　　　　　　　　　　　　　　　　400

　管理费用　　　　　　　　　　　　　　　　　　　　　　200

贷：应付账款（或银行存款）　　　　　　　　　　　　　15 200

（4）根据各车间、部门的工资结算凭证和其他应付职工薪酬的计提比率，编制的职工薪酬费用分配表，见表 10 - 4。

表 10 - 4　职工薪酬费用分配表（分配表 3）

单位：元

应借科目		生产工时	应付工资			其他职工薪酬（工资总额的 62.5%）	合计
总账科目	明细科目		生产工人	管理人员	小计		
基本生产成本	甲产品	10 000	80 000		80 000	50 000	130 000
	乙产品	5 000	40 000		40 000	25 000	65 000
	小计	15 000	120 000		120 000	75 000	195 000
辅助生产成本	修理车间		15 000		15 000	9 375	24 375
	运输车间		12 000		12 000	7 500	19 500
	小计		27 000		27 000	16 875	43 875
制造费用	基本生产车间			10 000	10 000	6 250	16 250
	修理车间			4 000	4 000	2 500	6 500
	运输车间			4 000	4 000	2 500	6 500
管理费用				15 000	15 000	9 375	24 375
合计			147 000	33 000	180 000	112 500	292 500

注：养老保险费 20%，医疗保险费 9%，失业保险费 2%，工伤保险费 1%，生育保险费 1%，住房公积金 12%，职工福利费 14%，工会经费 2%，职工教育经费 1.5%。

```
借：生产成本——基本生产成本——甲产品                        130 000
                        ——乙产品                         65 000
        ——辅助生产成本——修理车间                          24 375
                        ——运输车间                         19 500
    制造费用——基本生产车间                                16 250
            ——修理车间                                    6 500
            ——运输车间                                    6 500
    管理费用                                              24 375
    贷：应付职工薪酬——工资                                        292 500
```

（5）根据固定资产月初原值和月折旧率，计算本月应计提的固定资产折旧额，编制折旧费用分配表。见表 10 - 5。

表 10-5 固定资产折旧费用分配表（分配表 4）

单位：元

项目	生产车间				企业管理部门	合计
	基本生产车间	修理车间	运输车间	小计		
折旧费用	24 000	12 000	9 000	45 000	5 000	50 000

会计分录如下：

借：制造费用——基本生产车间　　　　　　　　　　　　24 000

　　　　　　——修理车间　　　　　　　　　　　　　　12 000

　　　　　　——运输车间　　　　　　　　　　　　　　　9 000

　　管理费用　　　　　　　　　　　　　　　　　　　　　5 000

　　贷：累计折旧　　　　　　　　　　　　　　　　　　　　　50 000

2. 根据在产品盘存表和其他有关资料，计算在产品盘盈、盘亏或毁损价值，并从有关费用中冲减盘盈价值，将盘亏或毁损损失计入管理费用

乙产品的在产品毁损 6 件，按定额成本计价。在产品的单位原材料费用定额 400 元；毁损在产品的定额工时 120 小时，每小时费用定额为：直接燃料和动力费用 0.45 元，直接人工费用 8.5 元，制造费用 7.5 元。清查中发现在产品毁损 4 374 元，回收残料 274 元，向过失人索赔 100 元；经审批，将净损失转入当月管理费用，毁损在产品的定额成本和净损失计算，见表 10-6。

表 10-6 在产品盘亏、毁损损失计算表（分配表 5）
（按定额成本计算）

产品名称：乙

毁损数量：6 件

单位：元

项目	直接材料	直接燃料和动力	直接人工	制造费用	合计
单件（或小时、机时）费用定额	400	0.45	8.5	7.5	—
毁损在产品（6 件）	2 400	54	1 020	900	4 374
减：回收残料价值	274				274
在产品毁损损失	2 126	54	1 020	900	4 100
向过失人索赔					100
基本生产车间在产品毁损净损失					4 000

会计分录如下：

借：待处理财产损溢　　　　　　　　　　　　　　　　4 374

　　贷：生产成本——基本生产成本——乙产品　　　　　　　4 374

借：原材料　　　　　　　　　　　　　　　　　　　　　274

　　其他应收款　　　　　　　　　　　　　　　　　　　100

　　管理费用　　　　　　　　　　　　　　　　　　　4 000

　　　贷：待处理财产损溢　　　　　　　　　　　　　　　　　4 374

3. 发出低值易耗品的处理

本月基本生产车间领用工具一批 3 600 元，采用一次摊销法进行摊销。

借：制造费用——基本生产车间　　　　　　　　　　3 600

　　　贷：周转材料——低值易耗品　　　　　　　　　　　　　3 600

4. 结转辅助生产车间发生的制造费用

表 10 – 7　制造费用明细账

车间名称：修理车间　　　　　　　　　　　　　　　　　　　　　　　单位：元

月	日	摘要	职工薪酬	机物料消耗	水电费	折旧费	劳动保护费	办公费	其他	合计	转出	余额
6	30	根据付款凭证汇总表					2 000	1 500	400	3 900		
6	30	根据分配表 1		700						700		
6	30	根据分配表 2			400					400		
6	30	根据分配表 3	6 500							6 500		
6	30	根据分配表 4				12 000				12 000		
6	30	小计	6 500	700	400	12 000	2 000	1 500	400	23 500		23 500
6	30	转出									23 500	
6	30	合计	6 500	700	400	12 000	2 000	1 500	400	23 500	23 500	0

表 10 – 8　制造费用明细账

车间名称：运输车间　　　　　　　　　　　　　　　　　　　　　　　单位：元

月	日	摘要	职工薪酬	机物料消耗	水电费	折旧费	劳动保护费	办公费	其他	合计	转出	余额
6	30	根据付款凭证汇总表					1 500	1 500	1 200	4 200		
6	30	根据分配表 1		2 100						2 100		
6	30	根据分配表 2			400					400		
6	30	根据分配表 3	6 500							6 500		
6	30	根据分配表 4				9 000				9 000		

续 表

月	日	摘要	职工薪酬	机物料消耗	水电费	折旧费	劳动保护费	办公费	其他	合计	转出	余额
6	30	小计	6 500	2 100	400	9 000	1 500	1 500	1 200	22 200		22 200
6	30	转出									22 200	
6	30	合计	6 500	2 100	400	9 000	1 500	1 500	1 200	22 200	22 200	0

借：生产成本——辅助生产成本——修理车间　　　　　　　23 500
　　　　　　　　　　　　　　——运输车间　　　　　　　22 200
　贷：制造费用——修理车间　　　　　　　　　　　　　　23 500
　　　　　　　　——运输车间　　　　　　　　　　　　　22 200

4. 归集和分配辅助生产费用

（1）根据上述各种费用分配表，登记辅助生产成本明细账和辅助生产车间制造费用明细账，见表 10-9 到表 10-12。

表 10-9　辅助生产成本明细账

车间名称：修理车间　　　　　　　　　　　　　　　　　　　　　　　　单位：元

月	日	摘要	直接材料	直接燃料和动力	直接人工	制造费用	合计	转出	余额
6	30	根据分配表1	2 400				2 400		
	30	根据分配表2		2 000			2 000		
	30	根据分配表3			24 375		24 375		
	30	转入制造费用				23 500	23 500		
	30	合计	2 400	2 000	24 375	23 500	52 275		52 275
	30	根据分配表11						52 275	0

表 10-10　辅助生产成本明细账

车间名称：运输车间　　　　　　　　　　　　　　　　　　　　　　　　单位：元

月	日	摘要	直接材料	直接燃料和动力	直接人工	制造费用	合计	转出	余额
6	30	根据付款凭证汇总表		15 000			15 000		
	30	根据分配表1	1 800				1 800		
	30	根据分配表2		1 600			1 600		

续　表

月	日	摘要	直接材料	直接燃料和动力	直接人工	制造费用	合计	转出	余额
6	30	根据分配表3			19 500		19 500		
	30	转入制造费用				22 200	22 200		
	30	合计	1 800	16 600	19 500	22 200	60 100		60 100
	30	根据分配表11						60 100	0

（2）该企业采用直接分配法分配辅助生产费用。本月修理车间提供修理劳务4 200小时，其中为运输车间修理200小时，为基本生产车间修理3 600小时，为行政管理部门修理400小时。运输车间提供运输劳务51 000吨公里，其中为修理车间运输1 000吨公里，为基本生产车间运输45 000吨公里，为行政管理部门运输5 000吨公里。

根据辅助生产成本明细账和辅助生产车间制造费用明细账中的待分配费用、修理和运输车间提供劳务数量，编制辅助生产费用分配表分配辅助生产费用。见表10－13所示。

表10－11　辅助生产费用分配表
（直接分配法）
单位：元

项目		修理车间	运输车间	合计
待分配辅助生产费用		52 275	60 100	112 375
辅助生产车间以外的劳务数量		4 000	50 000	
分配率		13.068 75	1.202	
基本生产车间	耗用数量	3 600	45 000	
	分配金额	47 047.5	54 090	101 137.5
行政管理部门	耗用数量	400	5 000	
	分配金额	5 227.5	6 010	11 237.5
合计		52 275	60 100	112 375

会计分录如下：

借：制造费用——基本生产车间　　　　　　　　　　101 137.5
　　管理费用　　　　　　　　　　　　　　　　　　 11 237.5
　　　贷：辅助生产成本——修理车间　　　　　　　　　　52 275
　　　　　　　　　　　　——运输车间　　　　　　　　　　60 100

5. 归集和分配基本生产车间的制造费用

（1）根据上述各种费用分配表，登记基本车间制造费用明细账，如表10－15所示。

表 10 - 12 制造费用明细账

车间名称：基本生产车间

单位：元

月	日	摘要	职工薪酬	机物料消耗	低值易耗品摊销	折旧费	修理费	水电费	办公费	劳动保护费	其他	合计	转出	余额
6	30	根据付款凭证汇总表		1 200					7 000	4 000	950	11 950		
6	30	根据分配表 1										1 200		
6	30	根据分配表 2						600				600		
6	30	根据分配表 3	16 250									16 250		
6	30	根据分配表 4				24 000						24 000		
6	30	摊销低值易耗品			3 600							3 600		
6	30	根据表 10 - 11					47 047.5				54 090	101 137.5		
6	30	根据表 10 - 13											158 737.5	
6	30	合计	16 250	1 200	3 600	24 000	47 047.5	600	7 000	4 000	55 040	158 737.5	158 737.5	0

（2）根据基本生产车间制造费用明细账归集的制造费用和甲、乙产品的生产工时，编制基本生产车间制造费用分配表分配制造费用，见表 10 – 13。

表 10 – 13 基本生产车间制造费用分配表

单位：元

应借科目		生产工时	分配金额 （分配率：7.936 9）
总账科目	明细科目		
基本生产成本	甲产品 乙产品	12 000 8 000	95 242.8 63 494.7（凑）
合计		20 000	158 737.5

会计分录如下：

借：生产成本——基本生产成本——甲产品　　　　　　95 242.8
　　　　　　　　　　　　　　——乙产品　　　　　　63 494.7
　　贷：制造费用——基本生产车间　　　　　　　　　158 737.5

6. 根据上述各种费用分配表，登记管理费用明细账，归集和结转管理费用（本例略）

7. 根据上述分配表和其他有关资料，登记产品成本明细账，分别归集甲、乙两种产品的生产费用，并采用适当的分配方法，分配计算甲、乙产品的完工产品成本和月末在产品成本

（1）根据上月产品成本明细账和本月各种费用分配表，登记产品成本明细账的上月末即本月初在生产产品和本月生产费用发生额。甲、乙两种产品明细账见表 10 – 14 和表 10 – 15。

表 10 – 14 产品成本明细账

产品名称：甲　　　　　　　　　　　　　　　　　　　　　　　　　　单位：元

月	日	摘要		产量	直接材料	直接燃料 和动力	直接人工	制造费用	成本合计
5	31	在产品成本（定额成本）			18 000	567	10 710	9 450	38 727
6	30	根据分配表 1			82 500				82 500
6	30	根据分配表 2				6 000			6 000
6	30	根据分配表 3					130 000		130 000
6	30	根据分配表 10						95 242.8	95 242.8
6	30	本月生产费用合计			82 500	6 000	130 000	95 242.8	313 742.8
		生产费用合计			100 500	6 567	140 710	104 692.8	352 469.8
6	30	产成品 成本	总成本 单位成本	160	80 500 503.13	5 937 37.1	128 810 805.06	94 192.8 588.71	309 439.8 1 934
6	30	在产品成本（定额成本）			20 000	630	11 900	10 500	43 030

表 10 -15 产品成本明细账

产品名称：乙
单位：元

月	日	摘要		产量（件）	直接材料	直接燃料和动力	直接人工	制造费用	成本合计
5	31	在产品成本（定额成本）			12 000	270	5 100	4 500	21 870
6	30	根据分配表1			74 500				74 500
6	30	根据分配表2				4 000			4 000
6	30	根据分配表3					65 000		65 000
6	30	根据分配表10						63 494.7	63 494.7
6	30	本月生产费用合计			74 500	4 000	65 000	63 494.7	206 994.7
6	30	生产费用累计			86 500	4 270	70 100	67 994.7	228 864.7
6	30	减：毁损在产品成本（分配表5）			2 400	54	1 020	900	4 374
6	30	生产费用净额			84 100	4 216	69 080	67 094.7	224 490.7
6	30	产成品成本	总成本	190	74 100	3 991	64 830	63 344.7	206 265.7
			单位成本		390	21.01	341.21	333.39	1 085.61
6	30	在产品成本（定额成本）			10 000	225	4 250	3 750	18 225

（2）该企业产品的消耗定额比较准确、稳定，甲、乙产品各月在产品数量变动不大，采用在产品按定额成本计价法进行完工产品与在产品之间的费用分配。根据在产品的盘存资料和费用定额资料，编制月末在产品定额成本计算表，作为分配费用的依据，见表 10 -16。

表 10 -16 月末在产品定额成本计算表

产品名称	在产品数量（件）	原材料费用		在产品定额工时	直接燃料和动力（每小时定额0.45元）	直接人工（每小时定额8.5元）	制造费用（每小时定额7.5元）	定额成本合计
		费用定额	定额费用					
1	2	3	4 = 2 × 3	5	6	7	8	9 = 4 + 6 + 7 + 8
甲产品	40	500	20 000	1 400	630	11 900	10 500	43 030
乙产品	25	400	10 000	500	225	4 250	3 750	18 225

（3）计算完工产品的实际生产成本。将月末在产品的定额成本计入产品成本明细账，并从生产费用累计数（或净额）中减去月末在产品定额成本，即可计算出完工产品（产成品）的实际总成本。本月甲产品完工 160 件，乙产品完工 190 件，各种产品的总成本除以各该产品产量，即可计算出各种完工产品的单位成本。

8. 根据甲、乙产品成本明细账中的产品成本，汇编产品成本汇总表，结转产品成本

产品成本汇总表见表 10 – 17。

表 10 – 17　产成品成本汇总表

单位：元

产成品名称	单位	产品数量	直接材料	直接燃料和动力	直接人工	制造费用	成本合计
甲产品	件	160	80 500	5 937	128 810	94 192. 8	309 439. 8
乙产品	件	190	74 100	3 991	64 830	63 344. 7	206 265. 7
合计			154 600	9 928	193 640	157 537. 5	515 705. 5

会计分录如下：

借：库存商品——甲产品　　　　　　　　　　　　　309 439. 8

　　　　　　——乙产品　　　　　　　　　　　　　206 265. 7

　贷：生产成本——基本生产成本——甲产品　　　　309 439. 8

　　　　　　　　　　　　　　——乙产品　　　　　　206 265. 7

上述例题表明，产品成本计算实际上就是会计核算中成本费用科目的明细核算。为了正确计算各种产品成本，必须正确编制各种费用分配表和分配、归集各项费用的会计分录，并按照平行登记的规则，既登记有关的总账科目，又登记各该总账科目所属的明细账。最后，将各种生产费用分配、归集到基本生产成本科目及其所属的各种产品成本明细账中，计算各种产品的总成本和单位成本。

第二节　产品成本计算的分批法

一、分批法

（一）分批法的特点和适用范围

产品成本计算的分批法，是按照产品的批别归集生产费用，计算产品成本的一种方法。它主要适用于小批、单件，管理上不要求分步骤计算成本的多步骤生产，如重型机器制造、船舶制造、精密工具仪器制造，以及服装、印刷业等。在这种生产类型企业中，由于生产多是根据购货单位的订单组织的，因此，分批法也称订单法。

这种方法的主要特点如下：

1. 成本计算对象

分批法的成本计算对象是产品的批别。由于在单件小批生产类型的企业中，生产

多是根据购货单位的定单组织的，因此，分批法也称定单法。但严格说来，按批别组织生产，并不一定就是按定单组织生产，还要结合企业自身的生产负荷能力，来合理组织安排产品生产的批量与批次。比如说：

（1）如果一张定单中要求生产好几种产品，为了便于考核分析各种产品的成本计划执行情况，加强生产管理，就要将该定单按照产品的品种划分成几个批别组织生产。

（2）如果一张定单中只要求生产一种产品，但数量极大，超过企业的生产负荷能力，或者购货单位要求分批交货的，也可将该定单分为几个批别组织生产。

（3）如果一张定单中只要求生产一种产品，但该产品属于价值高、生产周期长的大型复杂产品（如万吨轮），也可将该定单按产品的零部件分为几个批别组织生产。

（4）如果在同一时期接到的几张定单要求生产的都是同一种产品，为了更经济合理地组织生产，也可将这几张定单合为一批组织生产。

2. 以产品的生产周期作为成本计算期

采用分批法计算产品成本的企业，虽然各批产品的成本计算单仍按月归集生产费用，但是只有在该批产品全部完工时才能计算其实际成本。由于各批产品的生产复杂程度不同、质量数量要求也不同，生产周期就各不相同。有的批次当月投产，当月完工；有的批次要经过数月甚至数年才能完工。可见完工产品的成本计算因各批次的生产周期而异，是不定期的。所以，分批法的成本计算期与产品的生产周期一致，与会计报告期不一致。

3. 费用在完工产品与在产品之间的分配

在小批、单件生产下，由于完工产品成本计算期与产品的生产周期一致，因而在月末计算产品成本时，一般不存在完工产品与在产品之间分配费用的问题。

在单件生产中，产品完工前，产品成本明细账所记录的生产费用，都是在产品成本；产品完工时，产品成本明细账所记录的生产费用，就是完工产品的成本，因而在月末计算成本时，不存在完工产品与在产品之间费用分配的问题。

在小批生产中，由于产品批量较小，批内产品一般都能同时完工，或者在相距不久的时间内完全完工，因而一般也不存在完工产品与在产品之间费用分配的问题。但如批内产品有跨月陆续完工的情况，在月末计算成本时，一部分产品已完工，另一部分产品尚未完工，这时就有必要在完工产品与产品之间分配费用，以便计算完工产品成本和月末在产品成本。如果跨月陆续完工情况不多，月末完工产品数量占批量比重较小时，可以采取按计划单位成本、定额单位成本或近期相同产品的实际单位成本计算完工产品成本，从产品成本明细账中转出，剩余数额即为在产品成本。在该批产品全部完工时，还应计算该批产品的实际总成本和单位成本，但对已经转账的完工产品成本，不作账面调整。这样做主要是为了计算先交货产品的成本。这种分配方法核算工作简单，但分配结果不甚准确。因而，在批内产品跨月陆续完工情况较多，月末完工产品数量占批量比重较大时，为了提高成本计算的准确性，应采用适当的方法，在完工产品与月末在产品之间分配费用，计算完工产品成本和月末在产品成本。为了使同一批产品尽量同时完工，避免跨月陆续完工的情况，减少完工产品与月末产品之间分配费用的工作，在合理组织生产的前提下，可以适当缩小产品的批量。

（二）分批法的分类

分批法因其采用的间接计入费用的分配方法不同，分成一般的分批法和简化的分批法。

1. 一般的分批法

采用当月分配率来分配间接计入费用的分批法称为一般的分批法（分批法），也就是有分批计算在产品成本的分批法。

2. 简化的分批法

采用累计分配率来分配间接计入费用的分批法称为简化的分批法，也称不分批计算在产品成本的分批法，是一般的分批法的简化形式。

（三）分批法的计算程序

1. 按产品批别设置产品基本生产成本明细账、辅助生产成本明细账，账内按成本项目设置专栏。按车间设置制造费用明细账。

2. 根据各生产费用的原始凭证或原始凭证汇总表和其他有关资料，编制各种要素费用分配表，分配各要素费用并登账。对于直接计入费用，应按产品批别列示并直接计入各个批别的产品成本明细账；对于间接计入费用，应按生产地点归集，并按适当的方法分配计入各个批别的产品成本明细账。

3. 月末根据完工批别产品的完工通知单，将计入已完工的该批产品的成本明细账所归集的生产费用，按成本项目加以汇总，计算出该批完工产品的总成本和单位成本，并转账。如果出现批内产品跨月陆续完工并已销售或提货的情况，这时应采用适当的方法将生产费用在完工产品和月末在产品之间分配，计算出该批已完工产品的总成本和单位成本。

（四）分批法计算程序举例

【例 10 - 2】 某企业根据购买单位订单小批生产甲、乙两种产品，采用分批法计算产品成本。2013 年 7 月份生产情况和生产费用支出情况的资料如下：

1. 本月份生产产品的批号。

1019 号甲产品 4 台，5 月份投产，本月全部完工。

1020 号甲产品 10 台，6 月份投产，本月完工 6 台，未完工 4 台。

2031 号乙产品 8 台，本月投产，计划 8 月完工，本月提前完工 2 台。

2. 生产费用支出情况。

（1）各批产品的月初在产品费用见表 10 - 21。

表 10 - 21

批号	直接材料	直接燃料和动力	直接人工	制造费用	合计
1019	6 560	7 200	3 640	1 780	19 180
1020	12 860	10 280	5 870	3 890	32 900

（2）根据各种费用分配表，汇总各批产品本月发生的生产费用，见表10－22。

表 10－22

批号	直接材料	直接燃料和动力	直接人工	制造费用	合计
1019		3 150	2 980	970	7 100
1020		3 820	6 120	2 730	12 670
2031	9 360	8 180	5 740	3 010	26 290

3. 在完工产品与在产品之间分配费用的方法。

1020 批号甲产品，本月末完工产品数量较大。原材料是在生产开始时一次投入，其费用可以按照完工产品和在产品实际数量比例分配；其他费用采用约当产量比例法在完工产品与月末在产品进行分配，在产品完工程度为50%。

2031 批号乙产品，本月末完工产品数量为 2 台。为简化核算，完工产品按计划成本转出，每台计划成本为：直接材料 1 160 元，直接燃料和动力 920 元，直接人工 612 元，制造费用 328 元，合计 3 020 元。

4. 根据上述各项资料，登记各批产品成本明细账，详见表10－23到表10－25。

表 10－23　产品成本明细账

投产日期：5 月
完工日期：5 月

产品批号：1019　　　　　　　购货单位：北方工厂
产品名称：甲　　　　　　　　批量：4 台　　　　　　　　单位：元

摘要	直接材料	直接燃料和动力	直接人工	制造费用	合计
月初在产品费用	6 560	7 200	3 640		19 180
本月生产费用		3 150	2 980		7 100
累计	6 560	10 350	6 620		26 280
完工产品成本	6 560	10 350	6 620		26 280
完工产品单位成本	1 640	2 587.50	1 655	687.50	6 570

表 10－24　产品成本明细账

投产日期：6 月
完工日期：8 月
（本月完工 6 台）

产品批号：1020　　　　　　　购货单位：海华公司
产品名称：甲　　　　　　　　批量：10 台　　　　　　　　单位：元

摘要	直接材料	直接燃料和动力	直接人工	制造费用	合计
月初在产品费用	12 860	10 280	5 870	3 890	32 900

续 表

摘要	直接材料	直接燃料和动力	直接人工	制造费用	合计
本月生产费用		3 820	6 120	2 730	12 670
累计	12 860	14 100	11 990	6 620	45 570
完工6台产品的成本	7 716	10 575	8 992.5	4 965	32 248.5
完工产品单位成本	1 286	1 762.5	1 498.75	827.5	5 374.75
月末在产品费用	5 144	3 525	2 997.5	1 655	13 321.5

表10-24中

$$完工产品直接材料费用 = \frac{12\ 860}{6+4} \times 6 = 7\ 716（元）$$

$$月末在产品直接材料费用 = \frac{12\ 860}{6+4} \times 4 = 5\ 144（元）$$

$$月末在产品约当产量 = 4 \times 50\% = 2（台）$$

$$完工产品直接燃料和动力费用 = \frac{14\ 100}{6+2} \times 6 = 10\ 575（元）$$

$$月末在产品直接燃料和动力费 = \frac{14\ 100}{6+2} \times 2 = 3\ 525（元）$$

$$完工产品直接人工费用 = \frac{11\ 990}{6+2} \times 6 = 8\ 992.5（元）$$

$$月末在产品直接人工费用 = \frac{11\ 990}{6+2} \times 2 = 2\ 997.5（元）$$

$$完工产品制造费用 = \frac{6\ 620}{6+2} \times 6 = 4\ 965（元）$$

$$月末在产品制造费用 = \frac{6\ 620}{6+2} \times 2 = 1\ 655（元）$$

表10-25 产品成本明细账

投产日期：7月
完工日期：8月

产品批号：2031　　　　　　　　购货单位：东方集团　　　　（本月完工2台）
产品名称：乙　　　　　　　　　　批量：8台

摘要	直接材料	直接燃料和动力	直接人工	制造费用	合计
本月生产费用	9 360	8 180	5 740	3 010	26 290
单台计划成本	1 160	920	612	328	3 020
完工两台产品成本	2 320	1 840	1 224	656	6 040
月末在产品费用	7 040	6 340	4 516	2 354	20 250

二、简化分批法

（一）简化分批法的适用范围和特点

在小批，单件生产的企业或车间中，如果同一月份投产的产品的产品批数很多，几十批甚至上百批，且月末未完工的批数也较多，如机械制造厂或修配厂。在这种情况下，如果将当月发生的间接计入费用全部分配给各批产品，而不管各批产品是否完工，费用分配的核算工作将非常繁琐。

与一般分批法相比较，简化分批法具有以下特点：

1. 需设立基本生产二级账，按成本项目汇总登记各批别产品当月发生和累计发生的生产费用、生产工时，分配完工产品的间接计入费用，核算完工产品总成本和在产品总成本。

2. 仍应按产品批别设立基本生产明细账，与基本生产二级账平行登记。但是，在各批产品完工之前，该基本生产明细账只需登记直接计入费用（直接材料费用）和生产工时，不分配间接计入费用。只有在月末存在完工产品的情况下，才进行完工产品间接计入费用的分配，核算完工产品总成本和单位成本。

3. 在完工之前，各批产品每月发生的间接计入费用无须按月在各批产品之间分配登记，而是先累计登记，待产品完工时才进行间接计入费用的分配登记。因此，全部产品的在产品成本只是以总数反映在基本生产明细账中，并不分批计算在产品成本。此法又可以称为不分批计算在产品成本的分批法。

综上所述，简化分批法之所以能简化产品成本的核算工作，主要是因为它能通过累计间接费用分配率，将在各批产品之间分配间接计入费用的工作以及在完工产品和月末在产品之间分配费用的工作合并在一起进行。也就是说，生产费用的横向分配工作和纵向分配工作在产品完工时是依据同一费用分配率一次性完成的，从而大大简化了生产费用的分配和登记工作。月末末完工产品的批别越多，其核算工作就越简化。

对各批完工产品分配间接计入费用，一般按照全部产品累计计入间接计入费用分配率和完工产品累计生产工时的比例进行分配。其计算公式如下：

$$全部产品累计间接计入费用分配率 = \frac{全部产品累计间接计入费用}{全部产品累计工时}$$

某批完工产品应负担的间接计入费用 = 该批完工产品累计工时 × 全部产品累计间接费用分配率

（二）简化分批法举例

【例 10-3】某企业小批生产多种产品，由于产品批数多，为了简化产品计算工作，采用简化的分批法计算成本。该企业 9 月份的产品批号有：

1010 号：甲产品 6 件，7 月投产，本月完工。

1011 号：甲产品 8 件，8 月份投产，尚未完工。

1041 号：乙产品 12 件，8 月投产，本月完工 2 件。该批产品所耗原材料在生产开始时一次投入，2 件完工产品的定额工时为 10 460 小时。

1061 号：丙产品 4 件，9 月投产，尚未完工。

该企业设立的基本生产成本二级账如表 10－26 所示。

表 10－26　基本生产二级账

（各批产品总成本）　　　　　　　　　　　单位：（元）

月	日	摘要	直接材料	生产工时（小时）	直接人工	制造费用	合计
8	31	在产品	30 120	62 000	596 250	901 500	1 527 870
9	30	本月发生	24 100	101 500	1 038 750	1 142 250	2 205 100
	30	累计	54 220	163 500	1 635 000	2 043 750	3 732 970
	30	全部产品累计间接计入费用分配率	—	—	10	12. 5	—
	30	本月完工产品转出	10 365	41 460	414 600	518 250	943 215
	30	在产品	43 855	122 040	1 220 400	1 525 500	2 789 755

在表 10－26 基本生产成本二级账中，8 月 31 日在产品的生产工时和各项费用系上月末根据上月的生产工时和生产费用资料计算登记，本月发生的原材料费用和生产工时，应根据本月原材料费用分配表，生产工时记录，与各批产品成本明细账平行登记；本月发生的各项间接计入费用，应根据各该费用分配表汇总登记，全部产品累计间接计入费用分配率计算如下：

$$直接人工费用累计分配率 = \frac{1\ 635\ 000}{163\ 500} = 10$$

$$制造费用累计分配率 = \frac{2\ 043\ 750}{163\ 500} = 12.5$$

本月完工转出产品的直接材料费用和生产工时，应根据各批产品的产品成本明细账中完工产品的直接材料费用和生产工时汇总登记；完工产品的各项间接计入费用，可以根据账中完工产品是分别乘以各项费用的累计分配率计算登记，也可以根据各批产品成本明细账中完工产品的各该费用分别汇总登记。以账中累计行的各栏数字分别减去本月完工产品转出数，即为 9 月末在产品的直接材料费用、生产工时和各项间接计入费用。月末在产品的直接材料费用和生产工时，也可以根据各批产品成本明细账中月末在产品的直接材料费用和生产工时分别汇总登记，各项间接计入费用也可以根据其生产工时分别乘以各该费用累计分配率计算登记。两者计算结果应该相符。

该企业设立的各批产品成本明细账见表 10－27 至表 10－30。

表 10-27　产品成本明细账

产品批号：1010　　　　　　购货单位：大发工厂　　　　　　投产日期：7月
产品名称：甲　　　　　　　批量：6件　　　　　　　　　　单位：元

月	日	摘要	直接材料	生产工时	直接人工	制造费用	合计
7	31	本月发生	5 800	5 430			
8	31	本月发生	1 130	1 130			
9	30	本月发生	1 210	16 700			
	30	累计数及累计间接计入费用分配率	8 140	31 000	10	12.5	
	30	本月完工产品转出	8 140	31 000	31 000	387 500	705 640
	30	完工产品单位成本	1 356.67		51 666.67	64 583.33	117 606.67

表 10-28　产品成本明细账

产品批号：1011　　　　　　购货单位：光华工厂　　　　　　投产日期：8月
产品名称：甲　　　　　　　批量：8件　　　　　　　　　　单位：元

月	日	摘要	直接材料	生产工时	直接人工	制造费用	合计
8	31	本月发生	9 840	19 070			
9	30	本月发生	2 980	42 080			

表 10-29　产品成本明细账

产品批号：1041　　　　　　购货单位：南海工厂　　　　　　投产日期：8月
产品名称：乙　　　　　　　批量：12件　　　　　　　　　　单位：元

月	日	摘要	直接材料	生产工时	直接人工	制造费用	合计
8	31	本月发生	13 350	28 630			
9	30	本月发生		14 140			
	30	累计数及累计间接计入费用分配率	13 350	42 770	10	12.5	
	30	本月完工产品（2件）转出	2 225	10 460	104 600	130 750	237 575
	30	完工产品单位成本	1 112.5		52 300	65 375	118 787.5
	30	在产品	1 1125	32 310			

表 6 – 30 产品成本明细账

产品批号：1061　　　　　　购货单位：北方工厂　　　　　　投产日期：9 月

产品名称：丙　　　　　　　批量：4 件　　　　　　　　　单位：元

月	日	摘要	直接材料	生产工时	直接人工	制造费用	合计
9	30	本月发生	19 910	28 580			

在上述各批产品成本明细账中，对于没有完工产品的月份，只登记直接材料费用（直接计入费用）和生产工时，如第 1011，1061 两批产品；对于有完工产品的月份，包括批内产品全部完工或部分完工，除登记本月发生的直接材料费用和生产工时及其累计数外，还应根据基本生产成本二级账登记各项累计间接计入费用的分配率。第 1010 批产品，月末全部完工，因而其产品成本明细账中累计的直接材料费用和生产工时，就是完工产品的直接材料费用和生产工时，以其生产工时分别乘以各项累计间接计入费用分配率，即为完工产品应分配的各项间接计入费用。第 1041 批产品，月末全部完工，部分在产，因而还应在完工产品与在产品之间分配费用。该种产品所耗原材料在生产开始时一次投入，因而直接材料费用按完工产品与在产品的数量比例分配，完工产品直接材料费用 2 225 元（即 13 350 ÷ 12 × 2）。

第三节　产品成本计算的分步法

一、分步法的适用范围和特点

分步法是"产品成本计算分步法"的简称。是以产品生产步骤和产品品种为成本计算对象，来归集和分配生产费用、计算产品成本的一种方法。适用于连续、大量、多步骤生产的工业企业，如冶金、水泥、纺织、酿酒、砖瓦等企业。这些企业，从原材料投入到产品完工，要经过若干连续的生产步骤，除最后一个步骤生产的是产成品外，其他步骤生产的都是完工程度不同的半成品。这些半成品，除少数可能出售外，都是下一步骤加工的对象。因此，应按步骤、按产品品种设置产品成本明细账，分别成本项目归集生产费用。

分步法的主要特点如下：

1. 成本计算对象

成本计算对象就是各种产品的生产步骤。因此，在计算产品成本时，应按照产品的生产步骤设立产品成本明细账。如果只生产一种产品，成本计算对象就是该种产成品及其所经过的各生产步骤，产品成本明细账应该按照产品的生产步骤开设。如果生产多种产品，成本计算对象则应是各种产成品及其所经过的各生产步骤。产品成本明细账应该按照每种产品的各个步骤开设。

在进行成本计算时，应按步骤分产品分配和归集生产费用，单设成本项目的直接计入费用，直接计入各成本计算对象；单设成本项目的间接计入费用，单独分配计入各成本计算对象；不单设成本项目的费用，一般是先按车间、部门等，归集为综合费用，月末再直接计入或者分配计入各成本计算对象。

需要指出的是，在实际工作中，产品成本计算的分步与产品生产步骤的划分不一定完全一致。例如，在按生产步骤设立车间的企业中，一般来讲，分步计算成本也就是分车间计算成本。如果企业生产规模很大，车间内又分成几个生产步骤，而管理上又要求分步计算成本时，也可以在车间内再分步计算成本。相反，如果企业规模很小，管理上也不要求分车间计算成本，也可以将几个车间合并为一个步骤计算成本。总之，应根据管理的要求，本着简化计算工作的原则，确定成本计算对象。

2. 成本计算期

在大量、大批的多步骤生产中，由于生产过程较长，可以间断，而且往往都是跨月陆续完工，因此，成本计算一般都是按、定期地进行，即在分步法下，成本计算期会与会计报告期一致，而与产品的生产周期不一致。

3. 费用在完工产品与在产品之间的分配

由于大量、大批多步骤生产的产品往往跨月陆续完工，月末各步骤一般都存在未完工的在产品。因此，在计算成本时，还需要采用适当的分配方法，将汇集在各种产品、各生产步骤产品成本明细账中的生产费用，在完工产品与在产品之间进行分配，计算各该产品、各该生产步骤的完工产品成本和在产品成本。

4. 各步骤之间成本的结转

由于产品生产是分步骤进行的，上一步骤生产的半成品是下一步骤的加工对象。因此，为了计算各种产品的产成品成本，还需要按照产品品种，结转各步骤成本。也就是说，与其他成本计算方法不同，在采用分步法计算产品成本时，在个步骤之间还有个成本结转问题。这是分步法的一个重要特点。

由于各个企业生产工艺过程的特点和成本管理对各步骤成本资料的要求（要不要计算半成品成本）不同，以及对简化成本计算工作的考虑，各生产步骤成本的计算和结转采用两种不同的方法：逐步结转和平行结转。因而，产品成本计算的分步法也就相应地分为逐步结转分步法和平行结转分步法两种。

二、逐步结转分步法

逐步结转分步法也称顺序结转分步法，它是按照产品连续加工的先后顺序，根据生产步骤所汇集的成本，费用和产量记录，计量自制半成品成本，自制半成品成本随着半成品在各加工步骤之间移动而顺序结转的一种方法。也称计算半成品成本法或累积计算产品成本分步法。

逐步结转分步法的特点：成本计算对象为各种产成品成本及各步骤半成品的成本；各步骤半成品成本随半成品实物转移而结转；计算程序按照生产步骤的顺序计算，前面步骤期末需计算分配完工半成品成本和狭义在产品成本，最后一步骤需计算分配完工产品和狭义在产品成本。

适用范围：大量大批多步骤连续式生产企业，各步骤的半成品既可以结转至下一步继续生产，也可以直接对外出售，或者供各种产品共同耗用，或者进行同行业成本的评比。

在逐步结转分步法下，各步骤所耗用的上一步骤半成品的成本，要随着半成品实物的转移，从上一步骤的产品成本明细账转入下一步骤相同产品的产品成本明细账中，以便逐步计算各步骤的半成品成本和最后步骤的产成品成本。这一计算程序如图 10 - 1 所示。

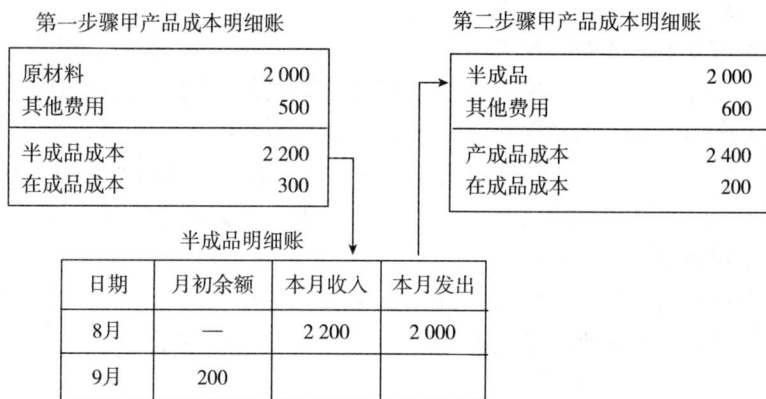

第一步骤甲产品成本明细账

原材料	2 000
其他费用	500
半成品成本	2 200
在成品成本	300

第二步骤甲产品成本明细账

半成品	2 000
其他费用	600
产成品成本	2 400
在成品成本	200

半成品明细账

日期	月初余额	本月收入	本月发出
8月	—	2 200	2 000
9月	200		

图 10 - 1　逐步结转分步法计算程序图

在图 10 - 1 中，半成品通过半成品库收发。这种情况下，半成品的收入和发出需要编制相应的会计分录。

第一步骤完工半成品在验收入库时，应根据完工转出的半成品成本编制会计分录：

借：自制半成品　　　　　　　　　　　　　　　　　　　　2 200
　　贷：基本生产成本——第一步骤　　　　　　　　　　　　　　　2 200

第二步骤领用时，再编制相反的会计分录：

借：基本生产成本——第二步骤　　　　　　　　　　　　　2 000
　　贷：自制半成品　　　　　　　　　　　　　　　　　　　　　　2 000

如果半成品完工后不通过半成品库收发，而直接转入下一步骤，半成品成本应在各步骤的产品成本明细账之间直接结转，不编上述分录。

从图 10 - 1 的计算程序中可以看出，采用这种分步法，每月月末，各项生产费用（包括所耗上一步骤半成品成本）在各步骤产品成本明细账中归集以后，如果该步骤既有完工的半成品（最后步骤为产成品），又有正在加工中的在产品，为了计算完工的半成品（最后步骤为产成品）和正在加工中的在产品的成本，还应将各步骤产品产品成本明细账中归集的生产费用，采用适当的分配方法，在完工半成品（最后步骤为产成品）与正在加工中的在产品之间进行分配，然后通过半成品的逐步结转，在最后一个步骤的产品成本明细账中，计算出完工产成品成本。

上述计算程序表明，每一个步骤都是一个品种法，逐步结转分步法实际上是品种法的多次连续应用。

采用逐步结转分步法，按照结转的半成品成本在下一步骤产品成本明细账中的反映方式，又可以分为综合结转和分项结转两种方法。

（一）综合结转法

综合结转法的特点是将各步骤所耗用的上一步骤半成品成本，综合计入各该步骤的产品成本明细账"直接材料"或专设的"半成品"项目中。

综合结转，可以按照半成品的实际成本结转，也可以按照半成品的计划成本（或定额成本）结转。

1. 半成品按实际成本综合结转

采用这种结转方法，各步骤所耗上一步骤的半成品费用，应根据所耗半成品的实际数量乘以半成品的实际单位成本计算。

由于各月所产半成品的实际单位成本不同，因而所耗半成品实际单位成本的计算，可根据企业的实际情况，选择适当的存货计价方法（如先进先出法、全月一次加权平均法等）对半成品进行计价结转。

为了提高各步骤成本计算的及时性，在半成品月初余额较大，本月所耗半成品全部或者大部分是以前月份所产的情况下，本月所耗半成品费用也可按上月末半成品的单位成本计算。

表 10 – 31   产品的有关实物量和在产品的完工程度资料

项目	第一步骤	第二步骤	第三步骤
月初在产品数量（件）	400	300	300
本月投产数量（件）	1 800	1 700	1 700
本月完工产品数量（件）	2 000	1 800	1 800
月末在产品数量（件）	200	200	200
在产品完工程度	50%	50%	50%

【例 10 – 4】假定甲产品生产分三个步骤，分别由第一、第二、第三三个车间进行。三个车间产品所耗的原材料或半成品均是在生产开始时一次投入的。半成品通过半成品库收发。第二、第三车间所耗半成品费用按全月一次加权平均单位成本计算。三个车间的完工产品与月末在产品之间的费用分配采用约当产量比例法。各步骤之间的成本结转采用综合逐步结转分步法计算产品成本。有关资料如下：

（1）产品的有关实物量和在产品的完工程度资料见表 10 – 31。

（2）各步骤月初在产品成本资料见表 10 – 31。

表 10 – 32   各步骤月初在产品成本表

项目	直接材料	直接人工	制造费用	合计
第一步骤	48 000	10 200	15 000	73 200
第二步骤	70 300	7 940	8 420	86 660
第三步骤	95 000	7 200	8 640	110 840

（3）各步骤本月发生的费用见表10－33。

表 10－33 各步骤本月发生费用表

项目	直接材料	直接人工	制造费用	合计
第一步骤	22 7000	78 000	96 300	401 300
第二步骤	375 700	64 260	82 780	522 740
第三步骤	52 7000	63 100	78 760	668 860

甲产品的成本计算过程如下：

（1）根据上月第一步骤产品成本明细账所记录的月末在产品成本和本月的各种生产费用分配表登记第一车间甲产品成本明细账中月初在产品成本和本月费用两行的有关数据，见表10－34。

表 10－34 第一步骤产品成本计算明细账

单位：元

项目		直接材料	直接人工	制造费用	合计
月初在产品成本		48 000	10 200	15 000	73 200
本月发生费用		227 000	78 000	96 300	401 300
合计		275 000	88 200	111 300	474 500
产品产量（件）	完工产品产量	2 000	2 000	2 000	—
	在产品约当产量	200	100	100	—
	合计	2 200	2 100	2 100	—
单位成本（费用分配率）		125	42	53	220
转出 A 半成品成本		250 000	84 000	106 000	440 000
在产品成本		25 000	4 200	5 300	34 500

第一车间成本明细账中的有关数据计算如下：

直接材料：

$$直接材料费用分配率 = \frac{275\,000}{2\,000 + 200} = 125$$

完工半成品应分配的直接材料费用 $= 2\,000 \times 125 = 250\,000$（元）

在成品应分配的直接材料费用 $= 200 \times 125 = 25\,000$（元）

直接人工：

$$直接人工费用分配率 = \frac{88\,200}{2\,000 + 100} = 42$$

完工半成品应分配的直接人工费用 $= 2\,000 \times 42 = 84\,000$（元）

在产品应分配的直接人工费用 = 100 × 42 = 4 200（元）

制造费用：

制造费用分配率 = $\dfrac{111\ 300}{2\ 000 + 100}$ = 53

完工半成品应分配的制造费用 = 2 000 × 53 = 106 000（元）

在产品应分配的制造费用 = 100 × 53 = 5 300（元）

根据第一车间的半成品交库单所列交库数量和甲产品成本明细账中完工转出的半成品成本明细账中完工转出的半成品成本，编制下列分录：

借：自制半成品——A 半成品　　　　　　　　　　　　　440 000

　　贷：生产成本——基本生产成本——第一车间　　　　　　440 000

根据计价后的第一车间的半成品交库单和第二车间交库单，登记自制半成品明细账，见表 10 - 35。

表 10 - 35　自制半成品明细账

A 半成品（1）　　　　　　　　　　　　　　　　　　　　　　　　　　单位：元

月份	月初余额		本月增加		合计			本月减少	
	数量（件）	实际成本	数量（件）	实际成本	数量（件）	实际成本	单位成本	数量（件）	实际成本
1 2	200 500	46 200 110 500	2 000	440 000	2 200	486 200	221	1 700	375 700

加权平均单位成本 = $\dfrac{46\ 200 + 440\ 000}{200 + 2\ 000}$ = 221

本月减少 = 1 700 × 221 = 375 700（元）

根据第二车间半成品领用单中按所列领用数量和自制半成品明细账中单位成本计价，编制下列会计分录：

借：生产成本——基本生产成本——第二车间　　　　　　　375 700

　　贷：自制半成品——A 半成品　　　　　　　　　　　　　375 700

（2）根据上月第二步骤产品明细账记录的月末在产品成本和本月的各种生产费用分配表、半成品领用单登记第二车间甲产品成本明细账中月初在产品的成长和本月费用两行的有关数据，见表 10 - 36。

表 10 - 36　第二步骤产品成本明细账

单位：元

项目	直接材料	直接人工	制造费用	合计
月初在产品成本	70 300	7 940	8 420	86 660
本月发生费用	375 700	64 260	82 780	522 740
合计	44 600	72 200	91 200	609 400

续　表

项目		直接材料	直接人工	制造费用	合计
产品产量	完工产品产量	1 800	1 800	1 800	—
	在产品约当产量	200	100	100	—
	合计	2 000	1 900	1 900	—
单位成本（费用分配率）		223	38	48	309
转出 B 半成品成本		401 400	68 400	86 400	556 200
月末在产品成本		44 600	3 800	4 800	53 200

第二车间成本明细账中的其他有关数据计算如下：

半成品费用分配率 $=\dfrac{44\ 600}{1\ 800+200}=223$

完工半成品应分配的半成品费用 $=1\ 800\times223=401\ 400$（元）

在产品应分配的半成品费用 $=200\times233=44\ 600$（元）

直接人工费用分配率 $=\dfrac{72\ 200}{1\ 800+100}=38$

完工半成品应分配的直接人工费用 $=1\ 800\times38=68\ 400$（元）

在产品应分配的直接人工费用 $=100\times38=3\ 800$（元）

制造费用分配率 $=\dfrac{91\ 200}{1\ 800+100}=48$

完工半成品应分配的制造费用 $=1\ 800\times48=86\ 400$（元）

在产品应分配的制造费用 $=100\times48=4\ 800$（元）

根据第二节间的半成品交库单所列交库数量和第二车间甲产品成本明细账中完工转出的半成品成本，编制下列会计分录：

借：自制半成品——B 半成品　　　　　　　　　　　　　　　556 200

　　贷：生产成本——基本生产成本——第二车间　　　　　　556 200

根据第二车间计价后的半成品交库单和第三车间领用半成品的领用单，登记自制半成品明细账，见表 10 – 37。

表 10 – 37　自制半成品明细账

B 半成品（2）

单位：元

月份	月初余额		本月增加		合计			本月减少	
	数量（件）	实际成本	数量（件）	实际成本	数量（件）	实际成本	单位成本	数量（件）	实际成本
1	300	94 800	1 800	556 200	2 100	651 000	310	1 700	527 000
2	400	124 000							

$$加权平均单位成本 = \frac{948\,000 + 556\,200}{300 + 1\,800} = 310（元）$$

本月减少 = $1\,700 \times 310 = 527\,000$（元）

根据第三车间半成品领用单（单中按所列领用数量和自制半成品明细账中单位成本计价），编制下列会计分录：

借：生产成本——基本生产成本——第三车间　　　　　527 000

　　贷：自制半成品——B 半成品　　　　　　　　　　　　527 000

（3）根据上月第三步骤产品明细账记录的月末在产品成本和本月的各种生产费用分配表、半成品领用单登记第三车间甲产品成本明细账中月初在产品的成本和本月费用两行的有关数据，见表 10 - 38。

表 10 - 38　第三步骤产品成本明细账

单位：元

项目		直接材料	直接人工	制造费用	合计
月初在产品成本		95 000	7 200	8 640	110 840
本月发生费用		527 000	63 100	78 760	668 860
合计		622 000	70 300	87 400	779 700
产品产量	完工产品产量	1 800	1 800	1 800	—
	在产品约当产量	200	100	100	—
	合计	2 000	1 900	1 900	—
单位成本（费用分配率）		311	37	46	394
转出甲产品成本		559 800	66 600	82 800	709 200
月末在产品成本		62 200	3 700	4 600	70 500

第三节　间成本明细账中的其他有关数据计算如下：

$$半成品费用分配率 = \frac{622\,000}{1\,800 + 200} = 311$$

完工产成品应分配的半成品费用 = $1\,800 \times 311 = 559\,800$（元）

在产品应分配的半成品费用 = $200 \times 311 = 62\,200$（元）

直接人工：

$$直接人工费用分配率 = \frac{70\,300}{1\,800 + 100} = 37$$

完工产成品应分配的直接人工费用 = $1\,800 \times 37 = 66\,600$（元）

在产品应分配的直接人工费用 = $100 \times 37 = 3\,700$（元）

制造费用：

$$制造费用分配率 = \frac{87\,400}{1\,800 + 100} = 46$$

完工产成品应分配的制造费用 = 1 800 × 46 = 82 800（元）

在产品应分配的制造费用 = 100 × 46 = 4 600（元）

根据第三节间的产成品交库单编制下列会计分录：

借：库存商品——甲产品　　　　　　　　　　　　　　709 200

　　贷：生产成本——基本生产成本——第三车间　　　　　　709 200

2. 半成品按计划成本综合结转

采用这种结转方法，半成品日常收发的明细核算均按计划成本计价；在半成品实际成本计算出来以后，再计算半成品成本差异率和差异额，调整领用半成品的计划成本。而半成品收发的总分类核算则按实际成本计价。

半成品按计划成本综合结转所用账表的特点：

（1）自制半成品明细账不仅要反映半成品收发和结存的数量和实际成本，而且要反映其计划成本，以及成本差异率和成本差异额。其格式见表 10 - 40。

（2）在产品成本明细账中，对于所耗用半成品的成本，可以直接按照调整成本差异后的实际成本登记；也可以按照计划成本和成本差异分别登记，以便于分析上一步骤半成品成本差异对本步骤成本的影响。如采用后一种做法，产品成本明细账中的"半成品"项目，应分设"计划成本"、"成本差异"、"实际成本"三栏。其格式见表 10 - 41。

【例 10 - 5】假定甲产品的生产分两个步骤，分别由第一、第二车间进行，采用逐步结转分布法计算产品成本。两个车间产品所耗的原材料或半成品均是在生产开始时一次投入的。半成品通过半成品库收发。第二车间所耗半成品费用按计划成本综合结转。两个车间的完工产品与月末在产品之间的费用分配采用在产品按定额成本计价法。有关资料如下：

（1）第一步骤产品成本计算单见表 10 - 39。

表 10 - 39　第一步骤产品成本计算单

摘要	产量（件）	直接材料	直接人工	制造费用	成本合计
月初在产品（定额产品）		45 000	144 000	18 000	77 400
本月费用				296 800	988 740
		455 500	236 440		
合计					
完工转出半成品	1 000				
单位成本					
月末在产品（定额成本）		49 500	15 840	198 000	85 140

（2）第一步骤半成品明细账见表 10 - 40。

表 10 - 40 第一步骤半成品明细账

甲半成品

单位：元

计划单位成本：970 元

月份	月初余额			本月增加			合计					本月减少		
	数量	计划成本	实际成本	数量	计划成本	实际成本	数量	计划成本	实际成本	成本差异	成本差异率	数量	计划成本	实际成本
1	50	48 500	47 685									1 000		
2														

（3）第二步骤产品成本计算单见表 10 - 41。

表 10 - 41 第二步骤产品成本计算单

甲产成品

单位：元

摘要	产量（件）	半成品			直接人工	制造费用	成本合计
		计划成本	成本差异	实际成本			
月初在产品（定额成本）		9 700	—	97 000	18 000	22 500	137 500
本月费用					295 000	37 000	
合计							
完工转出产成品	1 000						
单位成本							
月末在产品（定额成本）		97 000	—	97 000	21 000	26 250	144 250

甲产品的成本计算过程如下：

（1）根据上月第一步骤产品成本明细账所记录的月末在产品成本和本月的各种生产费用分配表分别登记第一车间乙产品成本明细账中月初在产品成本和本月费用两行的有关数据，以及生产费用的合计数，并采用在产品按定额成本计价法将生产费用合计数在完工半成品与月末在产品之间进行分配（分配计算过程从略）。其登记结果见表 10 - 42。

表 10 - 42 产品成本明细账

第一车间：甲产品

单位：元

摘要	产量	直接材料	直接人工	制造费用	成本合计
月初在产品（定额产品）	1 000	45 000	144 000	18 000	77 400

续　表

摘要	产量	直接材料	直接人工	制造费用	成本合计
本月费用		455 500	236 440	296 800	988 740
合计		500 500	250 840	314 800	1 066 140
完工转出半成品		451 000	235 000	295 000	981 000
单位成本		451	235	295	981
月末在产品（定额成本）		49 500	15 840	198 000	85 140

（2）根据第一车间的半成品交库单所列交库数量和甲产品成本明细账中完工转出的半成品成本，编制下列会计分录：

借：自制半成品——甲半成品　　　　　　　　　　　　　　　981 000

　　贷：生产成本——基本生产成本——第一车间　　　　　　　　981 000

（3）根据本月交库甲半成品的实际成本、甲半成品的计划单位成本、第一车间交库记录的甲半成品交库数量、第二车间半成品领用单记录的甲半成品领用数量以及月初甲半成品的数量、计划成本和实际成本等资料计算本月甲半成品的成本差异率，并根据以计算第二车间领用甲半成品应负担的成本差异。甲半成品明细账的格式见表 10－43。

表 10－43　自制半成品明细账

甲半成品

单位：元

计划单位成本：970 元

月份			1	2
月初余额	数量（件）	(1)	50	50
	计划成本	(2)	48 500	48 500
	实际成本	(3)	47 685	48 015
本月增加	数量（件）	(4)	1 000	
	计划成本	(5)	970 000	
	实际成本	(6)	981 000	
合计	数量（件）	(7) = (1) + (4)	1 050	
	计划成本	(8) = (2) + (5)	1 018 500	
	实际成本	(9) = (3) + (6)	1 028 685	
	成本差异	(10) = (9) － (8)	10 185	
	成本差异率	(11) = (10) ÷ (8) ×100%	+1%	
本月减少	数量（件）	(12)	1 000	
	计划成本	(13)	970 000	
	实际成本	(14) = (13) + (13) × (11)	979 700	

$$半成品成本差率 = \frac{月初结存半成品成本差异 + 本月入库半成品成本差异}{月初结存半成品计划成本 + 本月入库半成品计划成本} \times 100\%$$

$$= \frac{-815 + 11\ 000}{48\ 500 + 970\ 000} \times 100\%$$

$$= \frac{10\ 185}{1\ 018\ 500} \times 100\% = +1\%$$

发出半成品成本差异 = 发出半成品计划成品 × 半成品成本差异率

= 970 000 × 1% = 9 700 （元）

发出半成品实际成本 = 发出半成品计划成本 + 发出半成品成本差异

= 970 000 + 9 700 = 979 700 （元）

（4）根据上月第二步骤产成品明细账所记录的月末在产成品和本月的各种生产费用分配表、半成品领用单（包括领用的数量、计划成本、成本差异和实际成本等数据）登记第二车间甲产品成本明细账中月初在产品成本和本月费用两行的有关数据，以及生产费用的合计数，并采用在产品按定额成本计价法将生产费用合计数在完工产品与月末在产品之间进行分配（分配计算过程从略）。其登记计算结果见表 10 - 44。

表 10 - 44　产品成本明细账

第二车间：甲产成品　　　　　　　　　　　　　　　　　　　　　　　　　单位：元

摘要	产量（件）	半成品			直接人工	制造费用	成本合计
		计划成本	成本差异	实际成本			
月初在产品（定额成本）		9 700	—	97 000	18 000	22 500	137 500
本月费用		970 000	9 700	979 700	295 000	37 000	1 644 700
合计		1 067 000	9 700	1 076 700	313 000	392 500	1 782 200
完工转出产成品	1 000	970 000	9 700	979 700	292 000	366 250	1 637 950
单位成本		970	9.7	979.7	292	366.25	1 637.95
月末在产品（定额成本）		97 000	—	97 000	21 000	26 250	144 250

与按实际成本综合结转半成品方法相比较，按计划成本综合结转半成品成本具有以下优点：

（1）可以简化和加速半成品核算和产品成本计算工作。按计划成本结转半成品成本。可以简化和加速半成品收发的凭证计价和记账工作；半成品成本差异率如果不是按半成品品种，而是按类计算，更可以省去大量的计算工作；如果月初半成品存量较大，本月耗用的半成品大部分甚至全部都是以前月份生产的，本月所耗半成品成本差异调整也可以根据上月半成品成本差异率计算。这样，不仅简化了计算工作，各步骤的成本计算也可以同时进行，从而加速产品成本的计算工作。

（2）便于各步骤进行成本的考核和分析。按计划成本结转半成品成本，在各步骤的产品成本明细账中，可以分别反映所耗半成品的计划成本、成本差异、和实际成本，因而在分析各步骤产品成本时，可以剔除上一步骤半成品成本变动对本步骤产品成本的影响，有利于分清经济责任，考核各步骤的经济效益。如果各步骤所耗半成品的成本差异，不调整计入各步骤的产品成本，而是直接调整计入最后的产成品成本，不仅可以进一步简化和加速各步骤的成本计算工作，而且由于各步骤产品成本中不包括上一步骤半成品成本变动的影响，因而便于分清各步骤的经济责任，更便于各步骤产品成本的考核和分析。

3. 综合结转的成本还原

从前面例题中的产品成本明细账可以看出，采用综合结转法的结果是，表现在产成品成本中的绝大部分费用是最后一个生产步骤所耗半成品的费用，而直接人工、制造费用只是产成品消耗最后一个生产步骤的费用，在产成品中所占比重很小。显然，这不符合产品成本构成的实际情况，因而不能据以从整个企业角度分析和考核产品成本的构成和水平。因此，在管理上要求从整个企业角度考核和分析产品成本的构成和水平时，还应将综合结转算出的产成品成本进行成本还原。所谓成本还原，就是从最后一个步骤起，把本月产成品成本中所耗上一步骤半成品的综合成本逐步进行成本还原，直到求得按原始成本项目（直接材料、直接人工、制造费用等）反映的产成品成本资料。

【例 10－6】假定甲产品由两个生产步骤组成，第一生产步骤生产的半成品，不通过半成品库收发，而直接由第二生产步骤领用，半成品成本在各步骤的产品成本明细账之间直接结转。其各步骤逐步结转如图 10－2 所示。

第一步骤		第二步骤	
甲产品成本明细账		甲产品成本明细账	
		半成品	900
直接材料	400		
直接人工	300	直接人工	250
制造费用	200	制造费用	150
半成品成本	900	产成品成本	1 300

图 10－2　半成品成本直接结转图

图 10－2 中甲产品第二步骤所耗半成品费用，恰好是第一步骤生产的半成品成本，两者可以抵消。如果进行成本还原，方法很简单，只要将所耗半成品成本忽略而不计，而将两个步骤的直接材料、直接人工和制造费用分别汇总即可。这样，还原后的成本构成为：直接材料 400 元，直接人工 550 元（300＋250），制造费用 350 元（200＋150），合计 1 300 元。但在实际工作中，各步骤半成品的结转往往通过半成品库收发，而且上步骤所产半成品数量与下步骤所耗半成品数量往往不相等，因而上步骤所产半

成品成本与下步骤所耗半成品费用不能抵消，这就需要专门的成本还原。要进行成本还原必须首先确定按照怎样的成本结构进行还原。

通常采用的成本还原方法是：按照本月所产半成品的成本结构进行还原。成本还原的具体方法有以下两种：

（1）计算半成品各成本项目占其总成本的比重，并按这种比重进行成本还原。在这种方法下，还原分配率的基本计算公式为：

$$还原分配率 = \frac{上一步骤完工半成品各成本项目的金额}{上一步骤完工半成品的成本合计}$$

【例 10 - 7】利用例 10 - 4 的资料，对第三车间甲产品成本明细账中算出的本月产品成本中所耗上一车间半成品费用 559 800 元进行成本还原。本例需要进行两次还原：第一次成本还原按照第二车间产品成本明细账中算出的本月所产该种半成品成本 556 200 元的成本构成对 559 800 元进行成本还原；第二次成本还原，针对第一次成本还原中所计算出的综合性成本项目按照第一车间本月所产的半成品的成本结构，即 440 000 元的成本结构进行成本还原，直接求出按原始成本项目反映的甲产品的产成品成本资料。根据三个车间产成品明细账的有关资料，编制产成品成本还原计算表，如表 10 - 45 所示。

表 10 - 45　产品成本还原计算表

产量：1 800
单位：元

项目	成本项目	还原前产品成本	本月生产半成品成本	还原分配率	半成品成本还原	还原后总成本	还原后单位成本
按第二步骤半成品成本结构进行还原	直接材料						
	半成品	559 800	401 400	0.721683	403 998	403 998	224.44
	直接人工	66 600	68 400	0.122977	68 843	135 443	75.25
	制造费用	82 800	86 400	0.15534	85 959	169 759	94.31
	合计	709 200	556 200		559 800	709 200	394
按第一步骤半成品成本结构进行还原	直接材料		250 000	0.568182	229 544	229 544	127.52
	半成品	403 998					
	直接人工	135 443	84 000	0.190909	77 127	212 570	118.1
	制造费用	169 759	106 000	0.240909	97 327	267 086	148.38
	合计	709 200	440 000			709 200	394

（2）计算需要还原的半成品综合成本占本月所产该种半成品总成本的比例，并按比例进行成本还原。其成本还原分配率的计算公式为：

$$还原分配率 = \frac{需要还原的半成品综合成本}{上一步骤本月所产该种半成品的成本合计}$$

在这里需要指出的是，以上公式中所称的需要还原的半成品综合成本，如果只需要进行一次成本还原，则其是指产成品成本中所耗用的上一步骤的半成品成本，如果需要进行两次成本还原，则除上述含义外，还指经过第一次成本还原后，还需要继续进行成本还原的半成品的综合成本，如果需要两次以上的成本还原，以此类推。

【例 10 - 8】仍以 10 - 4 资料为例，求出半成品综合成本占本月所产该种半成品总成本的比例，并按此比例进行成本还原，则成本还原过程和还原的结果如表 10 - 46 所示

表 10 - 46　产品成本还原计算表

产量：1 200

单位：元

项目	成本项目	还原前产品成本	本月生产半成品成本	还原分配率	半成品成本还原	还原后总成本	还原后单位成本
按第二步骤半成品成本结构进行还原	直接材料			559 800 ÷ 556 200 = 1. 006 472 5			
	半成品	559 800	401 400		403 998	403 998	224. 44
	直接人工	66 600	68 400		68 843	135 443	75. 25
	制造费用	82 800	86 400		86 959	169 759	94. 31
	合计	709 200	556 200			709 200	394
按第一步骤半成品成本结构进行还原	直接材料		250 000	403 998 ÷ 440 000 = 0. 918 177 3	229 544	229 544	127. 53
	半成品	403 998					
	直接人工	135 443	84 000		77 127	212 570	118. 09
	制造费用	169 759	106 000		97 327	267 086	148. 38
	合计	709 200	440 000		403 998	709 200	394

以上两种成本还原方法所得到的结果是一样的，因为成本还原所采用的条件是一样的，只是计算的方法有所不同。

需要指出的是，由于以前月份所产半产品的成本构成与本月所产半成品的成本构成不可能完全一致，因此，在各月所产半产品的成本构成变得较大的情况下，按照上述方法进行成本还原，对还原结果的准确性就会有较大的影响。在这种情况下，如果半成品的定额成本或计划成本比较准确，为了提高还原结果的准确性，产成品所耗半产品费用可以按定额成本或计划成本的成本构成进行还原。

综上所述，可以看出，采用综合结转法逐步结转半成品成本，从各步骤的产品成本明细账中可以看出各步骤产品所耗上一步骤半成品费用的水平和本步骤价格费用的水平，从而有利于各生产步骤的管理。但如果管理上要求提供按原始成本项目反映的产成品成本资料，就需要进行成本还原。如果生产多种产品，成本还原工作繁重。因此，这种结转方法只在管理上要求计算各步骤完工产品所耗半成品费用，而不要求进

行成本还原的情况下采用。

（二）分项结转法

分项结转法的特点是将各步骤所耗用的上一步骤半成品成本，按照成本项目分项转入各该步骤产品成本明细账的各个成本项目中。如果半成品提供半成品库收发，在自制半成品明细账中登记半成品成本时，也要按照成本项目分别登记。

分项结转，可以按照半成品的实际成本结转，也可以按照半成品的计划成本结转，然后按成本项目分项调整成本差异。由于后一种做法计算工作了较大，因而一般多采用按实际成本分项结转的方法。

【例 10 -9】第一，根据上月第一车间甲产品成本明细账月末在产品成本和本月各种生产费用分配表、半成品交库单和第一车间在产品定额成本资料，登记第一车间甲产品成本明细账，如表 10 -47 所示。

表 10 -47 产品成本明细账

第一车间：甲半产品 单位：元

摘要	产量	直接材料	直接人工	制造费用	成本合计
月初在产品（定额成本）		3 060	2 700	4 280	10 040
本月费用		5 080	3 010	6 600	14 690
合计		8 140	5 710	10 880	24 730
完工转出半成品	100	4 938	3 190	6 382	14 510
月末在产品（定额成本）		3 202	2 520	4 498	10 220

第二，根据计价后的半成品交库单和第二车间另一半成品的领用单，登记自制半成品明细账，如表 10 -48 所示。

表 10 -48 自制半成品明细账

甲半成品 单位：元

月份	摘要	数量（件）	实际成本			
			直接材料	直接人工	制造费用	成本合计
1	月初余额	20	1 062	650	1 298	3 010
	本月增加	100	4 938	3 190	6 382	14 510
	合计	120	6 000	3 840	7 680	17 520
	单位成本		50	32	64	147
	本月减少	105	5 250	3 360	6 720	15 330
2	月末余额	15	750	480	960	2 190

根据第一车间的半成品交库单所列交库数量和甲产品成本明细账中完工转出的半成品成本，编制下列会计分录：

借：自制半成品——甲半成品　　　　　　　　　　　　　　14 510

　　贷：生产成本——基本生产成本——第一车间　　　　　　　　　14 510

表 10-48 中甲半成品单位成本的各成本项目，都是按全月一次加权平均法计算的。根据第二车间半成品领用单（单中按所列领用数量和自制半成品明细账中单位成本计价），编制下列会计分录：

借：生产成本基本生产——成本——第二车间　　　　　　　　15 330

　　贷：自制半成品——甲半成品　　　　　　　　　　　　　　　　15 330

第三，根据各种生产费用分配表、第二车间半成品领用单、自制半成品明细账、第二车间产成品交库单和第二车间在产品定额成本等资料，登记第二车间甲产品成本明细账，如表 10-49 所示。

表 10-49　产品成本明细账

第二车间：甲产成品　　　　　　　　　　　　　　　　　　　　　　　　单位：元

摘要	产量（件）	直接材料	直接人工	制造费用	成本合计
月初在产品（定额成本）		2 310	2 500	5 320	10 130
本月本步生产费用			2 800	5 925	8 725
本月耗用半成品费用		5 250	3 360	6 720	15 330
合计		7 560	8 660	17 965	34 185
完工转出产成品成本	100	5 280	6 200	12 665	24 145
产成品单位成本		52.80	62	126.65	241.45
月末在产品（定额成本）		2 280	2 460	5 300	10 040

根据第二车间的产成品交库单所列产成品交库数量和上述第二车间产品成本明细账中完工转出产成品成本，编制下列会计分录：

借：库存商品——甲产品　　　　　　　　　　　　　　　　24 145

　　贷：生产成本——基本生产成本——第二车间　　　　　　　　　24 145

采用分项结转法逐步结转半成品成本，可以较直接、准确地提供按原始成本项目反映的产成品成本资料，便于从整个企业角度考核和分析产品成本计划的执行情况，不需要进行成本还原。但是，这种方法的成本结转工作比较复杂，而且在各步骤完工产品成本中看不出所耗上一步骤半成品的费用和本步骤加工费用的水平，不便于进行完工产品成本分析。因此，这种结转方法一般适用于管理上不要求分别提供各步骤完工产品所耗半成品费用和本步骤加工费用资料，但要求按原始成本项目反映产品成本的企业。

综上所述，逐步结转分步法的优缺点可以概括如下：

（1）逐步结转分步法的成本计算对象是企业产成品及其各步骤的半成品，这就为分析和考核企业产品成本计划和各生产步骤半成品成本计划的执行情况，为正确计算半成品销售成本提供了资料。

（2）不论是综合结转还是分项结转，半成品成本都是随着半成品实物的转移而结转，各生产步骤产品成本明细账中的生产费用余额，反映了留存在各个生产步骤的在产品成本，因此还能为在产品的实物管理和生产资金管理提供资料。

（3）采用综合结转法结转半成品成本时，由于各生产步骤产品成本中包括所耗上一步骤半成品成本，从而能全面反映各步骤完工产品中所耗上一步骤半成品费用水平和本步骤加工费用水平，有利于各步骤的成本管理。采用分项结转法结转半成品成本时，可以直接提供按原始成本项目反映的产品成本，满足企业分析和考核产品成本构成和水平的需要，而不必进行成本还原。

（4）这一方法的核算工作比较复杂，核算工作的及时性也较差：如果采用综合结转法，需要进行成本还原；如果采用分项结转法，结转的核算工作量大；如果半成品按计划成本结转，还要计算和调整半成品成本差异；如果半成品按实际成本结转，各步骤则不能同时计算成本，成本计算的及时性差。因此，应用这一方法时，必须从实际出发，根据管理要求，权衡利弊，做到既满足管理要求，提供所需的各种材料，又能简化核算工作。

三、平行结转分步法

在采用分步法计算成本的大量、大批、多步骤生产企业中，有的企业各生产步骤所产半成品的种类很多，但不需要计算半成品成本。在这种情况下，为了简化和加速成本计算工作，可以不计算各步骤所产半成品成本，也不计算各步骤所耗上一生产步骤的半成品成本，而只计算本步骤发生的各项其他费用以及这些费用中应计入产成品的"份额"。将相同产品的各步骤成本明细账中的这些份额平行结转、汇总，即可以计算出该种产品的产成品成本。这种方法就是平行结转分步法，或称不计列半成品成本分步法。这种方法的成本计算程序如图10-3所示。

从上述成本计算程序中，可以看出平行结转分布法的特点：

（1）采用这一方法，各生产步骤不计算半成品成本，只计算本步骤所发生的生产费用。除第一步骤生产费用中包括所耗用的直接材料和各项加工费用外，其他各步骤只计算本步骤发生的各项加工费用。

（2）采用这一方法，各步骤之间不结转半成品成本。不论半成品实物是在各生产步骤之间直接转移，还是通过半成品库收发，都不进行总分类核算。也就是说，半成品成本不随半成品实物转移而结转。

（3）为了计算各生产步骤发生的费用中应计入产成品成本的份额，必须将每一生产步骤发生的费用划分为耗用于产成品部分和尚未最后制成的在产品部分。这里的在产品包括：①尚在本步骤加工中的在产品；②本步骤已完工转入半成品库的半成品；③已从半成品库转到以后各步骤进一步加工、尚未最后制成的半成品。这就是整个企

第一步骤　甲产品成本明细账

直接材料	1 600
直接人工，制造费用	600
在产品成本200	应计入产成品成本份额2 000

第二步骤　甲产品成本明细账

直接人工，制造费用等1 500	
在产品成本500	应计入产成品成本份额1 000

第三步骤　甲产品成本明细账

直接人工，制造费用等　800	
在产品成本300	应计入产成品成本份额500

第一步骤份额 2 000

第二步骤份额 1 000

第三步骤份额 500

甲产品成本合计3 500

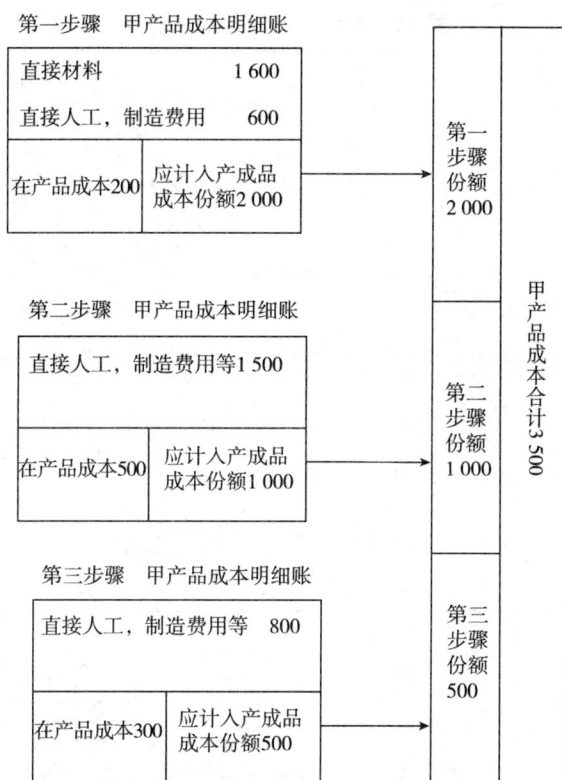

图 10 - 3　平行结转分布法计算程序图

业而言的广义在产品。

（4）将各步骤费用中应计入产成品的份额，平行结转、汇总计算该种产成品的总成本和单位成本。

如何正确确定各步骤生产费用中应计入产成品成本的份额，即每一生产步骤的生产费用如何正确地在完工产成品和广义在产品之间进行分配，是采用这一方法时能否正确计算产品成本的关键所在。为此，各企业应根据具体情况，选择完工产品和在产品之间分配费用的某种方法进行这种费用的分配。在实际工作中，通常采用在产品按定额成本计价法或定额比例法。这是因为采用这两种方法，作为分配费用标准的定额资料比较容易取得。如产成品的定额消耗量或定额费用，可以根据产成品数量乘以消耗定额或费用定额计算；由于广义在产品的实物分散在各生产步骤和半成品库，具体的盘存、计算工作比较复杂，但其消耗量或定额费用可以采用前述的倒挤方法计算，因而也较为简单。

【**例 10 - 10**】某企业生产甲产品，生产费用在完工产品与在产品之间的分配采用定额比例法，其中直接材料费用按定额直接材料费用比例分配；其他各项费用均按定额工时比例分配。其成本核算程序如下：

第一，有关甲产品的定额资料见表 10 - 50。

表 10 – 50　甲产品定额资料

车间份额	月初在产品		本月投入		本月产成品					
	定额直接材料费用（元）	定额工时	定额直接材料费用（元）	定额工时	单间定额		产量（件）	定额直接材料费用（元）	定额工时	
					直接材料费用（元）	工时				
第一车间份额	80 000	6 000	400 000	54 000	400	50	1 100	440 000	55 000	
第二车间份额		5 000		42 000		40	1 100		44 000	
合计	80 000	11 000	400 000	96 000	400	90	2 200	440 000	99 000	

第二，根据甲产品的定额资料、各种生产费用分配表和产成品交库单，登记第一、二车间的产品成本明细账，见表 10 – 51 和表 10 – 52。

表 10 – 51　产品成本明细账

第一车间：甲产品　　　　　　　　　　　　　　　　　　　　　　　　　　　　单位：元

摘要	产量（件）	直接燃料		定额工时	直接人工	制造费用	成本合计
		定额	实际				
月初在产品		80 000	79 800	6 000	54 000	49 000	182 800
本月生产费用		400 000	424 200	54 000	516 000	401 000	1 341 200
合计		480 000	504 000	60 000	570 000	450 000	1 524 000
费用分配率			1. 05		9. 5	7. 5	
产成品成本中本步骤份额	1 100	440 000	462 000	55 000	522 500	412 500	1 397 000
月末在产品		40 000	42 000	5 000	47 500	37 500	127 000

表 10 – 52　产成品明细账

第二车间：甲产品　　　　　　　　　　　　　　　　　　　　　　　　　　　　单位：元

摘要	产量（件）	直接材料		定额工时	直接人工	制造费用	成本合计
		定额	实际				
月初在产品				5 000	45 000	36 000	81 000
本月生产费用				42 000	401 500	340 000	741 500
合计				47 000	446 500	376 000	822 500
费用分配率					9. 5	8	—
产成品成本中本步骤份额	1 100			44 000	418 000	352 000	770 000
月末在产品				3 000	28 500	24 000	52 500

账中数字计算、登记方法：

（1）直接材料定额费用和定额工时，根据前列甲产品定额资料计算登记。月末没有盘点在产品，月末在产品定额资料，是根据月初在产品定额材料、本月投入产品定额资料和产成品定额资料，采用倒挤的方法计算求得的。计算公式如下：

月末在产品定额直接材料费用 = 月初在产品直接材料定额费用 + 本月投入产品的直接材料定额费用 − 本月投入产品的直接材料定额费用

月末在产品定额工时 = 月初在产品定额工时 + 本月投入产品的定额工时 − 本月完工产品的定额工时

以第一车间直接材料定额费用和定额工时计算为例：

月末在产品定额直接材料费用 = 80 000 + 400 000 − 440 000 = 40 000

月末在产品定额工时 = 6 000 + 54 000 − 55 000 = 5 000

（2）本月生产费用即本月各步骤为生产甲产品所发生的各项生产费用，应根据各种生产费用分配表登记。由于原材料是在生产开始时一次投入，采用平行结转分步法在各生产步骤间不结转半成品成本，因而只有第一车间有直接材料费用（定额和实际），第二车间则没有本月耗用的半成品费用。

（3）费用分配率的计算。采用定额比例法在完工产品与在产品之间分配费用，应首先计算费用分配率，其中直接材料费用按直接材料定额费用比例分配，其他各项费用均按定额工时比例分配。本例各项费用分配率及产成品成本中各步骤份额的计算如下。

以第一车间为例：

直接材料费用分配率 $= \dfrac{79\,800 + 424\,200}{440\,000 + 40\,000} = 1.5$

产成品成本中第一车间原材料费用份额 = 440 000 × 1.05 = 462 000（元）

月末在产品原材料费用 = 40 000 × 1.05 = 42 000（元）

或　79 800 + 424 200 − 462 000 = 42 000（元）

直接人工分配率 $= \dfrac{54\,000 + 516\,000}{55\,000 + 5\,000} = 9.5$

产成品成本中第一车间直接人工费用份额 = 55 000 × 9.5 = 522 500（元）

月末在产品直接人工费用 = 5 000 × 9.5 = 47 500（元）

或　54 000 + 516 000 − 522 500 = 47 500（元）

制造费用分配率 $= \dfrac{49\,000 + 401\,000}{55\,000 + 5\,000} = 7.5$

产成品成本中第一车间直接人工费用总额 = 55 000 × 7.5 = 412 500（元）

月末在产品成本中制造费用 = 5 000 × 7.5 = 37 500（元）

或　49 000 + 401 000 − 412 500 = 37 500（元）

第三，将第一、二车间明细账中应计入产成品成本的份额，平行结转、汇总计入甲产品成本汇总表，见表 10 − 53。

表 10 – 53   甲产品成本汇总表

单位：元

车间份额	产量	直接材料	直接人工	制造费用	成本合计
第一车间份额	1 100	462 000	522 500	412 500	1 397 000
第二车间份额	1 100		418 000	352 000	770 000
合计		462 000	940 500	764 500	2 167 000
单位成本		420	855	695	1 970

在平行结转分步法下，将生产费用在最终完工产品与广义在产品之间的分配是最为关键的问题。在以上的例题中，生产费用在最终完工产品与广义在产品之间的分配采用的是定额比例法，在实际工作中也常常采用约当产量比例法。约当产量比例法的具体公式如下：

$$各成本项目费用分配率 = \frac{各项目月初在产品费用 + 本月发生的费用}{完工产品数量 + 广义在产品约当产量}$$

广义在产品约当产量 = 本步骤在产品约当产量 + 以后步骤在产品产量

应计入完工产品成本中各成本项目份额 = 完工产品数量 × 各成本项目分配率

下面我们举例说明在平行结转分步法下，采用约当产量比例法将生产费用在最终完工产品与广义在产品之间分配的计算过程。

【例 10 – 11】甲产品的生产分两个步骤进行，第一生产步骤将原材料加工成为半成品，第二次生产步骤将第一生产步骤生产的半成品加工成为产成品。其成本计算采用平行结转分步法。6 月份有关甲产品的资料如下：

（1）甲产品实物量及在产品完工程度资料如表 10 – 54 所示。

表 10 – 54   甲产品实物量及在产品完工程度资料

单位：件

项目	第一步骤	第二步骤
月初在产品结存	150	250
本月投入或转入	1 000	1 050
本月完工并转出	1 050	1 000
月末在产品结存	100	300
完工程度	50%	50%

（2）第一步骤生产所需要的原材料及第二步骤生产所需要的半成品均在每个步骤生产开始时一次投入；两个生产步骤的直接人工费用和制造费用随加工进度发生。上述各项费用在完工产品（应计入产成品份额）和月末在产品（广义在产品）之间的分配均采用约当产量比例法。

（3）各步骤月初在产品成本和本月生产费用分别见表 10 – 55 和 10 – 56。

表 10 – 55　月初在产品成本摘录表

产品名称：甲

项目	直接材料	直接人工	制造费用	合计
第一步骤	204 000	130 550	137 250	471 800
第二步骤		58 500	61 500	120 000

表 10 – 56　本月生产费用摘录表

产品名称：甲

项目	直接材料	直接人工	制造费用	合计
第一步骤	496 000	382 450	402 750	1 281 200
第二步骤		384 250	392 750	777 000

根据以上资料，生产费用在完工产品与广义在产品之间的分配计算过程如下：

第一步骤产成品与广义在产品分配费用。

1）直接材料费用分配。

$$分配率 = \frac{204\,000 + 496\,000}{1\,000 + (100 + 300)} = 500$$

应计入产成品的份额 = 1 000 × 500 = 500 000（元）

月末在产品成本 = 400 × 500 = 200 000（元）

2）直接人工费用的分配。

$$分配率 = \frac{130\,550 + 382\,450}{1\,000 + (100 × 50\% + 300)} = 380$$

应计入产成品的份额 = 1 000 × 380 = 380 000（元）

月末在产品成本 = 350 × 380 = 133 000（元）

3）制造费用分配。

$$分配率 = \frac{137\,250 + 402\,750}{1\,000 + (100 × 50\% + 300)} = 400$$

应计入产成品的份额 = 1 000 × 400 = 400 000（元）

月末在产品成本 = 350 × 400 = 140 000（元）

第二步骤　产成品与广义在产品分配费用。

1）直接人工费用分配。

$$分配率 = \frac{58\,500 + 384\,250}{1\,000 + 300 × 50\%} = 385$$

应计入产成品的份额 = 1 000 × 385 = 385 000（元）

月末在产品成本 = 150 × 385 = 57 750（元）

2）制造费用分配。

$$\text{分配率} = \frac{61\,500 + 392\,750}{1\,000 + 300 \times 50\%} = 395$$

应计入产成品的份额 $= 1\,000 \times 395 = 395\,000$ （元）

月末在产品成本 $= 1\,508\,395 = 59\,250$ （元）

根据以上资料和分配计算结果登记各步骤产品成本明细账，如表 10 – 57、表 10 – 58 所示。

表 10 – 57   产品成本明细账

第一生产步骤

项目	直接材料	直接人工	制造费用	合计
月初在产品成本	204 000	126 750	133 250	464 000
本月生产费用	496 000	382 450	402 750	1 281 200
合计	700 000	509 200	536 000	1 745 200
应计入产品成本份额	500 000	380 000	400 000	1 280 000
月末在产品成本	200 000	129 200	136 000	465 200

表 10 – 58   产品成本明细账

第二生产步骤

项目	直接人工	制造费用	合计
月初在产品成本	58 500	61 500	120 000
本月生产费用	384 250	392 750	777 000
合计	442 750	454 250	897 000
应计入产品成本份额	385 000	395 000	780 000
月末在产品成本	57 750	59 250	117 000

根据第一步骤和第二步骤的产品成本明细账平行汇总计算登记甲产品成本汇总表（见表 10 – 59）。

表 10 – 59   产成品成本汇总表

产品名称：甲

项目	直接材料	直接人工	制造费用	合计
第一步骤成本份额	500 000	380 000	400 000	1 280 000
第二步骤成本份额	—	385 000	395 000	780 000
产成品总成本	500 000	765 000	795 000	2 060 000
单位成本	500	765	795	2 060

平行结转分步法与逐步结转分步法相比较，具有以下优点：

第一，采用这一方法，各步骤可以同时计算产品成本，然后将应计入完工产品成本的份额平行结转、汇总计入产品成本，不必逐步结转半成品成本，从而可以简化和加速成本计算工作。

第二，采用这一方法，一般是按成本项目平行结转，汇总各步骤成本中应计入产成品成本的份额，因而能够直接提供按原始成本项目反应的产成品成本资料，不必进行成本还原，省去了大量繁琐的计算工作。

但是，由于采用这一方法各个步骤不计算也不结转半成品成本，因而存在以下缺点：

第一，不能提供各个步骤半成品成本资料及各步骤所耗上一步骤半成品费用资料，因而不能全面地反映各步骤生产耗费的水平，不利于各步骤的成本管理。

第二，由于各步骤间不结转半成品成本，使半成品实物转移与费用结转脱节，因而不能为各步骤在产品的实物管理和资金管理提供资料。

从以上对比分析中可以看出，平行结转分步法的优缺点正好与逐步结转分步法的优缺点相反。因此，平行结转分步法适合在半成品种类多，逐步结转半成品成本工作量较大，管理上又不要求提供各步骤半成品成本资料的情况下采用；并应在采用时加强各步骤在产品收发结存的数量核算，以便为在产品的实物管理和资金管理提供资料，弥补这一方法的不足。

【思考题】

1. 产品成本计算的品种法、分批法、分步法的特点是什么？

2. 通过本章各种成本计算基本方法的例题，如何进一步理解不同方法的采用是基于管理的需要，而品种法又是基本方法中的最基本方法？

3. 以简化的分批法为例，如何理解简化成本计算的意义和原则？

4. 对比分步法中各种半成品成本（或费用）结转方法的特点和优缺点，说明如何从企业具体情况出发，确定所采用的产品成本计算方法。

5. 逐步结转分步法的特点是什么？为什么说它是品种法的多次连续应用？

6. 什么叫成本还原？为什么要进行成本还原？怎样进行成本还原？

【练习题】

一、单选题

1. 最基本的成本计算方法是（　　　）

　　A. 品种法　　　　　　B. 分批法　　　　　　C. 分步法　　　　　　D. 分类法

2. 品种法的成本计算对象是（　　　）

A. 产品品种　　　B. 产品类别　　　C. 批别或订单　　D. 生产步骤

3. 采用分批法计算产品成本时，若是单件生产，月末计算产品成本时（　　）

　　A. 需要将生产费用在完工产品和在产品之间进行分配

　　B. 不需要将生产费用在完工产品和在产品之间进行分配

　　C. 区别不同情况确定是否分配生产费用

　　D. 应采用同小批生产一样的核算方法

4. 采用简化的分批法，在产品完工之前，产品成本明细账（　　）

　　A. 不登记任何费用

　　B. 只登记直接计入费用（如原材料费用）和生产工时

　　C. 只登记原材料费用

　　D. 登记间接计入费用，不登记直接计入费用

5. 简化的分批法是（　　）

　　A. 不计算在产品成本的分批法

　　B. 不分批计算在产品成本的分批法

　　C. 不分批计算完工产品成本的分批法

　　D. 分批计算完工产品和在产品成本的分批法

6. 下列方法中，属于不计算半成品成本的分步法是（　　）

　　A. 逐步结转法　　　　　　　　B. 综合结转法

　　C. 分项结转法　　　　　　　　D. 平行结转法

7. 在平行结转分步法下，完工产品与在产品之间的费用分配，是指在（　　）之间的
　　费用分配

　　A. 各步骤完工半成品与月末加工中的在产品

　　B. 各步骤完工半成品与广义在产品

　　C. 产成品与狭义在产品

　　D. 产成品与月末广义在产品

8. 采用逐步结转分步法，按照半成品成本在下一步骤成本明细账中的反映方法，可以
　　分为（　　）

　　A. 实际成本结转法和计划成本结转法

　　B. 综合结转法和分项结转法

　　C. 平行结转法和分项结转法

　　D. 平行结转法和综合结转法

9. 成本还原的对象是（　　）

　　A. 产成品成本

　　B. 各步骤半成品成本

　　C. 产成品成本和各步骤半成品成本

　　D. 产成品成本中所耗上一步骤半成品的综合成本

10. 下列方法中，需要进行成本还原的是（　　）

　　A. 平行结转法　　　　　　　　B. 逐步结转法

　　C. 综合结转法　　　　　　　　D. 分项结转法

二、多项选择题

1. 采用逐步结转分步法需要提供各个步骤半成品成本资料的原因是（　　）。

　　A. 各生产步骤的半成品既可以自用，也可以对外销售

　　B. 半成品需要进行同行业的评比

　　C. 产成品不需要进行同行业的评比

　　D. 一些半成品为几种产品所耗用

　　E. 适应实行厂内经济核算或责任会计的需要

2. 简化分批法的适用范围是（　　）。

　　A. 同一月份投产的产品批数很多

　　B. 月末完工产品的批数较少

　　C. 各月间接计入费用水平相差不多

　　D. 各月生产费用水平相差较多

　　E. 月末完工产品的批数较多

3. 采用简化的分批法，在产品完工以前，产品成本明细账（　　）。

　　A. 登记直接计入费用

　　B. 只登记间接计入费用，不登记直接计入费用

　　C. 登记生产工时

　　D. 不登记任何费用

　　E. 不登记生产工时

4. 采用逐步结转分步法，按照结转的半成品成本在下一步骤产品成本明细账中的反映方法，分为（　　）。

　　A. 综合结转法　　　　　　　　B. 分项结转法

　　C. 按实际成本结转　　　　　　D. 按计划成本结转

　　E. 以上都是

5. 按计划成本综合结转半成品成本的优点是（　　）。

　　A. 可以简化和加速半成品核算和产成品成本计算工作

　　B. 便于各步骤进行成本的考核和分析

　　C. 便于从整个企业角度进行成本的考核和分析

　　D. 便于考核产品成本的构成和水平

　　E. 各步骤可以同时计算成本

6. 采用分项结转半成品成本的特点是（　　）。

　　A. 便于各生产步骤的成本分析

　　B. 便于各生产步骤进行完工产品的成本分析

　　C. 可以直接、正确地提供按原始成本项目反映的产品成本资料

　　D. 便于从整个企业角度考核和分析产品成本计划的执行情况

　　E. 可以简化和加速各步骤的成本计算

7. 某一生产步骤广义的在产品是指（　　）。

    A. 尚在本步骤加工中的在产品

    B. 已从半成品库转到以后各步骤进一步加工、尚未最后制成的半成品

    C. 已完成本步骤生产，转入半成品库的半成品

    D. 包括前一个或几个生产步骤在内的各生产步骤的侠义在产品

    E. 从本步骤转入下一步骤的半成品

8. 采用平行结转分步法（　　　　）。

    A. 各步骤可以同时计算产品成本

    B. 不能提供半成品成本资料

    C. 费用结转与半成品实物转移脱节

    D. 不能全面反映各个生产步骤产品的生产耗费水平

    E. 需要进行成本还原

9. 采用简化的分批法，各月（　　　　）。

    A. 只分批计算完工产品成本

    B. 只对完工产品分配间接计入费用

    C. 不分批计算在产品成本

    D. 月末在产品成本只以总额反映在基本生产成本二级账中

    E. 只对在产品分配间接计入费用

10. 计算成本还原分配率时所用的指标是（　　　　）。

    A. 本月产成品所耗上一步骤半成品成本

    B. 本月产成品所耗本步骤半成品成本

    C. 本月所产该种半成品成本

    D. 上月所产该种半成品成本

    E. 上月产成品所耗本步骤半成品成本

三、判断题

1. 生产特点和管理要求对产品成本计算的影响，主要表现在成本计算期的确定上。

                                       （　　　）

2. 成本计算对象是区分产品成本计算各种基本方法是主要标志。　　（　　　）

3. 在多步骤生产中，为了加强各生产步骤的成本管理，都应当按照生产步骤计算产品成本。　　　　　　　　　　　　　　　　　　　　　　　　　　　（　　　）

4. 在单件小批生产中，产品成本一般在某批产品完工后计算，因而成本计算期是不定期的，与生产周期相一致。　　　　　　　　　　　　　　　　　　　（　　　）

5. 简化的分批法不分批计算在产品成本。　　　　　　　　　　　（　　　）

6. 逐步结转分步法是为了计算半成品而采用的一种分步法。　　　（　　　）

7. 综合结转半成品成本有利于从整个企业角度分析和考核产成品成本的结构。（　　　）

8. 采用平行结转分步法，各步骤可以同时计算产品成本，但各步骤间不结转半成品成本。　　　　　　　　　　　　　　　　　　　　　　　　　　　　（　　　）

9. 凡是尚未最后产成的产品都是广义在产品。　　　　　　　　　（　　　）

10. 不论是综合结转还是分项结转，半成品成本都是随着半成品实物的转移而结转。

                                       （　　　）

四、计算题

1. 某公司按批量组织生产，其中402批号甲产品20台，2月份投产，计划3月完工，2月末提前完工2台。2月份发生下列费用：直接材料费用18 400元，直接人工费用16 200元，制造费用10 400元。2月份完工产品的数量少，按计划成本结转，每台计划成本为：直接材料费用910元，直接人工费用830元，制造费用780元，合计2 520元。3月份发生下列费用：直接人工费600元，制造费用520元。3月末甲产品全部完工。

要求：登记2月份和3月份402批号甲产品成本明细账，计算402批号全部甲产品的实际成本。

402批号甲产品成本明细账如下表10-60：

表10-60　产品成本明细账

投产日期：2月

产品批号：402　　　　　购货单位：公司　　　　完工日期：2月提前完工2台

产品名称：甲　　　　　　批量：20台　　　　　　　　　　　　单位：元

月	日	摘要	直接材料	直接人工	制造费用	合计
2		本月生产费用	18 400	16 200	10 400	45 000
		完工产品成本（计划成本）转出	1 820	1 660	1 560	5 040
		月末在产品成本				
3		本月生产费用		600	520	1 120
		完工产品实际总成本				
		完工产品实际单位产品				

2. 某企业采用平行结转分步法计算乙产品成本。6月份有关资料如下：

（1）

表10-61　产量资料表

项目	第一步骤	第二步骤
月初在产品结存	20	15
本月投入或转出	350	340
本月完工并转出	340	335
月末在产品结存	30	20
完工程度	40%	50%

月初在产品成本和本月生产费用见产品成本明细账。原材料均在每个步骤生产开始时一次投入，直接人工和制造费用随加工进度发生。上述费用在完工产品（应计入

产成品份额）和月末在产品（广义在产品）之间的分配均采用约当产量比例法。

要求：（1）采用约当产量比例法在完工产品和在产品之间分配费用。

（2）登记各个步骤产品成本明细账。

表 10-62　第一生产步骤产品成本明细账

单位：元

项目	直接材料	直接人工	制造费用	合计
月初在产品成本	3 800	1 450	1 850	
本月生产费用	34 700	13 230	16 500	
合计				
应计入产成品成本份额				
月末在产品成本				

表 10-63　第二生产步骤产品成本明细账

单位：元

项目	直接材料	直接人工	制造费用	合计
月初在产品成本	1 400	2 000	2 750	
本月生产费用	12 800	18 700	24 850	
合计				
应计入产成品成本份额				
月末在产品成本				

登记完工产品成本计算表，计算完工产品总成本和单位成本。

表 10-64

产品名称：乙	完工产品成本计算表		产量：335 件	
项目	直接材料	直接人工	制造费用	合计
第一步骤成本份额				
第一步骤成本份额				
产成品总成本				
单位成本				

【案例与分析】

小李应聘到一家纺织厂做成本会计员，财务部老成本会计王师傅向小李介绍了企业的基本情况。该纺织厂规模较大，共有三个纺纱车间，两个织布车间。另外，还有若干为纺纱织布车间服务的辅助生产车间。

该厂第一纺纱车间纺的纱全部对外销售；第二纺纱车间纺的纱供第一织布车间使用，第三纺纱车间纺的纱供第二织布车间使用。各工序生产的半成品直接供下一工序使用，不经过半成品库。

该厂现行的成本计算模式是：第一纺纱车间采用品种法计算成本；第二纺纱车间和第一织布车间采用品种法计算成本；第三纺纱车间和第二织布车间采用逐步结转分步法计算成本。

为了加强企业的成本管理，厂财务部对各车间生产的半成品均要进行考核。另外，主管部门还要对半成品成本情况进行评比和检查。

王师傅问小李，我厂成本计算方法的选择是否合理？如果不合理，应如何改进？同时，王师傅还向小李提供了本企业三个生产车间的生产成本资料，让小李熟悉企业的成本计算过程。有关资料如下：

某产品经过三个生产步骤：第一步骤生产的半成品直接转入第二步骤；第二步骤生产的半成品直接转入第三步骤；在第三步骤生产出产成品。各步骤产品成本明细账见下表。

表 10 - 65　第一步骤产品成本计算单

摘要	产量	直接材料	直接人工	制造费用	合计
在产品成本（定额）		600 000	75 000	69 000	744 000
本月生产费用		1 500 000	144 000	108 000	1 752 000
生产费用合计					
半成品成本	200				
半成品单位成本					
在产品成本（定额）		402 000	54 000	63 000	519 000

表 10 - 66　第二步骤产品成本计算单

摘要	产量	直接材料	直接人工	制造费用	合计
在产品成本（定额）		510 000	45 900	37 200	593 100
本月生产费用			156 000	83 400	

摘要	产量	直接材料	直接人工	制造费用	合计
生产费用合计					
半成品成本	300				
半成品单位成本					
在产品成本（定额）		660 000	54 900	43 500	758 400

表 10 - 67　第三步骤产品成本计算单

摘要	产量	直接材料	直接人工	制造费用	合计
在产品成本（定额）		363 000	17 400	7 200	387 600
本月生产费用			84 000	57 000	
生产费用合计					
产成品成本	200				
产成品单位成本					
在产品成本（定额）		300 000	13 800	5 700	319 500

要求：根据上述资料采用逐步结转分步法计算产品成本。

第十一章　产品成本计算的辅助方法

学习目标

1. 理解分类法、定额法等成本计算辅助方法的主要特点、适用范围和计算程序；
2. 掌握联产品、副产品和等级产品成本的具体计算方法和相应的账务处理；
3. 掌握定额法下定额成本、定额差异、定额变动差异及产品实际成本的计算方法；
4. 理解不同成本计算方法在实践中的运用。

第一节　产品成本计算的分类法

一、分类法的基本内容

产品成本计算的分类法，是以产品类别作为成本计算对象，汇集生产费用，计算各类产品的总成本，然后再按一定的分配方法分配计算类内各种产品成本的一种方法。

在一些企业中，生产的产品品种、规格繁多，若按产品的品种、规格归集生产费用，计算产品成本，则成本计算工作极为繁重。在这种情况下，如果不同品种、规格的产品可以按照一定的标准进行分类，为了简化成本计算工作，就可以采用分类法来计算产品成本。

（一）分类法的特点

1. 分类法的成本计算对象为产品的类别，按类别归集生产费用。
2. 分类法只是成本计算的辅助方法，关于成本计算期如何确定，生产费用是否要在完工产品和月末在产品之间分配等问题，都依它所结合使用的成本计算的基本方法而定。

（二）分类法的适用范围

1. 适用于产品品种、规格繁多，并且可以按照一定标准分类的企业。如：食品厂、制鞋厂等。

2. 适用于工业企业的联产品、副产品以及某些等级产品、零星产品的成本计算。具体如下：

（1）联产品是指企业用同一原材料经过同一生产过程，同时生产出来的几种具有同等地位的主要产品。如化工企业对原油进行提炼，炼出的汽油、煤油、柴油等产品。

（2）副产品是在主要产品的生产过程中附带生产出来的非主要产品。例如炼铁生产中产生的高炉煤气，提炼原油过程中产生的渣油、石油焦，以及制皂生产中产生的甘油等。

（3）等级产品是指品种相同、但质量有差别的产品。注意等级产品与不合格品是不同的概念。

（4）零星产品是指企业在生产主要产品以外，还可能为协作企业等生产的少量零部件，或者自制少量材料和工具、器具等。

二、分类法的计算程序

（一）分类法的计算程序如下

1. 划分产品类别。类别的划分应依据产品的性质、用途、特点、耗用的原材料以及生产工艺过程特点；进行产品分类时，注意类别的确定要适当，兼顾成本计算工作的简化与正确性。

2. 按产品类别设立生产成本明细账。

3. 按规定的成本项目归集生产费用，并按产品的生产类型和成本管理要求选用所要结合使用的成本计算的基本方法：品种法、分批法或分步法，计算出各类产品成本。

4. 选择合理的分配标准计算出类内各种产品的总成本和单位成本。选择类内产品的分配标准时，应当尽量选择与成本水平高低有密切联系且简便易行的分配标准。

假定某企业产品品种、规格繁多，但可以将其按一定的标准分为甲、乙、丙三类产品。其中甲类包括A、B两种产品；乙类包括C、D两种产品；丙类包括E、F、G三种产品。那么产品成本明细账的设置，以及分类法成本计算的一般程序如图11-1所示。

说明：计算各种产品成本应该也包括其完工成本和在产品成本，为了简化计算，这里只计算各种完工产品成本，而在产品成本不再分到每种产品。

同类产品内各种产品之间分配费用的标准，一般有定额消耗量定额费用、售价以及产品的体积、长度和重量等。在选择费用的分配标准时，主要应考虑与产品生产耗费的关系，即应选择与产品各项耗费有密切联系的分配标准。

在类内各种产品之间分配费用时，各成本项目可以按同一个分配标准进行分配；为了使分配标准更加合理，也可以根据各成本项目的性质，分别按照不同的分配标准进行分配。例如，直接材料费用可以按照直接材料定额消耗量或直接材料定额费用比例进行分配，直接人工等其他费用可以按照定额工时比例进行分配。

归集分配生产费用 ⟶ 计算各类产品成本 ⟶ 计算各种产品成本

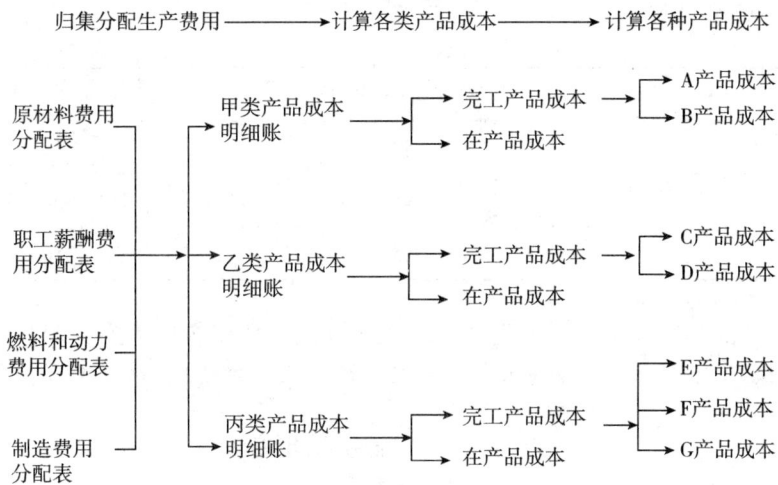

图 11-1　分类法成本计算程序图

(二) 成本在同类产品内部分配的方法 - 系数法

系数法是将分配标准折合成相对固定的系数，按固定的系数来分配类内各产品成本的方法。

产品系数是同类产品中各产品的单位分配标准（消耗量定额、定额成本、售价）与标准产品的单位分配标准的比值。

确定系数时一般是在类内选择一种产量较大、生产比较稳定或规格折中的产品作为标准产品，将这种产品的系数定为"1"；再用其他各种产品的分配标准额分别与标准产品的分配标准额作比较，计算出其他各种产品的分配标准额与标准产品的分配标准额的比率，即系数。系数一经确定，在一定时期内应相对稳定。在实际工作中，也采用按照标准产品产量比例分配类内各种产品成本的方法，即将各种产品的产量按照系数进行折算，折算成标准产品产量，然后按照标准产品产量的比例分配类内各种产品成本，这也是一种系数分配法。

下面举例介绍分类法下类内各种产品成本的分配问题。

【例 11-1】 某企业生产的甲、乙、丙三种产品的结构、所用原材料和工艺过程基本相同，合并为一类（A 类），采用分类法计算成本。类内各种产品之间分配费用的标准为：直接材料费用按各种产品的直接材料费用系数分配，直接材料费用系数按直接材料费用定额确定；其他费用按定额工时比例分配。与甲、乙、丙三种产品成本计算有关的数据以及成本计算过程如下：

（1）根据直接材料费用定额计算直接材料费用系数，见表 11-1。

表 11 - 1

单位：元

产品名称	直接材料费用定额	直接材料费用系数
甲（标准产品）	350	1
乙	315	280 ÷ 350 = 0.9
丙	385	385 ÷ 350 = 1.1

（2）按产品类别（A类）开设产品成本明细账。根据各项生产费用分配表登记产品成本明细账，计算该类产品成本（在产品定额成本计价法），见表 11 - 2。

表 11 - 2　产品成本明细账

产品名称：A类　　　　　　　　　　201 × 年 × 月　　　　　　　　　　单位：元

摘要	直接材料	直接人工	制造费用	成本合计
月初在产品成本	19 950	8 000	12 000	39 950
本月费用	896 300	52 930	72 645	1 021 875
生产费用合计	916 250	60 930	84 645	1 061 825
产成品成本	892 800	49 500	67 500	1 009 800
月末在产品成本	23 450	11 430	17 145	520 25

（3）分配计算甲、乙、丙三种产品的产成品成本。根据各种产品的产量、原材料费用系数和工时消耗定额，分配计算 A 类甲、乙、丙三种产品的产成品成本，见表 11 - 3。

表 11 - 3　各种产品成本计算表

201 × 年 × 月

项目	产量（件）	直接材料费用系数	直接材料费用总系数	工时消耗定额	定额工时	直接材料	直接人工	制造费用	成本合计
①	②	③	④ = ② × ③	⑤	⑥ = ② × ⑤	⑦ = ④ × 分配率	⑧ = ⑥ × 分配率	⑨ = ⑥ × 分配率	⑩
分配率						360	11	15	
甲产品	1 000	1	1 000	1.8	1 800	360 000	19 800	27 000	406 800
乙产品	750	0.9	675	2.5	1 500	243 000	16 500	22 500	282 000
丙产品	800	1.1	880	1.5	1 200	316 800	13 200	18 000	348 000
合计			2 480		4 500	892 800	49 500	67 500	1 009 800

表 11 -3 中各种费用分配率的计算如下：

$$直接材料费用分配率 = \frac{892\,800}{2\,480} = 360$$

$$直接人工费用分配率 = \frac{49\,500}{4\,500} = 11$$

$$制造费用分配率 = \frac{67\,500}{4\,500} = 15$$

（三）分类法的优缺点和应用条件

优点：采用分类法计算产品成本，领料单、工时记录等原始凭证和原始记录可以只按产品类别填列，在各种费用分配表中可以只按产品类别分配费用，产品成本明细账可以只按产品类别开设，不仅能简化成本计算工作，而且能够在产品品种、规格繁多的情况下，分类掌握产品成本情况。

缺点：由于在类内各种产品成本的计算中，不论是间接计入费用还是可以直接计入费用，都是按一定的分配标准按比例进行分配的，因而计算结果有一定的假设性。因此，在分类法下，产品的分类和分配标准（或系数）的选定是否适当，是一个关键性问题。

应用条件：正确划分产品类别，适当选择类别和分配标准，做到既简化成本计算工作，又使成本计算相对正确，是应用分类法的关键所在；当产品结构、所用原材料或工艺过程发生较大变动时，应该及时调整类别、修订分配系数或考虑另选分配标准。

三、联产品、副产品和等级产品成本的计算

（一）联产品成本的计算

联产品是指使用相同原材料，经过同一加工过程，同时生产出的各种主要产品。例如炼油厂用原油经过同一生产过程加工提炼出汽油、煤油和柴油等产品；奶制品厂可同时生产出牛奶、奶油等产品。联产品所经过的同一加工过程，可称为联产过程；在联产过程中所发生的成本，可称为联合成本。

联产品由于所用的原材料和生产过程相同，因此，只能将其归为一类，采用分类法计算成本。从最终出售角度看，联产品的生产可以由两种情况：（1）有的联产品经过联产过程后，即可出售，在这种情况下，某种联产品应分摊的联合成本就是该种联产品的全部成本。（2）有些联产品在经过联产过程分离出来后，需要进一步加工后才能出售，这些联产品的成本是分离前的成本（即应分摊的联合成本）加上分离后的加工成本。

由上述联产品生产的特定情况所决定，联产品成本的计算可以分为两个阶段：第一阶段，采用分类法计算联合成本，即以联产品为一类汇集生产费用计算联产品联合成本，并采用适当的方法将联合成本在各种联产品之间进行分配，计算各种联产品应分摊的联合成本；第二阶段，对于分离后还需进一步加工的联产品，还应采用适当方法分配计算其由于继续加工而应负担的成本，从而计算其全部成本。

在联产品成本的计算中，各种联合成本的分配可以按各种联产品的产量比例、售价比例或定额成本比例等进行分配，也可以将这些分配标准预先折算成为系数，按系数进行分配。

【例 11-2】某企业生产甲、乙、丙三种联产品。这三种联产品经同一生产过程加工后即可出售。本月完工产品应负担的各项费用以及产量分别见表 11-4 和表 11-5。联产品的联合成本按照各种联产品的产量比例进行分配。

表 11-4　联产品联合成本资料

201×年×月

项目	直接材料	直接人工	制造费用	合计
联合成本	90 000	110 000	50 000	250 000

表 11-5　联产品产量资料

产品名称	产量（公斤）
甲产品	5 000
乙产品	3 000
丙产品	2 000
合计	10 000

根据表 11-4 和表 11-5 的资料可以编制联合成本分配计算表如表 11-6 所示。

表 11-6　联合成本分配计算表

201×年×月

产品名称	产量（公斤）	直接材料		直接人工		制造费用		计
		分配率	分配额	分配率	分配额	分配率	分配额	
甲产品	5 000		45 000		55 000		25 000	125 000
乙产品	3 000		27 000		33 000		15 000	75 000
丙产品	2 000		18 000		22 000		10 000	50 000
合计	10 000	9	90 000	11	110 000	5	50 000	250 000

联合成本计算分配表中各项费用的分配率计算如下：

$$直接材料分配率 = \frac{90\,000}{10\,000} = 9$$

$$直接人工分配率 = \frac{110\,000}{10\,000} = 11$$

$$制造费用分配率 = \frac{50\,000}{10\,000} = 5$$

【例11-3】某企业用同一种原材料，在同一个生产工艺过程中生产出甲、乙、丙三种联产品。企业采用系数法分配联合成本，以甲产品为标准产品，以售价作为折算标准。甲、乙、丙三种产品分离后均可以直接对外出售，其中丙产品也可以作为本企业的自制半成品，继续加工成为A产品。丙产品的收发通过自制半成品库进行，其成本结转采用综合结转法，其结转成本按全月一次加权平均法计算。本月（10月）有关产品产量、单位售价和成本资料如表11-7、表11-8所示。

表11-7　产品产量和单位售价资料

201×年10月

产品名称	产量（件）	单位售价（元）
甲产品	1 000	100
乙产品	500	200
丙产品	600	250

表11-8　分离前后有关成本资料

201×年10月

单位：元

项目	直接材料	直接人工	制造费用	合计
甲、乙丙产品联合成本	140 000	35 000	42 000	217 000
A产品本月应负担的加工费用		15 600	11 300	26 900
A产品月初在产品成本	18 000	3 400	2 700	24 100

表11-8分离前的联合成本为本月完工的甲、乙、丙三种联产品应共同负担的成本；A产品本月应负担的加工费用是本月用于A产品的加工费用。

根据上述资料，应首先计算各种联产品的折算系数，并根据系数将各种产品的实际产量折合为标准产品产量；其次，按标准产量将联合成本在甲、乙、丙三种联产品之间进行分配，并编制联合成本分配计算表；最后，在A产品成本计算单中计算A产品成本。

（1）将各种产品的实际产量按照折算系数折合成为标准产品产量。其计算结果如表11-9所示。

表11-9　系数和标准产品产量计算表

201×年10月

产品名称	产量（件）	单位售价（元）	折算系数	标准产品产量
甲产品	1 000	100	1	1 000
乙产品	500	200	2	1 000
丙产品	600	250	3	1 500
合计	1 800	—	—	3 500

（2）将联合成本在甲、乙、丙三种联产品之间进行分配，并编制联合成本分配计算表如表 11 - 10 所示。

表 11 - 10   联合成本分配计算表

产品名称	标准产量（件）	直接材料		直接人工		制造费用		合计
		分配率	分配额	分配率	分配额	分配率	分配额	
甲产品	1 000		40 000		10 000		12 000	62 000
乙产品	1 000		40 000		10 000		12 000	62 000
丙产品	1 500		60 000		15 000		18 000	93 000
合计	3 500	40	140 000	10	35 000	12	42 000	217 000

根据产品的验收入库单和联合成本分配计算表，编制会计分录如下：

借：库存商品——甲   62 000

      ——乙   62 000

  自制半成品——丙   93 000

    贷：生产成本——基本生产成本   217 000

（3）根据产品入库单登记自制半成品明细账（丙半成品）如表 11 - 11 所示。

表 11 - 11   自制半成品明细账

半成品名称：丙半成品   单位：元

月份	月初余额		本月增加		合计			本月减少	
	数量	实际成本	数量	实际成本	数量	实际成本	单位成本	数量	实际成本
10	100	19 000	600	93 000	700	112 000	160	400	64 000
11	300	48 000							

根据丙半成品领用单（生产 A 产品耗用），编制会计分录：

借：生产成本——基本生产成本——A 产品   64 000

    贷：自制半成品——丙半成品   64 000

根据以上有关资料计算登记 A 产品成本明细账，如表 11 - 12 所示。

表 11 – 12 产品成本明细账

产品名称：A 产品　　　　　　　　　　　　　　　　　　　　　　　　　　　　　　单位：元

摘要	产量	直接材料	直接人工	制造费用	成本合计
月初在产品（定额成本）		18 000	3 400	2 700	24 100
本月费用		64 000	15 600	11 300	90 900
合计	550	82 000	19 000	14 000	115 000
完工产品		74 250	17 200	12 650	104 100
单位成本		135	31. 27	23	189. 27
月末在产品（定额成本）		7 750	1 800	1 350	10 900

根据 A 产品的验收入库单，编制会计分录：

借：库存商品——A 产品　　　　　　　　　　　　　　　　104 100

　　贷：生产成本——基本生产成本　　　　　　　　　　　　104 100

（二）副产品成本的计算

副产品是在主要产品的生产过程中附带生产出来的非主要产品。例如炼铁生产中产生的高炉煤气，提炼原油过程中产生的渣油、石油焦，以及面粉生产过程中产出的麸皮等。副产品虽然不是企业的主要产品，所占的费用比重不大，但它亦有一定的经济价值，因而也应该加强管理和核算。

副产品不是企业既定的生产目标，价值一般较低，在企业产品销售收入中所占比重很小，通常是将副产品按照一定的标准作价，从分离前的联合成本中扣除。

如果副产品的比重较大，且价值较高，为正确计算主、副产品，可将其视同联产品计算成本。

副产品的成本计算的关键在于副产品的计价问题。副产品的计价不能过高或过低，以免将主产品的超支转嫁到副产品上或将副产品的亏损转嫁到主产品上。如果副产品的售价不能抵偿其销售费用，则副产品不应计价，即不从主产品中扣除其价值。副产品在与主产品分离前，一般不单独发生生产费用，因而不存在生产费用的归集问题，只有在分离后需要进一步加工的情况下，才可能发生生产费用并单独归集。副产品一般系主产品所耗原材料成分的聚集，故其成本构成主要以材料费用为主。

1. 分离后直接销售的副产品的计价

（1）副产品不计算成本。当副产品经济价值较小时，副产品不负担分离点前发生的任何成本，全部生产费用均为主产品成本。该法计算简便，但会高估主产品成本。

（2）副产品按固定或计划单位成本计价。主副产品分离后，将副产品成本从联合成本中扣除。当副产品的成本中原材料所占的比重较大，或者副产品成本占联合成本的比重较小时，应将其成本从主产品生产成本明细账"原材料"成本项目中扣除；当副产品各个成本项目的比重相差不大，或者副产品在联合成本中占有一定比重时，应将其成本按比例从联合成本明细账的各个成本项目中扣除。

（3）副产品按销售价格扣除费用、销售税金后的余额计价，或者按售价减去正常利润率计算的销售利润后的余额计价。副产品成本可以从联合成本明细账"原材料"成本项目中扣除，也可以按比例从联合成本明细账的各个成本项目中扣除。该法适用于副产品价值较高的情况，计算较为简便，但在副产品市价波动较大时，其成本将大受影响，进而影响到主产品成本计算的正确性。

（4）联合成本在主副产品之间分配。该法主要是在副产品比重较大，且副产品经济价值较高时，为正确核算主副产品成本而采用的一种方法。采用该法，应将主副产品视同联产品，采用一定标准在主副产品之间分配生产费用，并分别计算出各自的成本。

2. 分离后副产品需进一步加工的成本计价

（1）副产品只负担可归属成本。

（2）副产品不仅负担可归属成本，而且负担分离点前的联合成本。

注："可归属成本"应根据其生产特点和管理要求，选择适当的成本计算方法计算出其实际成本。但如果加工时间较短且费用较小，为了简化成本计算工作，也可按事先测定的计划单位成本计价，而不计算继续加工副产品的实际成本。

【例 11 - 4】假设某企业在生产主要产品甲产品的同时，附带生产出乙、丙、丁三种副产品。乙种产品按售价扣除销售税金等有关项目后的余额计价，并按比例从联合成本各成本项目中扣除；丙副产品按计划成本计价，从联合成本的直接材料项目中扣除；丁副产品由于数量较少、价值较低采用简化的方法不予计价。本年 3 月有关产量、成本资料见表 11 - 13，11 - 14。

表 11 - 13　产量、单价、计划成本资料

产品名称	产量	单位售价	单位税金	单位销售费用	计划单位成本
甲	1 500				
乙	270	40	5	6	
丙	80				20
丁	1				

表 11 - 14　有关成本费用资料

项目	直接材料	直接人工	制造费用	合计
本月主副产品共同成本	36 000	10 000	4 000	50 000
乙产品分离后加工费用		500	580	1 080

要求：计算各种主副产品的总成本和单位成本。

成本计算过程如下：

首先计算出共同成本中各成本项目占的比重。

$$直接材料 = \frac{36\,000}{50\,000} = 72\%$$

$$直接人工 = \frac{4\,000}{50\,000} = 8\%$$

$$制造费用 = \frac{10\,000}{50\,000} = 20\%$$

再分别计算各种产品成本：

丁产品由于数量较少，不予计价，所以成本为0。

丙产品按计划成本计价，单位成本20，总成本 = 80 × 20 = 1 600，直接从直接材料中扣除。

乙种产品按售价扣除销售税金等有关项目后的余额计价，并按比例从联合成本各成本项目中扣除。

乙产品的总成本 = 270 × (40 − 5 − 6) = 7 830，其中分离后的费用为1 080元，所以分离前的成本为7 830 − 1 080 = 6 750，按照各成本项目占总成本的比重可以把6 750元分解为直接材料4 860（6 750 × 72%），直接人工540（6 750 × 8%），制造费用1 350（6 750 × 20%）。

甲产品的成本用倒挤的方法计算，从共同成本中减去丙产品和乙产品的成本即可求得。结果如下表11 − 15。

表11 − 15 产品成本计算表

项目		直接材料	直接人工	制造费用	合计
共同成本	金额	36 000	4 000	10 000	50 000
	比重	72%	8%	20%	100%
丙产品（80吨）	总成本	1 600			1 600
	单位成本	20			20
乙产品（270吨）	分离前成本	4 860	540	1 350	6 750
	分离后费用		500	580	1 080
	合计成本	4 860	1 040	1 930	7 830
	单位成本	18	3.85	7.15	29
甲产品（1 500吨）	总成本	29 540	3 460	8 650	41 650
	单位成本	19.69	2.31	5.77	27.77

有些企业，除生产主要产品外，有时还为其他单位提供少量加工、修理等作业。在这些作业费用比重很小的情况下，为了简化核算也可以比照副产品的成本计算方法，将其与主要产品合为一类归集费用，然后将这些作业按照固定价格计价，从总的生产

费用中扣除，以扣除后的余额作为主要产品的成本。

在工业企业的基本生产车间，除生产主要产品外，还为企业内部的其他车间、部门提供少量的加工和修理作业的情况下，这些作业可以按照计划单位成本计价结算，不必计算和调整其成本差异，将其成本差异由主要产品负担，这样做，不仅可以简化计算工作，而且便于车间的成本考核和分析。

（三）等级品的成本计算

等级品是指品种相同，但在质量上有差别的产品。按造成产品质量差别的原因不同，等级品可以分为两种，一种是由于材料的质量、工艺过程不同或由于自然的原因造成的等级品，如洗煤时可以把原煤自然分成大、中、小块；另一种是由于经营管理或技术操作的原因形成的等级品，如织布时出现的跳线布等，其质量差，售价低。

等级品的成本计算方法，应根据企业的具体情况加以确定。

如果产生等级品是由于材料质量、工艺过程本身等特点或自然原因造成的，则应采用适当的方法计算各种等级品的产品成本。计算时，可将各种等级品作为一类产品，计算分类产品的联合成本，再根据按各种等级品的售价等标准确定的系数，将各等级品产量折合为标准产量，采用标准产量比例法分配联合成本，以分配的联合成本作为各等级产品的成本。

如果是由于生产管理不当、操作失误造成的等级品，在这种情况下，因为等级品用料相同，工艺过程也相同，则其成本也应相同，所以，应采用实际产量比例法，将等级品的联合成本直接按各等级产品实际产量平均计算，从而使各等级产品单位成本水平一致。这样，等级品由于降价销售所带来的损失，正是企业需努力改善之处。

【例11-5】某织布厂201×年×月生产布匹100 000匹，由于所用原材料质量有所不同，其中一等品20 000匹、二等品50 000匹、三等品30 000匹。以售价作为分配标准，以一等品作为标准产品，采用系数法分配共同成本。有关成本、售价资料见表11-16、表11-17。

表11-16 产品成本明细账
201×年×月
单位：元

项目	直接材料	直接人工	直接燃料和动力	制造费用	合计
本月完工产品	550 000	230 000	80 000	115 000	975 000

表11-17

项目	一等品	二等品	三等品
单位售价	20	16	12

根据上述资料，分配各等级布匹的成本，编制等级产品成本本计算表，如表11-18所示。

表 11 - 18 等级产品成本计算表

项目 等级	产量 （条） ①	单价 ②	系数 ③	标准产量 （总系数） ④ = ①×③	分配率 ⑤ = $\sum$⑥ ÷ $\sum$④	总成本 ⑥ = ⑤×④	单位成本 ⑦ = ⑥÷①
一等品	20 000	20	1	20 000	—	250 000	12.5
二等品	50 000	16	0.8	40 000	—	500 000	10
三等品	30 000	12	0.6	18 000	—	225 000	7.5
合计	10 0000	—	—	78 000	12.5	975 000	—

第二节 产品成本计算的定额法

一、定额法的基本内容

定额法是为了及时核算和监督实际生产费用和产品成本脱离定额的差异，加强定额管理和成本控制而采用的一种产品成本计算的辅助方法。

在前面所介绍的成本计算方法——品种法、分批法、分步法和分类法下，生产费用的日常核算，都是按照其实际发生额进行，产品的实际成本也都是根据实际生产费用计算的。因此，生产费用和产品成本脱离定额的差异及其发生的原因，只有在月末时通过实际资料与定额资料的对比、分析才能得到反映，而不能在月份内生产费用发生的当时得到反映。这不利于加强定额管理，及时对产品成本进行控制和管理，不能更有效地发挥成本核算对于节约费用、降低成本的作用。

产品成本计算的定额法，就是为了克服上述几种成本计算方法的弱点，解决及时反映和监督生产费用和产品成本脱离定额的差异，把产品成本的计划、控制、核算和分析结合在一起，以便加强成本管理，从而采用的一种成本计算方法。

（一）定额法的主要特点是

1. 将事先制定的产品消耗定额、费用定额和定额成本作为降低成本的目标。

2. 在生产费用发生的当时，就将符合定额的费用和发生的差异分别核算，以加强对成本差异的日常核算、分析和控制。

3. 月末，在定额成本的基础上，加减各种成本差异，计算产品的实际成本，为成本的定期考核和分析提供数据。

（二）定额法的一般计算程序如下

1. 按所结合的成本计算的基本方法所确定的成本计算对象，如产品品种、批别、生产步骤等设置生产成本明细账（或成本计算单），账内按成本项目分别设置定额成本、脱离定额差异、材料成本差异和定额变动差异等专栏。其余明细账按所结合的基本方法的要求设置。

2. 根据产品的实际产量，并以现行消耗定额和费用定额为依据，制定产品的定额成本，作为降低产品成本、节约费用支出的目标。

3. 如果月初进行生产耗费的消耗定额或计划价格的修订，还要计算月初的定额变动差异，并据以调整月初在产品的定额成本。

4. 根据各个成本项目的脱离定额差异凭证，汇总计算产品的脱离定额差异，计入生产成本明细账（或成本计算单）。

5. 在定额法下，材料一般是按计划成本计算的，以便于对其消耗定额进行考核，故月末要根据本月的材料成本差异率，计算材料成本差异。

6. 月末，企业应将月初结转和本月发生的脱离定额差异和定额变动差异分别汇总，其中需要分配的差异，要按成本项目计算差异分配率，按照企业确定的成本计算方法，在完工产品和月末在产品之间进行分配。根据完工产品的入库单，按成本项目计算完工产品成本及应负担的差异，求得完工产品的实际总成本和单位成本。

定额法下：实际成本 = 定额成本 ± 脱离定额差异 ± 材料成本差异 ± 定额变动差异

二、定额成本的计算

（一）定额成本的概念

在定额法下，企业应将实际生产费用分为符合定额的耗费和不符合定额的耗费两部分，分别核算，并予以汇总。其中，符合定额的耗费即为定额成本。

1. 定额成本与计划成本的联系

（1）企业制定的定额成本和计划成本都是成本控制的目标；

（2）两者都是按产品生产耗费定额和计划价格为根据确定的，计算公式相同。

2. 定额成本与计划成本的区别

（1）计划成本在计划期内通常是不变的，定额成本在计划期内则是变动的。

（2）计划成本一般是国家或上级公司等管理机构在计划期内对企业进行成本考核的依据；而定额成本是企业自行制定的，是日常（事中）成本控制的依据，是月末产品实际成本的计算基础，也是进行（事后）成本考核、分析的依据。

（二）定额成本的核算

采用定额法计算产品成本，必须首先制定产品的原材料、动力、工时等消耗定额，并根据各项消耗定额和原材料的计划单价、计划的直接人工费用率（计划每小时直接人工费用）或计件工资单价、制造费用率（计划每小时制造费用）等资料，计算产品的各项费用定额和产品的单位定额成本。

单位产品定额成本或计划成本 = 直接材料费用定额 + 直接人工费用定额 + 制造费用定额

其中：直接材料定额 = 产品原材料消耗定额 × 原材料计划单价

直接人工定额 = 产品生产工时定额 × 计划小时工资率

制造费用定额 = 产品生产工时定额 × 计划小时制造费用率

直接人工和制造费用，通常是按生产工时比例分配计入产品成本的，因而其计划单价通常是计划的每小时各项费用额。各项费用定额的合计数，就是单位产品的定额成本或计划成本。

由上述可知，所谓产品的定额成本，也就是根据各种有关的现行定额计算的成本。制定定额成本，可以使企业的成本控制和考核更加有效，更加符合实际，从而保证成本计划的完成。

产品单位定额成本的制定，应包括零件、部件的定额成本和产成品的定额成本，常由计划、会计等部门共同制定。一般是先制定零件的定额成本，然后汇总计算部件和产成品的定额成本。如果产品的零部件较多，为了简化计算工作，可以不计算零件的定额成本，而是直接根据零件定额卡所列的零件的原材料消耗定额、工序计划和工时消耗定额，以及原材料的计划单价、计划的直接人工费用率和计划的制造费用率等，计算部件定额成本，然后汇总计算产成品定额成本；或者根据零部件定额卡和原材料计划单价、计划的直接人工费用率和计划的制造费用率等，直接计算产成品定额成本。

需要指出的是，编制定额成本计算表时，所采用的成本项目和成本计算方法，应与编制计划成本、计算实际成本时所采用的成本项目和成本计算方法一致，以便成本考核和成本分析工作的进行。

零件定额卡和部件定额成本计算卡的格式分别见表 11 - 19 和表 11 - 20，产品定额成本计算表见表 11 - 21。

表 11 - 19　零件定额卡

零件编号、名称：211　　　　　　　　　201 × 年 × 月

材料编号、名称	计量单位	材料消耗定额
101	千克	5
工序编号	工时定额	累计工时定额
1	2	2
2	3	5

表 11 - 20　部件定额成本计算卡

部件编号、名称：310　　　　　　　　　201 × 年 × 月

所需零件编号、名称	零件数量	材料定额 101 数量	材料定额 101 计划单价	材料定额 101 金额	材料定额 102 数量	材料定额 102 计划单价	材料定额 102 金额	金额合计	工时定额
211	3	15	5	75				75	15

所需零件编号、名称	零件数量	材料定额						金额合计	工时定额
		101			102				
		数量	计划单价	金额	数量	计划单价	金额		
212	2				8	4	32	32	12
装配									4
合计			75			32	107	31	

	定额成本项目				
直接材料	直接人工		制造费用		定额成本合计
	计划费用率	金额	计划费用率	金额	
107	7.5	232.5	4	124	463.5

表 11 – 21　产品定额成本计算表

产品编号：400　　　　　　　　　产品名称：甲

所用部件编号或名称	所用部件数量	直接材料费用定额		工时定额	
		部件	产品	部件	产品
310	2	107	214	31	62
320	2	110	220	30	60
装配					12
合计			434		134

	产品定额成本项目				
直接材料	直接人工		制造费用		产品定额成本合计
	计划费用率	金额	计划费用率	金额	
434	7.5	1 005	4	536	1 975

三、脱离定额差异的计算

脱离定额差异，是指在生产过程中，各项生产费用的实际支出脱离现行定额或预算的数额。脱离定额差异的核算，就是在发生生产费用时，为符合定额的费用和脱离定额的差异，分别编制定额凭证和差异凭证，并在有关的费用分配表和明细分类账中分别予以登记。这样，就能及时正确地核算和分析生产费用脱离定额的差异，控制生产费用支出。因此，对定额差异的核算是实行定额法的重要内容。为了防止生产费用的支出，避免浪费和损失，差异凭证填制以后，还必须按照规定办理审批手续。

（一）直接材料脱离定额差异的核算

在各成本项目中，直接材料费用（包括自制半成品费用）一般占有较大比重，且属于直接计入费用，因而更有必要和可能在费用发生的当时就按产品核算定额费用和脱离定额的差异，并以不同的凭证予以反映。

直接材料脱离定额差异的核算方法，一般有限额法，切割核算法和盘存法三种。

1. 限额法

为了控制材料的领用，在定额法下，原材料的领用应该实行限额领料（或定额发料）制度，符合定额的原材料用根据限额的领料单等定额凭证领发。由于其他原因发生的超额用料或代用材料的用料，则应填制专设的超额领料单、代用材料领料单等差异凭证，经过一定的审批手续后领发。为了减少凭证的种类，这些差异凭证也可用普通领料单代替，但应以不同的颜色或加盖专用的戳记，以示区别。在差异凭证中，应填写差异的数量、金额以及发生差异的原因。差异凭证的签发，需经过一定的审批手续，其中由于采用代用材料、利用废料和材料质量低劣等原因而引起的脱离定额差异，通常由技术部门审批。对于采用代用材料和废料利用，还应在有关的限额领料单中注明，并从原定的限额中扣除。

在每批生产任务完成以后，应根据车间余料编制退料手续，退料单也是一种差异凭证。退料单中的原材料数额和限额领料单中的原材料余额，都是原材料脱离定额的节约差异。

其计算公式为：

某产品直接材料脱离定额的差异 = 该产品材料实际耗用量 – 该产品材料定额耗用量 × 材料计划单位成本

应指出的是，直接材料脱离定额差异是产品生产中实际用料脱离现行定额而形成的成本差异，而限额法并不能完全控制用料，上述差异凭证所反映的差异往往只是领料差异，而不一定是用料差异。这是因为，投产的产品数量不一定等于规定的产品数量；所领原材料的数量不一定等于规定的产品数量；所领原材料的数量也不一定等于原材料的实际消耗量，即期初、期末车间可能有余料。因此，应按下式计算本期直接材料的实际消耗量：

本期直接材料实际消耗量 = 本期领用材料数量 + 期初结余材料数量 – 期末结余材料数量

【例 11 – 6】某限额领料单规定的产品数量为 1 000 件，每件产品的直接材料消耗定额为 5 千克，则领料限额为 5 000 千克，本月实际领料 4 900 千克，领料差异为少领 100 千克。现假定有以下三种情况：

1）本期投产产品数量符合限额领料单规定的产品数量，即为 1 000 件，且期初、期末均无余料。则上述少领 100 千克的领料差异就是用料脱离定额的节约差异。

2）本期投产产品数量仍为 1 000 件，但车间期初余料为 100 千克，期末余料为 110 千克，则

直接材料定额消耗量 = 1 000 × 5 = 5 000（千克）

直接材料实际消耗量 =4 900 + 100 - 110 = 4 890（千克）

直接材料脱离定额差异 = 4 890 - 5 000 = - 110（千克）（节约）

3）本期投产产品数量为 900 件，车间期初余料为 100 千克，期末余料为 120 千克，则

直接材料定额消耗量 = 900 × 5 = 4 500（千克）

直接材料实际消耗量 = 4 900 + 100 - 120 = 4 880（千克）

原材料脱离定额差异 = 4 880 - 4 500 = + 380（千克）（超支）

由此可见，只有投产产品数量等于规定的产品批量，且车间期初、期末均无余料或期初、期末余料数量相等时，领料（或发料）差异才是用料脱离定额的差异。

2. 切割核算法

对于某些贵重材料或经常大量使用的，且又需要经过在准备车间或下料工段切割后才能进一步进行加工的材料，例如，板材、棒材等，还应采用材料切割核算单。通过材料切割核算单，核算用料差异，控制用料。

材料切割核算单，应按切割材料的批别开立，在单中要填明切割材料的种类、数额、消耗定额和应切割成的毛坯数量。切割完毕后，要填写实际切割成的毛坯数量和材料的实际耗量；然后根据实际切割成的毛坯数量和消耗定额，即可求得材料定额消耗量，再将此与材料实际消耗量相比较，即可确定脱离定额差异。材料定额消耗量、脱离定额的差异，以及发生差异的原因均应填入单中，并由主管人员签证。材料切割核算单的格式见表 11 - 22。

表 11 - 22　材料切割核算单

材料编号或名称：1105　　　　　材料计量单位：千克　　　　　材料计划单价：7.50 元

产品名称：甲　　　　　　　　　零件编号或名称：105　　　　　　　　　　图纸号：609

切割工人工号和名字：155 李军　　　　　　　　　　　　　　　　机床编号：411

发交切割日期：201×年×月×日　　　　　　　　　完工日期：201×年×月×日

发料数量	退回余额数量	材料实际消耗量	废料回收数量
136	5	131	13.5

单件消耗定额	单件回收废料定额	应割成的毛坯数量	实际割成的毛坯数量	材料定额消耗量	材料定额回收量
10	0.5	13	12	120	6

材料脱离定额差异		废料脱离定额差异			差异原因	责任者
数量	金额	数量	单价	金额	未按规定要求操作，因而多留了边料，减少了毛坯	切割工人
11	82.50	-7.5	1.20	-9		

　＊回收废料超过定额的差异可以冲减材料费用，故列负数；相反，低于定额的差异列正数

采用材料切割核算单进行材料切割的核算，能及时反映材料的使用情况和发生差异的具体原因，有利于加强对材料消耗的控制和监督。

3. 盘存法

在大量生产，不能按照上述分批核算原材料脱离定额差异的情况下，除仍要使用限额领料单等定额凭证和超额领料单等差异凭证，以便控制日常材料的实际消耗外，应定期通过盘存的方法核算差异。

1）根据完工产品数量和在产品盘存（实地盘存或账面结存）数量算出投产产品数量，再乘以原材料消耗定额，算出原材料定额消耗量。其中投产产品数量的计算公式如下：

本期投产产品数量 = 本期完工产品数量 + 期末在产品数量 − 期初在产品数量

2）根据限额领料单、超额领料单、退料单等材料凭证以及车间余料的盘存数量，计算原材料实际消耗量。

3）将原材料实际消耗量与定额消耗量进行比较，进而确定原材料脱离定额的差异。

应当指出的是，按照上列公式计算本期投产产品数量，必须具备下述条件：即原材料在生产开始时一次投入，期初和期末在产品都不再耗用原材料。如果原材料是随着生产的进行陆续投入，在产品还要耗用原材料，那么上列公式中的期初和期末在产品数量应改为按原材料消耗定额计算的期初和期末在产品的约当产量。

【例 11 – 7】 生产甲产品耗用 A 材料。甲产品期初在产品为 50 件，本期完工产品为 1 100 件，期末在产品为 150 件。生产甲产品用原材料系在生产开始时一次投入，甲产品的原材料消耗定额为每件 3 千克，原材料的计划单价为每千克 10 元。限额领料单中载明的本期已实际领料数量为 3 400 千克。车间期初余料为 50 千克，期末余料为 30 千克。有关数据计算如下：

投产产品数 = 1 100 + 150 − 50 = 1 200（件）

直接材料定额消耗 = 1 200 × 3 = 3 600（千克）

直接材料实际消耗 = 3400 + 50 − 30 = 3 420（千克）

直接材料脱离定额差异（数量）= 3 420 − 3 600 = − 180（千克）（节约）

直接材料脱离定额差异（金额）= − 180 × 10 = − 1 800（元）（节约）

（二）直接人工费用脱离定额差异的计算

直接人工费用脱离定额差异的核算，因企业所采用的工资制度的不同而不同。

计件工资制下，生产工人工资属于直接计入费用，其脱离定额差异的计算与原材料脱离定额差异的计算相似。

计时工资制下，生产工人工资属于间接计入费用，其脱离定额差异不能在平时按照产品直接计算，只有在月末实际生产工人工资确定以后才可计算。

如果直接人工费用属于直接计入费用，则某种产品的直接人工费用脱离定额差异可按下式计算：

某种产品直接人工费用脱离定额的差异 = 该产品实际直接人工费用 −（该产品实际产量 × 该产品直接人工费用定额）

如果直接人工费用属于间接计入费用，则产品的直接人工费用脱离定额差异应该按照下列公式计算：

$$计划单位小时直接人工费 = \frac{某车间计划产量的定额直接人工直接费用总额}{该车间计划产量的定额生产工时}$$

$$实际单位小时直接人工费用 = \frac{该车间实际直接人工费用总额}{该车间实际生产工时总额}$$

某产品的定额直接人工费用 = 该产品实际产量的定额生产工时 × 计划单位小时直接人工费用

某产品的实际直接人工费用 = 该产品实际产量的实际生产工时 × 实际单位小时直接人工费用

某产品直接人工费用脱离定额的差异 = 该产品实际直接人工费用 − 该产品定额直接人工费用

从以上计算公式可以看出，要降低单位产品的计时直接人工费用，必须降低单位小时的直接人工费用和单位产品的生产工时。为此，企业不仅要严格控制直接人工费用总额，使之不超过计划；还要充分利用工时，使生产工时总额不低于计划；并且要控制单位产品的工时消耗，使之不超过工时定额。为了降低单位产品的计时直接人工费用，在定额法下，应加强日常控制，通过核算工时脱离定额差异的方法，监督生产工时的利用情况和工时消耗定额的执行情况。为此，在日常核算中，要按照产品核算定额工时、实际工时和工时脱离定额的差异，并及时分析产生差异的原因。

【例 11 − 8】 北方公司某车间某月份计划产量的定额直接人工费用为 15 000 元，计划产量的定额生产工时为 3 000 小时；本月实际直接人工费用为 15 860 元，实际生产工时为 3 050 小时；本月甲产品定额工时为 1 840 小时，实际生产工时为 1805 小时。甲产品定额直接人工费用和直接人工费用脱离定额的差异计算如下：

$$计划每小时直接人工费用 = \frac{15\,000}{3\,000} = 5（元）$$

$$实际每小时直接人工费用 = \frac{15\,860}{3\,050} = 5.2（元）$$

甲产品的定额直接人工费用 = 1 840 × 5 = 9 200（元）

甲产品的实际直接人工费用 = 1 805 × 5.2 = 9 386（元）

甲产品直接人工费用脱离定额的差异 = 9 386 − 9 200 = 186（元）

（三）制造费用及其他费用脱离定额差异的计算

制造费用，一般来说属于间接计入费用，在日常核算中不能按照产品直接确定费用脱离定额的差异，而只能根据月份的费用计划，按照费用的发生地点和费用项目，核算脱离计划的差异，据以对费用的发生进行控制和监督。各种产品应负担的制造费用脱离定额的差异，只有到月末实际费用分配给各种产品以后，才能以其实际费用与定额费用相比较加以确定。其计算确定方法，与计时工资脱离定额差异的计算确定方法相类似。其有关计算公式如下：

$$计划每小时制造费用 = \frac{某车间制造费用总额}{该车间计划产量的定额生产工时总数}$$

$$实际每小时制造费用 = \frac{某车间实际制造费用总额}{该车间各种产品实际生产工时总数}$$

某产品实际制造费用 = 该产品实际生产工时 × 实际每小时制造费用

某产品定额制造费用 = 该产品实际产量的定额工时 × 计划每小时制造费用

某产品制造费用脱离定额差异 = 该产品实际制造费用 – 该产品定额制造费用

【例 11 – 9】北方公司某车间某月份计划制造费用总额为 23 200 元，计划产量的定额生产工时总额为 2 900 小时；实际生产工时为 3 100 小时，实际发生制造费用为 24 180 元；本月甲产品的定额生产工时为 1 800 小时，实际生产工时为 1 788 小时。甲产品定额制造费用和制造费用脱离定额差异，计算如下：

$$计划每小时制造费用 = \frac{23\ 200}{2\ 900} = 8$$

$$实际每小时制造费用 = \frac{24\ 180}{3\ 100} = 7.8$$

甲产品实际制造费用 = 1 788 × 7. 8 = 13 946. 4

甲产品定额制造费用 = 1 800 × 8 = 14 400

甲产品制造费用脱离定额差异 = 13 946. 4 – 14 400 = – 453. 6（节约）

（四）废品损失差异的计算

对于废品损失及其发生的原因，应采用废品通知单和废品损失计算表单独反映，其中不可修复废品的成本，应按照定额成本计算。由于产品定额成本中一般不包括废品损失，因而发生的废品损失，通常作为脱离定额差异来处理。

通过将产品的各种生产费用都分别计算出符合定额费用的部分和脱离定额差异的部分，将产品的定额成本上，加上或者减去脱离定额的差异，即可求得产品的实际成本。

计算公式如下：

产品实际成本 = 产品定额成本 ± 脱离定额差异

为了计算完工产品的实际成本，上述脱离定额的差异，还应在完工产品和月末在产品之间进行比例分配。由于采用定额法计算产品成本的企业都有现成的定额成本材料，所以脱离定额差异在完工产品与月末在产品之间的分配，大多采用定额比例法进行。如果各月在产品的数量比较稳定，也可以采用按定额成本计算在产品成本的方法，将全部差异计入完工产品成本，月末在产品不负担差异。

（五）材料成本差异的分配

在采用定额法计算产品成本的企业中，为了便于对产品成本进行考核和分析，材料的日常核算都应该计划成本进行。因此，日常所发生的原材料费用，包括原材料定额费用和原材料脱离定额的差异，都是按照原材料的计划单位成本计算的。原材料定额费用是定额消耗量乘以计划单位成本；原材料脱离定额的差异是消耗量差异乘以计划单位成本。也就是说，前述的原材料脱离定额的差异，是按计划单位成本反映的数量差异，即差量。因此，在月末计算产品的实际原材料费用时，还必须考虑所耗原材料应负担的成本差异问题，即所耗原材料的价差，其计算公式如下：

某产品应分配的直接材料成本差异

= 直接材料实际消耗量 × 材料计划单价 × 材料成本差异率

= （该产品直接材料定额费用 ± 直接材料脱离定额差异）× 材料成本差异率

【例 11 – 10】北方公司某产品某月份所消耗直接材料定额费用为 75 000 元，脱离定额差异为节约 700 元，原材料的成本差异率为节约 1%。该产品应分配的材料成本差异率为：

（75 000 – 700）× （– 1%）= – 743 （元）

各种产品应分配的材料成本差异，一般均由各该产品的完工产品成本负担月末在产品不再负担。

在多种步骤生产中采用定额法的情况下，若逐步结转半产品成本，则半产品的日常核算也应该按计划成本或定额成本进行。在月末计算产品实际成本时，也应该比照材料成本差异的方法，计算产品所耗半成品的成本差异。

这时，产品实际成本的计算公式如下：

产品实际成本 = 按现行定额计算的产品定额成本 ± 脱离现行定额差异 ± 直接材料或半成品成本差异

四、定额变动差异的核算

定额变动差异，是指因修订消耗定额与生产消耗的计划价格而产生的新旧定额之间的差额。定额变动差异与脱离定额差异是不同的。定额变动差异是定额本身变动的结果，它与生产中费用支出的节约或浪费无关；而脱离定额差异则反映生产费用支出符合定额的程度。

随着经济技术的发展，生产技术条件的变化，劳动生产率的提高等，企业的各项消耗定额、生产耗费的计划价格，也应随之加以修订，以保证各项定额能够准确有效地对生产经营活动进行控制和监督。在消耗定额或计划价格修订后，定额成本也应随之及时修订。

消耗定额和定额成本一般是在月初、季初或年初定期进行修改。在定额变动的月份，其月份在产品的定额成本并未修订，仍然按照旧定额计算。因此，为了将按旧定额计算的月初在产品定额成本和按新定额计算的本月投入产品的定额成本，在新定额的同一基础上相加起来，应该计算月初在产品的定额变动差异，以调整月初在产品的定额成本。

月初在产品定额变动差异，可以根据定额发生变动的在产品盘存数量或在产品账面结存数量和修订前后的消耗定额，计算出月初在产品消耗定额修订前和修订后的定额消耗量，进而确定定额变动差异。

月初在产品定额变动差异 = （新定额 – 旧定额）× 月初在产品中定额变动的零部件数量

在构成产品的零部件种类较多的情况下，采用这种方法按照零部件和工序进行计算，工作量就会很大。为了简化计算工作，也可以按照单位产品费用的折算系数进行计算。即将按新旧定额所计算出的单位产品费用进行对比，求出系数，然后根据系数，进行计算。其计算公式如下：

月初在产品定额变动差异＝按旧定额计算的月初在产品费用×（1－定额变动系数）

$$系数 = \frac{按新定额计算的单位产品费用}{按旧定额计算的单位产品费用}$$

【例11－11】北方公司甲产品的一些零件从本月1日起实行新的直接材料消耗定额，单位产品旧的直接材料费用定额为15元，新的直接材料费用定额为14.1元。该产品月初在产品按旧定额计算的直接材料定额费用为15 000元。月初在产品定额变动差异计算结果如下：

$$系数 = \frac{14.1}{15} = 0.94$$

月初在产品定额变动差异＝15 000×（1－0.94）＝900（元）

采用系数法来计算月初在产品定额变动差异虽然较为简便，但是由于系数是按照单位产品计算，而不是按照产品的零部件计算的，因而它只适于在零部件成套生产或零部件成套性较大的情况下采用。也就是说，在零部件生产不成套或成套性较差的情况下采用系数法，就会影响计算结果的正确性。例如，某产品只是部分零部件的消耗定额做了修订，如果零部件生产不成套，月初在产品所包括的零部件又都不是消耗定额发生变动的零部件，这时，采用上述方法计算，则会将本来不应有定额变动差异的月初在产品定额成本，错误地进行调整。

各种消耗定额的变动，一般表现为不断下降的趋势，因而月初在产品定额变动差异，通常表现为月初在产品定额成本的降低。在这种情况下，一方面应从月初在产品定额成本中扣除该项差异；另一方面，由于该项差异是月初在产品生产费用的实际支出，因此还应将该项差异计入本月产品成本。相反，若消耗定额不是下降，而是提高，那么，在计算出定额变动差异后，应将此差异加入月初在产品定额成本之中，同时从本月产品成本中予以扣除，因为实际上并未发生这部分支出。

在有月初在产品定额变动差异时，产品实际成本的计算公式应补充为：

产品实际成本＝按现行定额计算的产品定额成本±脱离现行定额的差异±直接材料或半成品成本差异±月初在产品定额变动差异

定额变动差异一般应按照定额成本比例，在完工产品和月末在产品之间进行分配。因为这种差异不是当月工作的结果，不应全部计入当月完工产品成本。但是，若定额变动差异数额较小，或者月初在产品本月全部完工，那么，定额变动差异也可以全部由完工产品负担，月末在产品不再负担。

在定额法下，产品实际成本的计算，也应在产品成本明细账中按照成本项目分别进行。但为了适应定额法的要求，所采用的产品成本明细账以及各种费用分配表或汇总表，都应按照定额消耗量、定额费用和各种差异分设专栏或专行，以便按照前述方式，以定额成本为基础，加减各种差异计算产品实际成本。

【例11－12】北方公司甲产品采用定额法计算成本。2013年3月甲产品有关直接材料费用资料如下：月初在产品直接材料费用为 20 000 元，月初在产品直接材料脱离定额差异为 -600 元。月初在产品定额费用调整降低 1 500 元，定额变动差异全部计入完工产品成本中。本月定额直接材料费用为 50 000 元，本月直接材料脱离定额差异为 2 497.45 元，本月材料成本差异率为 5%，材料成本差异全部由完工产品负担，本月完工产品直接材料定额费用为 60 000 元。

要求：根据上述资料采用定额法计算 2013 年 3 月完工产品和月末在产品的原材料成本（脱离定额的差异在完工产品和在产品之间进行分配）。

表 11 -24　产品成本计算单

成本项目		直接材料
月初在产品成本	定额成本	20 000
	定额差异	- 600
月初在产品定额变动	定额成本	1 500
	定额成本调整	- 1 500
本月费用	定额成本	50 000
	定额差异	2 497.45
费用合计	定额成本	68 500
	定额差异	1 897.45
	定额变动	1 500
定额差异分配率		$1\ 897.45 \div 68\ 500 = 0.0277$
完工产品成本	定额成本	60 000
	定额差异	$0.0277 \times 60\ 000 = 1\ 662$
	定额变动	1 500
	材料成本差异	$(60\ 000 + 1\ 662) \times 5\% = 3\ 083.10$
	实际成本	66 245.10
月末在产品成本	定额成本	8 500
	定额差异	$0.027\ 7 \times 8\ 500 = 235.45$

五、定额法的优缺点和应用条件

通过上述可知，定额法是将产品成本的计划工作、核算工作和分析工作有机结合起来，将事前、事中、事后反映和监督融为一体的一种产品成本计算方法和成本管理制度。

（一）定额法的主要优点

1. 通过生产耗费及其脱离定额和计划的日常核算，能够在生产耗费发生的当时反应和监督脱离定额（或计划）的差异，从而有利于加强成本控制，可以及时、有效地促进生产耗费的节约，降低产品成本。

2. 由于采用定额成本计算法可计算出定额成本、定额差异、定额变动差异等项指标，有利于进行产品成本的定期分析。

3. 通过对定额差异的分析，可以对定额进行修改，从而提高定额的管理水平。

4. 由于有了现成的定额成本资料，可采用定额资料对定额差异和定额变动差异在完工产品和在产品之间进行分配。

（二）定额法的主要缺点

1. 因它要分别核算定额成本、定额差异和定额变动差异，工作量较大，推行起来比较困难。

2. 不便于对各个责任部门的工作情况进行考核和分析。

3. 定额资料若不准确，则会影响成本计算的准确性。

（三）定额法的应用条件

为了充分发挥定额法的作用，简化核算工作，采用定额法计算产品成本，应具备以下条件：

1. 定额管理制度比较健全，定额管理工作的基础比较好。

2. 产品的生产已经定型，消耗定额比较准确。稳定。

大批大量生产比较容易具备上述条件，但应当指出的是，定额法与生产类型无直接联系，不论哪种生产类型，只要具备上述条件，都可以采用定额法计算产品成本。

【思考题】

1. 产品成本计算分类法的适用范围及特点是什么？

2. 产品成本计算分类法的核算程序是什么？

3. 分类法下类内产品成本的分配方法有哪些？其适用条件是什么？

4. 什么是联产品、副产品和等级品？联产品、副产品和等级品成本计算的特点是什么？

5. 常用的联产品成本分配方法有哪些？

6. 常用的副产品计价方法有哪些？各适用于什么情况？

7. 简述定额法的主要优点和应用条件。

8. 计算一种产品的成本，在什么样的情况下，可以结合采用几种不同的成本计算方法？

【练习题】

一、单项选择

1. 分类法是按照（　　）归集费用、计算成本的。

　　A. 批别　　　　　　B. 品种　　　　　　C. 步骤　　　　　　D. 类别

2. 联产品是指（　　）。

　　A. 一种原材料加工出来的不同质量产品

　　B. 一种原材料加工出来的几种主要产品

　　C. 一种原材料加工出来的主要产品和副产品

　　D. 不同原材料加工出来的不同产品

3. 由于（　　）原因产生的等级产品不能采用分类法计算成本。

　　A. 所耗原材料的质量不同　　　　　B. 工人操作不当

　　C. 工艺技术上的要求不同　　　　　D. 内部结构不同

4. 联产品在分离前计算出的总成本称为（　　）。

　　A. 直接成本　　　　　　　　　　　B. 间接成本

　　C. 联合成本　　　　　　　　　　　D. 分项成本

5. 在计算类内各种产品成本时，分配标准应选择与产品成本高低有着直接联系的项目，通常采用的分配标准是（　　）。

　　A. 定额成本　　　B. 约当产量　　　C. 标准产量　　　D. 固定成本

6. 关于联产品，下列说法中正确的是（　　）。

　　A. 联产品中各种产品的成本应该相等

　　B. 可以按联产品中的每种产品归集和分配生产费用

　　C. 联产品的成本应该包括其所应负担的联合成本

　　D. 联产品的成本应该包括其所应负担的联合成本和分离后的继续加工成本

7. 由于材料质量、工艺过程本身等特点造成的等级品，可按分类法计算类产品的联合成本，在各种等级品之间分配联合成本时可采用的方法是（　　）。

　　A. 约当产量比例法　　　　　　　　B. 实际产量比例法

　　C. 计划产量比例法　　　　　　　　D. 标准产量比例法

8. 采用定额法计算产品成本时，直接人工的定额的计算公式是（　　）。

　　A. 产品实际工时×生产工资实际单价

　　B. 产品实际工时×生产工资计划单价

　　C. 产品生产工时定额×生产工资实际单价

　　D. 产品生产工时定额×生产工资计划单价

9. 定额法下的定额变动差异是指由于修订消耗定额或生产耗费的计划价格而产生的（　　）。

　　A. 计划价格与实际价格的差额

　　B. 新旧定额的差额

　　C. 实际价格与计划价格的差额

　　D. 月初定额与月末定额的差额

10. 定额成本与计划成本（　　）。

　　A. 完全是一回事

　　B. 毫无关联

　　C. 可以互相代替

　　D. 既有相同之处，也有不同之处

二、多项选择

1. 采用分类法计算产品成本时应注意以下问题（　　）。

　　A. 类内产品品种不能过多

　　B. 类内产品品种不能太少

　　C. 分配标准可由企业自由选择

　　D. 分配标准应有所选择

　　E. 类别选择要适当

2. 分类法的成本计算程序是（　　）。

　　A. 在同类产品中选择一种产量大、生产稳定或规格折中的产品作为标准产品

　　B. 把标准产品的分配标准系数确定为 1

　　C. 以其他产品的单位分配标准数据与标准产品相比，求出其他产品的系数

　　D. 用各种产品的实际产量乘上系数，计算出总系数

　　E. 再按各种产品总系数比例分配计算类内各种产品成本

3. 分类法下对于类内产品成本的计算，一般可以采用以下方法（　　）。

　　A. 系数法　　　　　　　　　　B. 按定额成本计价法

　　C. 按定额比例法计算　　　　　D. 分批法

　　E. 约当产量法

4. 在分类法下，将每类产品总成本在类内各种产品之间进行分配时所选择的分配标准通常可以是（　　）。

　　A. 定额消耗量　　　　　　　　B. 计划成本

　　C. 产品售价　　　　　　　　　D. 定额成本

　　E. 产品的重量或体积

5. 联产品的生产特点是（　　）。

　　A. 经过同一个生产过程进行生产

　　B. 利用同一种原材料加工生产

　　C. 都是企业的主要产品

　　D. 有的是主要产品，有的是非主要产品

　　E. 生产成本相同

6. 副产品是指企业在生产主要产品的过程中附带生产出来的一些非主要产品，副产品的计价方法是（　　）。

A. 副产品不计价

B. 按销售价格扣除销售税金、销售费用后的余额计算

C. 副产品按固定价格计价

D. 按计划单位成本计价

E. 按实际成本计价

7. 可按分类法成本计算原理计算产品成本的等级品是（   ）。

A. 由于材料质量原因造成等级品

B. 由于工艺过程本身原因造成等级品

C. 由于自然原因造成等级品

D. 由于生产管理不当造成等级品

E. 由于操作失误造成等级品

8. 原材料脱离定额差异的核算方法一般有（   ）。

A. 限额法   B. 一次交互分配法

C. 切割法   D. 盘存法

E. 分步法

9. 在定额法下，计算产品应分配的材料成本差异时，需要的指标有（   ）。

A. 产品原材料的定额费用

B. 产品原材料的计划费用

C. 原材料脱离定额的差异

D. 原材料定额变动差异

E. 原材料成本差异率

10. 采用定额法计算产品成本时，产品实际成本计算的指标有（   ）。

A. 按现行定额计算的产品定额成本

B. 按旧定额计算的产品定额成本

C. 脱离现行定额的差异

D. 原材料或半成品成本差异

E. 月初在产品定额变动差异

三、判断题

1. 采用分类法计算产品成本，不论选择什么作为分配标准，其产品成本的计算结果都有不同程度的假定性。   （   ）

2. 由于分类法是为了简化成本核算工作而采用的方法，因此只要能简化成本核算，产品可以随意进行分类。   （   ）

3. 采用分类法计算产品成本，对类内产品成本的分配，各成本项目可采用相同的分配标准，也可采用不同的分配标准。   （   ）

4. 联产品是企业在生产过程中，利用同一种原材料，经过同一个生产过程，同时生产出几种产品，这些产品有的是主要产品，有的则是非主要产品。   （   ）

5. 联产品的成本应该包括其所应负担的联合成本和分离后的继续加工成本。   （   ）

6. 副产品的计价方法与联产品相同。   （   ）

7. 定额变动差异是指实际费用与定额费用之间的差额。　　　　　　（　　）

8. 在计算月初在产品定额变动差异时，如果是定额提高的差异，应加入月初在产品定额成本，并从本月产品成本中减去。　　　　　　　　　　　　　　（　　）

9. 完工产品成本中的定额差异是正数，一般说明本月成本管理工作做得不好。（　　）

10. 定额法应采用定额比例法或在产品按定额成本计价法，分配计算完工产品和月末在产品所应负担的成本差异。　　　　　　　　　　　　　　　　　　（　　）

四、业务核算题

1. 资料：北方公司生产甲、乙、丙三种产品，这三种产品的原材料和生产工艺相近，因而归为一类产品，采用分类计算成本。该类产品的消耗定额比较准确、稳定，各月在产品数量波动也不大，因而月末在产品按定额成本计价。本月（10月）月初、月末在产品的定额总成本，以及本月实际发生的生产费用如下：

表 11 – 25

项目	直接材料	直接人工	制造费用	合计
月初在产品定额费用	7 300	1 500	4 500	13 300
月末在产品定额费用	5 200	1 000	3 000	9 200
本月生产费用	65 100	12 250	36 750	114 100

该类产品的消耗定额及本月产量资料如下：

表 11 – 26

项目	材料消耗定额（公斤）	工时消耗定额（小时）	产品产量
甲	9.6	6	1 500
乙	8	7	2 000
丙	6.4	5	500

该厂各种产品成本的分配方法是：

原材料费用按事先确定的耗料系数比例分配，耗料系数根据产品的材料消耗定额，以乙产品为标准产品计算确定。其他各项费用均按定额工时比例分配。

要求：根据上述资料，采用产品成本计算中的分类法计算甲、乙、丙三种产成品的成本。

2. 资料：北方公司对甲产品采用定额法计算成本。本月有关甲产品直接材料的资料如下：

（1）月初在产品定额费用为 1 000 元，月初在产品脱离定额差异为节约 200 元，月初在产品定额费用调整后降低 100 元。定额变动差异全部由完工产品负担。

（2）本月定额费用为 9 000 元，本月脱离定额差异为节约 97 元。

（3）本月原材料成本差异为超支 1%，原材料成本差异全部由完工产品成本负担。

（4）本月完工产品的定额原材料费用为 8 100 元。

要求：（1）计算月末在产品的直接材料费用。

（2）计算完工产品和月末在产品的直接材料实际费用（脱离定额差异按定额费用比例在完工产品和月末在产品之间分配）。

【案例与分析】

某厂生产的产品品种规格很多，采用分类法进行成本计算。按照工艺过程的特点不同，将全部产品划分为甲、乙两大类。虽然每类产品的不同产品都有月末在产品，但是因其所占比重很小，企业为了进一步简化成本核算，对月末在产品成本不进行计算。每类产品的总成本在类内各种产品之间直接按各种产品实际产量为标准进行分配，因而使同类产品中各种产品的单位成本相同，也使成本计算工作量大大简化。该企业为每种产品制定了工时消耗定额，每种产品的加工时间差异较大。根据生产特点，每种产品消耗的材料品种相同，单位产品材料消耗量也相同，但其他各项费用与加工时间长短有关。甲类产品中 A 产品产量较大，生产比较稳定，乙类产品中 E 产品产量较大，生产比较稳定。有关资料及成本计算结果见下表。

表 11 −27　产量和工时消耗

产品名称		产量（件）	工时消耗（小时）
甲类产品	A 产品	350	10
	B 产品	200	12
	C 产品	100	9
乙类产品	D 产品	240	16.5
	E 产品	400	15
	F 产品	360	12

表 11 −28　甲类产品成本计算单

单位：元

项目	直接材料	直接工资	制造费用	合计
月初在产品成本	—	—	—	—
本月发生费用	266 500	45 500	41 600	353 600
完工产品成本	266 500	45 500	41 600	353 600
月末在产品成本	—	—	—	—

表 11 – 29　甲类产品成本分配计算表

金额单位：元

项目	计量单位	产量	直接材料	直接工资	制造费用	总成本	单位成本
A 产品	件	350	143 500	24 500	22 400	190 400	544
B 产品	件	200	82 000	14 000	12 800	108 800	544
C 产品	件	100	41 000	7 000	6 400	54 400	544
合计	—	—	266 500	45 500	41 600	353 600	—

表 11 – 30　乙类产品成本计算单

单位：元

项目	直接材料	直接工资	制造费用	合计
月初在产品成本	—	—	—	—
本月发生费用	90 500	30 500	28 000	149 000
完工产品成本	90 500	30 500	28 000	149 000
月末在产品成本	—	—	—	—

表 11 – 31　乙类产品成本分配计算表

金额单位：元

项目	计量单位	产量	直接材料	直接工资	制造费用	总成本	单位成本
D 产品	件	240	21 720	7 320	6 720	35 760	149
E 产品	件	400	36 200	12 200	11 200	59 600	149
F 产品	件	360	32 580	10 980	10 080	53 640	149
合计	—	—	90 500	30 500	28 000	149 000	—

要求：（1）根据上述资料和成本计算过程，对该厂的成本计算方法进行评价，指出存在的问题，并说明原因。

（2）请按照你认为恰当的方法进行上述产品的成本计算，并将计算结果填入下列表中。

表 11-32　产品工时系数计算表

产品名称		工时消耗（小时）	系数
甲类产品	A 产品		
	B 产品		
	C 产品		
乙类产品	D 产品		
	E 产品		
	F 产品		

表 11-33　甲类产品成本分配计算表

金额单位：元÷件

项目	产量	系数	总系数	直接材料	直接工资	制造费用	总成本	单位成本
分配率								
A 产品								
B 产品								
C 产品								
合计								

表 11-34　乙类产品成本分配计算表

金额单位：元÷件

项目	产量	系数	总系数	直接材料	直接工资	制造费用	总成本	单位成本
分配率								
D 产品								
E 产品								
F 产品								
合计								

第十二章　标准成本法

1. 了解标准成本制度。
2. 了解标准成本制度的作用以及实施标准成本制度的步骤和条件。
3. 掌握标准成本制度的特点，标准成本的分类，标准成本的制定方法，标准成本制度与定额成本制度的主要区别。
4. 熟练掌握标准成本差异的计算分析。
5. 重点掌握标准成本及成本差异计算和账务处理。

第一节　标准成本法的概述

一、标准成本法的特点

标准成本法，也称标准成本制度，或标准成本会计，是以预先制定的标准成本为基础，将实际发生的成本与标准成本进行比较，核算和分析成本差异的一种成本计算方法，也是加强成本控制、评价经营业绩的一种成本控制制度。标准成本制度是根据标准成本来计算成本，能将成本计划、成本控制和成本分析有机地结合起来的一种成本制度。标准成本是企业根据产品的各项标准消耗量（如材料、工时等）及标准费用率事先计算出来的产品的标准成本。利用标准成本与实际成本相比较的差异，可以分析差异产生的原因，采取相应的措施，控制费用的支出，逐渐达到标准成本的水平，从而可以不断降低产品的实际成本。

标准成本法的关键是按标准成本与脱离标准成本的差异记录和反映产品成本的形成过程和结果，并借以实现对成本的控制。其主要特点是：

（1）标准成本制度只计算各种产品的标准成本，不计算各种产品的实际成本，"生产成本"、"库存商品"、"自制半成品"等账户的借贷方，均按标准成本入账。

（2）实际成本与标准成本之间的差异，分别设置各种差异账户进行归集，以便对成本进行日常控制和考核。期末，应将各成本差异的余额予以结清。

（3）可以与变动成本法相结合，以达到成本管理和控制的目的。标准成本制度，将制造费用分成固定制造费用和变动制造费用两部分，分别揭示其差异，便于根据可控和不可控明确差异的责任，寻找降低成本的途径。

二、标准成本的种类

标准成本的种类有多种，主要包括理想标准成本、正常标准成本和现实标准成本。

（一）理想标准成本

理想标准成本它是以现有生产经营条件处于最优状态为基础确定的最低水平的成本。它通常是根据理论上的生产要素耗用量、最理想的生产要素价格和可能实现的最高生产经营能力利用程度来制定的。由于这种标准成本未考虑客观存在的实际情况，提出的要求过高，很难实现，故在实际工作中较少采用。

（二）正常标准成本

正常标准成本它是以正常的工作效率、正常的耗用水平、正常的价格和正常的生产经营能力利用程度等条件为基础制定的标准成本。这里所谓的"正常"，一般是指过去较长时期的实际数据的平均法。这种标准成本只是根据过去经验估计的，往往不能反映目前的实际，用它来控制成本也不够积极。

（三）现实标准成本

现实标准成本它是在现有生产技术条件下进行有效经营的基础上，根据下一期最可能发生的各种生产要素的耗用量、预计价格和预计的生产经营能力利用程度而制定的标准成本。这种标准成本可以包含管理当局认为短期内还不能完全避免的某些不应有的低效、失误和超量消耗。因其最切实可行，最接近实际成本，因此不仅可用于成本控制，也可以用于存货计价。标准成本法一般采用这种标准成本。

三、标准成本的作用

（一）有利于成本控制

成本控制分为事前、事中、事后控制三个环节。通过事前的成本控制，可以制定出相应的标准成本，对各种资源消耗和各项费用开支规定数量界线，可以事前限制各种消耗和费用的发生；通过事中的成本控制，及时揭示实际成本与标准成本是节约或超支，采取措施对成本核算工作加以改进，纠正不利差异，从而达到既定的成本控制目标；通过事后的成本分析，总结经验，找出差异，提出进一步改进的措施。

（二）有利于责任会计的推行

采用标准成本，有利于责任会计的推行。标准成本不仅是编制成本预算的依据，也是分析、考核责任中心成本控制业绩的依据。

（三）有利于经营决策

标准成本，是经营决策的重要依据。由于标准成本代表了成本要素的合理近似值，因而它是进行价格决策和投标议价的一项重要依据，也是其他长短期决策必须考虑的因素。

（四）有利于价格决策

标准成本能提供及时、一致的成本信息，消除经营管理工作中由于低效率或浪费以及偶然因素对成本的影响，避免由于实际成本波动而造成价格波动的后果。以标准成本作为定价的基础更加接近实际情况，并能满足竞争时市场对定价的要求。

（五）有利于简化会计核算工作

在标准成本制度下，在产品、产成品和销售成本均按标准成本计价，这样可以减少成本核算的工作量，简化日常会计核算工作。

第二节　标准成本的制定

标准成本一般是由会计部门会同采购、生产、行政、技术等有关责任部门，在对企业生产经营的具体条件进行分析研究和技术测定的基础上共同制定的。产品成本一般由直接材料、直接人工和制造费用三个成本项目组成，因此，企业也应根据这些成本项目的特点，分别制定标准成本。

一、直接材料标准成本的制定

直接材料标准成本的制定，包括直接材料数量标准的制定和直接材料价格标准制定两个方面。

（一）材料数量标准

材料数量标准是指单位产品应该消耗的材料的用量，即产品的材料消耗定额。直接材料数量标准通常应根据产品的设计、生产工艺状况，并结合企业的经营管理水平、降低材料消耗的可能性等条件制定。

（二）材料价格标准

材料价格标准是指在制定直接材料价格标准时，采购部门应根据供应单位的市价及未来市场的变化，而且要结合采购批量和运输方式等其他影响价格的因素预先确定各种材料的单价包括买价和运杂费等。

根据材料数量标准和价格标准，就可以确定直接材料的标准成本。直接材料的标准成本计算公式如下：

直接材料标准成本 = 直接材料数量标准 × 直接材料价格标准

【例 12 - 1】 某企业 A 产品耗用甲、乙、丙三种直接材料，其直接材料标准成本如表 12 - 1 所示。

表 12 - 1　A 产品直接材料标准成本计算表

标准	甲材料	乙材料	丙材料
数量标准（1）	15 千克	10 千克	5 千克
价格标准（2）	5 元	10 元	30 元
标准成本（3）=（1）×（2）	75 元	100 元	150 元
单位产品直接材料标准成本(4) = ∑（3）	325 元		

二、直接人工标准的成本的制定

直接人工标准成本的制定，包括工时标准的制定和标准工资率的制定两部分。

（一）工时标准

工时标准是指生产单位产品应该耗用的生产工时。这里的工时可以是直接人工工时，也可以是机器工时。工时标准应在技术测定的基础上，根据对产品直接加工所用的时间，并适当考虑正常的工作间隙加以制定。

（二）标准工资率

在不同的工资制度下，标准工资率的表示形式有所不同。在计件工资制度下，标准工资率就是标准计件工资单价；在计时工资制度下，标准工资率是指单位工时标准工资率，其计算公式如下：

标准工资率 = 标准工资总额 ÷ 标准总工时

根据工时标准和标准工资率，就可以确定直接人工标准成本。直接人工标准成本计算公式如下：

直接人工标准成本 = 工时标准 × 标准工资率

【例 12 - 2】 某企业 A 产品直接人工标准成本计算如表 12 - 2 所示。

表 12 - 2　A 产品直接人工标准成本计算表

项　目	标　准
月标准总工时（1）	24 000 小时
月标准总工资（2）	288 000 元
标准工资率（3）=（2）÷（1）	12 元/小时
工时标准（4）	5 小时
直接人工标准成本（5）=（4）×（3）	60 元

三、制造费用标准成本的制定

制造费用的标准成本可以分为变动制造费用和固定制造费用制定。

（一）变动制造费用标准成本的制定

变动制造费用标准成本的制定，包括工时标准的制定和变动制造费用标准分配率的制定两部分。其中工时标准的含义与直接人工工时标准相同；变动制造费用标准分配率计算公式如下：

变动制造费用标准分配率＝变动制造费用预算总额÷标准总工时

根据工时标准和变动制造费用标准分配率，就可以确定变动制造费用标准成本。变动制造费用标准成本计算公式如下：

变动制造费用标准成本＝工时标准×变动制造费用标准分配率

（二）固定制造费用标准成本的制定

在变动成本法下，固定制造费用作为"期间成本"的形式，全额直接计入当期损益，因而不包括在产品成本中。

在完全成本法下，固定制造费用要通过分配计入产品的标准成本中，因而需要制定单位产品的固定制造费用的标准成本。

固定制造费用标准成本的制定，包括工时标准的制定和固定制造费用标准分配率的制定两部分。其中工时标准的含义与直接人工工时标准相同；固定制造费用标准分配率计算公式如下：

固定制造费用标准分配率＝固定制造费用预算总额÷标准总工时

根据工时标准和固定制造费用标准分配率，就可以确定固定制造费用的标准成本。固定制造费用标准成本计算公式如下：

固定制造费用标准成本＝工时标准×固定制造费用标准分配率

【例12－3】某企业 A 产品制造费用标准成本计算如表12－3所示。

表12－3　A 产品制造费用标准成本计算表

项　目	标　准
月标准总工时（1）	24 000 小时
变动制造费用预算总额（2）	240 000 元
变动制造费用分配率（3）＝（2）÷（1）	10 元/小时
工时标准（4）	5 小时
变动制造费用标准成本（5）＝（4）×（3）	50 元
固定制造费用预算总额（6）	90 000 元
固定制造费用标准分配率（7）＝（6）÷（1）	3.75 元/小时
固定制造费用标准成本（8）＝（4）×（7）	18.75 元
制造费用标准成本（9）＝（5）＋（8）	68.75 元

四、单位产品标准成本的计算

单位产品标准成本的计算一般是以填制"标准成本卡"的形式进行。标准成本确定以后，应就不同种类，不同规格的产品，编制标准成本卡。标准成本卡应分车间、分项目（在完全成本法下，一般包括直接材料、直接人工、变动制造费用和固定制造费用四个部分）反映单位产品标准成本及其所依据的材料、工时的用量标准和标准的价格、工资率（每工时的工资）、制造费用分配率（每工时应负担的制造费用）。直接材料项目应按所耗材料的种类和规格详细列明；直接人工应按不同工种不同工资率分别列示。"标准成本卡"的格式如表 12 – 4 所示。

【例 12 – 4】某企业 A 产品单位产品标准成本计算表如表 12 – 4 所示。

表 12 – 4　A 产品标准成本卡

20 ××年×月　　　　　　　　　　　　　　　　单位：元

成本项目		用量标准	标准价格	单位标准成本
直接材料	甲	15 千克	5 元	75 元
	乙	10 千克	10 元	100 元
	丙	5 千克	30 元	150 元
	小计			325 元
直接工人		5 小时	12 元	60 元
变动制造费用		5 小时	20 元	50 元
固定制造费用		5 小时	7.5 元	18.75 元
单位产品标准成本		————		453.75 元

第三节　标准成本差异的计算和分析

标准成本差异是指产品的实际成本与产品的标准成本之间的差额。其计算公式如下：

标准成本差异 = 产品的实际成本 – 产品的标准成本

如果上述公式计算的结果为实际成本大于标准成本所形成的差异，称为不理差异，是超支差；实际成本小于标准成本所形成的差异，称为有利差异，是节约差。

计算分析成本差异的主要目的，在于查明差异形成的原因，以便及时采取措施消除不利差异，并为成本控制、考核和奖惩提供依据。

在计算标准成本差异时，一般包括直接材料成本差异、直接人工成本差异和制造费用差异三部分。其中，制造费用差异又可分为变动制造费用差异和固定制造费用差异。在计算成本差异时，可按如下公式进行计算：

标准成本差异＝实际成本－标准成本

上式中：

实际成本＝实际数量×实际价格

实际数量＝标准数量＋数量差异

实际价格＝标准价格＋价格差异

则 实际成本＝（标准数量＋数量差异）×（标准价格＋价格差异）

标准成本＝标准数量×标准价格

成本差异＝（标准数量＋数量差异）×（标准价格＋价格差异）－（标准数量×标准价格）

上式经过整理后，结果如下：

标准成本差异＝标准价格×数量差异＋标准数量×价格差异＋数量差异×价格差异

在上式中，标准价格乘上数量差异是由于实际数量与标准数量不一致产生的，是纯数量差异；标准数量乘以价格差异是由于实际价格与标准价格不一致而产生的，是纯价格差异；数量差异乘以价格差异是实际数量与标准数量差异、实际价格与标准价格差异结合而产生的差异，一般也称其为混合差异。对混合差异的处理，通常有两种方式：一种是把数量差异、价格差异、混合差异均分别列出；另一种则是不单独计算混合差异，而是把它并至价格差异来处理。因为在经济实务中，价格差异因素常常表现为不可控因素，而数量差异则是成本控制的重点。为了正确进行考核，应使它尽可能不受价格因素的影响，因而通常是将混合差异全包括在价格差异之中。如果是这样，则标准成本差异的计算公式如下：

标准成本差异＝标准价格×（实际数量－标准数量）＋实际数量×（实际价格－标准价格）

一、直接材料成本差异的计算与分析

（一）直接材料成本差异的计算

直接材料成本差异，是指一定产品产量的直接材料实际成本与直接材料标准成本之间差额。其计算公式如下：

直接材料成本差异＝直接材料实际成本－直接材料标准成本

直接材料成本差异包括直接材料价格差异和直接材料数量差异两部分。

1. 直接材料价格差异，是指由于材料实际价格脱离标准价格而形成的材料成本差异。其计算公式如下：

材料价格差异＝（实际价格×实际数量）－（标准价格×实际数量）

＝（实际价格－标准价格）×实际数量

2. 材料数量差异，是指由于材料的实际耗用量脱离标准耗用量而形成的直接材料成本差异。其计算公式如下：

$$直接材料用量差异 = （标准价格 \times 实际用量） - （标准价格 \times 标准用量）$$
$$= （实际用量 - 标准用量） \times 标准价格$$

【例 12 - 5】 某企业制造 A 产品需耗用甲，乙两种直接材料，标准价格分别为 5 元/千克、10 元/千克，单位产品的标准用量分别为 15 千克/件；本期共生产甲产品 1 900 件，实际耗用甲材料 28 000 千克、乙材料 20 000 千克，甲，乙两种材料的实际价格分别为 4.5 元/千克、11 元/千克。直接材料成本差异计算如下：

甲材料价格差异 = （4.5 - 5）× 28 000 = - 14 000 （元）（有利差异）

乙材料价格差异 = （11 - 10）× 20 000 = 20 000 （元）（不利差异）

A 产品直接材料价格差异　　　　　　　6 000 （元）（不利差异）

甲材料标准数量 = 1 900 × 15 = 28 500 （千克）

乙材料标准数量 = 1 900 × 10 = 19 000 （千克）

甲材料数量差异 = （28 000 - 28 500）× 5 = - 2 500 （元）（有利差异）

乙材料数量差异 = （20 000 - 19 000）× 10 = - 10 000 （元）（不利差异）

A 产品直接材料数量差异　　　　　　　7 500 （不利差异）

A 产品直接材料成本差异 = 60 00 + 7 500 = 13 500 （元）（不利差异）

（二）直接材料成本差异的控制与分析

直接材料成本差异的控制与分析可根据上述计算出的直接材料成本的数量差异和价格差异分别进行。

1. 直接材料数量差异的控制与分析

当直接材料差异确定后，应进一步查明差异产生的原因及责任，才能在成本控制中发挥应有的作用。

一股情况，直接材料数量差异应由控制用料的生产部门负责。如果发生了有利差异，可能是由于加工技术有了改进、设备工具进行了更新等原因；如果发生了不利差异，可能是由于生产中材料损失浪费增加、废品增多、设备工具陈旧等原因造成的。

当然除了生产部门以外，其他部门也有可能承担材料数量差异的责任。例如，因材料质量低劣而增加了废品、因材料不符合要求而大材小用等原因所引起的过量用料，就应该由采购部门负责。因设备年久失修，造成大量的"滴、漏"等现象，以致出现材料数量差异，则应由设备维修部门负责。

2. 直接材料价格差异的控制与分析

直接材料价格差异一般应由采购部门负责。因为对材料购买价格的高低、采购费用的高低、采购批量、交货方式、运输工具、材料质量、购货折扣等，采购部门大体上是可以控制的。

如果采购部门能按照制定标准时的预期水准严格加以控制，就不会出现价差。但是，有些导致材料价格出现差异的因素，会超出采购部门的控制范围。例如，因市场供求关系变化所引起的价格变动，国家对原材料价格的调整，因临时性需要进行紧急采购而改变了运输方式（如由陆运改为空运）等，使得原材料不能按原计划进行采购。为此，对出现的材料价格差异，一定要深入调查研究，查明差异产生的真正原因，以便分清各有关部门的经管责任。

总之，由影响直接材料价格差异和数量差异因素的多样性所决定，在进行直接材料成本差异分析时，应从实际出发，认真分析产生差异的具体原因，以便有针对性的采取改进措施。

二、直接人工成本差异的计算与分析

（一）直接人工成本差异的计算

直接人工成本差异，是指一定产品产量的直接人工实际成本与直接人工标准成本之间的差额。其计算公式如下：

直接人工成本差异 = 直接人工效率差异 + 直接人工工资率差异

直接人工成本差异包括人工工资率差异和直接人工效率差异两部分。

1. 直接人工工资率差异，是指由于直接人工的实际工作率脱离标准工资率而形成的人工成本差异。其计算公式如下：

直接人工工资差异率差异 = （实际工资率 × 实际工时）-（标准工资率 × 实际工时）

= （实际工资率 - 标准工资率）× 实际工时

2. 直接人工效率差异，是指由于直接人工实际工作时数脱离标准工作时数而形成的人工成本差异。其计算公式如下：

直接人工效率差异 = （标准工资率 × 实际工时）-（标准工资率 × 标准工时）

= （实际工时 - 标准工时）× 标准工资率

【例 12 - 6】某企业生产 A 产品 1 900 件，只需要一个工种加工，实际耗用 11 500 小时，实际工资总额 86 250 元，标准工资率为 8 元，单位产品的工时耗用标准为 6 小时。直接人工成本差异计算分析如下：

标准工时 = 900 × 6 = 11 400（小时）

实际工资率 = 86 250 ÷ 11 500 = 7.5（元）

直接人工工资率差异 = （7.5 - 8）× 11 500 = - 5 750（元）（有利差异）

直接人工效率差异 = （11 500 - 11 400）× 8 = 800（元）（不利差异）

直接人工成本差异　　　　　　　　　- 4 950（元）（有利差异）

（二）直接人工成本差异的控制与分析

直接人工成本差异的控制与分析可根据计算出的直接人工数量差异（效率差异）和直接人工价格差异（工资率差异）分别进行。

1. 直接人工数量差异的控制与分析

直接人工数量差异（效率差异）的影响因素很多，主要有工人技术的熟练程度和劳动态度、加工设备的保养及完好程度、能源供应保证程度、被加工材料质量、作业计划安排得是否周密、工作环境是否良好等。

人工效率差异的责任基本上应由生产部门负责，但如果由于采购部门购买了不合格的材料，或因机器维修、工艺调整、停水停电等生产部门无法控制的因素而导致人工效率差异出现不利情况，则应由各经管部门负责。

2. 直接人工价格差异的控制与分析

直接人工价格差异（工资率差异）的成因较为复杂，但多数为人工代用差异。例如，用高技术等级、工资级别高的工人去做技术要求不高的工作，就会出现不利的工资率差异；反之，在高层次的岗位上安排了学徒工顶岗，就会出现有利的工资率差异。这种差异应由生产部门或劳动人事部门负责。总之，要控制工资率差异，就必须尽量避免"大材小用"或"高职低就"的现象，力求做到"按才定岗"，合理配置人力资源。

三、变动制造费用差异的计算与分析

（一）变动制造费用差异的计算

变动制造费用差异，是指一定产品产量的实际变动制造费用与标准变动制造费用之间的差额。其公式如下：

变动制造费用差异＝变动制造费用效率差异＋变动制造费用开支差异

变动制造费用差异，由变动制造费用耗费差异和变动制造费用效率差异两部分组成。

在成本差异分析中，变动制造费用耗费差异类似于材料价格差异和直接人工工资率差异。

1. 变动制造费用效率差异类似于材料用量差异和直接人工效率差异。其计算公式如下：

变动制造费用耗费差异＝（实际分配率×实际工时）－（标准分配率×实际工时）
＝（实际分配率－标准分配率）×实际工时

2. 变动制造费用效率差异＝（标准分配率×实际工时）－（标准分配率×标准工时）
＝（实际工时－标准工时）×标准分配率

【例 12－7】某企业生产 A 产品 1 900 件，实际耗用人工工时 11 500 小时，实际发生变动制造费用 40 250 元，单位产品的工时耗用标准为 6 小时，变动制造费用标准分配率为每一人直接人工工时 4 元。对变动制造费用差异分析如下：

标准工时＝1 900×6＝11 400（小时）

变动制造费用实际分配率＝40 250÷11 500＝3.5（元）

变动制造费用耗费差异＝（3.5－4）×11 500＝－5 750（元）（有利差异）

变动制造费用效率差异＝（11 500－11 400）×4＝400（元）（不利差异）

变动制造费用差异　　　　　　　　　　－5 350（元）（有利差异）

（二）变动制造费用差异的控制与分析

变动制造费用是一个综合性费用项目，直接根据上述计算结果，不便于对变动造费用进行考核及原因分析。对其差异，应结合构成变动制造费用的具体明细项目作进一步分析。在实际工作中，通常根据变动制造费用弹性预算的明细项目，结合同类项

目的实际发生数进行对比分析，从而找出差异的原因及责任归属。

应当说明的是，变动制造费用效率差异实际上反映了产品制造过程中的工时利用效率问题，在分析时应结合直接人工效率差异进行分析。

四、固定制造费用差异的计算与分析

由于固定制造费用相对固定，一般不随产量的变动而变动，产量的变动只会影响单位固定制造费用。也就是说，实际产量与设计生产能力规定的产量或计划产量的差异会对产品应负担的固定制造费用发生影响。所以，固定制造费用标准成本差异的分析方法与其他费用成本差异的分析方法有所不同。

固定制造费用差异一般包括固定制造费用产量差异和固定制造费用预算差异两部分。固定制造费用产量差异也称除数差异。它是指在固定费用预算不变的情况下，由于实际产量和计划产量不同而造成的差异，其差异的原因与现有生产能力的利用程度有关。固定制造费用的预算差异是指实际固定制造费用与预算固定制造费用的差异。其计算公式如下：

固定制造费用成本差异 = 固定制造费用实际成本 - 固定制造费用标准成本

上式中的固定制造费用标准成本是按下式计算得出的：

固定制造费用成本 = 单位产品固定制造费用的标准成本 × 实际产量

固定制造费用成本差异一般分为耗费差异、生产能力利用差异和效率差异三部分，其具体计算公式如下：

耗费差异 = 实际固定制造费用 - 预算固定制造费用

生产能力利用差异 = （预算工时 - 实际工时）× 固定制造费用预算分配率

效率差异 = （实际工时 - 标准工时）× 固定制造费用预算分配率

【例 12 - 8】某企业本月份有关制造费用的资料见表 12 - 5。

表 12 - 5　制造费用的资料表

项目	制造费用（元）				工时（小时）		
	变动		固定		实际	标准	预算
	实际	预算	实际	预算			
	180 000	170 000	247 500	240 000	22 500	20 000	30 000

根据上述资料，进行制造费用差异分析的结果如下：

变动制造费用实际分配率 = 180 000 ÷ 22 500 = 8（元）

变动制造费用预算分配率 = 170 000 ÷ 30 000 = 5.67（元）

固定制造费用实际分配率 = 247 500 ÷ 22 500 = 11（元）

固定制造费用预算分配率 = 240 000 ÷ 30 000 = 8（元）

变动制造费用差异的分析：

变动制造费用差异 = 180 000 - 20 000 × 5.67 = 66 600（元）

变动制造费用效率差异 = $(22\,500 - 20\,000) \times 5.67 = 14\,175$（元）

变动制造费用耗费差异 = $(8 - 5.67) \times 22\,500 = 52\,425$（元）

固定制造费用差异的分析：

固定制造费用差异 = $247\,500 - 20\,000 \times 8 = 87\,500$（元）

耗费差异 = $247\,500 - 240\,000 = 7\,500$（元）

生产能力利用差异 = $(30\,000 - 22\,500) \times 8 = 60\,000$（元）

效率差异 = $(22\,500 - 20\,000) \times 8 = 20\,000$

第四节 标准成本制度下的账务处理

一、标准成本会计制度下账务处理的特点

标准成本会计制度下的账务处理一般具有以下几个特点：

（1）在标准成本会计制度下，"原材料"、"生产成本"或"在产品"、"库存商品"、"主营业务成本"等主要账户无论是借方还是贷方，均按实际产量的标准成本入账。

（2）根据各种成本差异的名称，分别建立专门的成本差异账户，用来登记实际发生的差异。借方登记不利差异，贷方登记有利差异，以便日常据以控制和考核各项成本指标。

（3）每月月终，企业应根据各种成本差异账户的借方或贷方余额，将所有差异进行汇总，编制"成本差异汇总表"，并计算成本差异净额。

二、标准成本制度下标准成本计算程序

标准成本制度下的成本核算可结合一定的成本核算方法按如下基本程序进行：

（1）为各成本计算对象按成本项目的制定标准成本。

（2）按成本对象设产品成本明细账。根据上月成本明细账，填入月初在产品成本

（3）编制各成本费用分配表，分别反映其标准成本和实际成本，并列出其差异。

（4）将标准成本计入成本明细账，结转完工产品的标准成本。

（5）计算、分析各种成本差异，每月末根据各成本差异科目的贷方余额编制成本差异汇总表，将各种成本差异余额转入"产品销售成本"或"本年利润"明细账，计入当月损益。

三、标准成本制度下的账户设置

在标准成本会计制度下，需要设置和运用一系列账户这些账户可以分为两大类。

一是基本业务处理的有关财务会计的账户，如"原材料"、"应付工资"、"库存商品"、"生产成本"或"在产品"、"主营业务成本"等。

二是归集日常计算出来的成本差异的管理会计账户。根据不同的成本项目分别设

置成本差异账户如直接材料数量差异和价格差异、直接人工效率差异和工资率差异、变动制造费用效率差异和开支差异、固定性制造费用预算差异和能量差异（若采用三因素法，则为预算差异、效率差异和生产能力利用差异）和成本差异净额等账户。

这些成本差异科目的借方登记超支差异，贷方登记节约差异和差异转销额（超支用篮字，节约用红字）。

四、标准成本制度下的账务处理

1. 领用材料及将直接人工费用、变动制造费用、固定制造费用计入产品成本的会计分录如下：

（1）领用材料的会计分录如下：

借：生产成本　　　　　　　　　　　　　　　　　　×××
　　材料价格差异（不利差异）　　　　　　　　　　×××
　　材料用量差异（不利差异）　　　　　　　　　　×××
　　贷：原材料　　　　　　　　　　　　　　　　　　　　×××

（2）将直接人工费用计入产品成本的会计分录如下：

借：生产成本　　　　　　　　　　　　　　　　　　×××
　　直接人工效率差异（不利差异）　　　　　　　　×××
　　贷：应付职工薪酬　　　　　　　　　　　　　　　　　×××
　　　　直接人工工资率差异（有利差异）　　　　　　　　×××

（3）将变动制造费用计入产品成本的会计分录如下：

借：生产成本　　　　　　　　　　　　　　　　　　×××
　　变动制造费用效率差异（不利差异）　　　　　　×××
　　贷：变动制造费用　　　　　　　　　　　　　　　　　×××
　　　　变动制造费用耗费差异（有利差异）　　　　　　　×××

（4）将固定制造费用计入产品成本的会计分录如下：

借：生产成本　　　　　　　　　　　　　　　　　　×××
　　固定制造费用耗费差异（不利差异）　　　　　　×××
　　固定制造费用的能力差异（不利差异）　　　　　×××
　　固定制造费用效率差异（不利差异）　　　　　　×××
　　贷：固定制造费用　　　　　　　　　　　　　　　　　×××

2. 结转完工入库产品标准成本的会计分录如下：

借：库存商品　　　　　　　　　　　　　　　　　　×××
　　贷：生产成本　　　　　　　　　　　　　　　　　　　×××

3. 销售产品的会计分录如下：

借：应收账款　　　　　　　　　　　　　　　　　　×××
　　贷：主营业务收入　　　　　　　　　　　　　　　　　×××

4. 结转已售产品标准成本的会计分录如下：

借：主营业务成本　　　　　　　　　　　　　　　　×××

    贷：库存商品   ×××

  5. 结转本期各项成本差异的会计分录如下：

  借：销货成本   ×××

    直接人工工资率差异   ×××

    变动制造费用耗费差   ×××

    贷：材料价格差异   ×××

      材料用量差异   ×××

      直接人工效率差异   ×××

      变动制造费用效率差异   ×××

      固定制造费用耗费差异   ×××

      固定制造费用能力差异   ×××

      固定制造费用效率差异   ×××

【思考题】

1. 什么是标准成本？其特点是什么？
2. 标准成本有几大类？
3. 标准成本的作用是什么？
4. 标准成本差异有哪些？如何对它们进行分析？
5. 标准成本法的核算程序有何特点？
6. 固定制造费用有哪几种差异？如何计算？
7. 如何运用标准成本制度进行成本控制？
8. 定额成本制度与标准成本制度有何区别？

【练习题】

一、单项选择题

1. 按制定标准成本的水平分类，可将标准成本分为（   ）。

  A. 预期标准成本   C. 正常标准成本

  B. 历史标准成本   D. 基本标准成本

2. 在制造费用分为变动制造费用和固定制造费用的情况下，生产能力利用差异的计算公式是（   ）。

  A.（实际工时—预算工时）×固定制造费用预算分配率

  B.（预算工时—实际工时）×固定制造费用预算分配率

  C.（实际工时—标准工时）×固定制造费用预算分配率

  D.（标准工时—实际工时）×固定制造费用预算分配率

3. 直接材料成本差异按三因素法进行分析时，组合差异等于（　　　）

    A. 材料实际耗用总量×（实际结构平均实际单价－实际结构平均标准单价）

    B. 材料实际耗用总量×（实际结构平均标准单价－实际结构平均实际单价）

    C. 材料标准耗用总量×（实际结构平均实际单价－实际结构平均标准单价）

    D. 材料标准耗用总量×（实际结构平均标准单价－实际结构平均实际单价）

4. 我国企业按标准成本制度进行核算时，应设置的差异账户是（　　　）。

    A. 生产成本差异　　　　　　　　B. 材料价格差异

    C. 直接工资差异　　　　　　　　D. 制造费用差异

5. 制造费用标准成本，应各个责任部门为单位，按固定费用和变动费用编制费用预算，为了计算固定费用和变动费用标准分配率，应以确定的预算费用除以（　　　）。

    A. 预算生产量　　　　　　　　　B. 实际生产量

    C. 预算工时　　　　　　　　　　D. 实际工时

6. 在定额成本制度下，生产成本科目的借贷方是（　　　）。

    A. 按定额成本登记　　　　　　　C. 按实际成本登记

    B. 按标准成本登记　　　　　　　D. 按计划成本登记

7. 在制造费用不区分为变动制造费用和固定制造费用的情况下，制造费用差异是（　　　）。

    A. 标准制造费用与实际制造费用之间的差额

    B. 实际产量标准制造费用与实际制造费用之间的差额

    C. 计划产量标准制造费用与实际制造费用之间的差额

    D. 预算产量标准制造费用与实际制造费用之间的差额

8. 在将制造费用分为变动制造费用和固定制造费用的情况下，变动制造费用差异的影响因素可分为效率差异和耗费差异，其中效率差异的计算公式是（　　　）。

    A. （预算工时－标准工时）×制造费用预算分配率

    B. （预算工时－标准工时）×变动制造费用预算分配率

    C. （实际工时－标准工时）×制造费用预算分配率

    D. （实际工时－标准工时）×变动制造费用预算分配率

二、多项选择题

1. 标准成本制度的特点是（　　　）。

    A. 事先制定产品各项目标准成本

    B. 事中对比成本的实际消耗与标准消耗

    C. 事前完善各项成本管理基础工作

    D. 事后揭示各项成本差异

    E. 事后计算产品实际成本

2. 标准成本制度的优点是（　　　）。

    A. 有利于成本控制　　　　　　　B. 有利于成本核算

    C. 有利于简化会计工作　　　　　D. 有利于正确评价业绩

    E. 有利于价格决策

3. 按制定标准成本依据的资料分类，标准成本可以分为（　　）。

    A. 理想标准成本   B. 正常标准成本

    C. 历史标准成本   D. 预期标准成本

    E. 基本标准成本

4. 标准成本有多种制定方法，包括（　　）。

    A. 定额比例法   B. 计划成本法

    C. 期望法   D. 历史成本推测法

    E. 工程技术测算法

5. 实施标准成本制度的步骤是（　　）。

    A. 健全成本管理组织

    B. 揭示实际消耗与标准成本的差异

    C. 完善各项成本管理的基础工作

    D. 比较实际成本与标准成本的差异

    E. 计算实际成本

6. 标准成本差异是实际成本与标准成本之间的差额，具体包括（　　）。

    A. 直接材料数量差异

    B. 固定制造费用耗费差异

    C. 固定制造费用生产能力利用差异

    D. 直接材料分配率差异

    E. 直接工资效率差异

7. 在直接工资三因素分析法下，影响直接工资标准成本差异的因素是（　　）。

    A. 人工生产效率差异   B. 人工效率差异

    C. 人工组合差异   D. 人工工资率差异

    E. 人工工作效率差异

8. 工资率差异产生的原因可能是（　　）。

    A. 工资计算方法改变   B. 材料质量和制造方法改变

    C. 劳动态度   D. 工人熟练程度

    E. 工人级别结构的变化

9. 标准成本差异的处理方式一般包括（　　）。

    A. 将差异转入损益科目

    B. 将差异转入销售成本科目

    C. 将差异结转至下期

    D. 将差异在存货及销售成本之间按比例分摊

    E. 将差异保留在各差异账户中

10. 标准成本制度与定额成本制度的不同之处是（　　）。

    A. 标准成本制度下，生产成本科目按标准成本登记

    B. 定额成本制度下，生产成本科目按实际成本登记

    C. 定额成本制度下，单独设置各种成本差异科目反映成本差异

D. 定额成本制度下，不单独设置各种成本差异科目反映成本差异

E. 标准成本制度下不要求计算产品实际成本，而定额成本法要求计算产品实际成本

三、判断题

1. 制造费用标准成本的制定，应以各责任部门为单位，但不需要区分固定费用和变动费用来编制费用预算。　　　　　　　　　　　　　　　　　　　　　　（　　）

2. 直接材料三因素分析法，在将影响材料成本差异的因素分为数量和价格差异的基础上，将数量差异进一步区分为产出差异和耗费差异。　　　　　　　　　　（　　）

3. 固定制造费用差异的三因素分析法，将固定制造费用差异分为效率差异、耗费差异和生产能力利用差异。　　　　　　　　　　　　　　　　　　　　　　　　（　　）

4. 材料价格差异产生的原因是由于市场价格、采购地点、运输方式变动以及生产技术上产品设计的变更造成的。　　　　　　　　　　　　　　　　　　　　　　（　　）

5. 在标准成本制度下，材料数量差异和材料价格差异都属于材料成本差异，可列入"材料成本差异"科目进行核算。　　　　　　　　　　　　　　　　　　　　（　　）

6. 在标准成本制度下，为了正确计算各种产品实际成本，应选择恰当的分配标准将各种成本差异在各种产品之间进行分配。　　　　　　　　　　　　　　　　（　　）

7. 对于标准成本差异的处理方式是将其结转至下期，或是将差异在存货及销售成本之间按比例分摊，也可以将差异转入损益或销售成本科目。　　　　　　　　（　　）

8. 实行标准成本制度与定额成本制度，对于成本差异的处理方式是相同的。（　　）

9. 在标准成本制度下，各种成本差异的处理有不同方式可供选择，而在定额成本制度下，各种成本差异一般应在各种产品之间进行分配。　　　　　　　　　　（　　）

10. 标准成本制度并非一种单纯的成本计算方法，它是把成本计划、控制、计算和分析相结合的一种会计信息系统和成本控制系统。　　　　　　　　　　　　（　　）

四、计算与账务处理题

1. 某企业生产甲种产品，单位产品标准配方资料见表 12 - 6。

表 12 - 6　单位产品标准配方表

单位：元

材料名称	单价	混合用量标准（千克）	标准成本
201	15	2	30
202	20	1	20
203	9	4	36
合计	—	7	86

本期甲种产品实际产量为 900 千克，各种材料实际消耗资料见表 12 - 7。

表 12 - 7　材料耗用情况表

单位：元

材料名称	单价	实际耗用量（千克）	标准成本
201	14	2 900	40 600
202	18	1 800	32 400
203	9	150	1 350
合计	—	4 850	74 350

要求：根据上述资料，按照三因素分析法计算分析直接材料成本差异。

2. 某企业生产乙产品，本月份预算工时数为 10 000 小时，变动制造费用预算数为 25 000 元，固定制造费用预算数为 16 000 元，实际产量的标准工时数为 8 000 小时，实际工时数为 8 800 小时，变动制造费用实际发生数为 24 800 元，固定制造费用实际发生数为 15 700 元。

要求：分别计算变动制造费用和固定制造费用标准成本差异，并进行成本差异分析。

3. 某企业生产甲产品，本月预计生产量 250 件，其他有关资料见表 12 - 8 和表 12 - 9。

（1）产品标准成本和费用预算表

表 12 - 8　甲产品标准成本表

单位：元

直接材料	标准单价	标准消耗量	金额
A 材料	20	200 千克	4 000
B 材料	10	40 千克	400
小计	—	—	4 400
直接工资	标准工资率	标准工时	金额
直接工资	10	80	800
制造费用	标准费用率	标准工时	金额
变动制造费用	4	80	320
固定制造费用	12	80	960
小计	—	—	1 280
单位产品标准成本	—	—	6 480

表 12-9 费用预算表

单位：元

项目	每小时费用	总费用 20 000 小时	项目	每小费用	总费用 20 000 小时
变动费用			固定费用		
消耗材料	2.00	20 000	折旧费	3.00	80 000
消耗动力	0.4	36 000	办公费	0.80	50 000
修理费	1.00	5 000	设计费	0.30	30 000
⋮	⋮	⋮	⋮	⋮	⋮
变动费用总计	4.00	80000	固定费用总计	12	240 000
			费用总计	—	320 000

（2）本月实际发生有关业务内容如下

购进 A 材料 24 000 千克，单价为 19 元；购入 B 材料 6 000 千克，单价为 12 元。生产甲产品领用 A 材料 42 000 千克，B 材料 8 600 千克。材料款项已通过银行支付。

本月发生生产工人实际工时数 18 000 小时，预算总工时为 20 000 小时，应付职工薪酬总额 171 000 元，实际工资率为 9.5 元/小时。

本月制造费用实际发生额为 316 000 元，其中固定制造费用为 250 000 元，变动制造费用为 66 000 元，假设全部费用均以银行存款支付。

本月生产甲产品 200 件，期初和期末均无在产品。本月出售该产品 160 件，单价 8 000 元，收入确认的条件已具备，但货款尚未收到。

要求：根据本例所给资料，计算甲产品标准成本，填列下列有关计算表（见表 12-10 至表 12-15），并进行账务处理（本月发生的成本差异全部计入销售成本）。

表 12-10 购入材料标准成本和价格差异计算表

材料名称	购入数量	标准 单价	标准 成本	实际 单价	实际 成本	价格差异
A 材料						
B 材料						
合计						

表 12 –11   实际产量直接材料标准成本和数量差异

材料名称	标准单价	标准			实际		数量差异
		单位用量	总耗用量	总成本	总耗用量	总成本	
A 材料							
B 材料							
合计							

表 12 –12   实际产量直接工资标准成本和差异

标准				实际			差异	
单位工时	总工时	小时工资率	总成本	总工时	小时工资率	总成本	效率差异	工资率差异

表 12 –3   实际产量变动制造费用标准成本和差异

预算分配率	标准		实际		差异	
	总工时	总成本	总工时	总成本	效率差异	耗费率差异

表 12 –14   实际产量固定制造费用标准成本和差异

预算			标准		实际		差异		
总工时	分配率	总成本	总工时	总成本	总工时	总成本	效率差异	能力利用差异	耗费差异

表 12 –15   产品入库和销售标准成本计算

完工产品标准成本	单位产品标准成本	工产品标准成本		销售产品标准成本	
		入库数量	总成本	销售数量	总成本
甲产品					

【案例与分析】

某企业生产和销售甲产品。甲产品生产需要耗用 A、B 两种材料，只经过一个生产加工过程，本月预计生产 1 000 件。本月预算固定制造费用为 40 000 元，预算变动制造费用为 60 000 元，预算工时为 20 000 工时。变动制造费用分配率和固定制造费用分配率均按直接工资工时计算。甲产品的标准成本资料见表 12 - 16。

表 12 - 16　单位产品标准成本

项目	标准消耗量	标准单价（元）	金额（元）
直接材料			
A 材料	20 千克	10	200
B 材料	30 千克	9	270
直接工资	20 工时	5	100
变动制造费用	20 工时	3	60
固定制造费用	20 工时	2	40
单位产品标准成本			670
变动制造费用 预算分配率	60 000 ÷ 20 000 = 3	固定制造费用 预算分配率	40 000 ÷ 20 000 = 2

甲产品月初没有在产品，本月投产 900 件，并于当月全部完工；本月销售甲产品 800 件，每件售价 950 元。本月其他有关实际资料见表 12 - 17，本期所购材料货款已全部支付，所发生的各项制造费用均通过应付款科目核算。

表 12 - 17　甲产品生产费用表

项目	采购材料数量	实际耗用量	其际单价（元）	实际成本（元）
直接材料				
A 材料	20 000 千克	19 800 千克	9	178 200
B 材料	25 500 千克	25 200 千克	9.5	239 400
直接工资		19 800 小时	5.2	102 960
变动制造费用			2.8	55 440
固定制造费用			2.1	41 580
实际产品成本总额				617 580

如果某企业请你根据上述资料为之进行标准成本的会计处理，那么你将怎样来做？并请根据处理结果进行评价。

第十三章　作业成本法

学习目标

1. 了解作业成本法产生的时代背景。
2. 了解作业成本法的基本概念。
3. 了解作业成本法的基本原理。
4. 掌握作业成本法的一般计算程序。
5. 理解作业成本法的优点及局限性等。

第一节　作业成本法的概述

作业成本计算问题是近几年成本会计理论界研究比较多的热点问题，在传统成本会计受到挑战的今天，人们越来越多地开始关注新的理论和方法对成本管理的影响，试图运用新的理论和方法对传统的成本会计理论和方法进行变革，以期使传统的成本管理得到发展和提高。

作业基础成本计算制度（activity-based costing system，ABC 法），亦称作业成本计算法，最早起源于 20 世纪 30 年代末 40 年代初提出，由美国著名教授科勒·斯托布斯的长期研究逐渐发展起来。作业成本计算法是一种以作业为基础，对各种主要的简介费用采用不同的间接费用分配率进行成本分配的成本计算方法，它是对传统成本计算方法的创新。

传统成本计算法是以某一总量（如以人工总量、材料总量、机器工时总量等）为基础，计算统一的间接费用分配率来分配间接费用。其主要目的是为分摊间接费用提供统一的基础，以有利于存货计价和利润计算。这种以产品的直接人工、直接材料或直接工时总量为基础的间接费用分配方法，在间接费用项目较少、间接费用在总成本中所占比重较小、对成本管理的要求不高的情况下是可行的。随着生产自动化的日益发展，对机器人、特殊机器设备以及计算机控制程序使用的不断增加，成本中的间接费用比重急剧增加，传统成本计算法已不适应客观要求。

根据有关资料表明，20 世纪 90 年代间接费用在生产成本中的比重，美国为 40% 左右，日本为 30% 左右；若从电子行业看，美国为 80% 左右，日本为 60% 左右。这是由于 20 多年来美国、日本这些发达国家纷纷实行自动化生产、电脑辅助设计、电脑辅助制造、弹性制造系统等的结果。这使得直接人工在成本中的比例越来越小，生产成本中的间接费用大幅增加，并且在构成内容上也日益复杂化，传统的成本核算方法已经无法满足经营管理的要求。为了正确核算产品的生产成本，就必须改变传统的以"产品"为中心的成本核算思路路。作业基础成本法在此背景下应运而生。

通过对作业成本动因的分析来计算产品生产成本，并为企业作业管理提供更为相关、相对准确的成本信息的一种成本计算方法。由此可见，作业成本法的实质就是在资源耗费和产品耗费之间借助作业来分离、归纳、组合，然后形成各种产品成本。上述作业基础成本法最早在 20 世纪 70 年代就有学者提出，而首先对 ABC 给予明确解释的则是在 1988 年美国哈佛大学的学者罗宾•库珀（Robin Cooper）和罗伯特•卡普兰（Robert S。Kaplan）在《成本管理》上发表了《一论作业基础成本计算的兴起——什么是作业基础成本系统》的论文，对作业成本会计进行了较为完善的论述。他们认为，产品成本就是制造和运送产品所需全部作业的成本总和，成本计算的最基本对象是作业。ABC 所赖以存在的基础是：作业耗用资源、产品耗用作业。由此，在分配费用时，以作业为基础进行才能使成本信息更加真实可靠。在此之后，ABC 风靡全世界并在理论上趋于成熟。

第二节 作业成本法的基本概念

作业成本法又叫作业成本计算法或作业量基准成本计算方法是以作业（activity）为核心，确认和计量耗用企业资源的所有作业，将耗用的资源成本准确地计入作业，然后选择成本动因，将所有作业成本分配给成本计算对象（产品或服务）的一种成本计算方法。作业成本计算法的核心是在计算产品成本时，先将制造费用归于每一作业，然后再由每一作业中心分摊到产品成本。因此，进行作业成本计算，首先必须明确几个基本概念。其涉及的概念主要有如下几项。

一、资源

资源是成本的源泉，是指支持作业的成本和费用的来源；是企业生产耗费的最原始状态。如果把整个企业看成是一个与外界进行物质交换的投入产出系统，则所有进入该系统的人力、物力、财力等都属于资源范畴。一个企业的资源包括有原材料、辅助材料、燃料及动力费用、工资及福利费、折旧费、修理费、运输费等。如果某一项资源耗费可以直接确认是哪一项作业耗费的，则直接将其计入该作业；如果某项资源从最初消耗上呈混合性耗费状态，即支持多种作业的发生，则需要选择合适的量化依据将资源消耗分解到各作业，这个量化依据就是资源动因。

二、作业与作业中心

作业从广义上说是指产品制造过程中的一系列经济活动。这些经济活动事项，有的会发生成本，有的不会发生成本；有的会创造附加价值，有的不会创造附加价值。因为作业成本计算的目的在于计算产品成本，因此，狭义的作业应当指会发生成本的经济活动。另外从作业管理角度出发，无附加价值的作业应当尽量剔除，所以作业成本计算中所指的作业是指会发生成本且具附加价值的经济活动。

将类似的作业归集在一起便构成了作业中心。建立作业中心的主要目的是为了归集每一类作业的成本，简化作业成本计算。

作业是作业成本法下最基本的概念，是进行作业成本计算的核心和基础。一般认为，作业是企业为了提供一定产量的产品或劳务所消耗的人力、技术、原材料、方法和环境的集合体。通俗地讲，作业也就是为了达到某种目的而消耗资源的各种活动或行为。企业的生产经营过程无不是一系列资源投入和效果产出的过程，而作业则构成了沟通企业资源与企业产出（最终产品）的桥梁，它贯穿于企业生产经营的全过程。作业具有如下 3 个方面的特征。

（一）作业的本质是交易

在经营过程中的每次活动或行为，都是一种资源的投入和另一种结果的产出，投入与产出的因果关系本质上是一种交易。比如，对销货收款行为，所销售的货物是投入的一种资源，收到的货款是一种产出。又如，人操纵机器，人的操纵行为投入的是人力资源，机器生产的产品就是产出的结果。

（二）作业贯穿于经营过程的全部，包括企业内部和企业外部

投入产出的交易贯穿于经营过程的全部，包括企业内部的交易关系，如投入材料、加工、检验等，以及企业外部的交易关系，如购买原材料、销售、运输等。

（三）作业可以量化

作业作为一种成本分配的基准或尺度，一定具备量的属性。按照计量作业发生数量的方法不同，可以将作业可以分为以下 4 类：

1. 单位作业，即每生产一单位产品都要发生的作业，此类作业是重复性的，每生产一单位产品就需要执行一次，而且各个单位所消耗的资源数量基本相同。这种作业的成本一般与产品的产量成比例变动，如产品的机器加工、人工操作等。

2. 批别作业，即每生产一批产品都要发生的作业。批量作业的发生同产品的生产批次成正比例关系，而与每一批次的产量无关，如生产准备、处理清单、发运货物等。

3. 产品别作业，即品种别作业，它是使某种产品的每个单位都受益的作业。这种作业的成本与产品的产量及批次无关，但与产品种类数成比例变动，如产品设计、市场开发等。

4. 维持性作业，即为了支持和管理生产经营活动而进行的作业：它与产量、批次、

品种数无关，而取决于组织规模与结构，该类作业在某种水平上有益于整个企业，但并不针对任何具体产品，如工厂管理、工人培训等。

三、作业链和价值链

与作业相关联的概念是作业链概念和价值链概念。作业链是指企业为了满足顾客需要而建立的一系列有序的作业集合体。一个企业简化的作业链如图 13－1 所示。

研究与开发→设计→生产→营销→配送→售后服务

图 13－1　企业简化的作业链示意图

作业链与价值链紧密相关。按 ABC 法的原理，产品消耗作业，作业消耗资源，一项作业转移到另一项作业的过程，同时也伴随着价值量的转移，最终产品是全部作业的集合，同时也是全部作业的价值集合。在 ABC 法中，依据是否会增加顾客价值，人们将作业分为增值作业和不增值作业。前者是指能够增加顾客价值的作业，也就是说这种作业的增减变动会导致顾客价值的增减变动；后者是指不会增加顾客价值的作业，也就是说，这种作业的增加或减少不会影响顾客价值的变动。

作业链是指企业管理深入到作业层次之后，现代企业实质上是一个为了满足顾客需要而设计的一系列有序的作业集合体，这个有序的集合体就是作业链。在这条作业链上存在着一种关系：这种关系就是"资源——作业——产品"，其含义为：作业耗用资源，产品耗用作业。企业每完成一项作业，就会有一定量的资源被消耗，同时又有一定价值量的产出转移到下一项作业，如此逐步结转下去，形成企业的最终产品。最终产品作为企业内部各作业链的最后一环，凝结了各作业链所形成并最终提供给客户的价值，作业耗费与作业产出配比的结果就是企业的盈利，因此，作业链同时表现为价值链。

价值链是从开发、生产、营销和向顾客交付产品或劳务所必需的一系列作业价值的集合，是伴随着作业转移的价值转移过程中全部价值的集合。作业链的形成过程也就是价值链的形成过程。

四、成本动因

作业成本法的核心在于把"作业量"与传统成本计算系统中的"数量"（如人工工时、机器小时）区别开来，并主张以作业量作为分配大多数间接成本的基础。1987年库珀和卡普兰提出了成本动因的概念。他们认为作业成本法要把间接成本与隐藏其后的推动力联系起来，这种推动力就是成本动因。

成本动因就是决定成本发生的那些重要的活动或事项。成本动因可以是一个事件、一项活动或作业，它支配成本行为，决定成本的产生。所以，要把间接成本分配到各产品中去，必须要了解成本行为，识别恰当的成本动因。根据成本动因在资源流动中所处的位置，通常可将其分为资源动因和作业动因两种。

（一）资源动因

资源动因是指资源被各种作业消耗的方式和原因，它反映作业中心（作业成本库）对资源的消耗情况，是资源成本分配到作业中心的标准。例如，如果人工费用的耗用，主要和从事各项作业的人数有关，那么，就可以按照人数向各作业中心分配人工方面的费用，这里的人数就是资源动因。将资源一项一项分配到作业中心的成本要素，进行加计汇总，就形成了作业成本库。通过对成本要素和成本库的分析，可以揭示哪些资源需要减少，哪些资源需要重新配置，最终确定如何改进和降低作业成本。

（二）作业动因

作业动因是指各项作业被最终产品或劳务消耗的方式和原因。它反映产品消耗作业的情况，是作业中心的成本分配到产品中的标准。例如，如果在各种产品或劳务的每份订单上所耗用的费用基本相当，那么就可以按照订单份数来向各种产品或劳务分配订单作业成本。在这里，订单的份数就是一项作业动因。

五、作业成本计算法与传统成本计算法的区别

（一）传统成本计算是以"产品"为中心的，在成本计算时，是以产品作为成本计算对象，归集生产费用，计算成本的，而作业成本计算是以"作业"为中心，通过对作业成本的确认、计量，为尽可能消除"不增加价值的作业"，改进"可增加价值的作业"，及时提供有用的成本会计信息。通过这种方式，可减少损失和浪费，挖掘降低成本的潜力，不断降低成本。采用作业成本计算将作业、作业中心、顾客和市场纳入了成本核算的范围，形成了以作业为核心的成本核算对象体系。

（二）传统的成本计算只是为了计算成本而计算，就成本论成本；作业成本计算则把重点放在成本发生前因后果上。在作业成本计算系统中，成本是由作业引起的，该作业是否应当发生，是由产品的设计环节所决定的。在产品设计中，要设计出产品由那些作业所组成、每一项作业预期的资源消费水平；在作业的执行过程中，应分析各项作业预期的资源消耗水平以及预期产品最终可为顾客提供价值的大小。对于这些信息进行处理和分析，可以促使企业改进产品设计、提高作业水平和质量，减少浪费，降低资源的消耗水平。

（三）传统成本计算方法下计算出来的产品成本在有期初期末在产品成本的情况下，完工产品成本包括有几个会计期间的费用，不便于进行成本分析和成本考核。而在作业成本制度下，由于采用了及时生产系统，该系统要求在产、供、销各个环节实现零存货。这样，按作业成本计算下所计算出来的产品成本同当期所发生的期间成本基本一致。

（四）传统成本计算提供的成本会计信息不准确，而作业成本计算提供的成本会计信息则相对准确，从而提高了决策的准确性。传统成本计算将成本计算对象按耗费的资源按单一标准进行分配，它是在假定所有的间接费用都与直接人工或机器工作小时或产出物数量有关，并以这些项目的数量为依据分配间接费用为前提的。但是，这种

假定并不能全面反映成本计算对象及资源耗费之间的本质联系，因而，使得成本信息被严重扭曲。特别是在自动化程度不断提高、人工工时在生产过程中日益减少的情况下，这种分配方法会导致间接费用分配的不真实，使得产量高、复杂程度低的产品成本高于其实际发生的成本。而产量低、复杂程度高的产品成本又低于其实际发生的成本。而作业成本计算为了提高产品成本计算的准确性和提高成本控制的有效性，将重点放在制造费用上，解决了传统成本计算在制造费用分配上存在的问题。采用作业成本计算法时，由于是从成本对象与资源耗费的因果关系着手，根据资源动因将间接费用分配到作业，再按作业动因将作业计入成本对象，揭示了资源与成本对象真正的"一对一"的本质联系，克服了传统成本计算假定的缺陷。作业成本计算分配基础的广泛性，使间接费用分配更具精确性和合理性。

（五）传统成本计算模式由于提供的成本信息不准确，因而，影响了企业的成本决策。而采用作业成本计算法，由于间接费用不再是均衡地在产品之间进行分配，而是通过成本动因追踪到产品，因而有助于改进产品的定价决策，并为是否停产老产品、引进新产品和指导销售提供准确的信息。另外，采用作业成本法还可以不断地改进企业的业绩评价体系，调动各部门挖掘盈利潜力的积极性。

作业成本计算法也有其本身的一些缺陷，其主要表现就是作为分配间接费用标准的成本动因的选择具有较强的主观性，若选择的不合适，相反会引起成本信息的失真。另外，若企业的业务量较大，性质复杂，就需要选择很多的成本动因，使得成本计算过程过于繁杂，需要收集大量的数据，做许多基础性的工作。在激烈的市场竞争中，企业要想在竞争中取胜，就要不断进行技术革新及进行产品结构的调整，这样就要重新进行作业的划分，这就需要增加采用作业成本计算的耗费。

第三节 作业成本法的基本原理与一般程序

一、作业成本法的基本原理

作业成本法下，费用的分配与归集是以作业消耗资源，产品消耗作业；生产导致作业的发生，作业导致成本的发生基本认识而进行的。

上述所讲，作业成本法的基本指导思想是，"作业消耗资源，产品消耗作业"。根据这一指导思想，作业成本法把成本计算过程划分为两个阶段。第一阶段，将作业执行中耗费的资源追溯到作业，计算作业的成本并根据作业动因计算作业成本分配率；第二阶段，根据第一阶段计算的作业成本分配率和产品所耗费作业的数量，将作业成本追溯到各有关产品。因此，作业成本法下的成本计算过程可以概括为："资源→作业→产品"。

二、作业成本法的一般程序

根据上述作业成本法费用分配的原理，作业基础成本法是以作业消耗资源、产品消耗作业的概念为基础的。所以，作业成本计算的基本程序就是：先将各类资源价值分配到各作业成本库，然后再把各作业成本库所归集的成本分配给各种产品。具体步骤如下：

（一）确定成本计算对象，如以产品的品种、批次或步骤作为成本计算对象。

（二）确定直接生产成本类别，如直接材料、直接人工等。

（三）确认作业类别，建立作业中心，如可将制造企业的作业确认为订单作业、采购作业、进货作业、生产作业、质量检验作业、销售作业、发货作业、售后服务作业等。要实施作业成本法，应首先对企业生产经营的全过程进行作业分析，确认作业、主要作业，并以主要作业为主体，将同质作业合并建立作业中心，以便按作业中心建立作业成本库。

（四）将资源分配到各作业中心，计算各作业成本。根据作业分析所确定的作业中心建立作业成本库，并按照作业成本库来归集费用，计算各作业中心的作业成本。在这里需要特别指出的是，在建立作业成本库时，应保证库内所归集的成本的同质性。所谓同质性，是指可以用共同的成本动因来解释库内所归集成本的变动。

（五）分配作业成本。在作业成本库建立之后，如何将各类资源的价值耗费，向各该作业成本库（亦即向各作业成本库所代表的作业）进行分配，就成为本步骤的重要内容。按照作业成本计算的规则，作业量的多少决定着资源的耗用量，资源耗用量的高低与最终产品的产出量没有直接关系。所以这一步骤分配资源的价值耗费的基础是反映资源消耗量与作业量之间关系的资源动因，即如何正确地确定资源动因是正确地将各类资源耗费分配计入各作业成本库的关键。

（六）确定作业中心成本分配率

当作业中心已经确认、成本已经汇集、成本动因已经确立后，就可以将该作业中心的成本除以预计的交易量，计算以成本动因为单位的分配率。

（七）计算产品成本

根据各批产品所耗用的成本动因交易量和各该作业中心的成本分配率，就可求得该批产品所应负担的成本，包括应负担的作业总成本和单位成本。

计算各产品成本是指将各作业成本库归集的成本分配计入最终产品或劳务，计算产品或劳务的成本。该成本计算步骤应遵循的作业成本计算规则是：产出量的多少决定着作业的耗用量，这种作业消耗量与产出量之间的关系也即上述及的作业动因。作业动因是将作业成本库成本分配到产品或劳务中去的标准，也是将作业耗费与最终产出相沟通的桥梁。

另外，应当指出，进行作业成本计算所涉及的会计账户设置与传统成本计算不同。作业成本计算的程序是根据资源动因将成本追踪到作业中心，再将作业中心的成本按作业动因分配给产品。按传统方法核算的部门成本分解为作业成本，虽然会大大增加账户的数量，但可以使得账户的设置与成本核算费用控制保持一致。从本质上看，作业成本计算是一个借助于作业揭示可供资源、实际使用资源、实际需用资源、无效使用资源和未使用资源，区分增值作业与非增值作业，提供业绩评价和资源配置信息的过程。因此，账户设置可分为两大类：一类是增值作业账户，另一类是非增值作业账户。增值作业可按作业中心设置账户，归集核算每个作业中心成本。增值作业中有两类成本，一类是直接成本，另一类是间接成本。直接成本按传统方法核算，间接成本按性质设立成本库，每一个成本库设立一个账户，如"修理费用"、"开工准备费用"、"检验费用"等账户。非增值作业也有两类成本，一类是维持性作业成本，另一类是无效作业成本。维持性作业成本可以设置"标准间接费用"账户，无效作业成本可以设置"间接费用差异"账户。非增值作业主要是指企业组织和管理生产经营的活动，因此，这一类成本可以列作期间成本，直接计入当期损益。

三、作业成本法举例

某企业本月生产 A、B 两种产品，其中 A 产品技术工艺过程较为简单，生产批量较大；B 产品技术工艺过程较为复杂，生产批量较小。其他有关资料见表 13 – 1。

表 13 – 1 产量及直接成本等资料表

单位：元

项目	A 产品	B 产品
产量（件）	10 000	2 000
直接人工工时（小时）	25 000	4 000
单位产品直接人工成本	12	10
单位产品直接材料成本	20	20
制造费用总额	232 000	

根据表 13 – 1 中的资料，如果按传统的成本计算方法，制造费用按直接人工工时在 A、B 两种产品之间进行分配，则

制造费用分配率 = 232 000 ÷ (25 000 + 4 000) = 8

单位 A 产品应分配制造费用 = (8 × 25 000) ÷ 10 000 = 20（元）

单位 B 产品应分配制造费用 = (8 × 4 000) ÷ 2 000 = 16（元）

A 产品单位成本 = 12 + 20 + 20 = 52（元）

B 产品单位成本 = 10 + 20 + 16 = 46（元）

下面以作业成本法来计算甲、乙两种产品的成本。

假如经作业分析，该公司根据各项作业的成本动因性质设立了机器调整准备、质量检验、设备维修、生产订单、材料订单、生产协调等六个作业成本库；各作业成本库的可追溯成本、成本动因、作业量以及作业成本分配率等有关资料如表 13 – 2 所示。

表 13 – 2 作业成本计算法下成本计算表

单位：元

作业成本库（作业中心）	可追溯成本	成本动因	作业量			成本动因分配率
			A 产品	B 产品	合计	
机器调整准备	50 000	准备次数	300	200	500	100
质量检验	45 000	检验次数	150	50	200	225
设备维修	30 000	维修工时	200	100	300	100

作业成本库 （作业中心）	可追溯成本	成本动因	作业量			成本动因 分配率
			A 产品	B 产品	合计	
生产订单	55 000	订单份数	195	80	275	200
材料订单	25 000	订单份数	140	60	200	125
生产协调	27 000	协调次数	50	50	100	270
合计	232 000					

根据表 13 - 2 有关资料和计算结果，编制制造费用分配表如表 13 - 3 所示。

表 13 - 3　制造费用分配表

单位：元

作业成本库 （作业中心）	成本动因分配率	A 产品		B 产品		作业成本 （制造费用）
		作业量	作业成本	作业量	作业成本	
机器调整准备	100	300	30 000	200	20 000	50 000
质量检验	225	150	33 750	50	11 250	45 000
设备维修	100	200	20 000	100	10 000	30 000
生产订单	200	195	39 000	80	16 000	55 000
材料订单	125	140	17 500	60	7 500	25 000
生产协调	270	50	13 500	50	13 500	27 000
合计			153 750		78 250	232 000
产量		10 000		2 000		
单位产品应分摊 的制造费用		15. 38		39. 13		

根据表 13 - 1 的计算结果及表 13 - 3 的资料，可得出 A、B 两种产品的单位成本如下：

A 产品单位成本 = 12 + 20 + 15. 38 = 47. 38（元）

B 产品单位成本 = 10 + 20 + 39. 13 = 69. 13（元）

根据以上计算结果，作业成本计算法和传统成本计算法的产品成本计算结果见表 13 - 4。

表 13 - 4　产品成本计算结果比较表

单位：元

产品	作业成本计算法	传统成本计算法	绝对差	相对差
A 产品	47. 38	52	4. 62	9. 75%
B 产品	69. 13	46	- 23. 13	- 33. 44%

通过以上比较得知，相对于作业成本计算法，在传统的成本计算法下，批量较小、技术上较复杂的 B 产品的成本，在很大程度上被低估；批量大、技术上较为简单的 A 产品的成本，在很大程度上被高估。这说明在传统成本计算法下，批量越大、技术越简单的产品，其成本信息被高估的可能性就越大；反之，则成本信息被低估的可能性就越大。事实上问题不仅仅如此，因为以上是就产品的全部成本所进行的比较，其中包括了各批产品所耗费的原材料费用和直接人工这一不可比因素，如果扣除这一不可比因素，仅就制造费用这一因素进行比较的话，问题会显得更为突出。下面就 A、B 产品在不同的成本计算法下应分配的制造费用作一比较。

相对于作业成本法（以作业成本法的计算结果为基准），传统成本法计算的相对差为：

A 产品：$[(20 - 15.38) \div 15.38] \times 100\% = 30.04\%$

B 产品：$[(16 - 39.13) \div 39.13] \times 100\% = -59.11\%$

以上计算结果说明，若仅就制造费用分配这一可比因素进行比较，传统成本计算法的计算结果导致成本信息的歪曲程度就看得更为清楚。这一比较结果说明传统成本信息在很大程度上已经丧失了决策相关性。由本例可以看出，传统的成本计算法与作业成本计算法在制造费用分配结果上之所以会产生如此大的差距，其原因就在于两种成本在计算方法和分配基础的选择上有重大差别。也就是说，在传统的成本计算方法下，是以数量为基础来分配制造费用，而且一般是以工时消耗这一单一标准对所有产品分配制造费用；而在作业成本计算法下，是以作业量为基础来分配制造费用，即为不同的作业耗费选择相应的成本动因来向产品分配制造费用，从而使成本计算的准确性有很大提高。

第四节　作业成本法的优点、局限性及适用条件

作业成本计算法最大的优点在于它能使管理人员想方设法地进行成本控制。一旦确认了某种产品消耗间接成本产生的原因，管理人员就会从降低成本的角度对各种间接成本进行重新评估，以促使间接成本费用降低，最终使全部产品成本降低。这就是说，作业成本计算法不仅保证了成本计算的准确性，而且可促使企业有效地控制间接成本，不断降低产品成本。这同为了降低产品单位成本而进行大批量生产、不考虑存货后果的传统成本计算和管理方法是截然不同的，其优越性是传统成本计算方法所不可比拟的。作业成本计算法的优点有如下几点：

一、作业成本法的优点

（一）作业成本法提供了相对准确的成本信息

作业成本法提供了更真实、丰富的产品成本信息，由此而得到更真实的产品赢利能力信息和定价、顾客市场及资本支出等战略决策相关的信。作业成本法试图把支持

产品生产和发生的各种活动予以量化，并把它们按其归集到各个产品中，以能得到正确的产品成本信息。而激烈的全球竞争和崭新的生产技术使准确的产品成本信息对于企业在竞争中的取胜至关重要。

（二）作业成本法拓宽了成本核算的范围

作业成本法把作业、作业中心、顾客和市场纳入成本核算的范围，形成了以作业为核心的成本核算对象体系。它以作业为核心进行成本核算，抓住了资源向成本对象流动的关键，便于合理计算成本，有利于全面分析企业在特定产品、劳务、顾客和市场及其组合以及各相应作业盈利能力方面的差别。

（三）作业成本法提供了便于不断改进的业绩评价体系

有利于建立新的责任会计系统，调动各部门挖掘盈利潜力的积极性，进行业绩评价。企业的作业链同时也是一条责任链，以成本库为新的责任中心，分析评价该库中费用发生的合理性，以能否为最终产品增加价值作为合理性的标准，建立责任系统，并按是否提高价值链的价值为依据进行业绩评价，充分发挥资源在价值链中的作用，以促进经济效益的提高。

（四）作业成本信息可以有效地改进企业战略决策

在作业成本计算法下，由于间接成本不是均衡地在产品间进行分配，而是通过成本动因追踪到产品，因而有助于改进产品定价决策，并为是否停产旧产品、引进新产品和指导销售提供准确的信息。除了定价、资源分配及优化产品组合决策之外，作业成本信息也有助于对竞争对手的"价格—产量"决策做出适当反应。作业成本计算法不仅仅是一种先进的成本计算方法，也是管理咨询服务的工具，而且是管理会计师提高企业发展能力、获利能力、工作效率的技术。

在上述肯定作业成本计算法具有显著优越性的同时，还必须看到它所存在的某些自身难以克服的缺陷：

（1）作业成本计算法提供的成本信息是历史的，从成本管理的角度看作用并不大。

（2）作业成本计算法在成本动因确定方面，需要人为地判断，具有主观性，可能出现误差。有些作业费用的成本动因很难按产品品种来划分，如与供应商相关的供应材料的费用。

（3）用作业成本计算法所分配的间接费用是那些由生产作业所引起的制造费用，但并没有解决与作业活动不相关的间接费用如何分配的问题，如取暖费、保险费、厂房折旧等。

（4）在作业成本计算法下，对一些产量驱动型的制造费用是按生产工时或机器工时进行分配，实际上这样分配的结果是不正确的。因为大型设备与小型设备、普通设备与高精尖设备，每小时的费用是不同的。

（5）在作业成本计算法下，成本计算一般是以整个工厂为单位，将直接计入产品成本的直接材料、直接人工加上各成本库分来的作业成本求得产品总成本，这样不能提供生产部门的成本。

（6）作业成本计算法只适用于制造费用比重大、项目多的企业，对于非此类企业相对意义较小。

二、作业成本法的局限性

作业成本计算法也存在着许多方面的局限性，主要表现在以下几个方面：

（一）采用作业成本法应遵循成本效益原则，任何一个成本系统并不是越准确就越好，关键还需考虑其成本。作业成本法增加了大量的作业分析、确认、记录和计量，增加了成本动因的选择和作业成本的分配工作，要处理大量的数据，导致实施成本高昂。但是在制造费用高、产品品种复杂的情况下，由于传统成本法提供的信息严重扭曲了产品的实际成本，误导了企业的经营决策，造成企业不必要的损失。实施作业成本法可为企业决策提供准确的成本信息，带来巨大收益，企业应依据成本效益原则，考虑是否采用作业成本法。

（二）在成本动因的选择上有一定的主观性。由于作业成本计算的目的是更为全面、精细地将各项作业耗费分配到消耗这些作业的产品成本中去，因而在成本计算过程中，需要确认资源和作业，设立作业成本库，并为每一作业成本库选择最佳的成本动因。在这一过程中，难免带有主观性和一定程度的武断性，尤其是所选择的成本动因，并不总是客观的和可以验证的，有些甚至很难进行恰当选择。例如，厂房租赁费用和车间的一些维持性成本，就很难选择合适的成本动因。这些不仅为作业成本的有效实施增加了难度，同时也为管理当局人为地操纵成本提供了可能，导致对这种操纵结果进行审计更加困难。

（三）实施作业成本计算的费用较高。如上所述，作业成本计算的优越性是可以为企业提供更为相关、更为精细的成本信息。但是，全面实施作业成本计算对于企业来说无疑是一项相当庞大的系统工程。尤其是在企业业务量大、生产经营过程复杂的情况下，不仅成本计算过程相当复杂，而且需要做许多基础性的工作，并且随着企业生产经营环节的变化、技术的创新及产品结构的调整，又需要重新进行作业的划分或调整工作，其费用之高是可以想象的。

（四）作业成本计算的实施将会降低成本信息的纵向和横向可比性。众所周知，作业成本计算法较传统的成本计算法，无论在产品成本所包括的内容上还是费用的分配原理上都存在很大的差别。就产品成本所包括的内容来说，传统的产品成本计算只包括直接材料、直接人工和制造费用，而作业成本计算法下的产品成本，其内涵要广泛得多，可以包括一切为生产该产品而发生的费用，即产品成本是"全部成本"的概念（为了进行比较，在作业成本法举例中，假设产品成本只包括直接材料、直接人工和制造费用）。至于在费用分配原理上的差别，则不必多说。因此，在两种成本核算系统下，不仅同一个企业（或车间）所取得的成本信息会有重大差别，而且同一种产品的成本信息也会大不相同。不言而喻，这种成本信息上的差别，必然会使企业有关资产价值的计量以及企业损益的计算发生变化。而成本信息变化以及由此而带来的有关资产价值和企业损益的变化，会使企业前后期的会计信息，以及与其他企业有关的会计信息失去可比性。

三、作业成本法的适用条件

作业基础成本法并非所有的企业都适合采用，一般来说，作业成本法对具有下列特征的企业比较有益：

（一）间接生产费用在产品成本结构中比重较大

间接生产费用在产品成本中所占的比重越大，采用传统成本法分配间接生产费用，将会使成本信息受到严重的歪曲，进而影响到成本决策的正确性。如果采用作业成本法，将会提高成本信息的精确度，使成本决策更具相关性。

（二）企业生产规模大，产品种类繁多

产品种类繁多的企业，通常存在间接生产费用在不同种类产品之间进行分配的问题，当与产出量相关的费用与非产出量相关的费用不呈同比例变动时，传统成本计算法笼统的将不同质的间接生产费用统一以产出置为基础进行分配，显然会使成本信息不可靠。而作业成本法则以作业为中心，区分不同质的费用采用不同的动因进行分配，能更准确地将成本追溯到各种产品。

（三）产品工艺过程复杂，作业环节多且容易辨认

作业环节越多，间接生产费用的发生与产出量不相关的可能性就越大，采用单一与产出量相关的分配基础对成本信息的扭曲越大，同时，作业环节越多，不增值作业就可能越多，这时采用作业成本法，对消除不增值作业、降低产品成本有很大的益处。

（四）生产调节准备成本较高，各次投产数量相差较大

生产准备成本通常与投产批次相关，而与每批的投产数量关系不大，若将这种成本按产出量相关的基础分配到各产品，则会导致分配结果的不准确。而作业成本法则把该成本按各产品对调整作业的消耗次数分配到各产品，这样，显然提高了分配的准确性。

（五）计算机技术较高

先进的计算机技术，可以以适当的成本帮助作业成本完成比传统成本计算更为复杂，对计算结果的准确性要求更高的数据收集、信息提供和程序运行。

总之，当企业现行成本体系提供的成本信息的准确性受到怀疑，而且已不适应企业管理需求的，在评估自身的条件和能力后，可以考虑采用作业成本法。

【思考题】

1. 什么是作业成本法？
2. 什么是作业、作业链和价值链？
3. 作业成本法的一般程序是什么？
4. 什么是成本动因？它有哪几种类型？它们的区别是什么？
5. 作业成本法与传统成本计算方法有何区别？
6. 为什么说在传统成本计算法下，高产产品给低产产品提供了补助？
7. 作业成本法有哪些局限性？
8. 具备什么特征的企业比较适合采用作业成本法？

【练习题】

一、单项选择题

1. 下列关于作业成本法的说法，不正确的是（　　）。
   A. 产品的成本实际上就是企业全部作业所消耗资源的总和
   B. 成本动因分为资源动因和作业动因
   C. 作业成本法下，所有成本都需要先分配到有关作业，然后再将作业成本分配到有关产品
   D. 作业成本法的基本指导思想是"作业消耗资源、产品消耗作业"

2. 作业成本法的主要特点不包括（　　）。
   A. 作业计算分为两个阶段
   B. 成本分配强调因果关系
   C. 成本分配使用众多不同层面的成本动因
   D. 成本分配使用相同的成本动因

3. 作业成本法的成本计算是以（　　）为中心。
   A. 产品　　　　　B. 作业　　　　　C. 费用　　　　　D. 资源

4. （　　）是作业成本的核心内容。
   A. 作业　　　　　B. 产品　　　　　C. 资源　　　　　D. 成本动因

5. 传统成本计算法的计算对象为（　　）。
   A. 作业中心　　　B. 费用　　　　　C. 资源　　　　　D. 最终产品

二、多项选择题

1. 作业成本法的局限性包括（　　）。
   A. 开发和维护费用较高　　　　　B. 不符合企业财务会计准则
   C. 确定成本动因比较困难　　　　D. 不利于管理控制

E. 应遵循成本效益原则

2. 作业成本法的主要特点包括（　　）。

　　A. 作业计算分为两个阶段

　　B. 成本分配使用众多不同层面的成本动因

　　C. 成本分配强调因果关系

　　D. 成本分配使用相同的成本动因

　　E. 以制造费用发生的成本动因分别设立作业中心

3. 作业成本法的基本概念有（　　）。

　　A. 资源　　　　　　　　　　　B. 资源动因和作业动因

　　C. 成本动因　　　　　　　　　D. 作业

　　E. 作业链和价值链

4. 作业成本法的适用条件包括（　　）。

　　A. 间接生产费用在产品成本结构中比重较大

　　B. 企业生产规模大，产品种类繁多

　　C. 产品工艺过程复杂，作业环节多且容易辨认

　　D. 生产调节准备成本较高，各次投产数量相差较大

　　E. 计算机技术不高

5. 作业成本法的一般程序包括（　　）。

　　A. 确定直接生产成本类别

　　B. 确定成本计算对象

　　C. 分配作业成本

　　D. 计算各产品成本

　　E. 资源不用分配到各作业中心计算成本

三、判断题

1. 产品的成本实际上就是企业全部作业所消耗资源的总和。　　　　（　　）

2. 成本动因分为资源动因和作业动因。　　　　　　　　　　　　　（　　）

3. 作业成本法下，所有成本都需要先分配到有关作业，然后再将作业成本分配到有关产品。　　　　　　　　　　　　　　　　　　　　　　　　　（　　）

4. 作业成本法的基本指导思想是"作业消耗资源、产品消耗作业"。　（　　）

5. 作业成本法的主要特点包括成本分配使用相同的成本动因。　　　（　　）

6. 作业成本法的主要特点以制造费用发生的成本动因分别设立作业中心，按作业中心建立制造费用成本库。　　　　　　　　　　　　　　　　　　　　（　　）

7. 成本动因就是决定成本发生的那些重要的活动或事项。　　　　　（　　）

8. 作业成本法的基本指导思想是，"作业消耗资源，产品消耗作业"。（　　）

9. 作业成本法所有的大中小企业都适合采用。　　　　　　　　　　（　　）

10. 作业成本计算的实施将不会降低成本信息的纵向和横向可比性。（　　）

四、计算与账务处理题

　　某企业生产甲、乙两种产品。甲产品采用批量的方式定期进行生产。乙产品则根

据客户的订单进行生产。有关成本资料如表 13 - 5 所示：

表 13 - 5 甲、乙两种产品成本资料表

	甲产品	乙产品
直接材料和直接人	105 000 元	
工机器开动次数	70 次	20 000 元
机器时间	25 000 小时	50 次
直接人工小时	5 000 小时	5 000 小时
生产数量	10 000 件	600 小时
制造费用	两种产品	100 件
机器开动成本	33 600 元	
机器加工成本	168 000 元	

要求：（1）用直接人工小时分配制造费用，并计算两种产品的总成本和单位成本。

（2）用机器时间分配制造费用，并计算两种家具的总成本和单位成本。

（3）用机器开动时间分配机器开动成本，用机器时间分配机器加工成本，并计算两种产品的总成本和单位成本？

【案例与分析】

资料：某制造厂生产甲、乙两种产品，有关资料如下：

1. 甲、乙两种产品 20 ××年×月份的有关成本资料如表 13 - 6 所示：

表 13 - 6 甲、乙两种产品成本资料表

单位：元

产品名称	产量（件）	单位产品机器小时	直接材料单位成本	直接人工单位成本
甲	100	1	50	40
乙	200	2	80	30

2. 该厂每月制造费用总额为 50 000 元，与制造费用相关的作业有 4 个，有关资料如表 13 - 7 所示：

表 13 - 7 制造费用相关资料表

作业名称	成本动因	作业成本（元）	作业动因数		合计
			甲产品	乙产品	
质量检验	检验次数	4 000	5	15	20
订单处理	生产订单份数	4 000	30	10	40

作业名称	成本动因	作业成本（元）	作业动因数		合计
			甲产品	乙产品	
机器运行	机器小时数	40 000	200	800	1 000
设备调整准备	调整准备次数	2 000	6	4	10
合计		50 000			

要求：（1）用作业成本法计算甲、乙两种产品的单位成本。

（2）以机器小时作为制造费用的分配标准，采用传统成本计算法计算甲、乙两种产品的单位成本。

（3）根据上述计算结果，对作业成本法进行评价。

第十四章　成本报表

1. 理解成本报表的作用、种类和特点。
2. 掌握各种产品成本报表和各种费用报表的编制方法。

第一节　成本报表概述

成本报表是根据产品成本和期间费用的核算资料以及其他有关资料的编制的，用以反映和监督企业一定时期产品成本和期间费用水平及其构成情况的报告文件。正确及时地编制成本报表是成本会计工作的一项重要内容。成本报表只是作为向企业经营管理者提供成本信息的内部会计报表。

一、成本报表的作用

正确、及时地编制成本报表，对加强成本管理和节约费用支出具有重要作用。

（一）企业和主管企业的上级部门（或集团公司）利用成本报表，可以检查企业成本计划的执行情况，考核企业成本工作绩效，对企业成本工作进行评价。

（二）通过成本报表分析，可以揭示影响产品成本指标和费用项目变动的因素和原因，从生产技术、生产组织和经营管理等各个方面挖掘和动员节约费用支出和降低产品成本的潜力，提高企业的经济效益。

（三）成本报表提供的实际产品成本费用支出的资料，不仅可以满足企业、车间和部门加强日常成本、费用管理的需要，而且是企业进行成本、利润的预测、决策，编制产品成本计划的各项费用计划，制定产品价格的重要依据。

二、成本报表的特点

成本报表属于内部报表，主要是为满足企业内部经营管理的需要而编制的，不对外公开。因此，成本报表的种类、格式、项目、指标的设计和编制方法、编报日期、具体报送对象，国家都不作统一规定，而由企业自行决定。主管企业的上级部门为了对本系统所属企业的成本管理工作进行领导或指导，也可以要求企业将其成本报表作为会计报表的附表上报。在这种情况下，企业成本报表的种类、格式、项目和编制方法，也可以由主管企业的上级部门同企业共同商定。

成本报表作为对内报表，与现行会计制度规定的对外报表（财务报表）相比较，具体有以下特点：

（一）成本报表编制的主要目的是满足企业内部经营管理者的需要，因而内容更具有针对性

企业对外提供的会计报表，包括资产负债表、利润表、现金流量表和所有者权益变动表等，是为政府部门、企业投资者和债权人以及企业内部经营管理者服务的，反映企业财务状况和经营成果的财务报表。在市场经济环境下，成本是商业秘密，不对外公开，成本报表作为内部报表主要是为企业内部经营管理者服务，满足企业领导、部门、车间和岗位责任人员对成本信息的需要，因而成本报表的内容要有针对性，不能泛泛地、千篇一律地提供情况；主要地提供情况；要主动的促进各相关部门和人员关心成本，了解其工作成效对成本的影响，明确其在成本存在管理中的责任。

（二）成本报表的种类、内容和格式由企业自行决定，更具有灵活性

现行制度中的财务报表，其种类、内容、格式以及报送对象等均有国家统一规定，企业不能随意改动。成本报表则不同，编制什么表，其内容、格式以及编制方法均由企业自行决定和设计。为适应不同的管理需求，会计部门除定期编报全面反映成本计划（包括产品成本计划和各项费用计划）完成情况的报表外，还可以对某一方面问题，或从某一侧面编制报表进行重点反映；报表格式可以灵活多样，内容、指标可多可少；可以事后编报，也可以事中编报或事前预报。总之，成本报表应本着实质重于形式的要求力求简明扼要，讲求实效。如果主管企业的上级部门要求企业将其主要成本报表作为会计报表的附表上报，企业主要成本报表的种类、内容、格式和编制方法，也可以由主管企业的上级部门会同企业共同商定。

（三）成本报表作为对内报表更注重时效性

对外报表（财务报表）一般都是定期编制和报送，而作为对内报表的成本报表，除满足定期考核和分析成本计划完成情况定期编报一些报表外，为了及时反馈成本信息，揭示成本工作中存在的问题和技术经济指标变动对成本的影响，还可采用日报、周报或旬报的形式，定期或不定期地向有关部门和人员编报不同内容的成本报表，或者是报告直接与成本升降有关的技术经济指标的变动情况，尽可能使报表或报告提供的信息与其反映的内容在时间上保持一致，以发挥成本报表及时指导生产的作用。

第二节　成本报表的种类

一、成本报表按其所反映的内容分类

根据成本报表的成本信息汇总对象和在成本管理中的用途不同，可分为反映产品成本情况的报表和反映费用支出情况的报表。

（一）反映产品成本情况的报表

这类报表主要反映企业为生产一定种类和一定数量产品所支出的生产费用的水平及其构成情况，并与计划、上年实际、历史最好水平或同行业同类产品先进水平相比较，反映产品成本的变动情况和变动趋势。属于此类成本报表的有全部产品生产成本表和主要产品单位成本表等。

1. 反映费用支出情况的报表

这类报表主要反映企业在一定时期内各种费用总额及其构成情况，并与计划（或预算）、上年实际对比，反映各项费用支出的变动情况和变动趋势。属于此类成本报表的有制造费用明细表、销售费用明细表、管理费用明细表和财务费用明细表等。

二、成本报表按其所编制的时间分类

成本报表按其编制的时间可以分为定期报表和不定期报表两大类。定期报表一般按月、季、半年、年来编制，如全部产品生产成本表、主要产品单位成本表、制造费用明细表等。但为了及时反馈某些重要的成本信息，以便管理部门采取对策，定期报表也可采用旬报、周报、日报和班报的形式。不定期报表是针对成本管理中出现的问题或急需解决的问题而随时按要求编制的，例如发生了金额较大的内部故障成本，需及时将信息反馈给有关部门而编制的质量成本表等。

另外，为了将成本管理与技术管理相结合，分析成本升降的具体原因，寻求降低成本的途径和方法，简化报表的种类和编制方法，也可将成本会计指标、统计指标和技术经济指标结合起来，不定期地向有关部门和人员编报技术经济指标变动对成本影响的报表。

为了加强成本工作的预见性，还可以在成本计划执行过程中，对未来时期能否完成成本计划进行预计，向有关部门和人员编报分析报告，及时沟通成本信息，以保证成本计划的完成或超额完成。

第三节　成本报表的编制方法

一、全部产品生产成本报表的编制

全部产品生产成本报表可以从两个不同角度进行编制。

一是按产品种类编制全部产品生产成本表，反映企业在报告期所生产的全部产品的总成本和各种主要产品（含可比产品和不可比产品）单位成本及总成本。利用此表可以定期、总括地考核和分析企业全部产品成本计划的完成情况和可比产品成本降低计划的完成情况，对企业产品成本工作从总体上进行评价，并为进一步分析指明方向。

二是按成本项目编制全部产品生产成本表，汇总反映企业在报告期发生的全部生产费用（按成本项目反映）和全部产品总成本。利用此表可以定期、总结地考核和分析企业全部生产费用和全部产品总成本计划的完成情况，对企业成本工作从总体上进行评价，并进一步分析指明方向。

（一）全部产品生产成本表（按产品种类反映）的编制

1. 全部产品生产成本表（按产品种类反映）的结构和内容

全部产品生产成本表（按产品种类反映）的格式和内容见表14-1。

此表分为基本报表和补充资料两部分。基本报表部分应按可比产品和不可比产品分别填列它们的单位成本、本月总成本、本年累计总成本。可比产品是指企业过去曾经正式生产过，具有完整的成本资料可以进行比较的产品；不可比产品是指企业本年度初次生产的新产品，或虽非初次生产，但以前仅属试制而未正式投产的产品，缺乏可比的成本资料。在成本计划中，对不可比产品只规定本年的计划成本，而对可比产品不仅规定计划成本指标，而且规定成本降低计划指标，即本年度可比产品计划成本比上年度（或以前年度）实际成本的降低额和降低率。

2. 全部产品生产成本表的编制方法

产品成本表的基本报表部分，应反映各种可比和不可比产品本月及本年累计的实际产量、实际单位成本和实际总成本。

（1）"产品名称"项目，应填列主要的"可比产品"和"不可比产品"的名称，主要产品的品种要按规定填写。

（2）"实际产量"项目，反映本月和从年初起至本月末止各种主要产品的实际产量。应根据"成本计算单"或"产成品明细账"的记录计算填列。

（3）"单位成本"项目。

1）"上年实际平均"，反映各种主要可比产品的上年实际平均单位成本。应分别根据上年度本表所列各种可比产品的全年实际平均单位成本填列。

2）"本年计划"，反映各种主要商品产品的本年计划单位成本。应根据年度成本计划的有关数字填列。

编制单位：甲公司

表14-1　产品生产成本表（按产品种类反映）

2010年12月

单位：元

产品名称	计量单位	实际产量		单位成本				本月总成本			本年累计总成本		
		本月	本年累计	上年实际平均	本年计划	本月实际	本年累计实际平均	按上年实际平均单位成本计算	按本年计划单位成本计算	本月实际	按上年实际平均单位成本计算	按本年计划单位成本计算	本年实际
		(1)	(2)	(3)	(4)	(5)=(12)	(6)	(7)=(1)×(3)	(8)=(1)×(4)	(9)	(10)=(2)×(3)	(11)=(2)×(4)	(12)
可比产品合计	—	—	—	—	—	—	—	182 000	177 200	178 200	1 768 000	1 721 200	1 703 800
其中：A产品	件	200	2200	130	126	123	125	26 000	25 200	24 600	286 000	277 200	275 000
B产品	件	800	7 600	195	190	192	188	156 000	152 000	153 600	1 482 000	1 444 000	1 428 800
不可比产品合计	—	—	—	—	—	—	—		20 800	23 000		334 440	245 120
其中：C产品	件	50	640	—	56	60	58		2 800	3 000		35 840	37 120
D产品	件	100	1 000	—	180	200	125		18 000	20 000		180 000	125 000
其他						—						118 600	83 000
全部产品制造成本	—	—	—	—	—	—			198 000	201 200		2 174 240	2 031 920

补充资料（按本年累计实际数）：

(1) 可比产品成本降低额为64 200元。

(2) 可比产品成本降低率为3.631%（本年计划降低率3%）。

3）"本月实际"，反映本月生产的各种产品的实际单位成本。应根据有关产品成本计算单中的资料，按下列公式计算填列：

某产品本月实际单位成本＝某产品本月实际总成本/某产品本月实际量

4）"本年累计实际平均"，反映从年初起至本月末止企业生产的各种商品产品的实际单位成本。应根据成本计算单的有关数字，按下列公式计算填列：

某产品本年累计实际平均单位成本＝某产品本年累计实际总成本/某产品本年累计实际产量

（4）"本月总成本"项目。

1）"按上年实际平均单位成本计算"，是用本月实际产量乘以上年实际平均单位成本计算填列。

2）"按本年计划单位成本计算"，是用本月实际产量乘以本年计划单位成本计算填列。

3）"本月实际"，是根据本月产品成本计算单的资料填列。

（5）"本年累计总成本"项目。

1）"按上年实际平均单位成本计算"，是用本年累计实际产量乘以上年实际平均单位成本计算填列。

2）"按本年计划单位成本计算"，是用本年累计实际产量乘以本年计划单位成本计算填列。

3）"本年实际"，是根据本年成本计算单的资料填列。

补充资料部分只填列本年累计实际数。其中

①可比产品成本降低额。应按下列公式计算填列。

$$可比产品成本降低额 = 可比产品按上年实际平均单位成本计算的本年累计总成本 - 可比产品本年实际累计总成本$$

②可比产品成本降低率。应按下列公式计算填列。

$$可比产品成本降低率 = \frac{可比产品成本降低额}{可比产品按上年实际平均单位成本计算的本年累计总成本} \times 100\%$$

③按现行价格计算的商品产值。根据有关的统计资料填列。

④产值成本率。指产品总成本与商品产值的比率，通常以每百元商品产值总成本的形式表示。计算公式为：

$$产值成本率\left(\frac{元}{百元}\right) = \frac{产品总成本}{商品产值} \times 100\%$$

可比产品成本降低率的"本年计划数"，应根据年度成本计划填列，可比产品成本的"超支额"和"超支率"，应在"降低额"和"降低率"项目内以"－"号表示。

（二）全部产品生产成本表（按成本项目反映）的编制

1. 全部产品生产成本表（按成本项目反映）的结构和内容

全部产品生产成本表（按成本项目反映）的格式和内容见表14－2。

表 14 – 2 全部产品生产成本表（按成本项目反映）

编制单位：乙公司　　　　　　　　　2010 年 12 月　　　　　　　　　单位：元

项目	本年计划数 （1）	本月实际数 （2）	本年累计实际数 （3）
生产费用			
直接材料	107 500	9 050	108 550
直接人工	65 000	5 050	64 280
制造费用	32 325	2 680	31 595
生产费用合计	204 825	16 780	204 425
加：在产品、自制半成品期初余额	14 610	2 980	19 340
减：在产品、自制半成品期末余额	12 150	2 160	17 160
产品成本合计	231 585	21 920	204 925

表 14 – 2 是按成本项目汇总反映企业在报告期内发生的全部生产费用以及产品成本合计数的报表。报表分为生产费用和产品成本两部分。生产费用部分按成本项目反映；产品成本部分是在生产费用合计数的基础上，加减期初、期末在产品和自制半成品余额计算的产品成本合计数。生产费用和产品成本可以按本年计划数、本月实际数和本年累计实际数分栏反映，以便于分析利用。如果可比产品单列，还可以增设上年实际数栏。

2. 全部产品生产成本表（按成本项目反映）的编制方法

（1）"本年计划数"项目，应根据成本计划有关资料填列。

（2）"本月实际数"项目，按成本项目反映的各种生产费用数，应根据各种产品成本明细账所记本月生产费用合计数，按成本项目分别汇总填列。

（3）"本年累计实际数"项目，应根据本月实际数，加上上月本表的本年累计实际数计算填列。

（4）"期初、期末在产品成本和自制本成品余额"项目，应根据各种产品成本明细账的期初，期末在产品成本和各种自制半成品明细账的期初，期末余额，分别汇总填列。

（5）"产品成本合计"项目，按生产费用合计数加、减在产品、自制半成品期初、期末余额填列。

二、主要产品单位成本表的编制

主要产品是指企业经常生产，在企业全部产品中所占比重较大，能概括反映企业生产经营情况的那些产品。

主要产品单位成本表是反映企业在报告期内生产的各种主要产品单位成本水平和

构成情况的报表。该表应按主要产品分别编制，是对全部产品生产成本表所列各种主要产品成本的补充说明。利用此表，可以按照成本项目分析和考核主要产品单位成本计划的执行情况；可以按照成本项目将本月实际和本年累计实际平均单位成本，与上年实际平均单位成本和历史先进水平进行对比，了解单位成本的变动情况；可以分析和考核各种主要产品的主要技术经济指标的执行情况，进而查明主要产品单位成本升降的具体原因，并便于在生产同种产品的企业之间进行成本对比，以利于找出差距，挖掘潜力，降低产品成本。

（一）主要产品单位成本表的结构和内容

主要产品单位成本表可分设产量、单位成本和主要技术经济指标三部分。

主要产品单位成本表的结构可分为上半部和下半部。

上半部是反映单位产品的成本项目，并分别列出历史先进水平、上年实际平均、本年计划、本月实际和本年累计实际平均的单位成本。下半部是反映单位产品的主要技术经济指标，这些指标也分别列出了历史先进水平、上年实际平均、本年计划、本月实际和本年累计实际平均的单位用量。主要产品单位成本表的格式和内容见表14-3。

表14-3　主要产品单位成本表

编制单位：丙公司　　　　　　　　2010年12月　　　　　　　　单位：元

产品名称	A产品	本月计划产量	1 800
规格		本月实际产量	2 000
计量单位	件	本年累计计划产量	21 000
销售单价	150元	本年累计实际产量	22 000

成本项目	行次	历史先进水平20××年	上年实际平均	本年计划	本月实际	本年累计实际平均
		1	2	3	4	5
直接材料	1	65	75	72	66	67
直接人工	2	30	43	43	45	46
制造费用	3	12	13	13	12	12
合计	4	107	131	126	123	125
主要技术经济指标	5	耗用量	耗用量	耗用量	耗用量	耗用量
普通钢材	6	68	75	72	70	71
工时	7	10	12	12	12	13

（二）主要产品单位成本表的编制方法

主要产品单位成本表应按每种主要产品分别编制。

1. "本月计划产量"和"本年累计计划产量"项目，应根据本月和本年产品产量计划资料填列。

2. "本月实际产量"和"本年累计实际产量"项目，应根据统计提供的产品产量资料或产品入库单填列。

3. "成本项目"项目，应按规定进行填列。

4. "主要技术经济指标"项目，是反映主要产品每一单位产量所消耗的主要原材料、燃料、工时等的数量。

5. "历史先进水平"，是指本企业历史上该种产品成本最低年度的实际平均单位成本和实际单位用量。应根据历史成本资料填列。

6. "上年实际平均"，是指上年实际平均单位成本和单位用量。应根据上年度本表的本年累计实际平均单位成本和单位用量的资料填列。

7. "本年计划"，是指本年计划单位成本和单位用量。应根据年度成本计划中的资料填列。

8. "本月实际"，是指本月实际单位成本和单位用量。应根据本月完工的该种产品成本资料填列。

9. "本年累计实际平均"，是指本年年初至本月末止该种产品的实际平均单位成本和单位用量。应根据年初至本月末止的已完工产品成本计算单等有关资料，采用加权平均法计算后填列，其计算公式如下：

某产品的实际平均单位成本＝该产品累计总成本÷该产品累计产量

某产品的实际平均单位用量＝该产品累计总用量÷该产品累计产量

本表对不可比产品，则不填列"历史先进水平"和"上年实际平均"的单位成本和单位用量。

由于本表是全部产品成本表的补充，所以，该表中按成本项目反映的"上年实际平均"、"本年计划"、"本月实际"、"本年累计实际平均"的单位成本合计，应与全部产品成本表中的各该单位成本的数字分别相等。

三、各种费用明细报表的编制

各种费用是指企业在生产经营过程中，各个车间、部门为进行产品生产、组织和管理生产经营活动所发生的制造费用、销售费用、管理费用和财务费用。制造费用属于产品成本的组成部分，其他三种属于期间费用。编制上述四种费用报表的作用在于反映各项费用计划的执行情况，分析各种费用变动的原因以及对产品成本和当期损益的影响。

（一）制造费用明细表的编制

制造费用明细表是反映企业在报告期内发生的各项制造费用的报表。

利用制造费用明细表所提供的资料，可以分析制造费用的构成和各项费用增减变动情况，考核制造费用预算的执行结果，以便进一步采取措施，节约开支，降低费用，从而降低产品的制造成本。

1. 制造费用明细表的结构和内容

制造费用明细表的结构是按规定的制造费用项目，分别反映"本年计划数"、"上年同期实际数"和"本年累计实际数"。便于用本年实际数分别同本年计划数和上年同期实际数进行比较，以便加强对制造费用的管理。制造费用明细表的格式和内容见表14-4。

表 14-4 制造费用明细表

编制单位：某公司　　　　　　　　　　2010 年 12 月　　　　　　　　　　单位：元

项目	行次	本年计划数	上年同期实际数	本年累计实际数
职工薪酬	1			
折旧费	2			
租赁费	3			
机物料消耗	4			
低值易耗品摊销	5			
运输费	6			
水电费	7			
办公费	8			
差旅费	9			
保险费	10			
设计制图费	11			
试验经验费	12			
劳动保护费	13			
其他	14			
合计	—			

2. 制造费用明细表的编制方法

（1）"本年计划数"各项，根据制造费用的年度计划数填列。

（2）"上年同期实际数"各项，根据上年同期本表的"本年累计实际数"填列。如果表内所列项目和上年度的费用项目在名称或内容上不相一致，应对上年度的各项数字按照表内规定的项目进行调整。

（3）"本年累计实际数"各项，填列自年初起至编报月月末止的累计实际数，应根据"制造费用明细账"的记录计算填列。

（二）期间费用明细表的编制

期间费用明细表是反映企业在报告期内发生的销售费用、管理费用和财务费用的报表。

利用期间费用明细表所提供的资料，可以考核期间费用计划或预算的执行情况，分析各项费用的构成和增减变动情况，以便进一步采取措施，压缩开支，不断降低费用水平。

1. 期间费用明细表的结构和内容

期间费用明细表一般包括销售费用明细表、管理费用明细表和财务费用明细表。它们的结构基本相同，都是按照规定的费用项目，分别反映"本年计划数"、"上年实际数"、"本年实际数"，便于用本年实际数分别同本年计划数和上年实际数进行比较，以便加强对费用的控制和管理。

有关期间费用明细账的格式和内容参见表 14-5、表 14-6 和表 14-7。

表 14-5 销售费用明细表

编制单位：某公司　　　　　　　　2010 年度　　　　　　　　单位：元

项目	行次	本年计划数	上年实际数	本年实际数
职工薪酬	1			
差旅费	2			
办公费	3			
保险费	4			
修理费	5			
物料消耗	6			
运杂费	7			
包装费	8			
折旧费	9			
…				
其他	13			
合计	14			

表 14-6 管理费用明细账

编制单位：某公司　　　　　　　　2010 年度　　　　　　　　单位：元

项目	行次	本年计划数	上年实际数	本年实际数
职工薪酬	1			
折旧费	2			
办公费	3			
修理费	4			
差旅费	5			
物料消耗	6			
劳动保险费	7			
待业保险费	8			
低值易耗品摊销	9			
…	…			
其他	12			
合计	13			

表 14 – 7   财务费用明细表

编制单位：某公司   2010 年度   单位：元

项目	行次	本年计划数	上年实际数	本年实际数
利息支出	1			
金融机构手续费	2			
汇兑损失	3			
其他	4			
合计	5			

2. 期间费用明细表的编制方法

销售费用明细表、管理费用明细表和财务费用明细表各项目的填列方法为：

（1）"本年计划数"栏各项目，根据本年度各项费用预算填列。

（2）"上年实际数"栏各项目，根据上年度本表的"本年实际数"栏相应填列。如果表内所列费用项目和上年度的费用项目在名称和内容上不相一致，应对上年度的各项按本年度表内项目的规定进行调整。

（3）"本年实际数"栏各项目，根据本年度"管理费用明细账"、"财务费用明细账"和"销售费用明细账"中各项费用的累计数填列。

四、其他成本报表

（一）其他成本报表的特点

企业除了按期编制上述各种成本报表外，还需要根据成本管理的需要和责任成本会计的要求，编报一些其他成本报表，这些报表主要服务于企业内部的成本控制。与主要成本报表相比其他成本报表具有以下几个特点：

1. 形式上更具有灵活性

其他成本报表提供的信息多种多样，既有报告期末实际数据，又有期中成本预测数据；既有列示实际与计划对比数据，又有进行差异分析资料；既有以货币单位为主报告的成本、费用信息，又有以工时、实物量报告的消耗资料；表中栏目、行次的设置更是因时、因地、因内容而异。此外，其他成本报表既注重与责任会计组织的配合，又强调对其他技术经济资料的使用。

2. 内容上更注重针对性

其他成本报表对企业成本控制中各环节的具体情况和工作重心，提供具体的成本费用和用量信息。因此这些报表注重比较，包括实际与预算或标准的比较、不同时期的比较等，尤其侧重对例外成本差异的比较与分析。如成本与产量情况表，专门报告某种产品某一特定时期的成本内容及产量资料；材料成本及用量考核表，可按产品类别就各项产品对材料的耗用情况，报告实际用量、标准用量及差量；废料回收情况表、废料销售情况表，则针对废料的控制与管理提供有关实际数据。

为了提供更具针对性的成本信息，其他成本报表的内容和格式应尽可能做到简明扼要、突出重点，反映的数字务必合理和符合事实，但这并不意味着数字上要求绝对准确。

3. 时间上更强调及时性

为了给企业的成本管理提供更为直接、更具参考价值的信息，有助于企业各有关部门随时了解发生的各种消耗情况，掌握成本控制的主动权，其他成本报表的编报更强调时效性。除了定期编制有关月报以外，有的企业针对不同时期、不同部门、不同的成本费用及消耗情况，要求及时编报半月报、旬报、周报甚至日报、班报。

4. 编报主体的多样性

全部产品生产成本表等主要成本报表，由企业财会部门负责编报，其他成本报表的编制则不局限于财会部门。一方面，其他成本报表与责任会计组织相配合，反映的成本资料往往是与责任者（或者单位）直接有关的或责任者能控制的，以便于考核责任单位（或责任者）的业绩；另一方面，其他成本报表主要服务于内部成本控制，因而往往需要提供具体车间，班组甚至岗位的具体的成本消耗信息。所以，其他成本报表的编制者，可以是厂部财务部门，如厂部责任成本报告、厂部质量报告，也可以是车间、科室等归口分级管理单位，如车间（或科室）责任成本报告、车间质量成本报告、按班组编报的工人工作效率月报等。

（二）几种常见的其他成本报表

其他成本报表视企业的具体需要而编报，因而形式灵活、种类繁多。现介绍几种常见的其他成本报表格式，以供参考。

1. 责任成本报告

有关责任成本报告的格式，可参见表 14 – 8。

表 14 – 8　第一基本生产车间责任成本报告

2009 年×月　　　　　　　　　　　　　　　　　　　　　　　单位：元

项目	预算	调整预算	实际	业务量差异	耗费、效率差异
	（1）	（2）	（3）	（4）＝（2）－（1）	（5）＝（3）－（2）
直接材料：A 材料					
材料耗用量差异					
直接工资					
效率差异					
费用率差异					
变动制造费用					
效率差异					
费用率差异					
变动成本合计					
可控固定成本					
管理人员工资					
折旧					

项目	预算	调整预算	实际	业务量差异	耗费、效率差异
	(1)	(2)	(3)	(4) = (2) - (1)	(5) = (3) - (2)
合计 车间成本合计 实物数据 　甲产品（件） 　A 材料（千克） 　直接工时（小时）					

2. 材料考核表

对主要材料的耗用量和成本进行考核的材料考核表，可分别由仓库保管人员和财会部门材料核算人员编制。前者主要从耗用量角度报告一定时期内（旬、半月、月）某种材料的耗用情况；后者则主要从成本比较的角度报告一定时期内（旬、半月、月）某种材料的成本情况。月报格式参见表 14 - 9、表 14 - 10 和表 14 - 11。

表 14 - 9　材料耗用量月报

仓库：×××

材料名称：×××　　　　　　　　2010 年×月　　　　　　　　单位：千克

日期	本月数				本月合计数				本年累计数			
	实际 用量	定额 用量	差异	差异率	实际 用量	定额 用量	差异	差异率	实际 用量	定额 用量	差异	差异率
合计												

表 14 - 10　材料耗用成本月报

2010 年×月　　　　　　　　单位：元

部门	计划价格成本 （实际用量×计划单价）	定额（或标准）成本 （定额用量×计划单价）	差异额	差异率（%）
一车间 二车间				
合计				

表 14 - 11　材料成本差异分析月报

2010 年×月　　　　　　　　单位：元

凭证 编号	供货 单位 名称	材料 名称	计量 单位	采购 数量	实际成本		计划成本		差异		
					单位 成本	总成本	单位 成本	总成本	单位 成本	总成本	差异率

3. 人工成本考核表

人工成本考核表主要用来反映人工成本的执行情况，可以按照工号或工人姓名列示实际人工费与定额人工费及其差异揭示人工费用节约或超支的原因，具体格式可参见表14－12。

表14－12 人工成本考核表

2010年×月 单位：元

工号或工人姓名	实际人工费用			定额人工费用			差异		
	实际工时	实际小时工资	实际人工费用	定额工时	定额小时工资	定额人工费用	工时差异	工资率差异	人工费用差异

4. 损失报告表

为了分析各项生产损失的金额及其产生原因，有时需要有关车间、部门编报"生产损失报告表"。该表可以根据"停工损失"、"废品损失"等账户记录或其他原始凭证编制，具体格式可参见表14－13。

表14－13 生产损失报告表

2010年×月 单位：元

项目		原因	数量	工时	修复费用				报废净损失					回收残料	净损失	备注
					材料	工人	制造费用	小计	生产成本						
									料费	工费	制造费用	小计			
废品损失	可修复														
	不可修复														
	合计														
停工损失		职工薪酬		办公费		折旧费		水电费			其他		合计			

五、技术经济指标变动对产品成本影响分析表的编制

技术经济指标是指那些与企业生产技术特点具有内在联系的经济指标。由于各类工业企业生产技术特点不同，因而用来考核企业经济活动的技术经济指标也不一样。企业的技术经济指标从不同的角度反映企业生产经营活动的效果。其完成的好坏必然会直接或间接影响产品的成本水平。因此，分别向主管各项技术经济指标的部门编报

主要技术经济指标变动对产品成本影响分析表是十分必要的。

（一）技术经济指标变动对产品成本影响分析表的意义

1. 可以使成本分析深入到生产技术领域，是经济分析与技术分析相结合，具体查明成本升降的原因。

2. 可以将企业降低产品成本的目标与车间生产工人技术操作质量和效果联系起来，从而使广大职工关心成本，变少数人算账为多数人算账，并从提高经济效益的角度促进各项技术经济指标的完成。

3. 可以把成本分析工作与日常生产技术和经营管理工作结合起来，变定期分析为经常分析，从而更好地发挥成本分析及时指导和调节生产实践的能动作用。

（二）技术经济指标变动对产品成本的影响

技术经济指标变动对产品成本的影响主要现在对产品表现在对产品单位成本的影响上。各项技术经济指标变动对产品单位成本影响的途径是不同的，因而分析其变动影响的方法也不一样。一种产品单位成本的高低取决于该种产品的总成本和总产量的高低，其计算公式：

$$产品单位成本 = \frac{总成本（料、工、费）}{总产量}$$

从各项技术经济指标同产品单位成本的关系看，概括起来主要有三种情况：

1. 一些技术经济指标，如冶金生产的焦比，每吨电炉钢耗掉量，造纸生产的每吨纸耗用标准煤量等，它们的变动直接影响产品总成本中燃料及动力费用水平。

2. 一些技术经济指标，如机械生产的设备利用率指标等，它们的变动并不直接影响产品总成本，但却直接影响产品产量，并通过产量间接地影响产品单位成本。

3. 一些技术经济指标，如铸造、轧钢生产的成品率指标，它们的变动不仅直接影响总成本中原材料和燃料消耗，而且通过影响产量变动间接影响产品单位成本。

（三）技术经济指标变动对产品成本影响分析表的编制

一般情况下，技术经济指标变动对产品成本影响分析表的格式和内容见表 14 – 14。

表 14 – 14   技术经济指标变动对产品成本影响分析表

项目	计量单位	计划成本	实际成本	差异
原材料投入量	吨	300	300	0
成品率	%	80	85	+ 5
废料回收率	吨	0.25	0.18	− 0.07

【思考题】

1. 成本报表编制的意义是什么？
2. 成本报表的种类有哪些？
3. 成本报表的编制要求有哪些？
4. 成本报表作为对内报表具有哪些特点？
5. 成本报表在成本管理中有什么作用？
6. 什么是全部产品生产成本表？该表的结构如何？如何编制？
7. 什么是主要产品成本表？该表的结构如何？如何编制？
8. 什么是制造费用明细表？该表的结构如何？如何编制？
9. 全部产品生产成本表的作用有哪些？

【练习题】

一、单项选择题

1. 按照《企业会计准则》规定，成本报表是（　　　）。
   A. 对外报表
   B. 对内报表
   C. 既是对外报表，也是对内报表
   D. 对内还是对外，由企业自行决定

2. 可比产品成品降低额与可比产品降低率之间的关系（　　　）。
   A. 成反比　　　　　　　　　　B. 成正比
   C. 同方向变动　　　　　　　　D. 无直接关系

3. 填制商品产品成本表必须做到（　　　）。
   A. 可比、不可比产品须分别填列
   B. 可比、不可比产品可合并填列
   C. 既可分别，也可合并填列
   D. 填制时无需划分可比、不可比产品

4. 商品产品成品表的填列必须做到（　　　）。
   A. 主要产品逐一填列，非主要产品可以汇总填列
   B. 主要产品与非主要产品汇总填列
   C. 只填主要产品，并汇总填列
   D. 非主要产品同主要产品一样，必须逐一填列

5. 编制成本报表是（　　　）。
   A. 国家统一会计制度的要求

B. 满足企业内部经营管理的需要

C. 社会中介机构的要求

D. 潜在投资者和债权人的要求

6. 成本报表属于内部报表，成本报表的各类、格式、项目、指标的设计和编制方法、编报日期、具体报送对象，由（　　　）。

　　A. 企业自行决定　　　　　　　　B. 国家统一规定

　　C. 国家做原则规定　　　　　　　D. 上级主管机关规定

7. 可比产品是指（　　　），有完整的成本资料可以进行比较的产品。

　　A. 试制过　　　　　　　　　　　B. 国内正式生产过

　　C. 企业曾经正式生产过　　　　　D. 企业曾经试制过

二、多项选择题

1. 商品产品成本表可以反映可比产品与不可比产品的（　　　）。

　　A. 实际产量　　　　　　　　　　B. 单位成本

　　C. 本月总产品　　　　　　　　　D. 年累计总成本

2. 工业企业编制的成本报表有（　　　）。

　　A. 商品产品成本表　　　　　　　B. 主要产品单位成本表

　　C. 制造费用明细表　　　　　　　D. 成本计算单

3. 工业企业编报的成本报表必须做到（　　　）。

　　A. 数字准确　　　　　　　　　　B. 内容完整

　　C. 对外报送　　　　　　　　　　D. 编报及时

4. 影响可比产品成本降低率变动的因素有（　　　）。

　　A. 产品产量　　　　　　　　　　B. 产品品种构成

　　C. 产品价格　　　　　　　　　　D. 产品单位成本

三、判断题

1. 所有的成本报表，不论对内、对外都要求计算上绝对准确。　　　　（　　　）

2. 内部成本报表必须和责任会计组织相配合，以明确责任者的成本责任。（　　　）

3. 制造费用明细表只需列出"上年同期实际数"及"本年累计实际数"两栏数字。

（　　　）

4. 可比产品成本降低率等于可比产品成本降低额与本年累计的实际总成本之比。

（　　　）

5. 本年累计实际产量与本年计划单位成本之积称为按本年实际产量计算的本年累计总成本。　　　　　　　　　　　　　　　　　　　　　　　　　　　　（　　　）

6. 会计报表按其报送对象可分为对外报表和对内报表。成本报表属于对内报表，不对外报关报送。　　　　　　　　　　　　　　　　　　　　　　　　　　　（　　　）

7. 技术经济指标变动对产品成本的影响主要现在对产品表现在对产品单位成本的影响上。　　　　　　　　　　　　　　　　　　　　　　　　　　　　　　　（　　　）

四、计算与账务处理题

　　某企业有关商品产品成本资料见表 14－15。

表 14 – 15 产品产量及单位成本的资料

单位：元/件

产品种类	单位	产量		单位成本			
		本月	本年累计	上年实际	本年计划	本月实际	本年实际
可比产品 甲产品 乙产品	件 件	100 200	1 100 2 450	163 134	162 135	161 136	161.5
不可比产品 丙产品	件	300	3 500		108	106	107

要求：编制商品产品成本报表。

【案例与分析】

根据表 14 – 16 中所给资料计算、填列全部产品生产成本表（按产品种类反映）中总成本各栏目数据（各种产品和可比产品、不可比产品合计）。

表 14 – 16 全部产品生产成本表（按产品种类反映）

编制单位：某公司　　　　　　　　20××年12月　　　　　　　　单位：元

产品名称	计量单位	实际产量		单位成本				本月总成本		
		本月	本年累计	上年实际平均	本年计划	本月计划	本年累计平均	按上年实际平均单位成本计算	按本年计划单位成本计算	本月实际
可比产品										
合计										
其中：甲产品	件	300	3 200	550	530					156 000
乙产品	件	150	1 800	450	420					6 1500
不可比产品										
合计										
其中：丙产品	件	50	500		480					26 000
丁产品	件	30	350		380					12 000
全部产品成本合计										

第十五章 成 本 分 析

学习目标

1. 理解成本会计分析的一般方法和程序。
2. 掌握全部商品产品成本计划完成情况分析、可比产品成本降低计划完成情况分析、主要产品单位分析成本分析、各种费用报表的分析，以及成本效益分析的方法。
3. 了解期中成本预报的步骤和方法。

第一节　成本分析概述

一、成本分析的任务

（一）成本分析

成本分析是利用成本核算及其他相关资料，对成本水平及其构成的变动情况进行分析评价，以揭示影响成本升降的各种因素及其变动的原因，寻找降低成本的潜力。

成本分析可以在成本形成前后进行事前、事中和事后分析。在成本形成之前，为了选择降低成本的最佳方案，确定目标成本，编制成本计划，需要对成本进行预测分析，即事前分析。在成本形成的过程中，为了随时检查各项定额和成本计划的执行情况，控制各种消耗、费用支出，保证目标成本的实现，需要进行成本控制分析，即事中分析。在成本形成之后，把成本核算数据与其他资料结合起来，评价成本计划的执行结果，揭露矛盾，总结经验教训，指导未来，需要进行成本考核分析，即事后分析。所以，成本分析贯穿于成本会计的全过程，对充分发挥成本会计的积极作用具有重要意义。本章所讲的成本分析主要是指事后成本分析。事后成本分析是以成本核算提供的数据为主，结合有关的计划、定额、统计、技术和其他调查资料，按照一定的原则，运用一定的方法，对影响成本和成本效益升降的各种因素进行科学的分析，查明成本和成本效益变动的原因，制定降低成本的措施，以便充分挖掘企业内部降低成本和提高成本效益的潜力，用较少的消耗取得较大的经济效益。

（二）成本分析的任务

企业成本分析的任务，从事后成本分析来看主要有以下几个方面：

1、揭示成本差异原因，掌握成本变动规律

成本计划在执行过程中受到多方面因素的影响，有技术因素和经济因素，宏观因素和微观因素，人的因素和物的因素。成本分析运用科学的方法，从指标、数据入手，找出差距，揭露矛盾，查明各种积极因素和消极因素及其对经济指标的影响程度，并分清主观原因和客观原因，从而逐步认识和掌握成本变动的规律，以便采取措施，不断提高企业经营管理水平。

2、合理评价成本计划完成情况，正确考核成本责任单位的工作业绩

成本分析应通过系统、全面地分析成本计划完成或没有完成的原因，对成本计划本身及其执行情况进行合理的评价，总结本期实施成本计划的经验教训，以便今后更好地完成计划任务，并为下期成本计划的编制提供重要依据。同时，通过分析，还要有根据地评价成本责任单位的成绩或不足，查明何处先进、落后，分析先进、落后的原因。这样才可以正确考核成本责任单位的工作业绩，为落实奖惩制度提供可靠依据，从而调动各责任单位和职工提高成本效益的积极性和主动性。

3、检查企业是否贯彻执行国家有关的方针、政策和财经纪律

我国企业的生产经营活动必须遵守国家有关的方针、政策和财经纪律，以保证国家利益和人民利益不受损害。因此，分析企业是否降低成本和提高成本效益，就必须以国家有关的方针、政策和财经纪律为依据，及时纠正违纪的不合理行为。例如，企业有无通过降低产品质量、牺牲消费者利益来降低产品成本；企业有无任意缩小或扩大成本开支范围；企业有无该摊提费用而未摊提等。通过成本分析，能促使企业效益同社会效益的协调。

4、挖掘降低成本的潜力，不断提高企业经济效益

成本分析的根本目的是为了挖掘降低成本的潜力，促使企业以较少的劳动消耗生产出更多、更好的使用价值，实现更快的价值增值。因而，成本分析的核心就是围绕着提高经济效益，不断挖掘降低成本的潜力，充分认识未被利用的劳动和物资资源，寻找利用不完善的部分及其原因，发现提高利用效率的可能性，以便从各方面揭露矛盾，找出差距，制定措施，使企业经济效益越来越好。

二、成本分析原则与评价标准

（一）成本分析的原则

成本分析的原则是组织成本分析的规范，也是发挥成本分析职能作用、完成成本分析任务和使用分析方法的准绳。概括地说，成本分析要以党和国家有关的方针、政策、法律为依据，以目标成本和定额为标准，以健全的成本信息系统为手段，以提高经济效益为核心，全面地、系统地、及时地对企业的成本和成本效益进行分析，并给予正确评价。具体地说，在分析时要着重掌握以下原则：

1. 全面分析与重点分析相结合

全面分析，并非指分析内容的全面性，而是指成本分析要着眼整体，树立全局观念，切忌片面性，必须以党和国家有关的方针、政策、法律为依据，企业成本效益要与社会效益结合起来进行分析；要运用客观的立场进行分析，对成绩和缺点、经验和存在问题、有利因素和不利因素、主流和支流，必须坚持实事求是的态度，不能强调一个方面而忽视另一个方面，这样才能得出正确的结论。此外，要以产品成本形成的全过程为对象，结合生产经营各阶段的不同性质和特点进行成本分析。

全面分析并不意味着要对同成本有关的生产经营活动进行面面俱到、事无巨细的分析，而要按照例外管理原则抓住重点，找出关键性问题，深入剖析。一般说来，企业日常出现的成本差异繁多，管不胜管。为了提高成本分析的工作效率，分析人员要把精力集中在例外差异上，即对那些差异率或差异额较大、差异持续时间较长、差异影响了企业长期盈利能力的项目进行重点分析，并及时反馈给有关责任单位，迅速采取措施予以消除。

2. 专家分析与群众分析相结合

成本涉及企业所有部门及全体职工的工作业绩，为了使成本分析能够做到经常性和有效性，真正达到成本分析的目的，必须发动群众，将分析化为广大群众的自觉性行动。这就要求成本分析上下结合，专家群众结合，充分发挥每个部门和广大群众分析成本、挖掘降低成本潜力的积极性，把专家分析建立在群众分析的基础上。这样才能充分揭露矛盾，深挖提高成本效益的潜力，充分发挥成本分析应有的作用。

3. 经济分析与技术分析相结合

成本的高低既受经济因素影响，又受技术因素影响，在一定程度上技术因素起决定性作用。所以，成本分析如果只停留在对经济指标的分析，而不深入技术领域，不结合技术指标进行分析，就不能达到其目的。为此，必须要求分析人员通晓一些技术知识，并注意发动技术人员参与成本分析，把经济分析与技术分析结合起来。经济分析与技术分析相结合就是通过经济分析为技术分析提供课题，增强技术分析的目的性；而技术分析又可反过来提高经济分析的深度，并从经济效益角度对所采取的技术措施加以评价，从而通过改进技术来提高经济效益。这两方面分析的结合，能防止片面性，并能结合技术等因素查明成本指标变动的原因，以全面改进工作，提高经济效益。

4. 纵向分析与横向分析相结合

纵向分析是指企业内部范围内的纵向对比分析，包括本期实际与上期实际比较，与上年同期实际比较，与历史最好水平比较，与有关典型意义的时期比较等。这种纵向对比，是成本分析的主要内容，可以观察企业成本的变化趋势。但在市场经济体制下，企业必须面向市场、面向世界，所以，要收集和掌握国内外同类型企业成本的先进水平资料，广泛开展横向厂际对比分析。这种横向对比，有助于企业在更大范围内发现先进与落后的差距，促使企业产生紧迫感，增强竞争能力。

5. 事后分析与事前、事中分析相结合

现代成本分析不能局限于事后分析，还应该包括事前分析和事中分析，特别是要展开事前分析。这三个阶段的分析，是相互联系的，各有其特定作用。只有在成本发

生之前就开展预测分析，在成本发生过程中，实行控制分析，在成本形成之后，搞好考核分析，把事前分析、事中分析和事后分析结合起来，建立起完整的分析体系，将成本分析贯穿于企业再生产全过程，才能做到事前发现问题，事中及时揭示差异，事后正确评价业绩。这对于提前采取相应措施，把影响成本升高的因素消灭在发生之前或萌芽状态之中，以及时总结经验教训，指导下期成本工作等，都具有明显的积极意义。

6. 报表数据分析与实地分析相结合

成本分析必须系统掌握和充分利用报表数据，这是做好分析工作的基础。但要完整了解实际情况，真正弄清问题的实质，从复杂因素中找出关键因素，得出全面的分析结论，只凭报表数据是不够充分的，还必须深入实践，有的放矢地进行必要的调查研究，把报表数据和实际情况结合起来，才能加深认识，进一步提高分析的质量。

（二）成本分析评价标准

确立成本分析评价标准是成本分析的基本步骤，也是成本分析的一项重要内容。不同的成本分析评价标准，会对同一分析对象得出不同的分析结论。正确选择和确定成本分析评价标准，对于发现问题、找出差距，正确评价成本分析对象，有着十分重要的意义和作用。

成本分析评价标准主要有历史标准、行业标准和预算标准等。历史标准是指企业在以前年度中某项成本指标的最低水平。历史标准不会一直保持不变，如果企业以后年度中成本指标有了新的突破，历史标准将被更新、更好的指标所代替，直到企业重新产生新的标准。根据历史标准，可以判断企业现时的工作与以前相比，是进步了，还是退步了，使企业看到自己的差距。行业标准是指由企业主管部门根据所属行业的生产经营的实际情况所制定的同行业的成本指标水平。行业标准应体现全行业平均水平的成本指标，一般情况下，大多数企业经过努力可以达到这一标准。根据行业标准，企业可以了解其在同行业中所处的水平，是超过还是未达到同行业平均水平，从而可以促使企业采取措施，赶超先进。预算标准（也称计划标准）是指企业预先规定的在计划期内产品生产耗费和各种产品的成本水平。预算标准包括主要产品单位成本预算、商品产品成本预算、制造费用预算、销售费用预算、管理费用预算和财务费用预算等。根据预算标准，企业可以分析其实际生产消耗水平与预算之间的差异，并通过分析差异原因，使之在以后的经营管理中，力争成本消耗不突破预算，使成本水平不断降低，从而增加企业经济效益。

第二节　成本分析的基本程序与方法

成本分析方法是以成本分析的原则为指导，是为达到成本分析目的、完成成本分析任务所应遵循的分析程序和所采用的手段。成本分析方法是成本分析实践的科学总结，随着成本分析实践的发展而完善，随着人们对成本分析工作规律性认识的深化而不断充实。

一、成本分析的基本程序

成本分析程序应确定分析工作各个步骤的名称、顺序、内容和要求。通常成本分析的基本程序可归纳为以下几个阶段和步骤：

（一）成本分析准备阶段

1. 明确成本分析目的

成本分析的主要目的是全面分析成本水平与构成的变动情况，研究影响成本升降的各种因素及其变动原因，以便挖掘降低成本的潜力，控制成本，提高经济效益。为此，必须制订成本分析计划。制订成本分析计划是为了保证分析工作有目的、有步骤地进行，并且不致因遗漏任何重要问题而影响分析效果。分析计划应确定分析的目的、要求、范围，分析的主要课题，分析工作的组织分工、进度安排、资料来源等。分析工作要按计划进行，但也应根据分析过程中的实际情况修改补充计划，以提高分析质量。

2. 确立成本分析标准

进行成本分析，通常情况下是以企业制定的成本计划指标作为成本分析标准。将企业的实际成本指标与计划指标进行对比，指出差异，并分析原因。也可将企业的实际成本指标与历史标准、同行业标准等进行对比。

3. 收集成本分析资料

占有大量完备的各种资料，是进行正确成本分析的基础。在进行成本分析时，必须首先收集内容真实、数据正确的资料。分析所需要的资料是多方面的，不仅需要收集各种核算的实际资料，还要收集有关的计划、定额资料；不仅要收集有关的数据资料，而且还要收集会议记录、决议、报告、备忘录等文字资料；不仅需要国内同行业先进企业的有关资料，而且需要国际先进企业的资料。收集资料要注意日常积累，才能对企业工作逐步形成概念；必须实事求是，并且进行必要的去粗取精、去伪存真的整理工作，以筛选真实反映经营状况的资料，才有可能得出正确的结论和提出切实可行的建议。

（二）成本分析实施阶段

1. 报表整体分析

工业企业编制的成本报表，主要有商品产品成本表、主要产品单位成本表和制造费用明细表等。进行成本分析时，首先要对成本报表整体进行分析。例如，对商品产品成本表，可按产品别和成本项目对全部商品产品成本进行分析，将商品产品的实际成本与计划成本进行对比分析，对其中的可比产品，可将实际成本与计划成本进行比较，还可以与上年实际比较；对主要产品单位成本表，可将产品单位成本分别与上年或与计划进行比较；对制造费用明细表，可将实际费用与计划或与上年同期水平进行比较，以说明有关成本费用的升降情况。

2. 成本指标分析

成本指标分析，也叫成本指标对比，是在已经核实资料的基础上，对成本的各项指标的实际数进行各种形式、各个方面的比较。经过比较，就可以确定差异，揭露矛盾。这样，一方面可以明确必须深入进行分析的问题，寻找产生问题的原因，另一方面，又为挖掘潜力指出方向和途径。

指标对比如果仅仅限于对比经济指标完成的结果，还不能充分揭露矛盾。这就必须同时考察成本指标完成的过程，进一步分析企业是怎样完成成本指标的，亦即按成本指标完成的时间和地点来详细研究其完成的结果，才能发现问题的实质。如，有的企业虽然从某一个整个年度来看，是完成了成本指标，但某些月份可能未完成成本指标。通过按时间分析，就可以发现这些不良现象。又如，有的企业虽然整体上完成了成本指标，但是企业内部各单位却各不相同，有的成本超支，有的成本下降。通过按地点进行分析，就可以查明哪些单位是先进的，哪些单位是落后的，从而推广先进经验，消除个别单位落后的现象，促进企业内部各单位效益的共同提高。

3. 基本因素分析

通过对比，揭露矛盾，只能看出数量上、现象上的差异，不能反映差异的根源。因此，还要相互联系地研究各项成本指标发生差异的原因。影响成本指标差异的原因是多种多样的，既有人的因素，也有物的因素；既有技术因素，又有生产组织因素；既有经济方面的因素，也有非经济方面的因素；既有企业内部的因素，又有企业外部的因素。因此，只有运用对立统一的方法来分析，才能查明成本指标的差异原因。

（三）成本分析报告阶段

1. 得出成本分析结论

在实际工作中，首先，要在研究有关成本指标差异形成过程的基础上，进行因素分析。其次，将有关因素加以分类，衡量各个因素对指标差异产生的影响程度和影响方式，在相互联系中，找出起决定作用的主要因素。最后，综合分析各方面因素对指标差异的影响程度。分析和综合相结合。其中，分析是基础，综合是分析的概括和提高。如果只重分析，忽视综合，最后只能得出个别的和部分的结论，看不出影响指标差异的各个因素的内在联系。因此，只有把分析和综合正确地结合起来，才能在多种矛盾中找出主要矛盾，从复杂因素中找出决定性因素，对企业成本和成本效益由感性认识上升到理性认识，抓住问题的关键，得出成本分析的结论。

2. 提出可行的措施和建议

成本分析在揭露矛盾和分析矛盾以后，要对企业成本工作做出评价，提出解决矛盾的可行措施。分析工作的最后阶段，应根据分析的结果，认真总结经验教训，发扬成绩，克服缺点。要依靠群众，针对生产实践中的关键问题和薄弱环节，提出措施，挖掘潜力，改进工作，提高成本效益。同时，必须注意抓好措施的实施与检查，继续开展成本分析工作。只有不断地发现、分析、解决实践中出现的新矛盾与新问题，才能不断提高企业的科学管理水平。

3. 编写成本分析报告

成本分析报告，是在完成了成本分析全部程序之后，对成本分析结果做出的文字报告。

二、成本分析的方法

实践中成本分析的方法多种多样。具体采用哪种方法，需要按成本分析的目的、分析对象的特点、所掌握的计划资料和核算资料的性质和内容来决定。通常采用的分析方法有以下几种：

（一）比较分析法

比较分析法是指通过指标对比，从数量上确定差异的一种分析方法。其主要作用在于揭示客观上存在的差距，并为进一步分析指明方向。比较分析的基数由于分析目的的不同而有所不同。实际工作中通常有以下几种形式：

1. 以成本的实际指标与成本的计划或定额指标对比，分析成本计划或定额的完成情况。

2. 以本期实际成本指标与前期（上期、上年同期或历史最好水平）的实际成本指标对比，观察企业成本指标的变动情况和变动趋势，了解企业生产经营工作的改进情况。

3. 以本企业实际成本指标（或某项技术经济指标）与国内外同行业先进指标对比，可以在更大的范围内找出差距，推动企业改进经营管理。

比较分析法只适用于同质指标的数量对比，因此，应用此法时要注意指标的可比性。为了使对比的指标具有可比性，可以将对比的指标作必要的调整换算。如对比费用指标，可以先将随产量变动而变化的费用计划指标按产量增减幅度进行调整，然后再同实际进行对比。与以前各期资料对比，可以都按不变价格（即按规定的某年价格）换算，或按物价，收费率等变动情况调整某些指标。但也要防止将指标的可比性绝对化。

比较分析法是经济分析中广泛应用的一种分析方法。对比的范围越广泛，就越能发现差距，越有利于企业挖掘潜力，学习和推广先进经验。

（二）比率分析法

比率分析法是指通过计算和对比经济指标的比率进行数量分析的一种方法。采用此方法，先要把对比的数值变成相对数，求出比率，然后再进行对比分析。具体形式有以下几种：

1. 相关比率分析。将两个性质不同但又相关的指标对比求出比率，然后再以实际数与计划（或前期实际）数进行对比分析，以便从经济活动的客观联系中，更深入地认识企业的生产经营状况。比如，将成本指标与反映生产、销售等生产经营成果的产值、销售收入、利润指标对比求出的产值成本率和成本费用利润率指标，可据以分析和比较生产耗费的经济效益。

2. 构成比率分析。所谓构成比率，是指某项经济指标的各个组成部分占总体的比重。如将构成产品成本的各个成本项目同产品成本总额相比，计算其占成本的比重，确定成本的构成比率；然后将不同时期的成本构成比率相比较，通过观察产品成本构成的变动，掌握经济活动情况，了解企业改进生产技术和经营管理对产品成本的影响。

3. 趋势比率分析。趋势分析是将不同时期同类指标的数值对比求出比率，进行动态比较，据以分析该项指标的增减速度和变动趋势，从中发现企业在生产经营方面的成绩或不足。

例如，设某电机厂在某一时期中连续四年铸件单位成本和趋势比率见表 15 - 1。

表 15 - 1 趋势比率分析表

年度 指标	第一年	第二年	第三年	第四年
铸件单位成本（元/吨）	385	425	490	650
基期指数（%）	100	110	127	169
环比指数（%）	—	110	115	133

通过表 15 - 1，可以看出该电机厂铸件成本逐年提高，而且提高的比率逐年上升，这说明该厂铸造车间在生产和管理上存在严重问题，必须采取及时有力措施扭转这一不良趋势。

利用比率分析法计算简便，而且对其结果也比较容易判断；可以使用某些指标在不同规模的企业之间进行比较，甚至也能在一定程度上超越行业间的差别进行比较。

（三）因素分析法

因素分析法是依据分析指标与其影响因素之间的关系，按照一定的程序和方法，确定各因素对分析指标差异影响程度的一种技术分析方法。根据其分析特点，因素分析法可分为连环替代法和差额计算法两种。

1. 连环替代法

这种方法是从数值上测定各个相互联系的因素对有关经济指标的差异影响程度的一种分析方法。通过这种计算，可以衡量各项因素影响程度的大小，有利于分清原因和责任，使评价工作更有说服力，并可作为定措施、挖潜力的参考。这种分析方法的计算程序如下：

（1）根据影响某项经济指标完成情况的因素，按其依存关系将经济指标的基数（计划数或上期数等）和实际数分解为两个指标体系。

（2）以基数指标体系为计算的基础，用实际指标体系中每项因素的实际数逐步顺序地替换其基数；每次替换后，实际数就被保留下来，有几个因素就替换几次；每次替换后计算出由于该因素变动所得的新结果。

（3）将每次替换所算的结果，与这一因素被替换前的结果进行比较，两者的差额，就是这一因素变化对经济指标差异的影响程度。

（4）将各个因素的影响数值相加，其代数和应同该经济指标的实际数与基数之间的总差异数相符。

某企业资料见表15-2，运用连环替代法分析。

表15-2   材料费用分析资料表

项目		计划数	实际数
产品产量	件	50	60
单位产品材料消耗量	千克	10	9
材料单价	元	10	12
材料费用	元	5 000	6 480

材料费用的实际数超过计划数1 480元（6 480-5 000），形成这一差异的因素有三个，即产品产量、单位产品材料消耗量、材料单价。运用连环替代法，就可以确定各因素变化对其差异的影响程度，计算如下：

计划指标：$50 \times 10 \times 10 = 5\,000$（元）

第一次替代：$60 \times 10 \times 10 = 6\,000$（元）+1 000元，由于产量增加导致

第二次替代：$60 \times 9 \times 10 = 5\,400$（元）-600元，由于材料节约导致

第三次替代：$60 \times 12 \times 9 = 6\,480$（元）+1 080元，由于价格提高导致

应用连环替代法时，必须掌握以下几个基本要点：

（1）经济指标体系的组成因素，必须是确实能够反映形成该项指标差异的内在构成原因，否则就会失去其存在的价值。例如，如果将材料费用这一经济指标改为由两个因素（工人人数和每个工人平均用料额）所组成，就毫无分析的意义。

（2）分析某一因素变动对经济指标差异的影响程度，必须暂定其他因素不变，以便舍去其他因素的影响。

（3）各因素对经济指标差异数的影响，必须顺序连环地逐一进行计算，不可采用不连环的方法计算。否则算出的诸因素的影响程度之和，就可能不等于经济指标的差异数。

（4）确定各因素影响时，是以以前各因素已经变动而其后各因素尚未变动为条件的。如果将各个因素替代的顺序改变，则各个因素的影响程度也就不相同。因此，在分析工作中必须从可能替代程序中确定比较正确的替代程序。一般应遵循下列原则，即要从诸因素相互依存关系出发，并使分析结果有助于分清经济责任。实际工作中，往往将这一原则具体化为先替代数量指标，后替代质量指标；先替代实物量指标，后替代货币指标；先替代主要指标，后替代次要指标。

用连环替代法确定各因素的影响程度，只是初步的分析，因为经济指标分解后的各因素，往往仍是综合因素，它们仍然包含着错综复杂的各种原因的影响。为了进一步查明具体原因和潜力所在，分析要由此及彼，由表及里，逐步深入。这就必须深入

生产、深入群众，把数量分析和情况调查结合起来加以研究。

2. 差额计算法

这种分析方法是连环替代法的一种简化形式，它是利用各个因素的实际数与基数之间的差额，直接计算各个因素对经济指标差异的影响数值。这一方法的特点在于运用数学提取因数的原理，来简化连环替代法的计算程序。应用这种方法与应用连环替代法的要求相同，只是在计算上简化一些。所以，在实际工作中应用比较广泛。

这种分析方法的计算程序如下：

（1）确定各因素的实际数与基数的差额。

（2）以各因素的差额，乘上计算公式中该因素前面的各因素的实际数，以及列在该因素后面的其余因素的基数，就可求得各因素的影响值。

（3）将各个因素的影响值相加，其代数和应同该项经济指标的实际数与基数之差相符。

运用表 15 - 2 中的资料，运用差额分析法的计算如下：

（1）由于产量增加，对材料费用的影响：

$(60 - 50) \times 10 \times 10 = 1\,000$（元）

（2）由于材料消耗节约，对材料费用的影响：

$(9 - 10) \times 60 \times 10 = -600$（元）

（3）由于价格提高，对材料费用的影响：

$(12 - 10) \times 60 \times 9 = 1\,080$（元）

三、成本分析报告

成本分析结果，必须广泛采用多种形式及时地向职工宣传，以使职工增强成本观念，进一步调动职工关心成本的积极性和主动性。成本分析结果一般以成本分析报告的形式反映。

（一）成本分析报告的内容

成本分析报告，是在各部门、各级成本分析的基础上，由成本部门写成的文字报告。它是作为向企业领导和广大职工说明成本情况的书面汇报材料。成本分析报告是成本分析结果的反映，其主要内容包括：

1. 情况反映。用成本相关的主要经济技术指标的本期实际数与计划数相比较，说明成本计划的完成情况，并做出分析评价。

2. 成绩说明。实事求是地把职工在降低成本、提高成本效益活动中所取得的成果反映出来，使职工了解成功的经验。

3. 问题分析。客观地把成本计划执行中存在的问题揭示出来，并分析原因，分清责任。

4. 提出建议。针对取得的经验和存在的问题，提出改进成本工作、提高成本效益潜力的建议和措施，以及下一期企业成本工作的要求和目标。

（二）成本分析报告的要求

成本分析报告的基本要求是：

1. 观点要明确。成绩是什么，缺点是什么，都要中肯、确切。

2. 原因要分析清楚。分析原因要准确、具体，责任要明确，以便改进工作。

3. 建议要切实可行。改进建议要具体，便于检查，促进责任部门认真贯彻执行；对于某些重要问题，还要经过可行性研究，以保证建议能够取得实效。

4. 报告要简练。撰写成本分析报告，应做到抓住关键，中心突出，文字简练流畅，图表形象鲜明，使人看了一目了然。

第三节　全部商品产品成本计划完成情况分析

制造业企业的全部商品产品可以分为可比产品和不可比产品两大类。进行成本分析时，对这两类产品的分析方法是不相同的。对于可比产品，不仅要将其实际成本与计划成本进行比较，以考核可比产品成本计划的完成情况，而且还要与上年的实际平均成本进行比较，以分析报告期实际成本比上年成本的降低幅度和降低数额，从而对企业在报告期内生产组织和经营管理工作改进的情况进行评价。对于不可比产品，由于在以前年度没有正式生产过，只能将其实际成本与计划成本进行比较。在对全部商品产品成本进行分析时，由于全部商品产品成本中包括不可比产品成本，所以，只能以全部商品实际成本与计划总成本进行比较，确定全部商品产品实际成本比计划的降低额和降低率，以评价全部商品成本水平的升降情况。

全部商品产品成本分析，可以借助于企业内部会计报表中的商品产品成本表和成本计划等相关资料进行分析，具体分析内容包括按产品类别和按产品成本项目两方面进行分析。

一、按产品种类分析全部商品产品成本计划完成情况

按产品种类分析全部商品产品成本计划的完成情况，既要从总体出发，分析全部商品产品成本计划完成的总括情况，也要分析每种产品成本计划的完成情况，通过分析既可以对全部商品产品成本计划的完成情况有总括了解，同时也为进一步分析指明方向和重点。

按照产品种类进行全部商品产品成本分析，只能将本年实际总成本与计划总成本相比较，从而确定全部商品产品成本的降低额和降低率。

假定某企业生产甲、乙、丙三种产品，其中，甲、乙产品是可比产品，丙产品是不可比产品。相关资料见表 15 - 3。

表 15-3 商品产品成本表

单位：元

产品名称		计量单位	本年实际产量	单位成本			总成本		
				上年实际平均	本年计划	本年实际	按上年实际平均单位成本计算	按本年计划单位成本计算	本年实际
可比产品	甲	件	50	800	700	740	40 000	35 000	37 000
	乙	件	60	1 000	820	780	60 000	49 200	46 800
	小计	—	—	—	—	—	100 000	84 200	83 800
不可比产品	丙	件	10		600	610		6 000	6 100
全部商品产品成本								90 200	89 900

根据表 15-3 的资料，可对该企业全部商品产品成本计划完成情况分析如下：

全部商品产品实际成本比计划成本的升降额为：

89 900 - 90 200 = -300（元）

全部商品产品实际成本比计划成本的升降率为：

-300 ÷ 90 200 × 100% = -0.33%

根据上面的分析结果可以看出，该企业全部商品产品实际成本比计划有所降低，但这并不能说明该企业已经全面完成了成本计划，因为要保证全部商品产品成本计划完成，必须保证每种产品成本计划都能完成。为此，需要按照可比产品、不可比产品和每种产品具体进行分析，可以编制全部商品产品成本计划完成情况分析表，见表 15-4。

表 15-4 商品产品成本分析表（按产品类别）

单位：元

商品产品		实际产量		与计划的差异	
		计划成本	实际成本	升降额	升降率（%）
可比产品	甲	35 000	37 000	+2 000	+5.71
	乙	49 200	46 800	-2 400	-4.88
	小计	84 200	83 800	-400	-0.48
不可比产品	丙	6 000	6 100	+100	+1.67
全部商品产品		90 200	89 900	-300	-0.33

从表 15-4 的分析结果来看，该企业全部商品产品实际成本较计划有所降低，但

从具体构成上看，虽然可比产品成本计划完成了，但其中的甲产品成本产生了超支，不可比产品丙产品的成本也产生了超支。这说明该企业并未全面完成成本计划，需要进一步分析甲、丙产品成本超支的原因。

按产品种类分析全部商品产品成本计划完成情况时，需要注意以下问题：第一，分析可比产品成本时，不仅要将本年实际成本与本年实际产量的计划成本相比较，还要将本年计划单位成本同上年第四季度实际单位成本进行对比，如果发现前者高于后者，则说明计划较保守、不先进，落后于实际生产已经达到的成本水平，这样就起不到控制成本的作用。第二，分析不可比产品成本时，如果成本差异额较大，就应进一步查明其原因，是计划制订得不准确、材料消耗定额和劳动定额定得过高或过低，还是初次生产这种产品，工艺掌握欠佳、技术不熟练，从而引起消耗过多、废品过多等。另外也要注意，企业在分配共同费用时，是否存在对可比产品少分配一些，对不可比产品多分配一些，以便超额完成可比产品成本降低任务的情况。

二、按成本项目分析全部商品产品成本计划完成情况

按产品种类进行商品产品成本分析，虽然可以了解每种产品成本的升降情况，但是不能了解是哪些成本项目发生了升降。为此，需要按成本项目进行商品产品成本分析，找出影响企业成本升降的关键因素。按成本项目进行产品成本分析，就是将全部产品的总成本按成本项目分别比较其实际总成本与计划总成本，以确定各个成本项目的升降额和升降率，并比较分析各成本项目的变动对总成本的影响程度。

根据表 15 – 3 的成本计划与成本核算等资料，按照成本项目进行全部商品产品成本分析，见表 15 – 5。

表 15 – 5　商品产品成本分析表（按成本项目）

单位：元

成本项目	全部商品产品		节约或超支		各项目的差异对总成本影响的百分比（％）⑤
	计划成本①	实际成本②	升降额③	升降率（％）④	
直接材料	61 300	60 700	– 600	– 0.98	– 0.67
直接工资	12 000	12 800	+ 800	+ 6.67	+ 0.89
制造费用	16 900	16 400	– 500	– 2.96	– 0.55
合计	90 200	89 900	– 300	– 0.33	– 0.33

表中各栏填列方法：

①计划成本 = $\sum$（各种商品产品各成本项目的计划单位成本 × 该种商品产品的实际产量）

②实际成本 = $\sum$（各种商品产品各成本项目的实际单位成本 × 该种商品产品的实际产量）

③升降额 = ② – ①

④升降率 $= \dfrac{\text{升降额}}{\text{计划成本}} \times 100\%$

⑤各项目的差异对总成本影响的百分比 $= \dfrac{\text{升降额}}{\text{计划成本合计数}} \times 100\%$

从表15-5的分析结果来看，该企业全部商品产品实际成本比计划降低300元，降低率为0.33%，其主要原因是由于直接材料项目和制造费用项目的成本有了降低，而直接工资成本项目却存在着较大幅度的上升。如果企业能控制直接工资的上升，那么，全部商品产品成本将比计划下降1100元，成本降低率将达到1.21%。因此，还需要深入生产实际进一步进行调查分析，找出影响各成本项目费用水平变动的具体原因，以便及时采取有效措施，增加有利差异，消除不利差异，提高企业成本管理工作水平。

第四节　可比产品成本降低计划完成情况分析

正常情况下，可比产品在企业全部产品中占有重要地位。企业在编制成本计划时，应该制定可比产品应达到的降低任务，即可比产品的计划降低额和计划降低率。因此，对可比产品成本进行分析时，不仅要将其实际总成本与计划总成本进行对比，还要同实际产量按上年单位成本计算的总成本进行比较，从而确定可比产品实际总成本的降低额和降低率，并与企业成本计划中所制定的计划降低额和计划降低率进行比较，以考核分析可比产品成本降低任务的完成情况。

一、可比产品成本降低任务及其完成情况的计算

可比产品成本降低任务是在编制成本计划时制定的成本降低水平，而可比产品成本降低任务完成情况的计算，是将可比产品的实际成本与按照实际产量和上年实际单位成本计算的上年实际成本进行比较，确定可比产品实际成本的降低额和降低率，并同计划规定的成本降低任务相比，以评价企业可比产品成本降低任务的完成情况。

假设 ABC 企业 200×年度可比产品成本降低任务和实际完成情况的有关资料见表15-6和表15-7。

表15-6　可比产品成本计划降低任务

单位：元

可比产品名称	计划产量（件）	单位成本		总成本		计划降低任务	
		上年实际	本年计划	上年实际	本年计划	降低额	降低率（%）
甲	60	800	700	48 000	42 000	6 000	12.5
乙	32	1 000	820	32 000	26 240	5 760	18
合计				80 000	68 240	11 760	14.7

表 15 - 7 可比产品成本实际降低情况

单位：元

可比产品名称	实际产量（件）	实际单位成本	总成本			实际降低情况	
			上年实际	本年计划	本年实际	降低额	降低率（%）
甲	45	740	36 000	31 500	33 300	2 700	7.5
乙	60	780	60 000	49 200	46 800	13 200	22
合计			96 000	80 700	80 100	15 900	16.56

根据表 15 - 6 和表 15 - 7，该企业可比产品成本降低任务的完成情况为：

降低额 = 实际降低额 - 计划降低额 = 15 900 - 11 760 = 4 140（元）

降低率 = 实际降低率 - 计划降低率 = 16.56% - 14.7% = 1.86%

这一计算结果说明该企业可比产品实际成本降低额比计划多降低了 4 140 元，实际成本降低率比计划多降低了 1.86%，超额完成了可比产品成本降低任务。在此基础上，应进一步分析影响可比产品成本降低任务完成情况的各种因素，确定各因素的影响程度，为进一步挖掘降低成本的潜力指出方向。

二、可比产品成本降低任务完成情况的因素分析

影响可比产品成本降低任务完成情况的因素主要有三个，即产品产量因素、产品品种构成因素和单位成本因素。

（一）产品产量

可比产品成本计划降低任务是根据各种产品计划产量制定的，而实际成本降低额和降低率是根据各种产品的实际产量计算的。因此，在产品品种结构和单位成本不变时，产品产量的增减，只会引起成本降低额发生同比例的增减，而不会影响成本降低率的变化。

假设 HK 企业各种可比产品产量都比计划产量增长了 20%，实际单位成本又完全等于计划单位成本，则可比产品成本降低任务完成情况的计算见表 15 - 8。

表 15 - 8 单纯产量变动后可比产品成本降低任务完成情况

单位：元

可比产品名称	计划产量（件）	单位成本			总成本			降低任务完成情况	
		上年	计划	实际	上年成本	计划成本	实际成本	降低额	降低率（%）
甲	72	800	700	700	57 600	50 400	50 400	7 200	12.5
乙	38.4	1 000	820	820	38 400	31 488	31 488	6 912	18
合计					96 000	81 888	81 888	14 112	14.7

在表 15 - 8 中，甲、乙两种产品的产量比原来的计划产量增长了 20%，从而使成本降低额相应的从计划的 11 760 元增加到 14 112 元，增长了 20%（2 352 ÷ 11 760 × 100%），但成本降低率却仍然是 14.7%。由此可见，在其他因素不变的条件下，产品产量的变动只影响产品成本降低额发生同比例的变化，而不影响成本降低率。

(二) 产品品种构成

产品品种构成，也称为品种结构，是指各种产品数量在全部产品数量总和中所占的比重。由于各种产品的实物量不能简单相加，而可比产品降低任务是以上年单位成本为基础计算的，所以在分析时，一般是以上年单位成本为基础来计算可比产品的品种结构，某种产品的品种构成可表示为：

$$某种产品的品种构成 = \frac{某种产品实物量 \times 该种产品上年单位成本}{\sum (某种产品实物量 \times 该种产品上年单位成本)} \times 100\%$$

根据上述公式，HK 企业中甲、乙两种产品的品种构成计算见表 15 - 9。

表 15 - 9　品种构成计算表

产品名称	品种结构	
	计划	实际
甲产品 乙产品	48 000 ÷ 80 000 × 100% = 60% 32 000 ÷ 80 000 × 100% = 40%	36 000 ÷ 9 600 × 100% = 37.5% 60 000 ÷ 96 000 × 100% = 62.5%
合计	100%	100%

由于各种可比产品成本降低率是不相同的，有的高些，有的低些，如果成本降低率较大的产品在全部可比产品产量中所占的比重提高，全部可比产品成本降低率就会多降低，降低额也会相应地多降低；反之，降低率和降低额则会少降低。

根据表 15 - 6 的资料，全部可比产品成本计划降低率为 14.7%，它是以各种产品计划降低率为基础（甲产品计划成本降低率为 12.5%、乙产品计划成本降低率为 18%），以各种产品计划比重为权数计算出来的，其计算公式是：

$$可比产品计划成本降低额 = \frac{甲产品按上年实际单位成本计算的总成本 \times 甲产品计划降低率 + 乙产品按上年实际单位成本计算的总成本 \times 乙产品计划降低率}{可比产品按上年实际单位成本计算的总成本}$$

根据表 15 - 6 的资料，可以计算出全部可比产品成本计划降低率：

$$\frac{48\ 000 \times 12.5\% + 32\ 000 \times 18\%}{80\ 000} = 60\% \times 12.5\% + 40\% \times 18\% = 14.7\%$$

式中的 60% 和 40% 分别是甲、乙产品的上年实际成本占可比产品上年总成本的比重，即代表甲、乙产品的品种构成。根据这一计算公式可以看出，即使某种产品的成本降低率没有发生变化，但只要产品品种构成发生变动，全部可比产品成本降低率也会发生变化。实务中可能会出现以下两种特殊情况：

第一种情况，虽然各种产品的成本降低率都完成了计划，但由于品种构成的影响，全部可比产品成本降低率并没有完成计划。

假设 HK 企业中甲、乙产品成本降低率都完成了计划，但是，由于降低率较大的乙产品的比重由 40% 降低到 10%，而降低率较小的甲产品的比重由 60% 上升到 90%，结果使得全部产品成本降低率没有完成计划，其具体的计算过程如下：

甲产品比重×甲产品降低率 + 乙产品比重×乙产品降低率

即：90% ×12.5% +10% ×18% =13.05%

根据这一计算结果可见，全部可比产品的成本降低率为 13.05%，比计划成本降低率 14.7% 少降低了 1.65%。

第二种情况，虽然各种产品的成本降低率都没有完成计划，但由于品种构成的影响，全部可比产品成本降低率完成了计划。

假设 HK 企业中甲、乙产品成本降低率都没有完成计划，甲产品成本降低率为 12%，乙产品成本降低率为 16%，但是，由于成本降低率较大的乙产品在全部可比产品中所占的比重由 40% 提高到 80%，而降低率较小的甲产品的比重由 60% 下降到 20%，结果，全部可比产品成本降低率完成了计划，计算结果如下：

甲产品比重×甲产品降低率 + 乙产品比重×乙产品降低率

即：20% ×12% +80% ×16% =15.2%

这一计算结果表明，全部可比产品成本降低率为 15.2%，比计划降低率 14.7% 多降低了 0.5%。

由此可见，可比产品成本降低率的变动除了受各种产品成本降低率的影响外，还受到产品品种构成的影响，只要产品品种构成发生变动，可比产品成本的降低率就会发生变化，从而也会引起可比产品成本降低额发生变化。

产品品种构成的变动有两种情况，一是由于改变了品种计划而引起的，二是由于各种产品都完成了计划，但对市场特别需要的产品多完成了计划所造成的。显然，后一种情况值得提倡，说明企业生产管理适应了市场需要。但对前一种情况，如果企业是根据市场的变化情况，对产品品种计划进行了调整，那就是必要的。所以，在进行产品品种构成分析时，应注意各种特殊情况的变化。

（三）产品单位成本

可比产品成本的计划降低额，是以本年计划单位成本和上年实际单位成本相比较来确定的；可比产品成本实际降低额，是以本年实际单位成本和上年实际单位成本相比较来确定的，而且，可比产品计划降低率和实际降低率也是以上年单位成本为基础来确定的。假如乙产品上年单位成本为 1 000 元，计划单位成本为 820 元，则每件产品计划成本降低额为 180 元（1 000 - 820），降低率为 18%（180 ÷ 1 000）；如果该产品实际单位成本为 780 元，则每件产品实际降低额为 220 元（1 000 - 780），降低率为 22%（220 ÷ 1 000）。乙产品实际降低额比计划降低额多降低了 40 元，降低率多降低了 4%，这是由于该产品实际单位成本比计划单位成本降低 40 元（820 - 780）的结果，它相当于上年单位成本的 4%（40 ÷ 1 000）。所以，产品单位成本的实际数比计划降低，其降低额和降低率的实际数也会相应地比计划多降低，反之则会少降低。可见，在产品单位成本发生变动的情况下，可比产品成本降低额和降低率都会发生变化。

在影响可比产品降低任务的三个因素中，产品单位成本降低是主要因素，企业应该在完成产品品种计划的条件下，根据市场需要增加产量，努力降低产品单位成本，才是完成成本降低计划的正确途径。

三、可比产品成本降低完成情况的分析方法

（一）连环替代法

根据表15－6和表15－7中的资料，采用"连环替代法"分别计算产量、品种构成、单位成本三个因素变动对成本降低任务完成情况的影响，见表15－10。

表15－10　可比产品成本降低任务完成情况分析表

顺序	指标	计算过程	降低额（元）	降低率（%）
①	按计划产量、计划品种构成、计划单位成本计算的成本降低额和降低率	80 000 － 68 240 11 760 ÷ 80 000 × 100%	11 760	14.7
②	按实际产量、计划品种构成、计划单位成本计算的成本降低额和降低率	96 000 × 14.7%	14 112	14.7
③	按计划产量、计划品种构成、计划单位成本计算的成本降低额和降低率	96 000 － 80 700 15 300 ÷ 96 000 × 100%	15 300	15.94
④	按计划产量、计划品种构成、计划单位成本计算的成本降低额和降低率	96 000 － 80 100 15 300 ÷ 96 000 × 100%	15 900	16.56
	各因素影响程度： 产量变动的影响 品种构成变动的影响 单位成本变动的影响	② － ① ③ － ② ⑤ － ③	2 352 1 188 600	1.24 0.62

从表15－10可以看到，该企业超额完成了可比产品成本降低任务，主要是由于产量的增加和品种构成的变动，单位成本降低也使降低任务超额完成，但其影响程度是比较小的。需要注意的是，该企业的可比产品品种构成的变动，是由于企业少生产甲产品，多生产乙产品，没有全面完成产品品种计划的情况下而引起的，对此，还需进一步了解甲产品没有完成生产计划的原因。

（二）余额分析法

可比产品成本降低任务完成情况的分析，也可采用"余额推算法"，具体计算过程如下：

1. 产品单位成本变动的影响

根据表15－6和表15－7中的资料，可先计算单位成本变动对可比产品成本降低任

务完成情况的影响。实际生产的可比产品按计划单位成本计算的总成本是 80 700 元，按实际单位成本计算的总成本是 80 100 元，二者之差即是由于产品单位成本的降低而使降低额多降低的数额，其具体计算为：

80 700 - 80 100 = 600 （元）

确定了单位成本因素变动对降低额影响的数额后，就可以推算出其对降低率的影响为：

600 ÷ 96 000 × 100% = 0. 62%

2. 产品品种构成变动的影响

可比产品成本降低率发生变化，只受产品品种构成和产品单位成本两个因素的影响。在本例中，可比产品成本降低率多降低了 1.86%，而且已经计算出由于产品单位成本变动使降低率多降低了 0.62%，因此，只要将成本降低率变动的总数减去单位成本变动对降低率的影响，即可求得由于产品品种构成的变动对降低率的影响为：

1. 86% - 0. 62% = 1. 24%

求得品种构成因素变动对降低额影响的数据后，用该数据乘以可比产品实际产量的上年总成本，就可以推算出由于产品品种构成变动对降低额的影响为：

96 000 × 1. 24% = 1 190 （元）

3. 产品产量变动的影响

在本例中，由于产品产量、产品单位成本和产品品种构成三个因素的变动，使降低额多降低了 4 140 元。前面已经确定了由于产品单位成本和产品品种构成两个因素变动对降低额的影响，所以，可以利用余额分析法计算由于产品产量因素变动使降低额多降低的数额为：

4 140 - （600 + 1 190） = 2 350 （元）

以上采用连环替代法和余额推算法进行可比产品成本分析时，计算分析的结果应该一致。本例中由于计算过程保留小数的原因，使得两种方法下的计算结果有微小的差异。

第五节 产品单位成本分析

制造业企业的产品成本分析，不仅要对全部商品产品成本计划完成情况和可比产品成本降低任务完成情况进行总括分析，从总体上了解企业成本计划的完成情况，还要对企业主要产品的单位成本进行深入具体的分析。

产品单位成本分析的意义，在于揭示各种产品单位成本及其各个成本项目以及各项消耗定额的超支或节约情况，尤其是能够密切结合产品设计、生产工艺以及各项消耗定额等的变化对产品成本的影响，查明各种产品单位成本升降的具体原因。同时，对产品单位成本进行分析，有助于对全部商品产品成本和可比产品成本脱离计划的原因进行分析，正确评价企业成本计划的完成情况，并针对存在的问题，采取改进措施，降低产品成本，提高企业成本管理水平。

一般来说，制造业企业生产产品的种类较多，所以产品单位成本分析应抓住重点，着重对一些企业经常生产、在全部产品中所占比重较大、能代表企业生产经营基本面貌的主要产品或成本发生异常变动的产品进行分析。具体的分析包括两个方面：一是产品单位成本计划完成情况分析，即总括分析产品单位成本及其各成本项目的升降情况；二是产品单位成本各主要项目分析，即按照直接材料、直接工资和制造费用等主要成本项目对产品单位成本进行分析，查明造成产品单位成本升降的原因。

一、产品单位成本计划完成情况分析

产品单位成本计划完成情况分析，是对产品单位成本及其各成本项目的本期实际数比计划数、上期数和历史先进水平的升降情况进行的分析。进行分析时可依据主要产品单位成本表等核算资料。下面举例说明产品单位成本计划完成情况的分析方法。

假设某企业 2009 年度甲产品单位成本表见表 15 – 15。

表 15 – 15　主要产品单位成本表

编制单位：××企业　　　　　　　2010 年度　　　　　　　　单位：元

产品名称	甲产品	计量单位	件	计划产量	60	实际产量	45

成本项目		上年实际平均单位成本		本年计划单位成本		本年实际平均单位成本	
成本项目	直接材料	350		340		345	
	直接工资	220		210		250	
	制造费用	210		150		145	
	合计	780		700		740	

		上年数			计划数			实际数		
		单耗	单价	金额	单耗	单价	金额	单耗	单价	金额
明细项目	材料 A（千克）	30	9.5	285	27.5	10.4	286	30	9.4	282
	材料 B（千克）	10	6.5	65	9	6	54	9	7	63
	工时	26			20			25		

根据表 15 – 15，可以编制甲产品单位成本计划完成情况分析表，见表 15 – 16，从而进一步了解甲产品单位成本的升降情况和原因。

表 15 – 16　甲产品单位成本分析表

单位：元

成本项目	计划成本	实际成本	降低（－）或超支（＋）		各项目升降对单位成本的影响（％）
			金额	百分比（％）	
直接材料	340	345	＋5	＋1.5	＋0.7
直接工资	210	250	＋40	＋19	＋5.7
制造费用	150	145	－5	－3.3	－0.7
合计	700	740	＋40	＋5.7	＋5.7

从表 15 - 16 可以看出，甲产品的实际单位成本比计划超支 40 元，超支率为 5.7% ，成本超支的主要原因是直接材料和直接工资项目成本上升。因此，需要进一步分析直接材料和直接工资成本提高的原因，以便做出正确的分析评价。

二、产品单位成本各主要项目分析

以下我们具体说明产品单位成本各主要项目的分析方法。

（一）直接材料项目的分析

直接材料成本通常占产品单位成本的比重较大，这一项目的升降对产品单位成本的高低有着重要的影响，所以直接材料项目的分析是产品单位成本分析的重点。

对直接材料成本变动情况的分析方法是：首先，将各种主要材料的本期实际成本与计划成本进行比较，查明哪些材料成本升降较大；其次，分析直接材料成本升降的原因。一般来说，直接材料成本高低取决于单位产品材料消耗数量和材料的单价，这两个因素变动对直接材料成本影响的计算公式如下：

材料耗用量差异的影响 = （实际单位耗用量 - 计划单位耗用量）× 材料计划单价

材料价格差异的影响 = 实际单位耗用量 × （材料实际单价 - 材料计划单价）

根据表 15 - 16 的资料，甲产品直接材料单位成本实际比计划超支了 5 元，根据成本计划和甲产品单位成本核算资料，可以编制直接材料成本分析表，见表 15 - 17。

表 15 - 17　甲产品直接材料成本分析表

单位：元

材料名称	计量单位	材料耗用量		材料单价		材料成本		差异	
		计划	实际	计划	实际	计划	实际	数量	价格
A	千克	27.5	30	10.4	9.4	286	282	+26	-30
B	千克	9	9	7	7	54	63	0	+9
合计						340	345	+26	-21

根据表 15 - 17 中的资料，可分别计算单位产品材料消耗数量和材料单价两因素对甲产品直接材料成本变动的影响：

材料耗用量差异的影响 = （30 - 27.5）× 10.4 = 26 （元）

材料价格差异的影响 = 30 × （9.4 - 10.4）+ 9 × 7.6 = -21 （元）

由此可见，材料消耗数量的上升使得甲产品直接材料成本提高了 26 元，而材料单价的降低，使得甲产品直接材料成本超支额由 26 元下降到 5 元。

需要说明的是，上述材料价格差异对直接材料成本影响的计算方法，主要适用于材料按实际价格计价的企业。而材料按计划价格计价时，对每项发出材料都按材料目录上预先规定的计划单位价格进行计价，月末根据材料价格差异率将发出材料的计划价格调整为实际价格。为了便于分析材料成本变动的原因，材料价格差异应单独反映。

这样，就不必按上述公式计算材料价格差异，而是根据成本核算资料直接查明。但是，根据我国现行企业会计制度规定，企业实际工作中的材料价格差异率一般是按材料类别进行计算的，因此，如果要进一步了解材料价格差异究竟是哪些材料价格变动的结果，还需根据材料采购核算资料进行分析。

分析单位产品直接材料成本变动，在单位产品材料消耗数量和材料单价两因素分析的基础上，还要进一步分析影响材料消耗数量和材料价格变动的具体原因，以寻求降低直接材料成本的有效途径。影响材料消耗数量和材料价格变动的原因可归纳如下：影响材料消耗数量的原因主要有产品设计的变化，材料质量的变化，下料和生产工艺方法的改变，材料利用程度的改变，边角余料、废料回收利用情况的变化，废品数量的变化，生产工人技术水平和操作能力的高低，机器设备性能的好坏等；影响材料单价的原因主要有原材料价格的变动，材料运费的变动，运输途中合理损耗的变化，材料整理加工费及检验费的变化等。

分析这些因素对材料成本影响时，要深入生产实践，结合生产技术、生产组织及各种经济技术指标的变动情况进行调查研究，把专家分析和群众分析结合起来，要注意抓住企业的主观原因，以便采取措施。本例中由于 A 材料消耗上升，造成单位产品材料成本超支 26 元，这是企业降低材料成本工作的重点。对于客观原因，也要充分发挥主观能动性，积极创造条件，为降低直接材料成本而努力。

（二）直接工资项目的分析

对直接工资项目进行分析，需要结合不同的工资制度和直接工资的分配方法来进行。

1. 计时工资制度

采用计时工资制度时，在工资费用直接计入产品成本的企业里，单位产品的直接工资成本的高低，取决于生产该种产品的产量增减和工资总额高低两个因素。它们之间的关系可用计算公式如下：

单位产品直接工资 = 直接工资总额 ÷ 产品产量

由此可见，如果产品产量增长的速度超过工资增长的速度，单位产品成本中的工资额就会相应的下降；反之，如果产量增长的速度低于工资增长的速度，单位产品的工资额就会增加。产品产量和生产工人工资额对单位产品工资成本影响的计算方法如下：

产量差异的影响 = 直接工资总计划数 ÷ 产量实际数 - 单位产品直接工资计划数

直接工资额差异的影响 = 单位产品直接工资实际数 - 直接工资总计划数 ÷ 产量实际数

假设某企业 2009 年度只生产乙产品，乙产品的直接工资资料见表 15 - 18。

表 15 – 18　乙产品直接工资资料

项目	计量单位	计划数	实际数	差异
直接工资	元	7 800	9 300	+ 1 500
产品产量	件	120	150	+ 30
单位产品直接工资	元	65	62	– 3

直接工资项目的分析方法为：

产量差异的影响 = 7 800 ÷ 150 – 65 = – 13（元）

直接工资额差异的影响 = 62 – 7 800 ÷ 150 = + 10（元）

分析单位产品直接工资成本变动，在对产品产量和工资总额因素进行分析的基础上，还要进一步分析影响产品产量和工资总额变动的原因，以寻求降低工资成本的有效途径。影响产品产量和工资总额变动的原因可分析归纳如下：产品产量的增加，主要是靠开展技术革新，改进产品设计和生产工艺，提高工人技术熟练程度和提高工时利用率等。所以，对于产品产量变动分析，应深入实际，认真总结提高产量的经验，挖掘提高产量的潜力，以促进产品成本的降低。直接工资差异产生的原因，主要是由于人员的增减、工人工资的调整、发给工人的奖金和加班工资以及出勤率变动等。在分析时应查明支付加班工资的原因；对出勤率下降，则应查明缺勤时间增多的原因，以便及时采取措施，提高出勤率。

在大多数企业里，各生产车间和班组生产的产品品种有多种，工资费用一般是按照生产工时消耗分配计入产品成本的。因此，单位产品直接工资成本的多少，取决于单位产品的生产工时和小时工资率两个因素。它们之间的关系可用计算公式表示如下：

单位产品的直接工资 = 单位产品的生产工时 × 小时工资率

单位产品的生产工时（简称效率）和小时工资率两个因素变动对单位产品直接工资成本的影响，可按下列公式进行计算分析：

$$单位产品生产工时差异的影响 = \left(\begin{matrix} 单位产品的实际 \\ 生产工时 \end{matrix} - \begin{matrix} 单位产品的计划 \\ 生产工时 \end{matrix} \right) × 计划小时工资率$$

小时工资率差异的影响 = 单位产品的实际生产工时 × (实际小时工资率 – 计划小时工资率)

在表 18 – 15 中，甲产品直接工资实际单位成本比计划成本增加了 40 元，根据成本计划和甲产品单位成本核算资料，可对直接工资项目进行分析，编制直接工资成本分析表，见表 15 – 19。

表 15 – 19　直接工资成本分析表

项目	单位	计划数	实际数	差异
单位产品的生产工时	小时/件	20	25	+ 5
小时工资率	元/小时	10.5	10	– 0.5
单位产品的直接工资	元/件	210	250	+ 40

根据表 15 – 19 的资料，甲产品直接工资成本增加了 40 元，各因素变动的影响分析

如下：

单位产品的生产工时差异的影响 = （25 - 20）× 10.5 = 52.5（元）

小时工资率差异的影响 = 25 × （10 - 10.5）= - 12.5（元）

由此可见，单位产品的生产工时增加使得甲产品直接工资成本提高了 52.5 元，而小时工资率的降低，又使甲产品直接工资成本下降了 12.5 元，两个因素共同作用的结果使甲产品直接工资成本提高了 40 元。

分析单位产品直接工资成本变动，在对单位产品的生产工时和小时工资率两因素进行分析的基础上，还要进一步分析影响单位产品的生产工时和小时工资率变动的原因，以寻求降低直接工资成本的有效途径。具体分析如下：

单位产品生产工时消耗量的变动，反映了劳动效率的高低。劳动效率越高，单位产品生产工时的消耗量就越少，所分配的工资也就越少；反之，劳动效率越低，单位产品生产工时的消耗量就越多，所分配的工资也就越多。影响劳动效率的原因有很多，如机器设备的性能、材料的质量、生产工艺、产品设计的改变、生产工人的技术熟练程度、劳动纪律以及劳动态度等。

小时工资率是直接工资总额与生产工时消耗总量的比率，因此，影响小时工资率的原因主要有两方面，一方面是直接工资总额变动的影响，影响直接工资总额变动的原因包括人员的增减、工人工资的调整、发给工人的奖金和加班加点工资的变动等；另一方面是生产工时消耗总量变动的影响，生产工时消耗总量的变动决定于出勤率和工时利用率的高低。出勤率越高，生产性工时越多，生产工时总量就越大，小时工资率也就越低，反之，出勤率和工时利用率越低，小时工资率也就越大。

2. 计件工资制度

一般来说，在采用无限制计件工资制度的企业中，单位产品直接工资成本的高低，取决于计件单价。如果计件单价不变，生产工人劳动效率的变动，并不会影响单位产品直接工资成本，但会通过产量影响那些计入产品成本中的非工作时间的工资、奖金和其他工资，从而引起单位产品直接工资成本的变动。在这种情况下，可以根据生产工人工资构成的明细资料进行分析。在采用有限制的计件工资制的企业中，工人超产达到一定限度时，如果这些超过一定限度的产品，不再支付工资，那么，劳动生产率的提高，就会使单位产品成本中的工资相应地降低。

（三）制造费用项目的分析

制造费用是企业各生产单位为组织和管理生产所发生的各项费用，以及固定资产使用费、维护费等费用。在制造费用按照生产工时消耗分配计入产品成本的企业里，单位产品制造费用成本，取决于单位产品的生产工时和小时费用率两个因素，用计算公式表示如下：

单位产品的制造费用 = 单位产品的生产工时 × 小时费用率

式中：小时费用率 = 制造费用总额 ÷ 生产工时消耗总额

单位产品的生产工时和小时费用率两个因素变动，对制造费用成本的影响可按下列公式计算：

效率差异的影响＝（单位产品的实际生产工时－单位产品的计划生产工时）×计划小时费用率

小时费用率差异的影响＝单位产品的实际生产工时×（实际小时费用率－计划小时费用率）

在表18－15中，甲产品单位成本的制造费用实际成本比计划成本减少了5元，根据成本计划和甲产品单位成本核算资料，对制造费用项目进行分析，可以编制制造费用分析表，见表15－20。

表15－20　制造费用分析表

项目	单位	计划数	实际数	差异
单位产品的生产工时	小时/件	20	25	＋5
小时费用率	元/小时	7.5	5.8	－1.7
单位产品的制造费用	元/件	150	145	－5

根据表15－20的资料，计算分析甲产品制造费用变动的影响因素：

单位产品的生产工时差异的影响＝（25－20）×7.5＝37.5（元）

小时费用率差异的影响＝25×（5.8－7.5）＝－42.5（元）

由此可见，单位产品的生产工时上升使得甲产品的制造费用提高了37.5元，而小时费用率的降低，又使甲产品制造费用下降了4.5元，两个因素共同作用的结果使甲产品制造费用下降了5元。

分析单位产品制造费用的变动，在对单位产品生产工时和小时费用率两因素进行分析的基础上，还要进一步分别各明细项目分析其变动原因。如果企业将制造费用划分为变动费用和固定费用，那么，对于变动费用，应将其预算数按照本期实际产量加以调整后，再与本期实际数进行比较，以确定其相对升降数；对于固定费用，可将本期实际支出数与预算数进行比较，以确定其相对升降数。在此基础上，结合各个生产环节的具体情况，查明制造费用明细项目的升降原因，寻求降低制造费用的有效途径。对于修理费、劳动保护费等制造费用项目的支出，不能笼统地认为降低就是成绩，要深入了解支出与所得的关系，才能得出正确结论。

第六节　成本效益分析

在企业生产经营中，成本费用与企业的经济效益有着密切、直接的联系。节约劳动消耗，降低产品成本是提高企业经济效益的重要途径。因此，要全面评价企业的成本管理工作，就不能局限于成本费用指标的变动分析，还应将成本费用指标与反映企业经济效益方面的指标联系起来，以全面地分析、评价企业劳动耗费的经济效益，即要进行成本效益分析。

反映企业成本效益的指标很多，其中最为常用的有产值成本率、主营业务成本费用率和成本费用利润率等指标。

1. 产值成本率

产值成本率是企业全部商品生产成本与商品产值的比率，其计算公式如下：

$$产值成本率 = \frac{全部商品产品生产成本}{商品产值} \times 100\%$$

产值成本率可以反映产品的劳动耗费与生产成本之间的关系；产值成本率越低，表明产品劳动消耗的经济效益越高，反之经济效益越低。

分析产值成本率，一般是先运用比较法，将本期实际数与计划、上期实际、上年实际平均或同类企业实际数对比，检查其计划的完成程度，分析其发展变化趋势和与同类企业的差距，在此基础上进一步分析，应分析影响产值成本率变动的各个因素，确定各因素的影响程度。

影响产值成本率指标变动的因素，归纳起来主要有：

（1）产品品种构成的变动。

（2）产品单位成本的变动。

（3）价格的变动。

各因素影响程度的计算方法如下：

1）以计划（或上年实际）产值成本率指标为基础。

$$产值成本率 = \frac{按计划产量、计划单位成本计算的总成本}{按计划产量、计划出厂价格计算的商品产值} \times 100\%$$

2）按实际产品品种构成、计划单位成本、计划出厂价格计算的产值成本率。

$$产值成本率 = \frac{按实际产量、计划单位成本计算的总成本}{按实际产量、计划出厂价价格计算的商品产值} \times 100\%$$

通过比较，就可求得由于产品品种构成变动影响的数额。

3）按实际产品品种构成、实际单位成本、计划出厂价格计算产值成本率。

$$产值成本率 = \frac{按实际产量、实际单位成本计算的总成本}{按实际产量、计划出厂价格计算的商品产值} \times 100\%$$

通过比较，就可求得由于产品单位成本变动影响的数额。

4）按实际产品品种构成、实际单位成本、实际出厂价格计算产值成本率。

$$产值成本率 = \frac{按实际产量、实际单位成本计算的总成本}{按实际产量、实际出厂价格计算的商品产值} \times 100\%$$

通过比较，就可求得由于出厂价格变动影响的数额。

某企业 2010 年度生产和销售甲、乙两种产品。该年度这两种产品的产量、成本、价格及产值成本的资料如表 15 - 21 所示。

表 15 - 21

产品	产量（件）		单价		单位成本		产值		总成本		产值成本率（%）	
	计划	实际	计划	实际	计划	实际	计划	实际	计划	实际	计划	实际
甲	100	120	300	320	200	190	30 000	38 400	20 000	22 800	66. 67	59. 375

产品	产量（件）		单价		单位成本		产值		总成本		产值成本率（%）	
	计划	实际	计划	实际	计划	实际	计划	实际	计划	实际	计划	实际
乙	200	190	400	390	300	280	80 000	74 100	60 000	53 200	75	71.8
合计	—	—	—	—	—	—	110 000	112 500	80 000	76 000	72.73	67.56

通过表 10 - 21 的资料，并进行比较可知，该企业 2010 年度的产值成本率完成了计划，即计划为 72.73%、实际为 67.56%、产值成本率实际较计划的差异为 -5.17%，且甲、乙两种产品均完成了计划。在总体分析的基础上，可进一步进行因素分析如下：

(1) 计划产值成本率 $=800 \div 110\ 000 \times 100\% = 72.73\%$

(2) 按实际产品品种结构、计划单位成本、计划价格计算的产值成本率 $= \dfrac{200 \times 120 + 300 \times 190}{300 \times 120 + 400 \times 190} \times 100\% = 72.32\%$

由于产品品种结构变动的影响为：(2) - (1)，即 $72.32\% - 72.73\% = -0.41\%$

(3) 按实际产品品种结构、实际单位成本、计划价格计算的产值成本率 $= \dfrac{190 \times 120 + 280 \times 190}{300 \times 120 + 400 \times 190} \times 100\% = 67.86\%$

由于单位成本变动的影响为：(3) - (2)，即 $67.86\% - 72.32\% = -4.47\%$

按实际品种结构、实际

(4) 按实际产品品种结构、实际单位成本、实际价格计算的产值成本率 $= \dfrac{190 \times 120 + 280 \times 190}{320 \times 120 + 390 \times 190} \times 100\% = 67.56\%$

由于计划价格变动的影响为：(4) - (3)，即 $67.56\% - 67.86\% = -0.3\%$

2. 主营业务成本费用率

主营业务成本费用率是本期的主营业务成本及期间费用等与主营业务收入的比率，其计算公式如下：

主营业务成本费用率 = (主营业务成本 + 期间费用) ÷ 主营业务收入 × 100%

主营业务成本费用率指标反映主营业务收入耗用成本费用的水平，可以较为全面反映企业生产经营过程中各种劳动耗费的经济效益。该指标越低，说明企业的经济效益越好。

假定某企业生产和销售 A，B 两种产品，起初无库存商品，本期生产的产品全部售出。本期计划的期间费用为 43 750 元，实际期间费用为 58 080 元。本期的其他有关资料如表 15 - 22 所示。

表 15 - 22　本期的其他有关资料

产品	销售量（件）		单价		单位成本		成本		收入	
	计划	实际	计划	实际	计划	实际	计划	实际	计划	实际
A	1 500	1 200	150	160	100	110	150 000	132 000	225 000	192 000
B	1 000	1 200	300	310	200	180	200 000	216 000	300 000	372 000
合计	—	—	—	—	—	—	350 000	348 000	525 000	564 000

根据以上资料，可以算出本期计划和实际的主营业务成本费用率：

计划主营业务成本费用率 = $(350\,000 + 43\,750) \div 525\,000 \times 100\% = 75\%$

实际主营业务成本费用率 = $(348\,000 + 58\,080) \div 564\,000 \times 100\% = 72\%$

由此可以看出，该企业本期实际的主营业务成本费用率比计划规定的低，完成了计划，其差异为 -3% （$72\% - 75\%$）

为了进一步对主营业务成本费用率进行分析，可以将上述主营业务成本费用率的计算公式进行分解：

$$主营业务成本费用率 = \frac{主营业务成本 + 期间费用}{主营业务收入} \times 100\%$$

$$= \frac{主营业务成本}{主营业务收入} \times 100\% + \frac{期间费用}{主营业务收入} \times 100\%$$

$$= 主营业务成本率 + 主营业务费用率$$

根据表 15 - 22 的资料，可以对主营业务成本费用率进行分解分析如表 15 - 23 所示。

表 15 - 23　主营业务成本费用率进行分解分析

指标	计划	实际	差异
主营业务成本率	$\dfrac{350\,000}{525\,000} \times 100\% = 66.37\%$	$\dfrac{348\,000}{564\,000} \times 100\% = 61.7\%$	-4.97%
主营业务费用率	$\dfrac{43\,750}{525\,000} \times 100\% = 8.33\%$	$\dfrac{58\,080}{564\,000} \times 100\% = 10.3\%$	$+1.97\%$
主营业务成本费用率	$\dfrac{350\,000 + 43\,750}{525\,000} \times 100\% = 75\%$	$\dfrac{348\,000 + 58\,080}{564\,000} \times 100\% = 72\%$	-3%

在对主营业务成本费用率指标分解分析的基础上，可以对主营业务成本率指标和主营业务费用率指标分别进行进一步的分析。

影响主营业务成本率变动的因素与影响产值成本率指标的因素是类似的，主要有：销售产品的品种构成、产品单位成本以及销售单价。其分析方法与产值成本率的因素分析法相同。

各因素对主营业务成本率影响程度的计算方法如下：

（1）以计划（或上年实际）主营业务成本率为基础。

$$主营业务成本率 = \frac{按计划销售量、计划单位成本计算的总成本}{按计划销售量、计划价格计算的主营业务收入} \times 100\%$$

（2）按实际产品品种构成、计划单位成本、计划价格计算的主营业务成本率：

$$主营业务成本率 = \frac{按实际销售量、计划单位成本计算的总成本}{按实际销售量、计划价格计算的主营业务收入} \times 100\%$$

（2）与（1）比较，就可以求得产品品种构成变动的影响。

（3）按实际产品品种构成、实际单位成本、计划价格计算的主营业务成本率。

$$主营业务成本率 = \frac{按实际销售量、实际单位成本计算的总成本}{按实际销售量、计划价格计算的主营业务收入} \times 100\%$$

（3）与（2）比较，就可以求得产品单位成本的影响。

（4）计划按实际产品品种构成、实际单位成本、实际价格计算的主营业务成本率。

$$主营业务成本率 = \frac{按实际销售量、实际单位成本计算的总成本}{按实际销售量、实际价格计算的主营业务收入} \times 100\%$$

（4）与（3）比较，就可以求得价格变动影响的数额。

使用表 15 – 22 和表 15 – 23 中的资料，可对该企业本期主营业务成本率变动进行因素分析：

（1）计划主营业务成本率 $= \dfrac{100 \times 1\,500 + 200 \times 1\,000}{150 \times 1\,500 + 300 \times 1\,000} \times 100\% = 66.67\%$

（2）按实际产品品种构成、计划单位成本、计划价格计算的主营业务成本率 $= \dfrac{100 \times 1\,200 + 200 \times 1\,200}{150 \times 1\,200 + 300 \times 1\,200} \times 100\% = 66.67\%$

产品品种构成变动的影响为（2）－（1），即 $66.67\% - 66.67\% = 0$

（3）按实际产品品种构成、实际单位成本、计划价格计算的主营业务成本率 $= \dfrac{110 \times 1\,200 + 180 \times 1\,200}{150 \times 1\,200 + 300 \times 1\,200} \times 100\% = 64.44\%$

单位成本变动的影响为（3）－（2），即 $64.44\% - 66.67\% = -2.23\%$

（4）按实际产品品种构成、实际单位成本、实际价格计算的主营业务成本率 $= \dfrac{110 \times 1\,200 + 180 \times 1\,200}{160 \times 1\,200 + 310 \times 1\,200} \times 100\% = 61.7\%$

价格变动的影响为（4）－（3），即 $61.7\% - 64.44\% = -2.74\%$

需要指出的是，在本期销售的产品中，可能包括部分期初存货，其成本水平与本期生产并在本期销售的产品的成本水平很可能是有差异的，因此，在分析评价时应予注意。另外，在上面分析中，品种构成变动对销售成本率实际脱离计划的影响为 0，是因为 A，B 两种产品计划的主营业务成本率是一样的（均为 66.67%）。可见，各种产品计划的主营业务成本率的差别，是形成品种构成变动对主营业务成本率产生影响的原因。

影响主营业务费用率变动的因素主要有：销售量、期间费用以及价格。对主营业务费用率变动进行因素分析时，可采用以下方法：

（1）销售量变动的影响：$\left[\dfrac{计划的期间费用}{\sum 产品计划价格 \times 该产品实际销售量} - \dfrac{计划期间费用}{计划销售收入} \right]$ $\times 100\%$

（2）期间费用变动的影响 $= \dfrac{实际期间费用 - 计划期间费用}{\sum 产品计划价格 \times 该产品实际销售量} \times 100\%$

（3）价格变动的影响 $= \left[\dfrac{实际期间费用}{实际销售收入} - \dfrac{实际期间费用}{\sum 产品计划价格 \times 该产品实际销售量} \right]$

$\times 100\%$

仍使用表 15-22 和表 15-23 的资料，可以对该企业本期的主营业务费用率的变动进行因素分析如下：

（1）销售量变动的影响 $= \left(\dfrac{43\ 750}{150 \times 1\ 200 + 300 \times 1\ 200} - \dfrac{43\ 750}{525\ 000} \right) \times 100\% = -0.23\%$

（2）期间费用变动的影响 $= \dfrac{58\ 080 - 43\ 750}{150 \times 1\ 200 + 300 \times 1\ 200} \times 100\% = 2.65\%$

（3）价格变动的影响 $= \left(\dfrac{58\ 080}{160 \times 1\ 200 + 310 \times 1\ 200} - \dfrac{58\ 080}{150 \times 1\ 200 + 300 \times 1\ 200} \right) \times$
$100\% = -0.46\%$

3. 成本费用利润率

成本费用利润率是企业一定期间的利润总和与成本费用总额的比率。其计算公式如下：

成本费用利润率 = 利润总额 ÷ 成本费用总额 × 100%

成本费用利润率，反映每一元成本费用可获得利润，体现企业生产经营耗费与财务成本之间的关系，因此，是一个综合反映企业成本效益优劣的重要性指标。该指标越高，说明企业效益越好，越低说明企业效益越差。

分析成本费用利润率一般运用比较法，通过该指标的本年实际数与本年计划数对比，或与上年实际数对比，按指标形成的各项因素，查明其变动原因及其对指标升降的影响，为加强成本管理，制定控制成本费用的措施提供有用的信息。

由于企业的利润指标可以有多种形式，如营业利润、利润总额、净利润等，成本费用也可以分为主营业务成本和各项期间费用等，不同利润值与相应的成本费用指标之间的比率，说明不同的问题。因此，成本费用利润率的分析，应根据企业的实际情况和成本管理的实际需要来进行；在分析时，必须注意计算这类指标时所采用的有关"利润"与"成本费用"之间的相关性。

例如，由于利润总额中包括投资收益、营业外收入和营业外支出，而这三个项目与成本费用没有内在联系，对比结果不利于深入的分析。因此分析时，应扣除这三个项目，将成本费用与营业利润对比，计算成本费用营业利润率，其计算公式如下：

成本费用营业利润率 = 营业利润额 ÷ 成本费用总额 × 100%

又如，企业的主要业务是企业利润主要是经常性来源，其成本投入的经济效益，对企业经济效益的优劣有着决定性影响。因此，在进行成本效益分析时，应予以重点关注。为此，可以计算和分析主营业务成本毛利率，其计算公式如下：

$$主营业务成本毛利率 = \frac{主营业务收入 - 主营业务成本}{主营业务成本} \times 100\%$$
$$= \frac{主营业务毛利润}{主营业务成本} \times 100\%$$

某企业 2007 年度和 2008 年度的有关资料如表 15-24 所示。

表 15 – 24　某企业 2007 年度和 2008 年度的有关资料

项目	2007 年度	2008 年度
主营业务成本	150 000	200 000
期间费用	30 000	42 000
主营业务毛利	31 500	40 000
营业利润	37 800	48 400
利润总额	34 200	50 820

　　根据表 15 – 24 的资料，可计算出该企业 2007 年度与 2008 年度有关利润率，如表 15 – 25 所示。

表 15 – 25　该企业 2007 年度与 2008 年度有关利润率

指标	2007 年度	2008 年度	差异
成本费用利润	$\dfrac{34\,200}{150\,000 + 30\,000} \times 100\% = 19\%$	$\dfrac{50\,820}{200\,000 + 42\,000} \times 100\% = 21\%$	+ 2%
主营业务成本毛利率	$\dfrac{31\,500}{150\,000} \times 100\% = 21\%$	$\dfrac{40\,000}{200\,000} \times 100\% = 20\%$	– 1%
成本费用营业利润率	$\dfrac{37\,800}{150\,000 + 30\,000} \times 100\% = 21\%$	$\dfrac{48\,400}{200\,000 + 42\,000} \times 100\% = 20\%$	– 1%

　　由表 15 – 25 的计算分析可以看出，尽管 2008 年度比 2007 年度成本费用利润率有所提高，但主营业收入毛利率和成本费用营业利润率均有所降低。因此，应结合企业生产经营的其他有关资料和部分情况进行深入分析。

【思考题】

1. 影响产品成本的因素有哪些？
2. 成本分析评价标准有哪些？各有什么作用？
3. 成本分析的基本程序可分哪几个阶段？各阶段的主要工作是什么？
4. 成本分析的方法有哪些？
5. 对成本报表进行分析的重点内容是什么？
6. 指标分析法具体包括哪些形式？各有什么作用？
7. 比率分配法和连环替法在成本报表分析中的作用是什么？
8. 怎样对全部商品产品成本进行分析？分析时应注意什么问题？
9. 为什么说产量变动只影响可比产品成本降低额，而不影响其降低率？
10. 品种构成变动对可比产品降低任务完成情况的影响会产生哪两种比较特殊的

情况？

11. 为什么要对产品单位成本进行分析？怎样进行产品单位成本的比较分析？

12. 产品单位成本主要项目分析包括哪些内容？应怎样对各主要项目进行分析？

【练习题】

一、单项选择题

1. 从狭义的角度说，成本分析主要是指（　　）。
   A. 成本事前分析　　　　　　　B. 成本事后分析
   C. 成本事中分析　　　　　　　D. 成本全过程分析

2. 影响产品成本的固有因素是（　　）。
   A. 企业规模和技术装备水平
   B. 成本管理制度的改革
   C. 市场需求和价格水平
   D. 生产设备利用效果

3. 影响产品成本的微观因素是（　　）。
   A. 市场需求和价格水平
   B. 生产设备利用效果
   C. 企业的专业化协作水平
   D. 企业地理位置和资源条件

4. 成本分析的任务是（　　）。
   A. 确定成本分析的基本程序
   B. 明确成本分析目的
   C. 确立成本分析标准
   D. 检查企业是否贯彻执行国家有关的方针、政策和财经纪律

5. 成本分析准备阶段的主要工作是（　　）。
   A. 确立成本分析标准
   B. 进行成本指标分析
   C. 得出成本分析结论
   D. 提出可行的措施和建议

6. 指标对比分析法包括（　　）。
   A. 趋势分析法　　　　　　　　B. 垂直分析法
   C. 水平分析法　　　　　　　　D. 实际指标与计划指标对比

7. 为确定某一经济指标各个组成部分占总体的比重，以掌握该项经济活动的特点和变化趋势的方法是（　　）。
   A. 因素分析方法　　　　　　　B. 相关比率分析法
   C. 趋势比率分析法　　　　　　D. 构成比率分析法

8. 以某个项目和其他有关但又不同的项目加以对比，求出比率，以便更深入地认识某方面的生产经营情况的分析方法是（　　）。

    A. 因素分析方法   B. 相关比率分析法

    C. 趋势比率分析法   D. 构成比率分析法

9. 水平分析法是将反映企业报告期成本的信息与反映企业前期或历史某一种成本状况的信息进行对比，研究企业经营业绩或成本状况发展变动情况的方法，它属于（　　）。

    A. 指标对比分析法   B. 因素分析方法

    C. 成本报表整体分析方法   D. 连环替代分析法

10. 差额计算法的计算程序是（　　）。

    A. 首先确定各因素对经济指标差异数的影响

    B. 首先确定各因素的实际数与基数的差额

    C. 首先确定各因素的分析方法

    D. 首先替换各个基数指标

11. 可比产品成本实际降低额是指（　　）。

    A. $\sum$（计划产量×上年实际单位成本）－（计划产量×本年实际单位成本）

    B. $\sum$（实际产量×本年计划单位成本）－（实际产量×本年实际单位成本）

    C. $\sum$（实际产量×上年实际单位成本）－（实际产量×本年实际单位成本）

    D. $\sum$（实际产量×上年实际单位成本）－（实际产量×本年计划单位成本）

12. 某产品单位材料计划耗用量 10 千克，实际耗用量 9.5 千克，每千克计划价格 50 元，实际价格 55 元，则该产品单位成本的量差影响额是（　　）。

    A. 25 元   B. －25 元   C. 27.5 元   D. －27.5 元

13. 影响可比产品成本降低率的因素有（　　）。

    A. 产品产量   B. 产品单位成本

    C. 产品的规格和种类   D. 产品数量

14. 产量变动之所以影响产品单位成本，是因为（　　）。

    A. 在产品全部成本中包括了一部分变动费用

    B. 在产品全部成本中包括了一部分相对固定的费用

    C. 产品总成本不变

    D. 产品产量增长小于产品总成本增长

15. 通过成本指标在不同时期（或不同情况）的数据的对比，来揭示成本变动及其原因的一种方法是（　　）。

    A. 对比分析法   B. 趋势分析法

    C. 比率分析法   D. 因素分析法

16. 把综合性指标分解为各个因素，研究诸因素变动对综合性指标变动影响程度的分析方法是（　　）。

    A. 对比分析法   B. 趋势分析法

    C. 比率分析法   D. 因素分析法

17. 计算实际成本降低率时广应当用实际成本降低额除以（ ）。

    A. 实际产量按上年单位成本计算的总成本

    B. 计划产量按上年单位成本计算的总成本

    C. 实际产量按计划单位成本计算的总成本

    D. 实际产量按实际单位成本计算的总成本

18. 在不考虑成本性态分析，即不将成本划分固定成本和变动成本时，产品产量的变动对企业主要产品成本降低任务完成情况的影响是（ ）。

    A. 成本降低额和降低率都不受影响

    B. 既影响成本降低率，又影响成本降低额

    C. 只影响成本降低额，不影响成本降低率

    D. 只影响成本降低率，不影响成本降低额

19. 产品品种结构变动影响成本降低额和降低率，是因为各种产品的（ ）。

    A. 成本降低额和降低率不同

    B. 单位成本和总成本不同

    C. 计划成本降低率不同

    D. 实际成本降低率不同

20. 在直接材料成本三因素分析法下，材料配比差异的计算方法是以单位产品材料实际耗用总量乘以（ ）。

    A. 实际配比的平均实际单价 – 实际配比的平均计划单价

    B. 计划配比的平均实际单价 – 计划配比的平均计划单价

    C. 实际配比的平均实际单价 – 计划配比的平均计划单价

    D. 实际配比的平均计划单价 – 计划配比的平均计划单价

二、多项选择题

1. 影响产品成本的微观因素是（ ）

    A. 劳动生产率水平

    B. 生产设备利用效果

    C. 企业的成本管理水平

    D. 原材料和燃料动力的利用情况

    E. 成本管理制度的改革

2. 影响产品成本的固有因素是（ ）。

    A. 企业规模和技术装备水平

    B. 企业地理位置和资源条件

    C. 企业的专业化协作水平

    D. 市场需求和价格水平

    E. 劳动生产率水平

3. 成本分析的任务是（ ）

    A. 揭示成本差异原因，掌握成本变动规律

    B. 挖掘降低成本的潜力，不断提高企业经济效益

C. 合理评价成本计划完成情况，正确考核成本责任单位工作业绩

D. 全面分析与重点分析相结合

E. 事后分析与事前、事中分析相结合

4. 成本评价标准中的预算标准包括（　　）。

    A. 主要产品单位成本预算

    B. 生产工时消耗标准

    C. 制造费用预算

    D. 财务费用预算

    E. 原材料消耗标准

5. 成本分析实施阶段的工作内容包括（　　）。

    A. 确立成本分析标准

    B. 得出成本分析结论

    C. 报表整体分析

    D. 成本指标分析

    E. 基本因素分析

6. 成本报表整体分析方法包括（　　）。

    A. 垂直分析法

    B. 指标对比分析法

    C. 水平分析法

    D. 比率分析法

    E. 趋势分析法

7. 比率分析法主要包括（　　）。

    A. 构成比率分析

    B. 连环替代分析法

    C. 差额计算法

    D. 相关比率分析

    E. 指标对比分析法

8. 指标对比分析法的主要形式是（　　）。

    A. 同类产品单位成本厂际对比

    B. 企业内部与先进车间指标对比

    C. 实际指标与计划指标对比

    D. 本期实际指标与上年同期实际指标对比

    E. 本期实际指标与历史最高水平对比

9. 成本分析报告的基本要求是（　　）。

    A. 观点要明确

    B. 原因要分析清楚

    C. 说明成本计划完成情况

    D. 揭示成本计划执行中存在的问题

E. 报告要简练

10. 成本分析的原则是（　　）。

    A. 领导分析与群众分析相结合

    B. 全面分析与重点分析相结合

    C. 专业分析与群众分析相结合

    D. 经济分析与技术分析相结合

    E. 报表数据分析与实地分析相结合

11. 影响可比产品成本降低率的主要因素有（　　）。

    A. 产品产量　　　　　　　　　B. 产品品种比重

    C. 产品单位成本　　　　　　　D. 产品的价格

    E. 产品的种类和规格

12. 影响可比产品成本降低额的主要因素有（　　）。

    A. 产品产量　　　　　　　　　B. 产品品种比重

    C. 产品单位成本　　　　　　　D. 产品的销售税金

    E. 产品的售价

13. 连环替代法的计算程序是（　　）。

    A. 确定指标的组成因素和因素排列顺序

    B. 依次以各因素的实际数值替换该因素的标准数值，直至最后计算出实际指标

    C. 以每一个替换后计算出的新数据，减去前一个数据，其差额即为该因素的影响程度

    D. 综合各因素的影响程度，其代数和应等于该指标实际数与标准数之差

    E. 影响各指标的因素替换顺序可根据企业实际情况决定，没有什么规律

14. 全部产品成本计划完成情况分析的任务是（　　）。

    A. 查明全部产品和各类产品成本计划完成情况

    B. 查明全部产品中各成本项目的计划完成情况

    C. 找出成本升降幅度大的产品和成本项目

    D. 查明单位成本升降的原因

    E. 查明主要产品单位成本各项目的计划完成情况

15. 连环替换分析法的特"点是（　　）。

    A. 计算方法的简化性

    B. 计算程序的连环性

    C. 因素替换的顺序性

    D. 计算结果的假定性

    E. 计算结果的准确性

16. 在直接材料成本三因素分析法下，影响材料差异的因素是（　　）。

    A. 单位产品材料耗用量

    B. 材料配比

    C. 材料购入数量

    D. 材料单价

    E. 产品产量

17. 在可比产品成本降低任务完成情况分析中，既影响降低额又影响降低率的因素是
（　　）。

    A. 产品产量

    B. 产品单位成本

    C. 产品品种结构

    D. 材料单耗

    E. 单位工时消耗

18. 产品单位成本分析的内容主要包括（　　）。

    A. 联产品成本分析

    B. 可比产品成本分析

    C. 直接材料成本分析

    D. 制造费用项目分析

    E. 单位成本厂际分析

19. 产品成本分析的内容包括（　　）。

    A. 可比产品成本分析

    B. 单位产品成本分析

    C. 全部商品产品成本分析

    D. 联产品成本分析

    E. 单位产品成本厂际对比分析

20. 西方企业成本分析将影响直接材料成本的三因素称为（　　）。

    A. 配比差异　　　　　　　　　　B. 组合差异

    C. 价格差异　　　　　　　　　　D. 产出差异

    E. 单耗差异

三、判断题

1. 根据成本分析的内涵和目的，成本分析主要包括产品成本分析和成本效益分析。

                                             （　　）

2. 成本核算贯穿于成本会计的全过程，对充分发挥成本会计的积极作用具有重要意义。

                                             （　　）

3. 成本分析的评价标准主要有行业标准和预算标准。　　　　　　　　　（　　）

4. 构成比率分析法是以某个项目和其他有关但又不同的项目加以对比，求出比率，以
便更深入地认识某方面的生产经营情况的分析方法。　　　　　　　　（　　）

5. 因素分析法是依据分析指标与其影响因素之间的关系，按照一定的程序和方法，确
定各因素对分析指标差异影响程度的一种技术分析方法。　　　　　　（　　）

6. 差额计算法是连环替代法的一种简化形式。　　　　　　　　　　　　（　　）

7. 应用连环替代法时，经济指标体系的组成因素必须是确实能够反映形成该项指标差
异的内在构成原因。　　　　　　　　　　　　　　　　　　　　　　（　　）

8. 应用连环替代法时，各因素对经济指标差异数的影响，可根据需要选择替换顺序。

（　　）

9. 成本分析报告没有固定格式，企业只要说明成本计划的完成情况，不必提出建议。

（　　）

10. 作为成本分析评价标准！行业标准应是体现全行业先进水平的成本指标，大多数企业可以达到这一标准。（　　）

11. 可比产品成本计划降低额是按上年实际平均单位成本计算的可比产品成本与本年可比产品实际总成本的差额。（　　）

12. 对本期产品成本报表的分析是一种事后分析。（　　）

13. 某企业可比产品成本计划上升率为 2%，实际降低率为 0.5%，因此该企业的可比产品成本计划降低任务没有完成。（　　）

14. 采用连环替代法，在测定某一因素变动影响时，是以假定其他因素不变为条件的，意即在其他因素均为计划数时，确定这一因素变动影响程度。（　　）

15. 影响可比产品成本降低率指标变动的因素有产品品种构成和产品单位成本。

（　　）

16. 产量变动之所以影响产品单位成本，是由于在产品全部成本中包括了一部分变动费用。（　　）

17. 运用连环替代法，各因素的单项影响值，即使采用不同的替代顺序计算的结果也总是相同的。（　　）

18. 在任何情况下，产品产量的变动都会影响可比产品成本降低率。（　　）

19. 可比产品成本计划降低率并非可比产品成本降低计划。（　　）

20. 可比产品是指以前年度或上年度末正常生产过的产品。（　　）

21. 采用连环替代法进行产品成本分析时，替代顺序确定的一般原则是：先数量因素后质量因素。（　　）

22. 在生产多种可比产品的条件下，影响可比产品成本降低任务完成情况的因素有三个，即产品产量变动的影响、产品品种结构变动的影响和产品单位成本变动的影响。（　　）

23. 产品成本降低额和降低率指标，计划数和实际数都是与上年进行比较计算的。

（　　）

24. 运用差额计算法不需要考虑影响经济指标各因素的排列顺序。（　　）

25. 单一产品成本降低率变动不受产品结构变动的影响。（　　）

26. 可比产品成本可能会出现这样的情况：各种产品均完成了成本降低率计划，但并没有完成总的成本降低率计划。（　　）

四、计算与账务处理题

1. 根据表 15 - 26 中资料，运用连环替代法计算确定各有关因素变动对材料成本的影响。

表15-26 甲产品材料消耗资料表

项目	计量单位	计划指标	实际指标
产品产量	吨	200	190
材料单耗	千克	300	320
材料单价	元	15	20

2. 根据第1题所给的资料，运用差额计算法计算确定各有关因素变动对材料成本的影响。

3. 某企业生产甲、乙、丙三种产品，前两种产品在上年度已生产过，后一种产品系本期新产品。本期各种产品产量和单位成本见表15-27。

表15-27 产品产量和成本资料表

金额单位：元

产品	产量（件）		单位成本		
	计划	实际	上期实际	本期计划	本期实际
甲	800	900	160	151	137
乙	2 000	2 000	62	60	58
丙	900	1 000	—	100	102

要求：（1）根据上述资料，按产品别分析全部商品成本计划的完成情况（将计算结果填入表15-28中）；

（2）根据上述资料，确定可比产品成本的降低任务和实际完成情况；

（3）用余额推算法分析可比产品成本降低任务完成情况。

表15-28 商品产品成本分析表（按产品别）

商品产品	实际产量		差异	
	计划总成本	实际总成本	金额	百分比（%）
可比产品				
甲				
乙				
合计				
不可比产品				
丙				
全部商品产品				

4. 某公司可比产品成本有关资料见表 15 – 29 和表 15 – 30。

表 15 – 29 计划降低任务

单位：元

产品	产量（吨）	单位成本		总成本		降低任务	
		上年	计划	上年	计划	降低额	降低率
甲	10	10	9	100	90	10	10%
乙	4	20	16	80	64	16	20%
合计				180	154	26	14.44%

表 15 – 30 实际完成情况

单位：万元

产品	产量（吨）	单位成本			总成本			实际完成	
		上年	计划	实际	上年	计划	实际	降低额	降低率
甲	8	10	9	8.5	80	72	68		
乙	6	20	16	16.5	120	96	99		
合计					200	168	167	33	16.5%

要求：采用连环替代法和余额推算法对可比产品成本降低任务完成情况进行分析。

5. 某公司可比产品的有关资料见表 15 – 31。

表 15 – 31 产量与成本资料

单位：千元

产品	本年实际产量（吨）	单位成本			总成本		
		上年	计划	实际	上年	计划	实际
甲	50	80	72	76			
乙	60	100	85	80			
合计							

计划产量：甲产品 60 吨，乙产品 48 吨。

计划降低任务：降低额 1 200 千元，降低率 12.5%。

要求：采用连环替代法对可比产品成本降低任务完成情况进行分析。

6. 某公司生产的甲产品的有关资料见表 15 – 32。

表 15 –32　甲产品单位成本资料表

单位：元

项目		计划		实际	
直接材料 直接工资 制造费用		700 60 200		560 40 200	
合计		960		800	
明细项目	单位	计划		实际	
原材料		单耗	金额	单耗	金额
A B 工时	千克 千克 小时	50 10 100	500 200	45 10 80	360 200

要求：（1）确定单耗和单价变动对直接材料项目的影响。

　　　（2）确定效率和工资分配率变动对直接工资项目的影响。

　　　（3）确定效率和费用分配率变动对制造费用项目的影响。

7. 某公司生产的 A 产品的有关资料见表 15 – 33。

表 15 – 33　单位产量的材料消耗情况表

单位：元

原材料	计划			实际		
	用量（千克）	单价	成本	用量（千克）	单价	成本
甲	3	20	60	5.4	18	97.2
乙	6	40	240	3.6	36	129.6
丙	9	25	225	2.7	32	86.4
丁	2	30	60	6.3	24	214.2
合计	20	—	585	18	—	527.4

要求：根据上述资料确定单耗、配比和单价各因素的变动对单位产品材料成本的影响。

【案例与分析】

1. 某公司 2009 年甲产品单位成本资料见表 15 – 34。请你根据所给资料，运用指标对比分析法和因素分析法，对该公司的产品成本进行分析评价。

表15－34 甲产品单位成本表

单位：元

产品名称	甲产品	计量单位	件	计划产量	60
				实际产量	50
成本项目	上年实际平均单位成本			本年计划单位成本	本年实际平均单位成本
直接材料	560			490	516
直接工资	100			90	95
制造费用	106			93	104
废品损失	34			27	25
合计	800			700	740

明细项目	计量单位	上年度		计划数		实际数	
		单位用量	单价	单位用量	单价	单位用量	单价
原材料 A	千克	26	10	20	10	22	18
B	千克	11	9	10	9	12	8
工资	小时	165	0.70	150	0.60	160	0.593 75
制造费用	小时	165	0.64	150	0.62	160	0.65

2. 某公司准备招聘几名成本核算人员，它向应聘者提出的考试题目之一是：本公司生产B产品（实际产量10件）的材料耗用资料见表15－35。

表15－35 B产品材料耗用资料表

单位：千元

原材料	计划单价	单位产品计划			实际耗用量（千克）	实际单价	实际成本
		用量（千克）	配比（%）	成本			
甲	2	1	10	2	40	1.2	48
乙	4	4	40	16	20	3.5	70
丙	5	5	50	25	40	5	200
合计		10	100	43	100		318

本公司的要求是：按每种材料来计算材料配比变动对直接材料成本的影响，说明计算方法和理由（附参考表格，见表15－36）。

表 15 –36   按每种材料计算分析材料配比变动对材料成本的影响

材料名称	计划单价	计划配比	单位产品实际耗用量		配比差异	材料成本影响	
			按实际配比	按计划配比		传统方法	新方法
甲							
乙							
丙							
合计							

3. 某公司为招聘成本核算人员,向应聘者提出的考试题目之二是:本公司多年以来生产的甲、乙产品为主要产品,其成本降低任务和实际完成情况见表15 –37 和表15 – 38。

表 15 –37   成本计划降低任务

单位:元

产品	产量	单位成本		总成本		降低任务	
		上年	计划	上年	计划	降低额	降低率(%)
甲	60	800	700	48 000	42 000	6 000	12.5
乙	36	1 000	840	36 000	30 240	5 760	16
合计	—	—	—	84 000	72 240	11 760	14

表 15 –38   实际完成情况

单位:元

产品	产量	实际单位成本	总成本			实际完成	
			上年	计划	实际	降低额	降低率(%)
甲	50	740	40 000	35 000	37 000	3 000	7.5
乙	62	800	62 000	52 080	49 600	12 400	20
—	—	—	102 000	87 080	86 600	15 400	15.1

本公司的要求是:根据所给资料,指出影响产品成本降低情况的因素,确定各因素对上述产品成本降低任务完成情况的影响,并进行分析评价(附参考表格,见表 15 –39)。

表 15 – 39　主要产品成本降低任务完成情况分析表

序号	指标	计算方法	成本降低数	
			降低额	降低率
①				
②				
③				
④				
各因素的影响程度				

第十六章 其他成本会计

第一节 质量成本会计

一、产品质量和全面质量管理

质量是最受各行业管理当局关注的问题之一。质量是企业的生命，企业要在激烈的国际国内竞争中谋生存、求发展，必须把质量问题放在首位。各国政府为加强该国产品在国际市场上的竞争力，也纷纷设立各种质量奖励办法。例如，美国政府设立的Malcolm Baldrige 质量奖，日本政府设立的 Deming 奖等都是为优异质量而设置的。国际质量标准也应运而生，如国际标准化组织（ISO）制定的 ISO 9000 系列质量认证。我国政府对质量问题也特别重视，设立了国家技术监督局来进行质量管理，并开展诸如"质量、品种、效益年"，"质量万里行"等活动来加强社会和企业对质量问题的重视，并积极鼓励国有大型企业参加国际 ISO 9000 系列质量认证，增强我国产品在国际市场上的竞争力。

为什么质量问题得到越来越多的重视呢？主要原因有：提高质量可以节省大量的费用，从而增加利润；其次，提高质量可以防止低收入，避免市场份额和收入的下降；再次提高质量能够提高公司的荣誉和顾客的关切度，从而提高企业未来的收入。另外，顾客对产品质量要求越来越严格，企业为满足顾客的质量要求，需要花费大量的质量成本。在许多企业中，质量成本占销售收入的 10% ~ 25%，提高质量可以显著地节省费用，增加收入。美国 Motorola 公司 1994 年的质量改进方案节省 20亿美元，占其全年销售收入的 222 亿美元的 9%。我国一项调查表明，全国企业生产中不良品损失率占产值的 10% ~ 15%。由此推算，仅这一项我国每年经济损失就超过 10 000 亿元。

（一）产品质量和服务质量

产品质量最常见的是指产品的"适用性"及"符合规格"两种。前者是从使用者的角度来定义质量；后者则从制造者的立场来解释质量。因此，可将产品质量分为设计质量与制造质量两种。

设计质量是指产品能够满足顾客需求的程度。产品质量的高低，并非完全按照生产者的主观判断，而是提高质量所花费的成本超过了顾客所愿意支付的价格时，质量的提高就得不偿失。对企业来说，最佳的设计质量是利润最大化时的质量水平。

制造质量又称一致质量，指生产制造出来的产品符合设计规格，是合格产品，而且产品质量是均匀的，没有等级品之分。不符合规格的产品称为不良产品，不良产品需要修理、返工或降级为残次品出售，所有这些都需要投入额外的费用或者会带来经济损失。如果不良产品的缺陷未能在生产期内予以纠正，而是在顾客使用时发生故障，则需要更多的修理费用，且会因此带来信誉损失。

"产品"既可指有形产品，也可指无形产品，如服务质量。服务质量是指顾客预期的服务水平与实际感受到的服务水平两者间的差异程度。差异越小，表示满意度越高，质量也越好，反之则反。因此可用"顾客的满意度"来衡量服务质量的高低，由于服务质量难以进行财务衡量。以下主要指有形产品质量。

（二）全面质量管理

全面质量管理（total quality management，TQM）是20世纪60年代从传统质量管理逐步发展起来的，而且随着国际国内市场环境的变化，TQM已经发展成为一种企业竞争的战略，一种由顾客的需要和期望驱动的持续地改进产品质量的管理哲学。

全面质量管理既包括全体员工，也指企业生产质量的每一项工作和每一道环节。归纳起来，TQM主要具有以下几个要素：

（1）强烈地关注顾客——全面质量管理的基本观点

从现在和未来的角度来看，顾客已成为企业的衣食父母。"以顾客为中心"的管理模式在正逐渐受到企业的高度重视。全面质量管理注重顾客价值，其主导思想就是"顾客的满意和认同是长期赢得市场、创造价值的关键"。全面质量管理要求必须把以顾客为中心的思想贯穿到企业业务流程的管理中，即从市场调查、生产方案、产品设计、生产制造、生产检验、仓储、销售到售后服务的各个环节都应该牢固树立"顾客第一"的思想，不但要生产物美价廉的产品，而且要为顾客做好服务工作，最终让顾客放心满意。

（2）坚持不断地改进——全面质量管理的主要特点

TQM是一种永远不能满足的承诺，"非常好"还是不够，质量总能得到改进，"没有最好，只有更好"。在这种观念的指导下，企业持续不断地改进产品或服务的质量和可靠性，确保企业获取竞争对手难以模仿的竞争优势。

对市场变化的快速反应，要求企业内部要不断改进，方能适应这种变化。要实现企业的持续改进，还有赖于全面质量管理的开展。在2000年版的ISO 9000标准中，明确提出了持续改进质量管理体系有效性的要求和途径。

（3）改进组织中每项工作的质量——全面质量管理的控制重点

TQM不仅与最终产品有关，并且与组织如何交货、如何迅速地响应顾客的投诉、如何为客户提供更好的售后服务等都有关系。对整体的过程能力应全面控制，使企业从原来的以事后检验为主转变为过程监控的预防控制，有效防止不合格产品的发生。

（4）向员工授权和质量培训——全面质量管理的基础工作

TQM 吸收生产线上的工人加入改进过程，广泛地采用团队形式作为授权的载体，依靠团队发现和解决问题。全面质量管理的基础工作之一就是质量培训，由质量管理部门提出员工分层培训计划，根据岗位需要对员工进行必要的质量培训，并对培训的有效性进行评价。没有恰当的质量培训，员工培训将是有缺陷的，因而推行全面质量管理可为企业的发展提供良好的人员准备。

（5）精确的度量及合格供方的评定——全面质量管理的关键环节

TQM 采用统计度量组织作业中人的每一个关键变量，然后与标准和基准进行比较以发现问题，追踪问题的根源，从而达到消除问题、提高品质的目的。

为使用可利用的最好的资源，无论这些资源属于哪个企业，这就要求企业选择合格的供方。如何评定和由谁评定合格的供方一直是质量部门的主要任务之一。这不仅取决于供方是否通过了 ISO 9000 认证，还取决于供方的信誉、快速反应能力、产品质量状况、竞争能力等。这需要质量部门认真、公正而有效地评价和选择，以确定最优秀的合作伙伴。

（6）零缺陷与一次成功——全面质量管理的显著特征

企业通过控制过程，降低缺陷率，提高一次成功率，从而减少浪费、增加效益。对得克萨斯仪器国防系统公司来说，控制过程开始于这个公司追求更低的缺陷率、返工率和库存水平。1991 年，公司达到了 6 倍标准差缺陷水平，并且实现了连续流制造以缩短制造周期。随着基础的逐步坚实，得克萨斯仪器国防系统公司在检验方面投入得更少了，而是更多地监控过程。这使公司产品的不合格率从 1992 年的 8 000 百万分降低到 1996 年的小于 600 百万分。就在这一年，公司获得了美国国家质量奖。另外，生产率因设备利用率的提高而得到较大的提高。

（7）依靠核心能力，适应多样化要求——全面质量管理的竞争原则

企业成功的关键之一是充分利用核心能力。Bethlehem PA 公司是一个拥有 18 家成员公司的虚拟公司，从机械制造到高技术工程，每一个公司都至少通过了 ISO 9002 质量体系认证。企业首先要确定企业的核心技术和能力，然后重组业务实践以形成动态的组织结构。目标是利用各个公司的核心能力去满足顾客要求。

我国工业企业从 1978 年开始推行全面质量管理（我国称之为 TQC），20 多年来，已经逐步形成具有中国特色的全面质量管理体系。但还有一部分企业仍处在传统质量管理阶段。传统质量管理是指把重点放在生产过程结束时专业质检人员的质量把关上，如发现产品质量上有缺陷，在可能的条件下，即进一步追加投入人力、物力，尽量把发现的质量缺陷进行修补。TQM 则把重点放在操作工人在每一道加工程序中连续性的自我质量监控上，发现加工操作中的问题，立即采取措施，尽快进行纠正，绝对不允许让任何一件有缺陷的零部件或半成品从前一道生产程序转移到后一道生产程序上，以保质企业产品优质目标百分之百地实现。这正是 TQM 大大优于传统质量管理的关键之所在。

二、质量成本核算与报告

（一）质量成本的主要内容

质量成本是指为了保证产品符合一定的质量标准所必须支付的一切成本，以及因不能达到该标准而发生的损失成本。质量成本一般由以下五大类构成。

1. 预防成本是指为了防止生产不合格产品与质量故障而发生的成本。这类成本一般都发生在生产之前，而且这一类成本若发生，往往使后述的失败成本下降。预防成本主要包括质量工作费用、产品评审费用、质量培训费用、质量奖励费用、质量改进措施费用、质量管理专职人员工资及福利费用。

（2）检验成本又称鉴定成本，是指为检查和评定材料、在产品或产成品等是否达到规定的质量标准所发生的费用。企业发生此类成本的目的，是希望在生产过程中，能够尽快发现不符合质量标准的产品，避免损失延续下去。显然，此类成本的发生，也可减少失败成本。检验成本主要包括检测试验费、工资及福利费、检验试验办公费用、检验测试设备及房屋折旧费用。

（3）内部缺陷成本又称为内部故障成本，是指产品出厂前，因不符合规定的质量要求所发生的费用。这类成本一般与企业的废次品数量成正比。内部失败成本主要包括废品损失、返修成本、停工损失、事故分析处理费用、产品降级损失等。

（4）外部缺陷成本，是指产品出厂后因未达到规定的质量要求，所发生的各种费用或损失，主要包括诉讼费用、赔偿费用、退货费用、保修费用、产品降价损失。

（5）外部质量保证成本，是指企业为证明和检验其产品的质量保证能力，符合顾客提出的特殊和附加的质量保证要求而发生的费用。外部质量保证成本主要包括质量保证措施费、产品质量保证试验费、质量评定费。在企业中并不多见。

ISO 9004 已将外部质量保证成本列入质量成本范围之中，企业可以按国际惯例把它增加到销售价格中，以避免在国际贸易中吃亏。

（二）质量成本核算

质量成本核算就是按产品形成的全过程，对发生的预防成本、检验成本、内部缺陷成本、外部缺陷成本等质量成本以货币形态进行核算。质量成本核算一般先由各核算网点进行，然后再由企业财会部门统一核算。

进行质量成本核算可以正确反映质量成本预算的执行情况，有助于进行全面质量成本控制。质量成本核算还是进行质量成本报告与质量成本分析的前提和基础，但鉴于目前我国的企业会计制度中没有专门核算质量成本的会计科目，只能在账务处理上采取一些变通措施。目前，最常见的有以下两个方案可供选择：

1. 双轨制，即把质量成本的核算和正常的会计核算截然分开，单独设置质量成本的账外记录，由各质量成本控制网点进行核算。其中大部分可利用原有的资料（如废品损失计算单），并在原有的"生产成本"、"制造费用"、"管理费用"和"销售费用"账户内设置专栏，根据有关会计凭证将质量成本数据在专栏内填列。然后，由各质量成本控制网点，根据结果定期编制"质量成本报告"，作为考评该网点业绩的依据。这种方法的优点是简便易行；缺点是不能对质量成本的实际发生数进行准确和有效地控制。

2. 单轨制，即在原有的会计科目表中增设"质量成本"一级科目，然后在它的下面设置"预防成本"、"检验成本"、"内部缺陷成本"、"外部缺陷成本"四个二级科目；各二级科目下还可按具体内容设置明细科目，从而把质量成本的核算与正常的会计核算结合在一起。单轨制最大的问题是与现行会计制度不相容，会计期末，无法在资产负债表和利润表中对其进行反映。为此会计期末，应把质量成本在"生产成本"、"管理费用"和"销售费用"中进行分配，但分配的标准不好确定。单轨制的缺点是账务处理比较繁重，优点是能对质量成本的实际数进行准确而有效地控制。

（三）质量成本报告

质量成本报告是衡量企业在特定期间的质量成本构成情况的报表。质量成本报告是内部报表，供企业管理人员尤其是最高领导者了解质量成本的大小及构成，以便进行有关决策。质量成本报告常随着编制目的的不同而有多种不同的样式和类型。有的企业如推行责任会计，则以部门别来编制；也有的企业以产品别来编制整个组织的质量成本报告。但不论企业采取何种方式编制质量成本报告。其内容应包括以下几个方面：①各质量成本要素占总质量成本的比重；②各质量成本要素及总质量成本金额占销售成本或销售收入的比重；③如果企业制订了质量成本核算，则还需反映实际数与预算数的差额。

表16－1是某企业以部门别来编制质量成本报告的格式（假定以销售收入为基数）。

表16－1　部门别质量成本报告

编制单位：　　　　　　　　　　　　　　　　　　　　　　　　　　　单位：

质量成本	部门甲			部门乙			合计			本期实际数占销售收入的百分比
	预算	实际	差额	预算	实际	差额	预算	实际	差额	
预防成本（合计） 产品评审费用 质量培训费用 质量奖励费用 质量改进费用 专职人员人工费用 占质量成本百分比										
检验成本（合计） 检验试验费 工资及福利费 检验试验办公费用 设备与房屋折旧费 占总质量成本百分比										

质量成本	部门甲			部门乙			合计			本期实际数占销售收入的百分比
	预算	实际	差额	预算	实际	差额	预算	实际	差额	
内部缺陷成本（合计） 废品损失 返修成本 停工损失 事故分析处理费用 产品降级损失 占总质量成本百分比										
外部缺陷成本（合计） 诉讼费用 赔偿费用 退货损失 保修费用 产品降价损失 占总质量成本百分比										
总质量成本										

三、质量成本分析

质量成本分析是利用质量成本报告，结合有关资料，发现企业质量管理存在的主要问题，以便进一步提出改进措施，加强企业全面质量管理。

（一）质量成本分析的内容

质量成本分析的内容包括：

（1）目标质量成本分析，主要指实际质量成本完成预算的情况。

（2）质量成本构成分析，主要指各质量成本要素占总质量成本的比率。

（3）质量成本相关比率分析，主要指各质量成本要素占销售成本或销售收入的比率。

（4）质量成本变化趋势分析，主要指一年内各个季度间或几年内总质量成本的变化趋势。

（5）最低质量成本分析，主要指产品在最适宜的质量水平下的质量成本。

（二）质量成本分析的方法

对质量成本进行分析的方法比较多。分析目的不同，分析方法可能就不相同。对质量成本构成相关比率与变化趋势的分析，主要应用两种方法：一是帕累托法；二是因果分析法。对最低质量成本的分析，主要有两种方法：一是边际分析法；二是阶段分析法。

1. 帕累托分析法

帕累托分析法基于帕累托原理，强调重视造成绝大部分（80%）成本的少数（20%）重要问题，而不是只能获得小部分（20%）收益的多数（80%）问题。假定某公司某年质量成本报告中，按各质量成本要素占总质量成本的百分比大小顺序排列如图16-1所示。

1. 废品损失	30%	
2. 停工损失	20%	
3. 赔偿费用	15%	81%
4. 检测试验费	10%	
5. 产品降价损失	6%	
6. 质量改进措施费用	2%	19%
7. 其他	17%	

图16-1　帕累托分析法示意图

按照帕累托原理，只对废品损失、停工损失、赔偿费用、检测试验费、产品降价损失这几项作重点分析，查明原因，提出改进措施，进行质量成本控制。

2. 因果分析法

因果分析法是发现造成质量成本的原因。例如，以帕累托分析法找出造成质量成本居高不下的主要因素是废品损失的比重大（占30%），那么，是什么原因造成废品损失呢？这可以从下列因素进行分析：

（1）人为因素。是否培训不足；是否有新手操作；是否监督不力等。

（2）设计与操作因素。是否零件设计有缺陷；是否操作程序不当等。

（3）原材料与零部件因素。是否所购零部件不符合规格要求；是否所购零部件搬运不当等。

（4）与机器有关的因素。是否机器部件质量不好；是否对机器维修不当；是否检测工具有问题等。

企业应结合自己的生产情况进行具体分析，找出造成废品损失的主要原因，进一步提高产品质量，降低质量成本。

3. 边际分析法

边际分析法是指在一定的生产条件下，为了提高产品质量，企业将增加预防成本与检验成本；反之，在高质量的情况下，内部与外部失败成本将随之下降。质量成本与产品质量水平的关系可用图16-2表示。

从图16-2可以看出，在预防与检验成本等于内部与外部失败成本时，质量总成本为最低。企业在销售价格已定的情况下，应追求最适质量，而不是一味追求最高质量。

4. 阶段分析法

阶段分析法将从边际分析法得出的质量成本曲线分为三个区域：改进区、最佳区、质量过剩区，如图16-3所示。

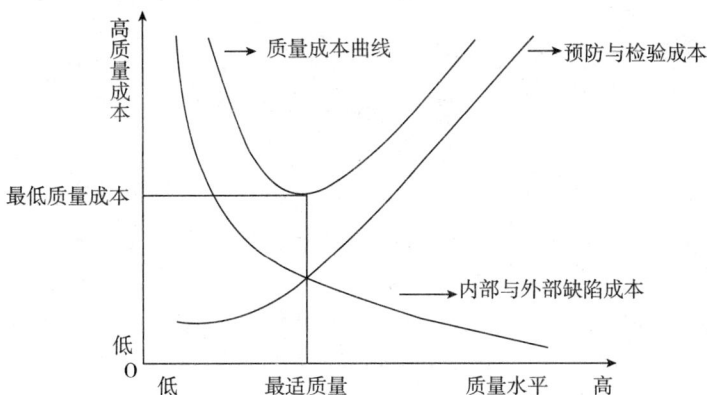

图 16 – 2　质量成本与产品质量水平的关系

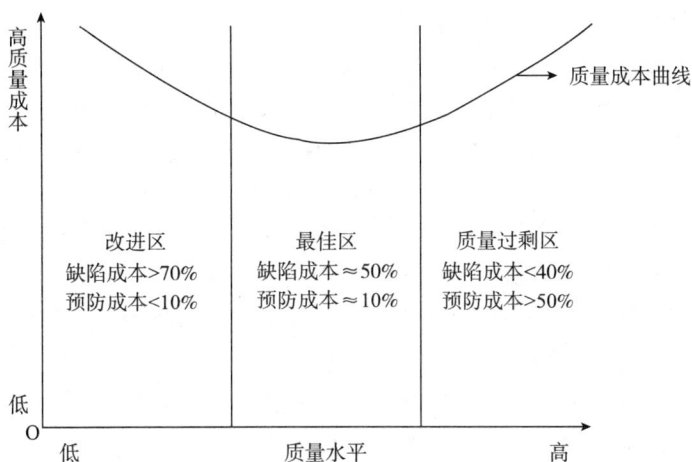

图 16 – 3　阶段分析法示意图

　　从图 16 – 3 可以看出，当质量成本曲线位于改进区时，内部与外部缺陷成本约占总质量成本的70%以上，而预防成本则低于10%。此时，表示企业产品质量水平过低，企业应增加检验成本与预防成本的投入，以便降低失败成本。

　　质量成本曲线的中间区域称为最佳区。在此区域内，预防成本约占总质量成本的10%，失败成本约占总质量成本的50%，此时增加检验成本无法再降低总质量成本，因此，企业应维持现有质量水平。

　　质量成本曲线的右区称为质量过剩区，此时，失败成本占总质量成本的比重小于40%，预防成本大于50%，说明此时产品质量水平偏高，出现了质量过剩。今后应放宽检验标准，减少检验程序，从而降低检验费用。

第二节 环境成本会计

随着环境问题的日益严重，以及对人类经济可持续发展的威胁，人们期望通过各种途径来处理环境问题，其中重要的是对企业环境活动的规范，但现行会计在这一方面不能发挥应有作用，由此引发了一种新的会计——环境会计的产生。在可持续发展目标的指引之下，环境会计把企业的环境活动和经济活动相结合，使得会计信息的披露更为完整和更具有相关性。由于环境会计特殊的核算对象，不仅在基本前提方面与现行会计有所不同，并且其对各个会计要素，尤其是环境成本的确认和计量与现行会计也有所不同。

一、环境成本的产生与发展

尽管世界各国对环境污染问题予以了足够重视，并相继提出了可持续发展战略，但在目前看来治理步伐显然跟不上环境污染的速度，再加上短期经济利益的驱动，环境污染尤其是工业企业的污染问题，丝毫没有减弱的迹象，反而有继续恶化的可能。由此需要设计一种新的会计制度，以对企业环境活动进行有效规范。因此，环境会计的重要性逐渐在全球范围内获得重视，这也促进了学术界对环境会计制度建立和实施的研究。环境会计的思想渊源可以追溯到福利经济学的创始人 A. C. Pigou，在其 1920 年出版的《福利经济学》一书中，提出应当根据污染所造成的危害对排污者征税。环境会计的研究始于 20 世纪 70 年代初期，以 1971 年 F. A. Beams 撰写的《控制污染的社会成本转换研究》和 1973 年 J. T. Marlin 的《污染的会计问题》为代表，揭开了环境会计研究的序幕。

1987 年世界环境与发展委员会发表了《我们共同的未来》（又称《布伦特兰报告》），该报告首次提出“可持续发展”的定义。1992 年 6 月联合国在巴西的里约热内卢召开的联合国环境与发展大会，通过了以可持续发展为核心的《里约环境与发展宣言》、《21 世纪议程》和《森林问题原则声明》等文件。

从 20 世纪 90 年代开始，出现了大量的文献和报告探讨环境会计问题。如 1992 年联合国提出了环境与经济综合核算体系，1993 年的《国民经济核算体系》增加了环境核算的附属框架。1996 年 H，T. Odum 编著了《环境会计》，成为首部环境核算方面的里程碑著作。1998 年 2 月召开的联合国国际会计和报告标准政府间专家工作组第 15 次会计讨论通过了《环境会计和报告的立场公告》，这是第一份环境会计和报告的国际指南。

目前关于环境会计的文章已经有数百篇，内容包括国外环境会计、环境会计计量、环境会计信息披露、环境管理、环境审计。

二、环境成本会计的定义和分类

联合国国际会计和报告标准政府间专家工作组（International Standard for Accounting

and Report，ISAR）第 15 次会议的文件《环境会计和财务报告的立场公告》认为：环境成本是指本着对环境负责的原则，为管理企业活动对环境造成的影响而采取或被要求采取的措施的成本，以及企业因执行环境目标和要求所付出的其他成本。环境成本有别于传统会计成本，主要有强制性、突发性、一体性和增长性等特点。

环境成本的定义包括以下几方面含义：

（一）环境资源是有价值的。随着人类环境污染的加剧，环保意识不断增强，原本认为取之不尽、用之不竭的环境资源如森林、矿产、水、大气等，均会随着人类的盲目使用和开采而枯竭。要使环境资源不枯竭，就要进行保护和再生，这就要投入，要投入则涉及价值和计价问题。

（二）环境资产的使用和损耗，必须由使用的企业支付相应成本和费用，以便公共部门进行全面保护和再生。

（三）环境资产保护和再生不只是政府的责任，在企业生产经营相关的范围内，也是企业的责任。从短期看，作为企业对环境资源保护和再生的支出，也就是构成了企业环境成本的一部分；从长期看，企业环保和再生支出会改善环境，形成良好的环境资源，这时原来的支出积累可以带来收益。

环境成本分类方法很多，下面对一些主要分类方法予以说明。

1. 广义与狭义的分类

环境成本按其内涵不同可以分为广义环境成本和狭义环境成本。

广义环境成本是指企业经济活动所导致的所有不良环境后果，或由企业承担，或由全体社会承担，依此可以分为外部环境成本和内部环境成本。

外部环境成本指的是那些由本企业经济活动所导致，但还不能明确计量，并由于各种原因没有由本企业承担的不良环境后果。尽管还不能称之为会计意义上的"成本"，但不可否认的是，环境质量确实已经受到了影响甚至破坏，即事实上已经发生了环境成本，只不过目前承担者是全体社会；内部环境成本则指的是企业承担的环境成本，也就是一般所称的狭义环境成本，包括那些由于环境方面因素而引致发生，并且已经明确是由本企业承受或支付的费用，如排污费、环境破坏罚金或赔偿费，以及环境治理或环境保护设备投资等，其显著特点是可以对其予以货币计量。当前可确认的环境成本一般都属于内部环境成本概念范畴。

鉴于可持续发展战略的实现前提之一便是将外部环境成本逐步予以内化，上述广义环境成本与狭义环境成本之间的区分并不是静止不动的，随着更为严格的环保法律法规的颁布和实施，广义环境成本与狭义环境成本将逐渐趋同。

2. 美国环保局的分类

美国环保局（U. S. Environmental Protection Agency，EPA，1989）和全球环境管理促进会（GBMI）的环境倡议书均采用类似的组织框架对环境成本进行分类，包括传统成本、可能隐藏成本，或有成本、形象与关系成本。

其中，传统成本是在成本会计和资本预算中通常包含的使用原料、设施、资本和物料的成本；可能隐藏成本是指通常隐藏在制造费用中的成本，例如对废物进行管理、测试、检测和监控的成本；或有成本在未来的某一时间可能发生，也可能不发生，例如因意外事故造成的石油泄漏而带来的修复及赔偿费用；形象与关系成本的发生旨在影响管理者、顾客、员工和执法者的主观判断，例如提供环境报告的成本。

3. 加拿大特许会计师协会的分类

加拿大特许会计师协会（Canada Institute of Chartered Accountant，CICA）将环境成本分为：环境预防成本、环境维持成本和环境损失成本。

环境预防成本是指在实际环境损失发生之前的主动性环境成本支出，如由于改进产品环境属性的设施或设备、生产工艺调整、材料采购变更等发生的环境成本支出；环境维持成本是指和负面环境影响同步发生，用以维持环境现状而不至于恶化的环境成本支出，如企业为将污染排放量和排放浓度控制在一定范围，专门设立环境管理机构和人员经费支出及其他环境监测费用；环境损失成本是指对以前期间或当期环境破坏后果进行补偿所发生的环境成本支出，其特点是环境损失已经发生，如"三废"排放、重大事故、资源消耗失控等造成的环境污染与破坏的损失。

环境损失成本属于消极性环境成本，是对污染导致的物质耗损的弥补或是对污染导致的他人健康耗损的补偿，不会形成任何资产增量或收入增量，而预防性环境成本和维持性环境成本都属于积极性环境成本，他们会导致其他资产（如环境保护或治理设施）的增加或生产能力的改善，客观上需要在支出发生前进行成本效益分析。

4. 日本环境省的分类

日本环境省（Japan Ministry of Environment，JME）将环境成本分为：生产领域成本、上游/下游成本、管理活动成本、研发成本、社会活动成本，以及环境损害成本。

生产领域成本指的是为了控制生产领域的产品生产/服务提供活动所导致的环境影响而发生的成本，包括全球变暖防止成本（主要指 CO_2 排放量控制）、资源有效使用成本、资源循环活动成本和环境风险控制成本；上游/下游成本指的是为了控制在上游或下游由于产品生产/服务提供的活动所导致的环境影响而发生的成本，主要是环境友好产品设计成本；管理活动成本指的是环境管理活动中发生的成本，包括了相关环境管理员工工资、ISO 14000 认证成本以及环境审计成本、员工培训和教育成本；研发活动成本指的是环境友好产品、生产流程的研发活动中发生的成本；社会活动成本指的是社会活动中发生的环境成本，包括社会捐赠和环境信息披露成本；环境损害成本指的是环境损害引致的环境成本，主要是由上述经营活动之外原因引起的。

5.《环境管理会计国际指南——公开草案》将环境成本分为六大类：

①产品输出包含的资源成本，是指进入有形产品中的能源、材料等成本。

②非产品输出包含的资源成本，是指已经转变成废弃物、排放物的能源、水、原材料的成本。

③废弃物和排放物控制成本，是指对废弃物和排放物处理和处置成本、环境损害恢复成本、受害人补偿成本及环保法规所要求支付的控制成本。

④预防性环境管理成本，是指预防性环境管理活动成本。这些活动包括绿色采购、供应链环境管理、清洁生产、生产者社会责任履行等。

⑤研发成本，是指环境问题相关项目的研究与开发费用，如原材料潜在毒性研究费用，研发有效率能源产品的费用及可提升环保效率的设备改造费用。

⑥不确定性成本，设计指与不确定性环境问题相关的成本，包括因环境污染造成的生产力降低成本，潜在环境负债成本等。

究竟何种环境成本分类标准更加适合企业环境管理的需要，最终取决于企业对环境问题的认识及相应采取的环境战略计划。

三、环境成本会计的核算

环境成本核算方法的选择是环境成本核算过程中的重要环节，除现有核算方法外，如制造成本法、作业成本法，企业还可以采用一些特殊的成本核算方法，如生命周期成本法和完全成本法，这些核算方法的选择并不是互相排斥的，比如作业成本法和生命周期成本法就可以一起使用。

环境成本核算方法中生命周期成本法从产品的生命周期角度出发，把产品整个生命周期中的成本都考虑在内，克服了传统成本制度下企业仅考虑产品生产过程中发生环境成本的缺点，补充计算了潜在成本，使得产品成本信息更为准确完整。尽管采用生命周期成本法下产品成本的可靠性较弱，但由于能够及时地提供更为完全的环境成本信息，有利于企业产品的正确定价，并且可以使得企业按照既定环境管理战略来有效管理环境成本，是较为理想的环境成本核算方法。同时，环境成本会计系统设计和运行之初，企业采用作业成本法也不失为可行，至少可以使得企业管理层对企业整体上的环境管理活动影响的广度和重要性有所认识，并确认那些应该引起环境管理注意的产品和服务以及相应的成本，也可以将环境成本纳入到风险管理以及某些产品和服务的定价。

（一）环境成本的确认

环境成本与传统企业成本相比，具有不确定性，但仍能根据相关法律或文件进行推定。在目前的会计制度体系中，在权责发生制原则下，环境成本应满足以下两个条件：

1. 导致环境成本的事项确已发生

这是确认环境成本的首要条件。如何确定环境成本事项的发生，关键是看此项支出是否与环境相关，并且，此项支出能导致企业或公司的资产业已减少或者负债的增加，最终导致所有者权益减少。在此必须分清环境成本与环境资产。根据划分收益性支出与资本性支出原则，考虑到长期待摊费用的摊销期一般在五年以内，待摊费用的摊销期在一年以内，因此建议凡是受益期在五年以上、能形成有形或无形资产的支出应计入环境资产。如支出后营造的森林，空气及水的净化。反之，受益期在五年以内、一年以上的环境支出，应列入"长期待摊费用——环境支出"；受益或在一年以内的环境支出则直接列入当年环境成本。

2. 环境成本的金额能够合理计量或合理估计

环境成本的内容涉及比较广泛，如按照《环境管理会计国际指南——公开草案》，将环境成本分为六大类：①产品输出包含的资源成本；②非产品输出包含的资源成本；③废弃物和排放物控制成本；④预防性环境管理成本；⑤研发成本；⑥不确定性成本，其金额能不能合理计量或合理估计是确认环境成本的第二个条件。其中，有些支出的发生能够确认，并且还可以量化，比如，采矿企业所产生的矿渣及矿坑污染，每年需支付相应的回填、覆土、绿化的支出就很容易确认和计量。但有些与环境相关的成本一时不能确切地予以计量，对此我们可以采用定性或定量的方法，予以合理地估计。例如，水污染、空气污染的治理成本和费用，在治理完成之前无法准确计量，只能根据小范围治理或其他企业治理的成本费用进行合理估计。

同理，应当遵循权责发生制的原则，分清当期与非当期的，合理确定当期成本，而且还要区分环境成本与环境负债（尤其是或有环境负债），例如过度开采地下水可能导致水位下降，进而使使用水的成本上升、周围地面及道路开裂、房屋受损，这就属于或有环境负债，不能计入环境成本；由于以前的污染治理而需支付的金额，属于环境负债，不应直接计入环境成本。

（二）环境成本的会计处理

1. 科目设置

为了强化企业的环境意识，应单独设立一个"环境成本"会计科目，并按环境成本的内容设置六个明细账。该科目属损益类会计科目，其借方登记当期发生的环境成本支出以及分配计入本期的环境成本。平时借方余额反映企业本期实际的环境成本，期末，该科目借方数全部从其贷方转入"本年利润"会计科目，结转后无余额。

2. 账务处理

（1）本期发生与本期相关的。发生时借记"环境成本"科目，贷记"银行存款"、"应付职工薪酬"、"材料"等相关科目。

（2）本期发生与本期非相关的。

①预付待摊：待摊期在一个会计年度以内的；发生时借记"待摊费用——环境支出"，贷记"银行存款"等相关科目；摊销时借记"环境成本"科目，贷记"待摊费用——环境支出"。当摊销期限超过一个会计年度时，则须将"待摊费用"换成"长期待摊费用"科目，处理方法与上述相同。

②预提待付：正如同一般的预提费用会计处理方式，当出现预提环境成本时，借记"环境成本"科目，贷记"预提费用"科目；待付款或结清时借记"预提费用"，贷记"银行存款"等相关科目。

上述各项到期末结转损益时，应借记"本年利润"科目，贷记"环境成本"科目。

四、环境成本会计报告

环境成本应在相应的财务会计、统计核算和环境业绩报告中加以披露。

表16-2列出了公司环境成本表的样本以供参考。

表 16 – 2 环境成本表

编制单位：公司 单位：元

环境领域 环境相关成本种类	空气气候	废气	废弃物	土壤地表水	其他	总和
产品的原材料采购成本						
NPOs 的原材料采购成本						
原材料						
包装物						
辅助材料						
经营性材料						
能源						
水						
NPOs 的原材料处理成本						
小计						
废弃物、排放物控制成本						
设备折旧						
经营性材料和服务						
内部员工						
佣金、税收和罚款						
预防性环境管理成本						
环境管理的外部服务						
环境保护的内部员工						
小计						
研发成本						
不确定性成本						
环境相关的成本与收益总额						
公司环境成本额						
总和						

参 考 文 献

1. 赵书和. 成本与管理会计. 北京：机械工业出版社，2012

2. 万寿义，任月君. 成本会计. 大连：东北财经大学出版社，2012

3. 万寿义，任月君，李日昱. 成本会计习题与案例. 大连：东北财经大学出版社，2012

4. 乐艳芳. 成本会计. 上海：上海财经大学出版社，2012

5. 赵桂娟，王伶. 成本会计学有效管理的工具. 北京：机械工业出版社，2012

6. 于富生，黎来芳. 成本会计学. 北京：中国人民大学出版社，2010

7. 于富生，黎来芳. 成本会计学学习指导书. 北京：中国人民大学出版社，2010

8. 冯浩. 成本会计理论与实务. 北京：清华大学出版社，2010

9. 胡玉明，潘敏虹. 成本会计. 福建：厦门大学出版社，2010

10. ［美］卡尔·S. 沃伦、詹姆斯·M. 里夫、菲利普·E. 费斯，Accounting（下）译者：袁淳，曾刚等. 北京：中信出版社，2003

11. 林万祥. 成本会计学. 成都：西南财经大学出版社，2001

12. 欧阳清. 成本会计学. 大连：东北财经大学出版社，1999

13. ［美］理查德·B. 蔡斯（Richard. chase）（南加州大学）、尼克拉丁·阿奎拉若（Nichdas. Aquilano）（亚利桑那大学）、F. 罗伯特·雅各布斯（F. Roberit. Jacobs）（印第安那大学）著，许国防译. 生产与运作管理——制造与服务第 10 版. 北京：机械工业出版社，1999